McGraw Hill Education

"十二五"国家重点图书出版规划项目

工商管理经典译丛

Foundations of Marketing

(Fourth Edition)

John Fahy David Jobber

市场营销学（第4版）

（爱）约翰·费伊（英）戴维·乔布尔 著

徐瑾 王欣双 苗欣 等 译

孟韬 审校

东北财经大学出版社 Dongbei University of Finance & Economics Press | 大连

辽宁省版权局著作权合同登记号：图字 06-2014-107 号

John Fahy，David Jobber：Foundations of Marketing
Original ISBN：0-07-713-7019

图书在版编目（CIP）数据

市场营销学 /（爱）约翰·费伊（John Fahy），（英）戴维·乔布尔（David Jobber）著；徐瑾等译．—大连：东北财经大学出版社，2017.1（2017.9重印）
（工商管理经典译丛）
ISBN 978-7-5654-2626-1

Ⅰ．市…　Ⅱ．①约…②戴…③徐…　Ⅲ．市场营销学　Ⅳ．F713.50

中国版本图书馆CIP数据核字（2016）第318148号

东北财经大学出版社出版发行
大连市黑石礁尖山街217号　邮政编码　116025
网　址：http：//www．dufep．cn
读者信箱：dufep @ dufe．edu．cn
大连图腾彩色印刷有限公司印刷

幅面尺寸：185mm×260mm　字数：610千字　印张：29
2017年1月第1版　　2017年9月第2次印刷
责任编辑：李　季　王　玲　　责任校对：王佳鑫
封面设计：冀贵收　　版式设计：钟福建
定价：69.00元

教学支持　售后服务　联系电话：（0411）84710309
版权所有　侵权必究　举报电话：（0411）84710523
如有印装质量问题，请联系营销部：（0411）84710711

第四版序

本书的前一个版本发行3年以来，商业界已发生了一些根本性的变化。2009年，全球金融危机（GFC）正在蔓延，很少有人能够预见它的严重后果。美国和西欧的主要经济体一直在经济衰退、失业率不断攀升、日趋严重的主权债务水平和个人债务水平以及消费者高度的不确定性的联合效应中挣扎。自20世纪30年代的大萧条以来，企业不得不应对艰难的经济环境。在这种情况下，企业市场营销能力也受到了越来越多的关注。企业在降低消费者支出水平方面的竞争更加激烈，因此，其需要开发出创新的产品和服务，并在“喧闹”的市场中传递更具创造性的方法。

在过去的3年中，真正深刻而有趣的一个创新就是社交媒体。脸谱（Facebook）成立于2004年，到2011年拥有的会员已超过6亿人，这使其成为世界上最大的“国家”之一。随着越来越多的人使用推特（Twitter）来了解正在发生的事情或者来保持联系，在推特上发微博（Tweeting）早已成为普通词汇了。尽管一些批评者认为，社交媒体可能成为其宣传的牺牲品，但是社交媒体上大批的受众确实为组织提供了有趣的挑战和机遇。许多人都试图建立一个社交媒体战略，或者想了解社交媒体在整合营销传播中所起的作用。一些人已经成功地开展了与这些媒体的互动，其他人则逊色得多。

我们看待市场营销的视角也出现了一些微妙的变化。当价值逐渐成为市场营销的关键时，它正越来越多地出现在中心舞台上。许多经典的营销区分，如市场营销组合（4Ps）、产品与服务，已失去了解释力。相反,价值则抓住了现代营销的本质。在全球范围内，在高度竞争和快速发展的市场中，任何类型的组织都需要清楚它们所提供的价值是什么并把这一价值传递给它们的“受众”。但是，这一过程不再是单向的。在网络化的世界里，价值往往是由组织合作伙伴以及组织和消费者共同创造的。这是消费者的时代，消费者可以在博客里写他们感觉较差的产品体验，在微博里发布有趣的想法或者上传自己的创新视频。以价值为中心的营销方式比以往任何时候都重要。

第四版

第四版的一些令人振奋的特征包括以下内容。

以价值为中心

价值是本书的主题。我们研究它的不同形式以及营销致力于价值开发和传递的核心途径。

社交媒体营销

社交媒体营销的本质是贯穿全书的一个核心。我们研究了有效的社交媒体营销，还包括9个社交媒体营销的案例。这些包含发展主题和有效实践的见解，也包括讨论和批判性反思的问题。

消费者行为与市场研究

关于消费者行为与市场研究的章节已被大幅修改，以纳入消费者研究和消费者心理学领域。

服务、关系及体验

关于服务营销的章节已被大幅修改，通过服务、关系和体验来研究创造的价值，已成为一些组织在竞争激烈的市场中让自己脱颖而出的核心手段。

数字化营销

由于它占据的营销预算比例越来越大，在数字化营销领域的理论和实践继续以迅猛的速度演变。关于数字化营销的全面修订和更新部分在第10章。

伦理之争

这本书强调了营销理论和营销实践的一个重要途径。例如，在本书中，重点介绍了九个伦理之争。这些内容为营销某些方面的批判性反思和辩论问题提供了支持或反对的理论论证。

学习营销

市场营销是一个有趣和令人兴奋的话题，无论是作为消费者，还是作为组织中的员工或管理人员，它都是我们生活或工作的核心。因此，本书的重点见解一直是与当代世界的营销实践相融合的概念。于是，它保留了以前版本的流行功能并增加了一些新的功能。

实践世界中的见解各不相同。每章都以营销聚光灯开始，营销聚光灯重点关注的是一些知名的全球企业所面临的营销活动和挑战。除了上面所讨论的社交媒体营销的片段，还有37个营销行动案例，专注于各种组织的活动，不管是大组织还是小组织，公共组织还是私人组织。大约1/3的这些组织的总部设在英国/爱尔兰，1/3在其他西欧国家，另外1/3来自世界其他国家。这些插入的片段包含讨论问题，这些问题旨在提高批判性思维和学习能力。11个新的还有1个更新的章后案例提供了更详细的问题分析和问题讨论。

虽然本书是基础性的，它也为学生在营销领域提供了很多新兴的主题，如消费文化理论、符号学、多感官营销、体验营销、搜索引擎优化、环境营销、共同创造价值、营销指标，等等。这些概念以一种通俗易懂的方式呈现出来，从而使得学生能够了解有效营销和经典及现代元素。

致　谢

在本书写作的不同阶段，我们要对以下人员表示感谢：
Anne Marie Justinus Stærmose，Københavns Erhvervs Akademi
Andy Prothero，University College Dublin
Atanu Nath，University of Surrey
Birgit Wauters，Vrije Universiteit Brussels
Boris Maciejovsky，Imperial College London
Carsten Rennhak，EBS
Elisabeth Brüggen，Maastricht University
Glynn Atwall，ESC Rennes School of Business
Håkan Perzon，Luleå University of Technology
Jaya Sameera，University of East London
Jocelyn Hayes，University of York
John Nicholson，Hull University Business School
John Pallister，Cardiff University
Juliet Memery，University of Portsmouth
Kuldeep Banwait，University of Derby
Markus Wohlfeil，University College Cork
Mary Morgan，Cardiff University
Ming Lim，University of Leicester
Nadine Walter，TiasNimbus Business School
Nathalie Dens，Universiteit Antwerpen
Nik Yip，University of East Anglia
Patrik Gottfridsson，Karlstads Universitet
Rebecca Hughes，University of West England
Tony Willis，University of Surrey
Vicky Roberts，Staffordshire University

我们还要对为本书和提供与之配套的在线资源的以下贡献者表示感谢：
Brian Sealer，Loughborough University
David Cosgrave，University of Limerick
Deborah Sadd，Bournemouth University
Desmond Thwaites，Leeds University Business School
Glynn Atwall，ESC Rennes School of Business
Mark Durkin，Ulster University Business School
Marie O' Dwyer，Waterford Institute of Technology
Michael Gannon，Dublin University Business School
Yue Meng，Bournemouth University
Dan Germain，Innocent
Paulo Alves，BMW
Russell Jones，Diageo
Shane Lake，HungryHouse.co.uk

作者致谢

我们要感谢对本书提供建议并帮助其开发的同事、贡献者和评审员。我们还要感谢我们的编辑Jennifer Yendell、Peter Hooper和Caroline Prodger所给予的宝贵支持和帮助。

我们已尽一切努力跟踪和确认了版权的所有权，并明确了在本书中允许转载的材料。出版商将乐意作出适当的安排，以获得尚未取得联系的一切版权持有人的明确许可。

图片致谢

作者和出版商要对以下公司、广告和/或商标的复制表示感谢：

插　图

1.1：感谢 Alamy Stock Photography；1.2：感谢 Advertising Archives；1.3：感谢 The Hermès Group；1.4：感谢 PepsiCo；1.5：感谢 STA Travel；1.6：感谢 Oxfam；2.1：感谢 The Emirates Group；2.2：感谢 The Santander Group；2.3：感谢 Marks and Spencer plc；2.4：感谢 Statoil ASA；2.5：感谢 Advertising Archives；2.6：感谢 H&M；2.7：感谢 Mars；2.8：感谢 Fiji Water；3.1：感谢 Wm Morrison Supermarkets plc；3.2：感谢 Kohler Mira Ltd；3.3：感谢 Advertising Archives；3.4：感谢 comparethemarket.com；3.5：感谢 Volkswagen；3.6：感谢 Adidas；3.7：感谢 Greenpeace；3.8：感谢 Alamy Stock Photography；3.9：感谢 IKEA；3.10：感谢 Alamy Stock Photography；C3.1：感谢 Tourism Queensland；4.1：感谢 Diageo；4.2：感谢 Alamy Stock Photography；4.3：感谢 Google；4.4：感谢 iStockphoto；5.1：感谢 Garmin Ltd；5.2：'Café' by Peter Lindbergh，感谢 Leagas Delaney and Patek Philippe；5.3：感谢 Billabong Europe；5.4：感谢 The Gro Company；5.5：感谢 HSBC；5.6：感谢 Advertising Archives；5.7：感谢 The Coca-Cola Company；5.8：感谢 Panasonic；6.1：感谢 Nike；6.2：感谢 Tropicana；6.3：感谢 Ralph Lauren；6.4：感谢 Pernod-Ricard；6.5：感谢 NGN；6.6：感谢 Zara；7.1：感谢 nycvisit.com；7.2：感谢 IKEA；7.3：感谢 Vueling Airlines；7.4：感谢 B&Q；7.5：感谢 Xerox；7.6：感谢 Singapore Airlines；7.7：感谢 Guinness；8.1：感谢 MoneySupermarket.com；8.2：感谢 Apple Inc.；8.3：感谢 Advertising Archives；8.4：感谢 Rimmel/Cody Inc；8.5；感谢 Amazon；C8.1：感谢 the Jelly Bean Factory；9.1：感谢 Apple Inc.；9.2：感谢 Nielsen Media Research UK；9.3：感谢 Diesel；9.4：感谢 Myriad PR/3M；9.5：感谢 Virgin Atlantic；9.6：感谢 Apple Inc；9.7：感谢 Belfast Zoo；9.8：感谢 Specsavers；10.1：感谢 John Harris；10.2：感谢 The Boots Company plc；10.3：感谢 Macmillan Cancer Support；10.4：感谢 Pantene Thailand；10.5：感谢 David Carroll；10.6：感谢 Blendtec；11.1：感谢 iStockphoto；11.2：感谢 Alamy Stock Photography；11.3：感谢 Toni and Guy；11.4：感谢 iStockphoto；11.5：感谢 Planet Beach；11.6：感谢 Calvin Klein，Cath Kidson，Dior，Disney，Helly Hansen，Hobbs，Hugo Boss，Nine West，Pandora and YSL；11.7：感谢 DHL；12.1：感谢 Philips and P&G；12.2：感谢 IBM；12.3：感谢 TAGHeuer；12.4：感谢 Kellogg's；12.5：感谢 Zappos；12.6：感谢 Neuroth；12.7：感谢 Toyota。

图　表

5.4：感谢 Marriott International Inc。

部分开篇图像

第一部分：感谢 innocent/The Coca-Cola Company；第二部分：感谢 BMW；第三部分：感谢 Diageo。

章节开篇图像

1：感谢 Advertising Archives；2：感谢 innocent/The Coca-Cola Company；3：感谢 MoneySupermarket.com；4：感谢 Diageo；5：感谢 Billabong Europe；6：感谢 iStockphoto；7：感谢 Guinness；8：感谢 MoneySupermarket.com；9：感谢 Apple Inc；10：感谢 T-Mobile；11：感谢 DHL；12：感谢 TAGHeuer。

营销聚光灯图像

1.1：感谢 Alamy Stock Photography；2.1：感谢 Alamy Stock Photography；3.1：感谢 Sulake Corporation Oy. HABBO；4.1：感谢 iStockphoto；5.1：感谢 Blackberry；6.1：感谢 Nespresso；7.1：感谢 Build-A-Bear Workshop Inc.；8.1：感谢 Aldi；9.1：感谢 Barclays；10.1：感谢 T-Mobile；11.1；感谢 iStockphoto；12.1：感谢 Visa。

案例图像

1：感谢 Visit Britain；2：感谢 innocent/The Coca-Cola Company；3：感谢 Stefano Liboni；4：感谢 iStockphoto；5：感谢 iStockphoto；6：感谢 Carlsberg；

7：感谢 ShredBank；8：感谢 iStockphoto；9：感谢 Getty Images；10：感谢 Diageo；11：感谢 Nielsen Media Research UK；12：感谢 iStockphoto。

作者简介

约翰·费伊是国际知名学者和爱尔兰前沿的营销学思想家、爱尔兰利莫瑞克大学市场营销学教授、澳大利亚阿德莱德大学市场营销学副教授。在市场营销与企业战略领域，他的科学研究成果显著，尤其因营销资源和能力以及这些因素是如何影响组织绩效的等领域的工作而闻名。他是MC21集团的创始人之一，并跨越15个国家对营销资源和绩效进行研究。目前，他的其他研究兴趣包括营销和战略决策的进化观点。他是40篇关于营销和策略的文章的作者，并且这些文章都发表在前沿的期刊上，包括《市场营销杂志》、《国际商业研究杂志》、《商业研究杂志》、《营销管理杂志》、《欧洲市场营销杂志》、《国际商业评论》及《斯隆管理评论》。他曾获得多项国际研究奖项，如"AMA服务营销年会论文奖"和"营销学会年度最佳论文奖"。另外，他还在欧洲市场营销学会的执行委员会中任职。

约翰·费伊也是一名著名的教师，并在与工商管理硕士及行政团体合作中具有特殊专长。世界各地一直都很需要像他这样的人才，他曾与学生在澳大利亚、日本、匈牙利、爱尔兰、新西兰、新加坡、英国和美国等国一起工作。他执行工作的重点是缩小学术见解和面向组织的商业现实之间的鸿沟，同时在爱尔兰和英国，他广泛参与公开的、公司内部的项目。他是几个屡获殊荣的开展商业案例研究的作者之一。他也参与了新的教学材料的开发，如录制一系列的商业视频，在视频中，关于组织在最近的战略举措中的发展情况，他采访了一些重要的营销管理人员。进一步的细节可以在www.johnfahy.net这个网站上看到。

约翰·费伊教授目前是利莫瑞克大学市场营销学教授。在此之前，他任教于都柏林大学圣三一学院。他在美国德州农工大学获得硕士学位，在都柏林大学圣三一学院获得博士学位。工作之余，他的兴趣主要包括家庭聚会、听音乐、做运动、享受美食以及旅行等。

戴维·乔布尔是国际公认的市场营销学专家。他是布拉德福德大学管理学院营销学教授、布拉德福德大学管理中心营销集团董事长，并先后获得了曼彻斯特大学经济学名誉学士学位、沃里克大学硕士学位和布拉德福德大学博士学位。

加入布拉德福德大学管理中心前，戴维供职于TI集团的市场销售部门，同时担任赫德斯菲尔德大学营销学高级讲师。他具有丰富的本科、硕士和进修班营销学主要课程的教学经验。他的主要研究领域有：产业市场营销、销售管理和市场营销调研，并多次荣获各种级别的教学成果奖。他所教的“产业管理MBA模式”是布拉德福德大学评价最高的选修课程之一。他的教学才能在担任阿斯顿大学、兰卡斯特大学、拉夫堡大学和沃里克大学等大学的访问讲师时得到了充分展示。他还曾为英国石油公司、禾大国际、联合里昂、BBC、巴斯、皇家和太阳联盟、劳斯莱斯和力拓矿业等国际化公司的高级管理人员讲授市场营销学。

他能在教学上取得如此巨大的成就，是因为有学术研究的成果作坚强后盾。他在《国际市场营销研究杂志》、《管理信息系统季刊》、《战略管理杂志》、《国际商业研究杂志》、《管理学报》、《商业研究杂志》、《产品创新管理杂志》和《人员销售和销售管理杂志》上发表了150多篇市场营销学方面的文章，还先后在《国际市场营销研究杂志》、《人员销售和销售管理杂志》、《欧洲市场营销杂志》和《市场营销管理杂志》的编辑委员会工作。他还是英国研究质量评估（RAE）小组的特别顾问，该小组负责评定全英商学院和管理学院的研究成果。在2008年，营销学会授予他终身成就奖，以表彰他对市场营销所作出的卓越贡献。

目录

第一部分

市场导向型组织

第1章　营销的性质

本章框架

- 什么是营销?
- 营销的发展
- 营销与企业绩效
- 营销的范围
- 营销计划

学习目标

在学习本章之后，你应该理解：

1.营销是什么?

2.顾客价值的本质。

3.营销观念是如何随着时间发展的。

4.营销的范围。

5.营销观念与企业绩效之间的关系。

6.营销计划的作用和重要性。

营销聚光灯

推　特

如果说有一种业务抓住了当今社交媒体时代的本质，那就是“推特”。微博服务产生于2006年，其已经成为一个全球性的现象。目前估计推特有2亿个用户，推特是一种服务，它允许会员发帖（或推特），短消息不超过140个字符。与普通博客的这一关键区别是它取得成功的原因之一。这些短消息可以迅速产生，许多都是用手机发布的，这给了用户一种即时性的感觉。随之“粉丝”看到微博，将受欢迎的信息转发给他们的“读者”。在任何领域，在任何特定的时间，无论是商人、政客、朋友或名人，都可以快速获得一种实时的感觉，即通过推特了解正在发生的事，以及最新的流行“趋势”是什么。

最初，推特在技术爱好者中非常受欢迎，随之在知名人士中也是如此。目前，那些拥有最多“粉丝”的名人包括Lady Gaga、贾斯汀·比伯和小甜甜布兰妮。2011年，一个备受争议的男演员因在短短25个小时里就获得了100万个追随者而打破了吉尼斯世界纪录，从而展示了媒体强大的社交潜力。随着社交网络如Facebook和image、视频共享网站如Flickr和YouTube的广泛使用，推特是我们当前的“永远在线”社会的典型例证，在那里，人们会在屏幕前花费更多的时间来联系朋友或工作，并提供实时信息。

那么这些发展对营销的影响是什么呢？答案包括很多方面。首先，推特为市场变化的速度快慢提供了例证。业务虽仅成立5年，但它已经极大地改变了人们接收信息的方式，并对企业的经营如广播和报纸的业务产生了重大影响。其次，营销人员一直在努力将维特作为产品更新、特别优惠、答复客户服务查询等的营销工具。一家英国家具公司，据说由于使用与2009年伊朗选举相关的关键词而受到负面报道，从而导致推特信息量飙升。再次，当批评和负面的推特信息迅速地出现在公共领域时，组织也需要比以往更加谨慎，尤其是在服务质量、社会责任行为等问题上。最后，通过推特进行市场营销的一个重点是追随者已经通过“选择”来接收信息，与传统的插播形式如电视广告形成鲜明的对比。一家苹果饮料公司innocent Ltd使用推特快速地发布信息，以此来传达自己的品牌价值。

虽然每周会生成大约10亿条推特信息，且估计价值100亿美元，但是推特的未来仍不确定。尽管推特快速增长和被高频率使用，它却刚刚通过搜索和显示广告产生一些收入。把推特的人气变成现金，将成为其未来几年的重要挑战之一。

公司的活动既能反映又能塑造我们生活的世界。例如，有人认为汽车的发明已经定义了我们今天的生活方式，因为它使个人出行的便利呈现在一个前所未有的水平上。它促进了城市郊区的发展，增加了娱乐和带来了消费信贷的热潮。它催生了我们的购物中心、主题公园、旅馆、快餐店和公路电影。与此类似，现在很多人都认为，脸谱网将对我们的生活方式产生深刻影响，它将改变我们的生活方式、学习方式、与他人进行互动的方式，以及企业进行营销的方式（见插图1-1）。

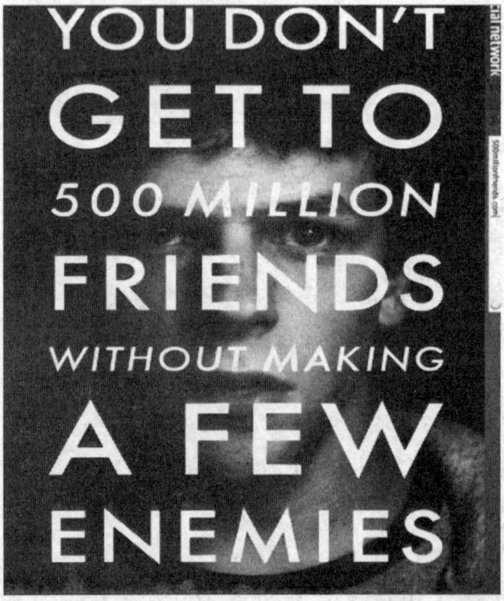

插图1-1 脸谱网已迅速成为巨大的全球业务提供者

因此，商界是一个令人兴奋的世界，每天都有新的成功和失败的案例。报纸行业曾是全能的，是让消费者了解世界正在发生事情的主要手段。随着广播和电视的到来，报纸业继续蓬勃发展并补充了这些媒体。但是，互联网已经改变了消息捕获和沟通的方式，因而导致许多报纸业厂商不是苦苦挣扎就是以失败告终。不久前，索尼以其PlayStation游戏机和游戏系列在游戏业占据主导地位。同时索尼还努力加强其PlayStation 3游戏机的功能，然而它没有觉察到任天堂Wii的威胁。事实上，任天堂Wii的易用性、较低的价格和更广泛的吸引力，使它能够捕捉更大的市场份额。如今这两个企业都必须对越来越多的消费者喜爱虚拟世界的网络游戏这一偏好作出反应。

所有这些变化的核心是营销，企业成功和失败的原因很多，但营销往往是结果的核心。原因是，营销的重点是客户和他们不断变化的需求。如果你没有客户，你就没有生意。成功的企业是那些不仅能成功地获得客户，而且也能不断地了解客户不断变化的需求的企业。市场营销的目标是构建长期的客户满意度，而不是进行短期的欺骗或实施诡计。这一主题是由管理学大师彼得·德鲁克提出的：

因为企业的目的是创造和保持客户，它有且只有2个核心功能——营销和创新。营销的基本功能就是以营利为目的吸引和留住客户。

这句话告诉我们什么？首先，它把市场营销放在了促使企业成功的核心地位，因为它与创造顾客和保留顾客有关。许多产品的失败，特别是那些在信息技术领域的企业产品的失败，往往是由于缺乏对客户需求的关注。最近的一个典型的例子是谷歌的浪潮，这是有史以来在技术上最复杂的Web应用程序之一。该公司已经花费了数千工时来建设这个网站，但无论是公司（还是客户）似乎都没有确定它是什么，于是它只运行了数月便在2010年被撤回了。其次，吸引新客户的成本与保留老客户相比要高得多。事实上，吸引新客户的成本比保留老客户高出6倍。因此，以营销为导向的公司已认识到通过提高满意度与客户建立良好关系以及通过创造附加价值来吸引新客户的重要性。Grönroos在他对营销的定义中强调了建立关系的重要性，并把市场营销的目标描述为长期客户关系的建立、开发和商业化从而使有关各方的需求得到满足。最后，由于大多数市场都存在着激烈的竞争，该定义还建议监测和了解竞争对手，这是因为如果客户的需求得不到满足，他们就会转向我们的竞争对手。本章的其余部分将会更详细地探究这些想法。

1.1　什么是营销？

现代市场营销观念（marketing concept）可被定义为：“通过比竞争对手更好地满足和超越顾客的需求来实现企业目标。”举例来说，作为世界领先的消费品公司之一，宝洁公司的口号是：一定要赢在第一个和第二个关键时刻，也就是在商店里顾客决定选择哪个品牌的产品时以及在家里当他/她使用产品时。如下三个条件必须得到满足，营销理念才能得以应用。

第一，企业的活动要围绕提高**顾客满意度**展开，而不是简单地生产产品，但这个条件并不容易满足。组织几乎都是内向型的，重点是它们的人、它们的业务和它们的产品。当客户的需求迅速发生变化时，公司也许会失去同他们的联系。例如，直到最近，芬兰的诺基亚一直是世界上最主要的移动电话制造商。然而，尽管现在每年它仍然比任何一个竞争对手卖出更多的手机，但是在盈利方面它已经远远落后于苹果公司，其并没有很好地利用消费者口味的转变而转向技术更先进的智能手机。

第二，顾客满意度取决于各部门共同努力的程度。实施这一观念不是市场营销一个部门的责任，生产、财务、研发、工程和其他部门都应该牢记关注并满足顾客的需求是公司的运营目标。实际上，市场营销是组织中每个人的责任，并向公司的运营管理提出了重大挑战。

第三，为了实现共同目标，管理人员必须相信企业的目标可以通过提升客户满意度（见图1-1）来实现。有些企业会比其他企业更快并且更深刻地意识到市场营销观念的重要性。例如，耐克（Nike）虽然比跑鞋市场中的主导品牌锐步（Reebok）及彪马（Puma）进入市场晚，但是它通过强有力的品牌价值宣传从而使自己成为运动装备行业的世界领导者。

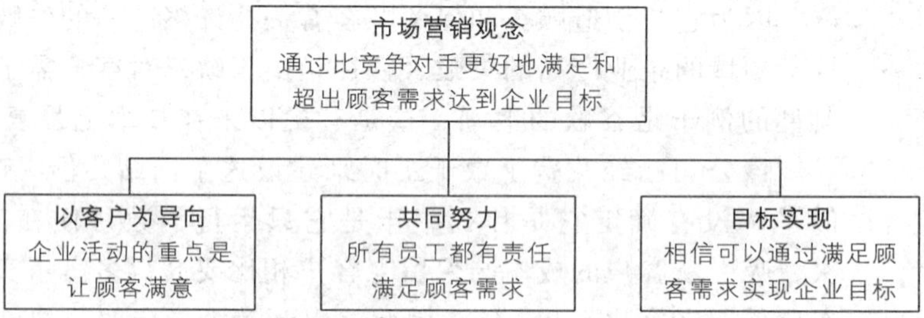

图1-1 市场营销观念的主要组成部分

总之，企业可以被看作要么是内向型的，要么是外向型的。在前者中，重点是制造产品或提供服务，但是对内部操作和流程的效率尤其关注。后者是公司开始时与客户从外部建立关系，在理解客户的真正价值观后再制定策略。重点的差别虽是微妙的，但又非常重要。通过保持一个由外到内的关注，企业可以了解客户的价值观是什么，以及如何持续引入新的价值来源。只有这样去做，才能确保公司在盈利的水平上创造并传递价值——营销的最终目标。

1.1.1 顾客价值的本质

如果传递顾客价值是企业成功经营的关键，那么一个企业如何才能知道它是否在创造这样的价值呢？对许多公司来说，这已经被证明是一个麻烦的问题。例如，一些企业为产品添加新功能，希望这样做将会吸引客户。其他的企业致力于新的营销活动，例如广告宣传活动、脸谱网的竞争或零售体验的创造。还有一些企业可能会寻求利用消费者的偏好，以较低的价格提供产品或服务。但关键是，消费者是否认为这些变化对他们有益，是否值得他们为了获得这些利益或好处而不惜付出一切代价。因此，顾客价值往往用下面的定义来表示，值得注意的是，是由客户而不是组织来定义什么代表着价值：

顾客价值=感知利益−感知付出

感知利益可以从产品（例如，酒店房间和餐厅），相关服务（例如，酒店如何回应客户的具体需求）和公司的形象（例如，企业的形象好吗？）中获得（见插图1-2）。传递利益是一个重要的营销任务，也是品牌定位和推广的核心，这点我们将在第5章与第6章中看到。

插图1-2　欧莱雅Elvive广告

注：去网上（www.mcgraw-hill.co.uk/textbooks/fahy）看看欧莱雅是如何通过Elvive洗发水来实现良好收益的。

感知付出是购买某产品的总成本。它不仅包括货币成本，而且包括在购买时所涉及的时间成本和精力成本。例如，对酒店来说，良好的地理位置可以减少顾客寻找合适的居住场所花费的时间和精力。但是，营销人员还要注意在某些购买情况下所涉及的另外一项重要的付出，这就是买错东西时顾客心理上可能要付出的代价。不确定性意味着人们在购买时会感知到风险。因此，像万豪酒店（Marriott Hotel）或者麦当劳这样的连锁餐厅通过提供同样的服务或食品来减少感知风险，使顾客进店前便知道自己会得到什么样的服务或食品。

取得进一步营销成功的关键在于确保所提供的价值超过了竞争对手。顾客根据对供应商提供价值的判断决定是否购买。购买产品后，顾客满意情况就取决于产品实际性能与顾客期望的比较。如果实际性能满足或超出顾客的期望，顾客就会满意。顾客的期望产生于购买前的经历、与别人的讨论以及供应商的市场营销活动。企业应避免促销时夸大其词，过分抬高顾客的期望，因为一旦性能没有想象得好，顾客就会产生不满。

在当前激烈的竞争环境中，产品性能仅仅能满足期望通常是不够的，为获得商业成功，产品性能必须超出顾客期望，使顾客看到结果时感到非常高兴。为了了解顾客满意的概念，卡诺模型（见图1-2）将导致顾客不满、满意与高兴的特点区分开。该模型包括3个特点："必须有"、"多多益善" 和 "开心果"。

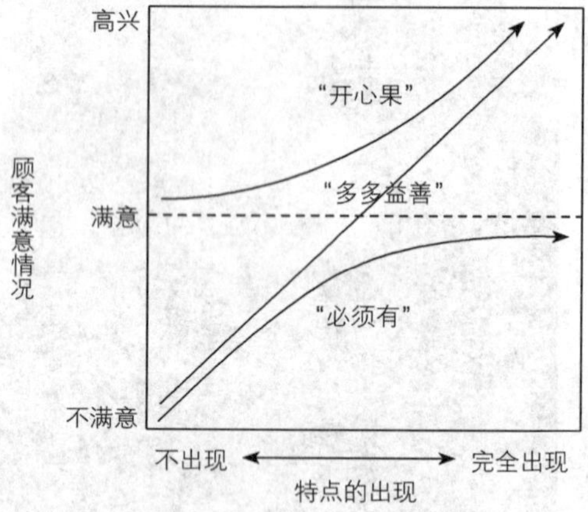

图1-2　创造顾客满意

资料来源：Joiner，B.L.（1994）*Fourth Generation Management*，New York：McGraw-Hill.

"必须有" 特点是指顾客期望产品必须具有某种性能，即该性能被认为是产品理所当然应该有的。例如，远距离的上下班往返者希望飞机或火车准时出发，以保证日程安排不受影响。少了这些就会让顾客感到不满；有了这些，顾客就会介于满意和不满之间。"多多益善" 特点可以让这种中间状态向十分满意的方向发展。例如，电话无人接听可能导致不满产生，马上有人接听就会让顾客感到满意甚至是高兴。搜索结果的可用性是一个比较好的例子，并且已经成为搜索引擎行业中的一个关键性因素，这使得谷歌成为主导者。"开心果" 特点，是指产品的某些性能能给顾客带来惊喜。缺少 "开心果" 不会导致顾客不满，但有了 "开心果" 就会取悦顾客。例如，旅游者发现在度假目的地，他们感受到的客户服务质量已经超过了他们的期望时，往往就会很高兴，并有可能向朋友和同事推荐此度假胜地。

然而，随着时间的推移，这样的“开心果”成为预期，这就意味着期望值不断提高。例如，一些汽车制造商提供意想不到的惊喜，如CD播放机和内置灯延时机制，以便顾客在夜间寻找点火插座。这些都是大多数汽车现在的标准，并成为“必须有”的特点，因为客户已渐渐地习惯。这意味着营销人员必须不断努力寻找取悦顾客的新途径，创新思维和倾听客户是其中的关键因素。

1.1.2 顾客价值的四种形式

虽然现代组织提供了无数的产品和服务，但是客户价值的四种核心形式已经确定如下：

价格价值：最强大的顾客购买动机之一是一种产品被认为比竞争对手所提供的产品便宜。这已经在许多行业中运用，如航空旅行（Ryanair）、食品零售（Aldi）、汽车租赁（EasyCar），等等。这些类型的组织认识到，在市场中，一些消费者会为了低廉的价格而放弃额外的产品功能（见第5章中的市场细分）。企业以提供低价格的基本产品来做出反应。例如，低票价航空公司已经取消了许多用于航空旅行的功能，如飞机餐、机场入住以及没有行李限制等。想要这些功能的消费者现在会被收取额外的费用，从而使低价格的航空公司盈利能力进一步提高。食品零售商Aldi估计有400亿欧元的年营业额，是德国最成功的公司之一。该公司的经营主张是在一个朴实无华的环境里以永久的低价格为客户提供一系列自有品牌的产品。

性能价值：以同样的方式，有些客户偏爱低价格，其他客户更关心的是产品的性能。他们正在寻找的是最新的功能，他们被产品功能和感知质量水平所吸引。在这个领域经营的公司的首要任务是持续创新，利用技术的变化和不连续性以提供具有吸引力的产品特性和功能。例如，英国的电子产品制造商戴森，拥有一支由420名工程师和科学家组成的团队致力于“生产”产品创意，该公司一直负责创新，创新产品包括旋风吸尘器、Airblade电动干手器和Contrarotator洗衣机，这是世界上第一台具有两个反向旋转滚筒的洗衣机，能够进行更好的清洁。像戴森这样的公司的目标是基于自身产品和服务的功能和性能为客户提供价值。

情感价值：现代企业面临最大挑战之一是找到有效的方法来区分基于性能元素的产品。如果以汽车行业为例，汽车之间的技术差异，尤其是汽车的具体类别，如经济型轿车和家庭轿车的技术差别是微不足道的。大多数汽车都有非常相似的外观设计、功能和特点，不同制造商经常在同一生产线上同时生产。同样地，一系列的消费产品，如基本电器，其竞争企业的品牌是由少数公司打造的，并且它们之间的技术差异是微乎其微的。因此，这些品牌之间存在的唯一真正的区别是在消费者心目中的所谓的情感价值。一些消费者可能更喜欢沃尔沃汽车，因为他们相信它们会比竞争品牌更安全（从技术上讲并非如此），因此其一直是沃尔沃的忠诚买家。这种情感价值是通过市场营销活动创造出来的，我们将在本书中讨论。这也有助于解释为什么一些消费者会对奢侈品品牌

（香奈儿、爱马仕）支付巨额的费用，为什么其他人会排几个小时的队要在他们同龄人中成为第一个拥有某种产品（iPad、凯特·莫斯的服装）的人（见插图1-3）。

插图1-3 奢侈品品牌如爱马仕拥有高水平的情感价值

关系价值：购买的另一个重要动机是产品拥有深受客户好评的质量或服务。就服务企业来说，这代表着一个特殊的机会（见第7章），如餐厅用餐和企业报税服务在购买之前是无法评估的。当客户发现优质的服务供应商时，他们可能愿意与这个供应商保持联系，并建立一个高层次的信任关系。这方面的核心是**顾客的终身价值**，由光顾该公司多年的老顾客对公司的潜在销售额、利润和代言进行识别和认可。但是关系价值并不局限于服务企业。各类组织正在成为**客户关系管理（CRM）**系统的熟练用户，以更好地了解它们的客户，并定期与他们进行互动（见第7章）。即使是快速消费品品牌，亦试图通过可以让顾客享受的跑步活动与核心客户建立更紧密的关系。这样，公司不仅从顾客忠诚中受益，而且也会从市场中产生新产品的创意（见插图1-4）。社交媒体在建立关系价值中的作用见社交媒体营销1.1。

组织所面临的挑战则是要试图成为这四个维度中的一个有价值的领导者。那些达到领导职位的人，如瑞安航空公司（航空价格价值领导者）或路易·威登（奢侈的时尚商品的情感性价值的领导者）的首席执行官往往比其他人更成功。这是因为他们有明确的**顾客价值主张**和独特的卖点（USP），这也是客户一次又一次回报他们的原因。在市场竞争中，一般来说，企业在多个方面进行

插图1-4　the Walkers开展的“美味运动”（“Do Us a Flavour campaign”）有助于建立关系价值

注：同上面的广告一样，许多合法公司的市场营销活动旨在建立自己的关系价值。见www.mcgraw-hill.co.uk/text-books/fahy.

竞争是不太可能的，这样做意味着将会在市场上呈现令人困惑的混乱状态。然而，这个命题可能会随着时间的推移而发展。例如，innocent drinks最初是通过提供高质量果昔（性能价值）来占领市场的，但这很快就被该品牌的个性——幽默的、古怪的经营方针和与此相关的活动（情感价值）——所取代。正如上面所讨论的，最近的一些举措表明这对关系价值是一种驱动。

社交媒体营销1.1　Wispa的回归

批判性思维：下面是对Wispa品牌早期成功、继而失败后又成功的一个回顾。产品从未改变，但其销售水平发生了巨大变化。下面进行批判性的评估，以解释为什么是这种情况。

由吉百利打造的Wispa巧克力品牌有一个曲折的品牌构建过程。这一品牌在1984年推出，最初是如此成功以至于该公司的生产系统得努力才能跟上消费者日益增加的需求。尽管早期很成功，但是其销量在20世纪80年代开始下降，一些品牌延伸如Wispa Gold和Wispa Mint几乎没有改变这种趋势。2003年，吉百利决定撤销该品牌，将其更名为吉百利牛奶泡沫，列入吉百利产品系列。

然而，消费者已经对原品牌产生了依恋，消费者几乎立即开始呼吁该品牌的恢复。在以前也发生过这样的情况，当时糖果品牌已被撤回，但这次的不同在于这个品牌的粉丝有了一个新的论坛——社交网络，在那里他们可以发表自己的意见。2007年，超过10 000个粉丝聚集在脸谱网上——当时最大的一个脸谱网群体——在现实世界中他们也参加了活动，在"Bring Back Wispa"音乐节期间占据了整个Iggy Pop舞台。吉百利决定测试这种需求是否会变成真正的销售额，因此恢复了Wispa品牌，试着生产了2 300万条产品。然而，甚至在还没有达到50%的配送额时，这些产品就已经卖完了，一些买家甚至开始在易趣网上进行交易。

大获成功之后，在2008年，Wispa永久地重新启动了。该品牌以其成功的脸谱网个人主页为基础，把它的粉丝放在其沟通策略的核心位置。这给了他们行动的号召，要求他们把自己的承诺作为"因为爱Wispa"运动的一部分。300名粉丝（收到了超过2 000句承诺）被选为代言人在广告中庆祝该品牌的回归。以这种方式参与其中的粉丝加强了他们与品牌的关系，这也有助于增加Wispa的粉丝群。还有Wispa Gold Messages竞选运动，在那里粉丝可以在Wispa赞助的论坛上相互发送消息。利用社交媒体关注的焦点，Wispa已挽救了其作为英国头号巧克力棒的地位，在2010年其销售额近6 000万英镑，脸谱网粉丝近100万人。

资料来源：Farquhar，Barrie和Goodwin（2010）；Parry（2008）.

客户价值的关键作用，使我们能够提供**市场营销**的定义如下：

市场营销是以营利为目的为客户提供价值。

因此，我们看到，营销的核心要素是价值和利润。企业必须为某些客户群建立和传递某种形式的价值。它们在一定程度上还必须这样做，以使它们能够盈利，否则它们的业务将是不可持续的。能够不断地提供价值和创造利润是成功公司的特征，如苹果公司和特斯科公司。

1.2 营销的发展

现代市场营销源于1750年左右爆发于英国及1830年左右爆发于美国与德国的工业革命。生产与销售方式的改进以及大量农村居民迁移到城市，创造了大规模的潜在市场。在商人准备开拓这些市场之际，诸如广告媒体以及销售经销商等机构开始成长并蓬勃发展。市场营销作为一个研究领域始于20世纪初，是从研究分销方面问题的课程发展起来的。20世纪五六十年代，市场营销课程关注的焦点是如何进行销售，强调营销技术的重要性。在最近几年，人们更愿意将市场营销看作一种经营哲学，更加关注市场营销的本质及对利益相关者与社会的影响。

尽管以市场为导向由来已久，但是不能保证所有企业都是**市场导向**（marketing orientation）型的。现在，许多企业的管理都以内部为主，它们将重点放在企业已有产品及公司内部运转上。这可以追溯到20世纪20年代和30年代美国大批量生产的出现。图将1-3（a）介绍了**生产导向**（production orientation）型企业最原始的运营模式，其将重点放在目前的生产能力上。该类型企业的宗旨是开发产品或服务，这些产品的上乘质量和创新被认为是企业取得成功的关键。例如，英国基金管理行业的一份报告表明，在一般情况下，该行业的特点是缺乏客户关注，以及缺乏有效的市场细分，因而推出的许多产品都不符合顾客需求，从而失去了潜在的销售机会。

许多其他类型组织的特点可以被描述为过度关注销售额。它们可能拥有良好的产品和服务，但认为市场营销的重点应是确保客户购买产品（见图1-3（b））。这种方法可追溯到第二次世界大战后的美国，那时候大规模生产的发动机在市场中产生了产品剩余，为了说服顾客购买，积极的销售是必需的。许多行业如医药在市场上严重依赖于销售力量来推销产品。

许多企业没有过度地关注产品或销售导致越来越关注客户的需求，如图1-3（c）所示。客户至上的企业逐渐了解它们的客户，了解他们的需求和问题。当个人交流不充分或不可行时，其会委托他人进行正规的市场调查，从而使公司能够了解客户的动机和行为。德国机床制造商获得成功，一部分可以归因于其愿意为主要客户开发新的产品——这样的公司本身就具有创新精神。这与英国机床制造商的态度形成鲜明的对比，其只是把市场调查作为一种策略来拖延新产品的提案，并担心参与新产品设计的客户会对它们当前产品的销售带来不利影响。

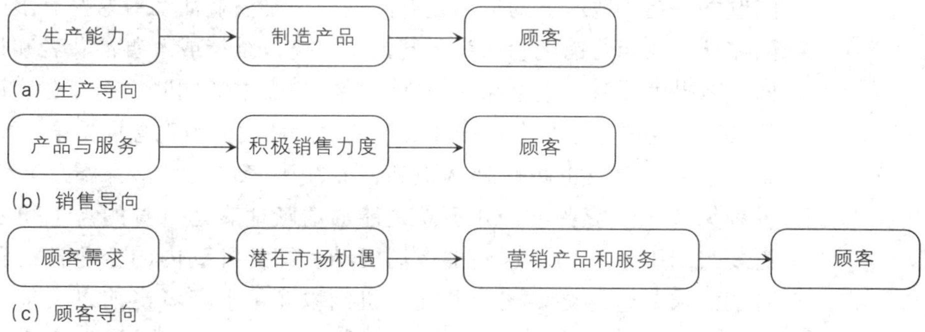

图1-3　可选择的业务导向

拥有满意客户最大的好处之一是，他们告诉别人他们的经验，这会进一步提升销售额（见插图1-5）。例如，最近的研究表明，其他客户提供的产品或服务的经验对购买决策具有显著的影响，如在汽车和金融服务等行业。线上企业很看重口碑营销。例如，到到网是一个网站，在这个网站上客户会对他们住过的酒店以及到达的景点的满意程度进行评论，而这些评论会影响其他客户的购买决策。

插图1-5 STA旅行网站让学生在博客上写下自己的旅行体验，来为其他游客提供有用的信息

这三种导向是按照时间顺序出现的，首先是生产导向（20世纪30年代），然后是**销售导向**（20世纪50年代），最后是在20世纪60年代出现的顾客导向。但是显而易见的是，这三种导向在实践领域里是司空见惯的。近年来对新兴业务的定位也被给予了重要的关注，特别是**社会营销观念**。企业和社会的主要问题之一是，地球上的资源是有限的，但是商业活动对这些有限的资源却有无限的需求。社会营销观念认为，营销策略应以维持或改善消费者和社会福祉的方式向顾客提供价值。这意味着，在满足客户需求的同时，企业也应该参与诸如减少污染以及发展企业社会责任计划等活动。社会营销观念详见第2章。

最后，企业也越来越认识到，专注于客户的需求并不总能传递企业期望的各种见解。消费者也许并不总是能够清晰地表达自身的需求和欲望，它时而也需要组织引领市场。这些**由市场驱动，即从外到内的企业**尝试预测并识别消费者的需求，建立必要的资源配置机制以满足消费者当前以及未来的需求。同样地，Vargo和Lusch已经呼吁远离基于制成品和业务交换的概念建立的经济营销模型，建立基于更清晰的双方关系交流的营销模型，价值是双方共同创造的，而不是由一个实体决定并与另一个实体进行交换。最近的发展，如社交媒体的快速增长进一步说明了客户共同创造价值的重要作用（见社交媒体营销1.1）。

总之，市场导向型企业和内部导向型企业之间的差异，总结在表1-1中。它们可以被认为处在“光谱”的两端。市场导向型企业显示出对客户的关注并将其贯穿于整个企业中；它们了解客户在竞争的供应商之间选择的标准；它们投资于市场调研，并跟踪市场的变化；它们把营销支出作为一种投资，并且能够更加快速灵活地把握新的市场机遇。

表1-1　以市场为导向的企业

市场导向型企业	内部导向型企业
整个业务流程中都体现出关心顾客	将方便放在第一位
了解顾客选择标准并与营销组合匹配	认为价格和产品性能是实现大量销售的关键
根据顾客进行市场细分	根据产品进行市场细分
投资市场调查,跟踪市场变化	依赖哗众取宠和已有的聪明才智
喜欢变化	看重现状
努力理解竞争	无视竞争
将市场营销的费用视为投资	将市场营销的费用视为不必要的大额支出
奖励创新	惩罚创新
寻找潜在市场	维持现状
快速	不慌不忙
努力争取竞争优势	津津乐道于模仿

1.2.1　效率和效益

如果能够理解**效率**（efficiency）和**效益**（effectiveness）之间的区别，那么我们就可以得到顾客导向型市场营销的另一个概念。效率与投入和产出有关。一个有效率的公司经济地生产商品：它把事情做好。这样做的好处是单位产出的成本低，因此，公司有潜力通过低价位获得市场占有率，或者向分销商要高价，获得高利润率。然而，企业要想成功不能只有效率，还要有效益。效益指的是做正确的事情。这意味着企业要在有吸引力的市场上运营，生产适销对路的产品。相反，如果在没有吸引力的市场上运营或者生产的产品不适销对路，企业早晚会倒闭——只是时间问题而已。图1-4中阐明了企业业绩与效率和效益的共同作用之间的关系。

	无效益	有效益
无效率	很快破产	存活
有效率	慢慢破产	生意兴隆

图1-4　效率和效益

既无效率又无效益的企业很快就会关门大吉，因为消费者不想买高成本生产者的产品。在20世纪90年代末的互联网热潮期间，许多基于网络的企业形成了。有效率但无效益的企业坚持的时间可能会稍长一些，因为成本低，所以尽管销售量下降，利润还是比较多。有效益但无效率的公司可能会存活下来，因为它们在有吸引力的市场上运营，而且销售适销对路的产品。问题是它们效率低，付出努力却得不到最多的利润。将效率和效益结合起来，企业才能获得最大的成功。这样的企业做得很好，并茁壮成长，因为它们在有吸引力的市场中进行运营，提供消费者想要购买的产品，并从低成本中获益。

全球汽车行业是将效率与效益相结合的典型行业。近年来，美国福特、通用和克莱斯勒三大汽车公司遇到了麻烦。2006年，美国的福特和通用公司共解雇了55 000名员工，而德国的克莱斯勒公司也解雇了8 500名员工，这一数字超过了失业非常严重的1980年、1991年以及2001年的解雇人数。几个回合的效率驱动只是延长了这些曾经位于领先地位的公司的业绩下滑时间。

2009年1月，美国政府向通用和克莱斯勒提供了将近250亿美元的资金，以帮助它们维持经营，并允许它们利用“金融喘息”的机会来调整业务。相比之下，通过运用创新的、行业领先的生产技术（效率）生产可靠性高的、具有价格优势的产品（效益），日本丰田公司已成为世界汽车的领导品牌。然而，在2009年和2010年，丰田由于加速系统的问题在全球被迫召回了900多万辆汽车。此次召回事件损害了丰田在市场中的声誉，这表明了效率和效益（见市场营销行动1.1）的动态特性。

市场营销行动1.1 戴尔公司

批判性思维：下面是对戴尔公司所面临的有竞争性的挑战的回顾。批判性地评价什么对公司更具有破坏性？它是由效益的丧失引起的，还是由效率的丧失引起的？

在计算机行业，戴尔公司业绩是通过效率和效益的动态性结合实现的，它是这方面的一个典型例证。该公司由著名的迈克尔·戴尔创立，当时他还是位于奥斯汀的得克萨斯大学的一名学生。对个人电脑业务来说，他的方法是革命性的。当时，其他制造商生产的电脑是通过增值分销商（VARs）的专业渠道进行销售的，因为其认为，客户在做出购买抉择时需要协助。

然而，随着技术的快速变化，制造商和增值分销商往往保留着未售出的和过时的成本高的库存。而戴尔则采取了不同的方法。他开创了一个订单生产模式，这意味着客户可以拥有符合自身规格（效果）的最新技术和产品。这一价值被以下事实强化了，即戴尔可以凭借其生产系统的高效率，低成本地提供计算机。它采用了零库存的生产实践，这在汽车行业中非常受欢迎，并且与行业平均水平130相比，它的流水线“接触”或工作人员的干预仅为60。戴尔公司的业务蓬勃发展，并且其股票价格在20世纪90年代上涨了令人惊叹的29 600个百分点。

然而，过去10年来，该公司对自己的要求更加苛刻。其领先地位在很多方面都受到了挑战。竞争对手也采用了类似的生产方式，并且一些公司，像中国的联想集团，都立基于成本较低的地区。因此，戴尔已经停止了在美国和爱尔兰的所有的生产业务，取而代之将生产基地转换到波兰、墨西哥、马来西亚和中国。其效益领先优势也在几个方面受到了削弱。订单生产模式是目前的行业标准，各大厂商如惠普、索尼和Gateway都提供了与戴尔类似的产品功能和好处。便携式设备如iPod和iPhone的成功已经激发了人们对其品牌电脑——iMac的兴趣，苹果公司的零售商店很具吸引力对其成功如此重要，以至于戴尔不得不首次选择与零售商进行合作。但也许最大的威胁来自于技术的变化以及消费者如何解决自身的电脑需求。结合了计算、娱乐和新闻功能的平板电脑或简单的平板电脑自从2011年以来开始受到欢迎，像苹果和三星这样的品牌在这个领域中居于市场领先地位。在2000年初，戴尔公司股价高达50多美元，在2011年交易价约为15美元，它的利润率已下降到大约5%。

1.3 营销与企业绩效

市场营销有用吗，这是一个饱受争议的问题。许多人认为市场营销当然有用，但其他人却不确定。这个问题之所以难回答，与营销的定义以及无形性紧密相关。许多企业家认为，他们从事营销，但可能只是从事销售或促销活动，如果这些活动没有达到他们预期的目标，他们可能会觉得自己的营销努力是没有作用的。但是，我们将在本书中学到的是销售或促销只是营销过程的一部分。确实难以事先预测营销或促销活动是否起作用。有时，这些活动会导致惊人的成功。

例如，从20世纪80年代起，凭借尼克·卡门（Nick Kamen）的代言，使李维斯501系列的销售量同比增长了800个百分点。不仅如此，其他所有款式的牛仔裤（即使是竞争对手的）销售量都有所增加。这说明新的系列也可以推动停滞不前的品牌的销售量，正如发生在整个欧洲的梦龙冰淇淋不景气的销售情况一样。其以女性为对象，利用电视广告，并将户外广告和互联网广告相结合，使梦龙七宗罪系列冰淇淋（the Magnum 7 Deadly Sins）一年之内提高了20%的品牌销售量。

在其他公司，市场营销被视为业务增长的核心动力（见市场营销行动1.2）。例如，雀巢是一个拥有8 000种产品（当考虑产品的地区性变化时，这一数量增加到2万种）的大型跨国公司，一年的市场营销预算为25亿美元。这种类型的企业把营销支出作为一种投资，而不是成本，即使在销量和需求下降的经济衰退时期，仍会把钱花在营销上。有关德国拜耳公司创立的Berocca维生素片品牌就是一个恰当的案例。2001年该品牌在爱尔兰市场上推出，得益于其将营业额的25%投资在营销方面，销售额已从最初的50万英镑，增长到2010年时的超过400万英镑。这已经占了爱尔兰市场40%的市场份额，从而使得爱尔兰在人均基础上成为世界上生产最好的维生素B1制剂的市场之一。然而，在有些市场上，问题并不在于市场营销是否起作用，而在于市场营销发挥的作用实在是太大了。市场营销成为备受人们争议的话题。人们将其等同于诡计、欺骗，并觉得营销就是说服人们（往往是那些低收入者）购买他们并不需要的产品。道德之争1.1概括了一些围绕市场营销展开的争论。

总之，市场营销是起作用的，但是如何使其在特定的情况下发挥作用是每个企业所面临的挑战。所以，应时刻想到一些关于市场营销本质及营销影响的问题。

市场营销行动1.2　乐购的霸主地位

批判性思维： 以下是对乐购在过去20年间崛起的回顾。读后批判性地评价市场营销对它的成功所起的作用。

很难相信，在20世纪90年代中期，乐购是一个苦苦挣扎的国内食品连锁店，在英国市场中排在第三位，落后于Sainsbury超市。直到2010年，估计有1/3的英国家庭每周都会在乐购购买食品、杂货，并有30万人在该公司工作。乐购已成为目前的市场领导者，并扩大了在欧洲、亚洲和美国的国际业务。

1992年，当Terry Leahy爵士晋升为公司董事会的营销总监（他后来在1997年成为首席执行官）时，明显的转变出现了。他的口号很简单——了解你的客户和改善你的店铺。当乐购成为只吸引顾客寻找便宜货的商店时，它便开始从市中心移动到郊区，并且提供的产品类别比以前更广泛了。忠诚卡计划——会员卡——的引进使其能够更好地了解顾客的购物习惯，并根据这些购买模式来调整自身的产品类别和特别优惠。每年，该公司都会为其所有的市场制订客户研究计划，从而使得它能够比竞争对手更快地为客户创造价值。

随着时间的推移，这种策略使乐购能够吸引所有的细分市场，然而像Asda或Waitrose这样的竞争者则只针对特定的细分市场。它对顾客的了解也使它能够扩大到非食品的项目和服务，包括从家用物品到汽车保险的所有产品和服务。有人声称，通过无处不在地向人销售一切产品，乐购已经成为一个巨人。

资料来源：Rigby（2010）.

道德之争1.1　市场营销——是善，还是恶？

人们可以从不同的视角看待市场营销问题。一个正面的观点认为，市场营销给社会带来了明显的好处。例如，企业努力创新从而为消费者创造了一个选择多样化的世界。用谷歌搜索一下，我们便可以找到想要得到的所有信息；通过使用Skype，我们可以与世界另一端的亲朋好友免费通话；而通过Amazon和eBay网站，我们可以舒服地坐在我们的书桌旁“逛商店”。未来的创新将会给我们带来新的、更有吸引力的产品、服务以及解决方案。再者，随着营销活动的升级，我们一些特殊的需求也将不断得到满足。如果我们仅吃含谷蛋白的食物、钟爱跳伞、对日本的折纸手工艺品有热情，那么总会有一些组织来满足我们的需求。随着公司搜集的顾客资料的增加，它们可以将解决方案细分，以用来满足各种各样的用户需求。最后，公司之间的竞争迫使它们提高自身产品及服务的质量，并且向顾客传递额外的价值。例如，出售低价票的航空公司推动了航空旅行的革命，并且使以前不经常坐飞机去旅游的人增加了坐飞机去旅游的次数。

但是，市场营销也遭到严厉的批判。人们认为它在满足需要的同时，也创造了一些非必需品。批判者认为，公司运用高端的市场营销技术激起人们的欲望，并使消费者购买他们原本不需要的商品，而消费者则因此负债累累。美国和英国等发达国家的消费信贷一直很高。社会中的物质主义观念也应运而生。持这种观点的人们认为，现代消费者都迷上了购物，周末消费量的增加证明了此观点。周末购物已经取代了宗教参与、其他形式的休闲活动以及社交活动。但是，心理学家认为，购物的增加并没有增加人们的幸福与满足感。相反，随着物质主义的发展，世界资源将逐渐耗竭，现在的消费水平将是不可持续的。此外，以孩子等弱势群体为目标客户的营销策略也饱受诟病，因为这些营销者甚至会通过儿童心理学家找到更多并且更新颖的方法来将其品牌灌输到孩子的脑中。最后，有人认为市场营销活动正在侵入社会的方方面面。公共休闲活动，如运动会、演唱会以及公演都会与企业合作。如此一来，一些为青少年举办的大型活动可能会由酒品公司赞助。学校、医院等机构面临着较大的公共资金缺口，使得这些赞助公司有机会将其与这些实体“绑”在一起，而这种做法是不道德的。

解决这样的争论非常困难。但是这个问题的核心在于市场营销决策中包含的关键因素，即价值和利润。如果企业提供真正的价值给顾客，使公司与社会实现双赢，那么市场营销就做了它应该做的事。但是，如果公司仅创造虚构的价值或者努力寻求榨取顾客而取得高额利润的方法，那么市场营销就损害了顾客及社会的利益。与其他职业一样，市场营销行业也有肆无忌惮的从业者。而且，有许多个人或者组织正在努力寻找利用弱势群体的策略。但是，在信息如此丰富的社会中，这些人都会被查出来并受到谴责。

推荐阅读：James（2007）；Klein（2000）；Linn（2004）.

思考：批判性地评估上述论点，并形成自己的意见和建议，即市场营销是善还是恶。

1.3.1 营销与绩效

采用市场营销观念可以提高商业绩效，这是开展市场营销活动的最基本的前提条件。市场营销并不是一个抽象的概念，它最突出的作用体现在公司的关键指标上，如利润率和市场份额。近年来，欧洲及北美的研究都试图探讨市场营销与绩效之间的关系。研究结果表明市场营销与绩效二者之间是正相关关系。

例如，Narver和Slater仔细地研究了企业绩效与市场导向的关系。他们收集了来自美国一家大公司的113个战略业务部门（SBUs）的数据。基本上说，他们的研究发现，市场导向和盈利能力之间的关系是呈强线性的，揭示了市场导向程度最高的企业能够实现最高的盈利率，而市场导向程度最低的企业则拥有最低的盈利率。正如作者所述：“研究结果为市场营销学学者和从业人员提供了另外一个依据，他们不再单凭直觉认为市场导向具有优越性了。”

胡利（Hooley）、林奇（Lynch）和斯菲尔德（Shepherd）在英国进行了一项研究。他们进行这项研究的目的是，建立市场营销方法类型学并把它与经营业绩联系起来。他们将公司分为4类：市场营销原则派、销售支持派、部门市场派和不定派。市场营销原则派（marketing philosophers）认为，市场营销主要负责识别并满足顾客需求，它是整个组织的指导原则。它们认为市场营销不是市场营销一个部门的责任，也不仅仅是销售支持的责任。销售支持派（sales supporters）认为，市场营销的主要职能是提供销售支持和促销支持，市场营销只是其一个部门的责任，与识别和满足顾客需求几乎无关。部门市场派（departmental marketers）与市场营销原则派一样，认为市场营销与识别和满足顾客需求有关，并且它们还认为市场营销是其一个部门的责任。最后一类公司——不定派（unsures），它们往往对于自身的市场营销方法举棋不定。

比较了4类公司的态度、组织和实践后可以发现，市场营销原则派有许多独特之处，具体可以归纳为以下几点：

1.对未来采用更具前瞻性、更积极的方法。

2.开发新产品的方法更具前瞻性。

3.更注重市场营销培训。

4.市场营销策划考虑得更长远。

5.市场营销相关人员在公司中的地位更高。

6.市场营销人员加入董事会的可能性更大。

7.市场营销部门与其他职能部门密切合作的机会更多。

8.市场营销对战略计划的影响更大。

值得注意的是，市场营销原则派的投资回报率（ROI）明显高于样本中其余的竞争对手，部门市场派居中，不定派和销售支持派最差。胡利等人的结论是：市场营销不应仅仅看作一个部门的职能，而应该将其看作整个组织的共同职责。

那么，令人吃惊的是，人们本以为市场营销会对公司董事会造成非常大的影响，然而事实并非如此。英国的一项研究发现：在富时100（FTSE 100）指数中，仅有21%的首席执行官（CEO）在进入综合管理部门之前在市场营销部工作过，并且在富时100指数中，仅有5%的公司董事会设有营销董事一职。美国的一项研究则显示：在最近几十年里，大多数首席执行官都出自金融专业。多伊尔（Doyle）认为，市场营销人员地位低下的原因是市场营销的投入与组织的长期收益之间的关系还没有明确。在绝大多数情况下，营销人员依据是否提升顾客意识、提高销售量以及增加市场份额来判定某项目是否值得投资。多伊尔提出了**以价值为基础的营销理念**（value-based marketing），营销的目标被看作是促进股东价值（shareholder value）的最大化，这已经成为越来越多的公司首席执行官的首要目标。这一营销方法有助于清楚表明投资对营销资产如品牌以及营销知识的重要性，并且在经济不景气的情况下有助于阻止管理人员任意削减营销费用，如广告费用。

为了进一步探讨市场营销活动与企业绩效之间的联系，Rust等人已经确定了**营销链的生产力**（chain of marketing productivity），并说明了营销投资最终在企业成果中体现的方式。营销链起始于企业战略，例如它的产品战略或促销策略，然后转化为具体的策略，例如广告宣传活动或忠诚度计划。这些活动对客户（态度或满意度）产生影响，这反过来又通过对市场的影响（例如，市场份额）以及对财务的影响（例如，盈利能力）最终对公司价值产生影响。换句话说，受营销活动如市场营销能力、营销资产和营销行为影响的各种因素，都能对公司价值产生影响。进一步的研究发现，这一营销活动的测量，使得公司的绩效利益显著增加。因此，首席营销官（CMO）的出现反映了市场营销对组织的整体绩效的重要性。并且首席营销官开始在公司董事会中占有一席之地。

1.4 营销的范围

到目前为止，我们的重点一直是市场营销在商业情境中的应用——也就是说，市场营销被运用在通过公司提供产品或服务来销售商品中。但是我们发现，营销观念、营销工具以及技术也被用于其他的许多领域。例如，政党经常因他们过度使用市场营销而受到批评。政党经常进行市场营销调查，以便了解投票公众的意见；他们提出竞选的候选人往往是经过精心挑选和“包装”的，以赢得选民的支持。他们也是广告和公共关系的广泛使用者，从而使他们的消息能够被民众理解。这是因为价值交换是市场营销的一个关键因素。组织创造某种形式的价值，以此来换取他们需要的东西。就政治活动而言，它是以创建政策平台作为在选举中获取投票的交换。

在许多其他的领域，我们同样可以找到市场营销运用的例子（见社交媒体营销1.2和插图1-6）。人口结构的变化使学生之间的竞争变得更加激烈，教育机构已经变得更加以市场为主导，学生对学校的选择也越来越多地受到学校实力排名刊物的影响。大学对此做出的反应是：设计新的校徽来重塑自己，开展促销活动，瞄准新的市场，如一些成人学生和那些来自世界其他国家的成人学生。这些学校也采用企业所使用的细分技巧来识别潜在“顾客”，并运用客户服务培训将顾客询问变为“营销”。市场营销使用了许多艺术表现形式与媒介。人们曾认为许多媒介载体（如报纸及电视频道）为了吸引某些细分市场和实现利润最大化正在“简单化”。同样地，许多艺术机构由于把收入放在了第一位，而忽视了质量和原创性，只生产迎合大众口味的艺术品而遭到批判。

市场营销的潜在应用范围激起了市场营销学者关于营销范围的争论。具体而言，学者们面临的最大挑战就是怎样找到一个有效地整合商业和非商业或者社会营销的核心市场营销观念。例如，学者们最早提出了交易的想法，但并不是所有的营销都需要交易或销售。科特勒（Kotler）则提出了交换的概念，他认为双方之间的所有交换都可以视为营销。但是，这个观点也存在缺陷，因为许多交换，例如家庭成员之间的帮助并不是营销活动。对于我们而言，市场营销观念的核心是顾客的概念以及了解顾客需求，并响应顾客需求的重要性。

社交媒体营销1.2　Lady Gaga

批判性思维：下面是对Lady Gaga在世界头号名人中的崛起的一个回顾。阅读并批判性地评价她目前的营销方式。

流行歌星、电视节目主持人和体育明星利用营销来打造自己的品牌的程度被Lady Gaga清晰地表现了出来。Lady Gaga是2010年世界福布斯的头号名人，绰号“怪物女王”，在2010年的世界巡回演唱会中她可能获取的票房收入为9 000万美元，但她的收入通过对社交媒体的掌控而显著提高。到2011年，她拥有超过3 800万脸谱（Facebook）粉丝，并且她的1 000万推特（Twitter）粉丝（小怪兽！）在5天内帮助她完成超过100万次单曲“Born This

Way”的下载。

Lady Gaga，原名史蒂芬妮·杰尔马诺塔，生于纽约，在2008年，随着她首张专辑The Fame的成功，她逐渐引起了公众的关注，并且她的热门单曲“Poker Face”也收录在此张专辑里。Lady Gaga紧接着获得了两项更成功的记录：*The Fame Monster*（2009）和*Born This Way*（2011）。她以迷人的服装和舞台表演而闻名，到2011年，她赢得了许多音乐奖项，被誉为在YouTube上获得超过10亿条评论的第一位艺术家，并估计已售出1 500万张专辑和5 100万份全球单曲。

营销活动对Lady Gaga的成功至关重要。她的离谱的服装，其中包括一件貌似由用生肉制成的礼服，标志着她已成为与众不同、值得关注的对象。她为一系列的产品代言，包括魅可化妆品、魔声耳机和安卓手机。并且她还经常与其他领导品牌的合作伙伴举办社交媒体大赛。例如，她*Born This Way*专辑的推出使星巴克的促销活动具有了特色，同时与法国User-Farm的众包社区相结合的另一个竞争就是邀请参赛者创建一个视频，并且这个视频能够代表每个人的独特性。也许Lady Gaga面临的最大挑战不是创造性的，而是品牌管理。通过把自己的品牌从围巾、泳装覆盖到手机和笔记本电脑的外壳，她冒着将品牌延伸更远的风险——这是一个错误，并在过去被犯了很多次。同时，宝丽来一次成相相机与小怪兽避孕套等延伸产品联系在一起可能也会变成不明智的决定。

资料来源：Sauer（2010）；Shanyon（2011）.

插图1-6 营销活动可以在许多领域看到，如体育和音乐活动

1.5 营销计划

最后，在许多组织中，开展市场营销活动是为了应对特别的挑战或者困难，或只是危机时期的偶然活动。但是，组织必须时刻关注市场营销，因为市场变化万千并且没有什么是永恒不变的。例如，在一个迅速变化的市场环境中，即使正在阅读的书现在是正确的，在未来这种情况却可能发生变化。2010年，世界上最大的书店，巴诺书店，遵循世界各地的许多其他书店的模式进行挂牌出售，采用这种模式是为了努力应对网上图书销售、电子书和最近出现的电子书阅读器或电子阅读器（如亚马逊的Kindle、苹果iPad和索尼的电子阅读器）的迅速发展。

为了确保营销的有效性，制订一个严密的营销计划是十分必要的。计划就是确定我们要达到什么样的目的，以及怎样达到这样的目的。企业分析环境和自己的能力，确定市场营销活动进程以及实施这些决议的过程叫作**营销计划**（marketing planning）。营销计划为管理者提供了决策与行动的指南。另外，营销计划明确了组织应达成的目标，这可能有助于组织变革。

营销计划过程如图1-5所示。我们将在第12章中详细讨论营销计划。计划的过程开始于该组织对目前所处的形势进行的评估。这既需要对所处行业和环境的外部分析，又需要对其活动进行内部分析或审计。当这些收集的信息经过仔细分析后，该组织就可以开始塑造自身的策略，通过深思熟虑将重点放在市场的某一部分，以及确定在给定的规划期内该组织旨在实现的目标。

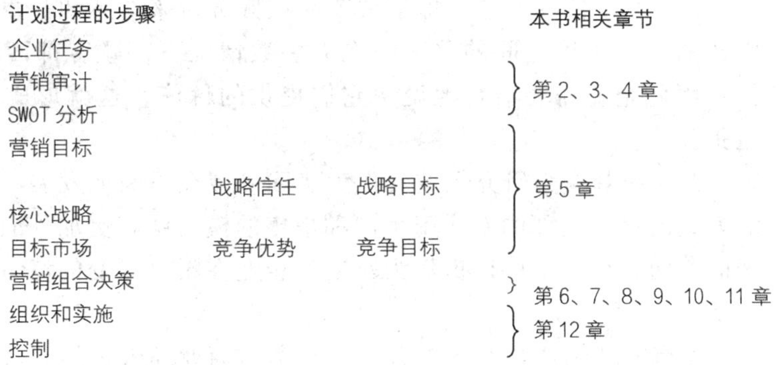

图1-5 营销计划过程

一旦确定了组织想要达到的目标，下一步就涉及怎样达到这样的目标。这套决策历来被描述为公司的**营销组合策略**（marketing mix），通常包含产品、价格、促销和渠道四个要素。**产品**（product）策略指的是将要为特定的客户群提供的有关产品/服务和利益的选择。**价格**（price）是指对公司范围内的产品行使的不同价格点的所有决定以及那些对竞争对手的活动和消费者的需求而做出的提高或降低价格的所有决定。组织实现的促销活动的宽度已被贴上了促销组合的标签，促销组合是营销组合的一个大而重要的子集。关于Facebook和Twitter活动、赞助、广播广告等所做出的决策都是构成**促销组合**（promotional mix）的元素。**渠道**（place）指的是分配活动，即将产品和服务交付给客户的过程。它涉及决定要使用哪种渠道，例如网上销售还是通过零售商店，以及货物从工厂转移到商店的过程。最后，一些其他的营销要素，也被看作是市场营销组合的一部分。这些要素包括与服务业特别相关的人员、过程和实物证据（见第7章）。最初是由鲍顿（Borden）确定的12个变量表明了将营销计划付诸实施时，需要考虑活动的范围。

计划过程的最后一个要素包括组织人员和结构来实施所选择的方案，并执行所有必要的行动。一旦计划实施了，剩下的工作就是评估该计划是否有效。针对市场营销学科传统的批评之一是它在测量方面是软弱无力的，它并不总能够衡量营销方案是否有预期的效果。但是，现在对市场营销人员来说，有一套非常广泛的可用的指标，这些将在第12章进行讨论。

总　结

本章介绍了市场营销的观念，并讨论了企业如何变成以市场为导向以及为什么会变成以市场为导向，尤其解决了以下问题：

1.何谓市场营销理念？这里的关键思想是：市场营销是优先考虑顾客需求的经营哲学。实施市场营销理念需要专注于顾客的满意度、公司所有员工的共同努力以及通过顾客满意度来实现企业目标的信念。

2.顾客价值的概念，即消费产品或服务带来的感知利益与得到这种产品或服务的感知付出之间的差额。在大多数情况下，顾客都面临着各种各样的选择，因此企业需要清楚地说明它们提供的价值，这就形成了它们的客户价值主张。

3.营销既作为研究领域又作为实践领域在不断地发展。我们认为市场营销的方式已经从内部的专注于生产和销售的模式朝着更加外向的专注于客户和市场的方向转变。这些以市场为驱动的企业在瞬息万变的竞争环境中更好地取得成功。

4.市场营销非常有用并且营销哲学与商业绩效之间有着很强的关系。市场定位领域的学术研究以及实践中充分的证据都证明了市场营销的力量，能够帮助企业实现它们的目标。

5.市场营销的范围是非常广泛的，包括商业营销及非商业营销。政治党派、教育机构、体育组织、宗教组织以及其他组织都是市场营销的定期用户。

6.市场营销也是有争议的，它有很多负面的含义，这与在消费者之间建立的不必要的欲望有关，即它对弱势群体的利用以及它导致世界资源的枯竭。对市场营销和商业相关的优点和风险拥有明智的看法一般来说是很重要的。

7.制订营销计划是确保营销有效性的关键之举。组织应该避免使用偶然性的营销方法，并努力找出一个精心策划的和结构化的方法。

练习题

1.讨论市场营销的发展。在过去的几年里，市场营销已改变的关键方式是什么？作为经营哲学的市场营销与作为经营活动的市场营销之间的区别是什么？这两个概念是如何联系起来的？

2.举出两个使顾客满意的企业，并描述它们是怎样做到的。

3.市场营销有时被认为是一种昂贵的“奢侈品”。通过论证营销导向如何能对企业绩效产生积极的影响对这种观点作出判断。

4.讨论：市场营销无处不在。

5.讨论：市场营销带来了许多社会弊病，但并没有创造社会价值。

6.请浏览www.marketingpower.com和www.cim.co.uk两个网站，并讨论这两个世界领先的营销组织对市场营销定义的不同之处。

课后阅读

Comstock，B.，R.Gulati and S.Ligouri（2010）Unleashing the Power of Marketing，Harvard Business Review，88（10），90-8.

Court，D.（2007）The Evolving Role of the CMO，McKinsey Quarterly，3，28-39.

Levitt，T.（1960）Marketing Myopia，Harvard Business Review，38，45-56.

Rust，R.，C.Moorman and G.Bhalla（2010）Rethinking Marketing，Harvard Business Review，88（1/2）January-February，94-101.

Vargo，S.and R.Lusch（2004）Evolving to a New Dominant Logic for Marketing，Journal of Marketing，86（1），1-17.

附录1.1　营销中的人才招聘

在市场营销中选择一个职位可以为个人发展提供许多机会。表A1-1列出了市场营销中的一些潜在职位。

表A1-1 市场营销中的职位

营销职位	
营销主管/协调员	管理所有与市场营销相关的活动
品牌经理/产品经理	产品经理负责管理一个产品或者是一个产品线。在这个职能范围内，他/她基于顾客需求改变进行调查研究，参与产品的开发与设计。此外，市场经理制订产品生产线的经营计划及营销战略，管理产品的分销，发布产品信息，协调售后服务与销售
品牌/销售助理	初级品牌助理的职责包括:进行市场分析，追踪产品销售情况，进行销售额及市场份额分析，监控促销活动等
市场研究员/分析员	市场研究员搜集并分析相关信息，以判定消费者是否存在对特殊产品或服务的需求。其中一些工作包括设计问卷，搜集所有可得的且相关的信息，并对收集来的信息进行分析，提交并展示报告结果，提出一些建议等
市场沟通经理	管理组织的市场传播活动，包括广告、公共关系、赞助费及直复营销
客户服务经理/专员	管理服务交付以及客户与组织的交流。不同行业的客服经理扮演的角色也不同
销售职位	
销售主管/业务拓展主管	与现有的以及潜在的客户建立良好的商业关系，保持公司良好的销售前景
销售经理	计划并协调销售队伍的销售活动，监控产品的分销及预算的达成率，培训并激励员工，准备预测
大客户经理	管理大客户的销售及市场运作；与大客户就产品、数量、价格、促销以及特别优惠等方面进行沟通；与能够影响大客户购买决定的关键人员建立良好关系；在对大客户提供商品与服务的过程中，负责与所有部门内部及相关同事进行沟通；监测大客户的经营业绩
销售支持经理	通过对顾客进行实地询问、电话建议等方法提供销售支持；参与商品展销与促销活动；为产品宣传册、销售小册子的制作准备材料，并购买市场调查公司提供的主要数据
跟单员	旨在全面展示公司销售点的展示品，并确保它们被正确地保存及维护
促销主管	通过抽样方法，选择要直接拜访的客户，并在客户所在地将产品的特性及优点直接介绍给客户；对所有的促销活动进行说明与管理
电话营销代表	拨打和接听与销售相关的电话
广告营销专员	为潜在广告客户展示公司的无线播放器、电视插播广告、视频空间
零售职位	
零售主管	制订计划并与零售商进行协调，监督人员招聘、培训过程，保持高质量的客户服务，管理存货水平
零售采购员	购买即将售出的产品，管理并分析存货水平，设法找到产品可能的使用范围，进行供货商关系管理
广告职位	
客户主管	设计并协调广告活动；设法与受托方取得联系，获取产品与公司详情、预算及其影响目标，以及营销研究的相关信息；向机构中的其他专家（如创意团队、媒体策划和研究员）提供简要的顾客需求信息；制定活动的细节；向客户提供营销活动草案，并附上费用明细表；就有疑问的地方与客户进行讨论并修改；监督并配合其他产品部门的工作，以便营销活动能够在规定的时间及预算范围内完成
媒体策划/媒体采购员	整合并购买电视台、电台、杂志、报纸或户外广告等各种传媒资源；联系委托方及广告版面的销售商，确保广告可以到达预期的目标市场
公共关系职位	
公共关系主管	帮助组织建立并维持一种热情友好的公关环境；与受托方取得联系，并就特殊情况进行协商、游说，管理危机、媒体关系，撰写并编辑印刷材料
媒体关系/公司事务部	与媒体建立并维持一种友好的工作关系，撰写新闻发布稿或者回应媒体的质疑

案例1 杰米·奥利弗(Jamie Oliver)：烹饪风暴，通过食物改变人们的生活

杰米·奥利弗在美食界中是一位知名人士。他1999年首次在电视节目《原味主厨》（The Naked Chef）中亮相，并取得了巨大的成功。在过去的10年里，他已在电视屏幕上成为了一名最受人喜爱的明星厨师，并且影响力无处不在——既作为森斯伯瑞（Sainsbury）超市的门面，又向众多的食品和厨具生产商颁发杰米·奥利弗品牌的授权。他的商业活动由他的使命所决定，即改变人们的饮食方式，无论是在英国，还是在现在的美国。杰米的人生履历令人印象深刻，超越了书本和电视的范围并延伸至社会活动、烹饪学校、厨房和生活用品、餐馆和木材燃烧炉等。

原味主厨的诞生

杰米出生于1975年5月27日，在很早的时候便对食品产生了兴趣。他在埃塞克斯长大，他的父母还在那里经营着自己备受欢迎的酒吧兼餐厅。考虑到杰米的背景，其中包括“中等”的学业成绩、读写的困难，并在16岁要离开学校在威斯敏斯特餐饮学院完成他的培训，他的品牌范围更加引人注目。首先

在法国，随后在伦敦的安东尼奥卡路齐奥的尼尔街餐厅工作了一段时间之后，杰米加入了著名的River咖啡厅，在那里他与Rose Gray和Rath Rogers一起工作了3年半的时间。1997年，他被刊登在有关River咖啡厅的电视纪录片中。在纪录片播出后不久，杰米就提供了自己的电视节目，因而《原味主厨》诞生了。

《原味主厨》在1999年首次在英国国家广播公司（BBC）播出。《原味主厨》背后的概念是把食物带到它的基本生活必需品中。该节目录制了6集，并作为圣诞特集播出。节目的风格是专门设计的，即通过杰米·奥利弗的个人方法来制作食品（见表C1-1杰米的品牌列印），以吸引年轻观众。该节目使杰米瞬间取得成功，并且使他在2000年在专题分类中赢得了最佳电视系列片的BAFTA奖。电视节目的成功也使得其出版的机会达到了顶峰。《原味主厨》这本书由企鹅出版社出版，伴随着第一期电视节目的兴起，立即成为了畅销书。第二期节目和第三期节目被委托给英国国家广播公司（BBC）制作，同时与第二期节目和第三期节目相关的图书：《原味主厨的归来》以及《与原味主厨的快乐时光》也面市，后者在2001年的非小说类排行榜中成为官方圣诞1号。杰米在2001年的秋天举办了快乐时光之旅，17 000多个人挤在英国的剧院里参加活动。在此成功的基础上，巡演转移到了澳大利亚和新西兰，在那儿的7个城市中他“参加”的演出场场都爆满。同样在2001年，杰米在唐宁街托尼·布莱尔的邀请下为意大利总理烹饪并在杂志上（包括GQ和《时代》杂志）撰写各种专栏，把自己的品牌带给更多的观众。

表C1-1 杰米的品牌列印

品牌愿景	品牌效益
吃饭时全神贯注!	是指导，而非命令 我有信心，给它一个狂欢
品牌使命 新理念…… 更好的食物…… 梦幻般的时代…… 快乐的时光……	我喜欢成就感 **品牌承诺** 与他们的期望相比，给予（他们）更多
品牌个性 可行的 热情的 令人鼓舞的 兼收并蓄的 真正的乐趣 爱冒险的	**品牌地位** 杰米·奥利弗采取了全新的易操作的烹饪和食品理念 通过把激情和常识注入他所接触的一切，他激励人们，不管是年轻人还是老年人，让事情变得简单，并在吃饭时全神贯注

资料来源：Jamie Oliver Brand Consultancy.

杰米的节目现在已在100多个国家播出，包括美国、澳大利亚、南非、巴西、日本和冰岛，并被翻译成30多种语言。相关的烹饪书籍不仅在英国而且在全世界都是畅销书（见表C1-2有关书籍和电视节目的完整列表）。2010年的秋天，他第一次上了英国的“日间的电视节目”，这是一个需在30分钟内上菜的节目，在英国每天下午5时30分播放，旨在表明所有级别的厨师如何在半小时内烹制一整顿饭。

表C1-2　有关书籍和电视节目的完整列表

电视节目	书籍
The Naked Chef	*The Naked Chef*
Return of The Naked Chef	*Return of The Naked Chef*
Happy Days with the Naked Chef	*Happy Days with the Naked Chef*
Jamie's Kitchen	*Jamie's Kitchen*
Oliver's Twist	*Jamie's Dinners*
Jamie's School Dinners	*Jamie's Italy*
Jamie's Great Italian Escape	*Jamie's little book of big treats*
Jamie's Return to School Dinners	*Cook with Jamie*
Jamie's Chef	*Jamie at Home*
Jamie at Home	*Comic Relief 2009*
Jamie at Home Christmas Special	*Jamie's Ministry of Food*
Jamie's Ministry of Food	*Jamie's America*
Jamie Cooks Christmas	*Jamie Does . . .*
Jamie's Fowl Dinners	*30 Minute Meals*
Jamie Saves our Bacon	*Jamie's Great Britain*
Jamie's American Roadtrip	
Jamie's Family Christmas	
Jamie's Food Revolution	
Jamie Does . . .	
30 Minute Meals	
Jamie's Dream School	
Jamie's Great Britain	

资料来源：Jamie Oliver Enterprises.

他2010年的书，《杰米的30分钟上菜》（*Jamie's 30 Minute Meals*），不仅作为有记录以来的最畅销的非小说类的书籍，而且成为他在英国的第一本销量百万册的畅销书。杰米·奥利弗已成为第二个图书销售总额达到1亿英镑作者，图书销售总额为1.004亿英镑。J.K.罗琳是另一个图书销售总额达到1亿英镑里程碑的作者。

名人代言

在2000年，杰米以每年200万英镑的价格成为森斯伯瑞超市的代言人。森斯伯瑞连锁超市包含480家门店，每家门店平均销售56 000多种不同的产品。这笔交易引发了英国历史最悠久的名人代言广告的诞生。奥利弗因自己对食物的激情和天赋而被选中，这被视为更新零售商原有陈旧形象的重要途径，森斯伯瑞超市在1996年的英国食品杂货零售市场中输给了乐购（Tesco），失去了其长期保持的市场领先地位。这种联系极富成效，奥利弗不仅仅面向广告，而且也越来越深入地参与产品的开发和人员的培训。这个代言也给了他了解森斯伯瑞超市每周1 400万购物者的机会。他主持的活动包括“今天尝试一些新的东西”和“用5英镑养活您的家庭”等。这些活动使每个消费者在每次购物时多花费1.14英镑，这是为了实现森斯伯瑞超市在3年里达到25亿英镑附加销售额的经营目标。到2008年1月，25亿英镑附加销售额的目标已经提前实现。“用5英镑养活你的家人”凭借森斯伯瑞超市的产品创造了30种家常菜，每种菜的成本都不足5英镑，但对于饥饿的一家四口来说却足够了。这一活动估计已经为连锁超市产生了11.2亿英镑的增量收入。然而，奥利弗在他与森斯伯瑞超市的关系中受到了批评。2004年，他出演了一个新的圣诞广告，在广告里他参观了苏格兰的一个养鱼场。在广告中，他赞同森斯伯瑞超市从苏格兰湖中采购三文鱼，并声称冷水使鱼新鲜。然而，据报道，奥利弗在他的名为Fifteen的餐厅里拒绝提供任何养殖鱼，这引起了媒体的强烈不满。同样，在拒绝英国国家广播公司（BBC）的要求后，他放弃了与森斯伯瑞超市的有利可图的合同，奥利弗加入了第4频道继续自己的电视节目。奥利弗于2011年7月正式结束了他与森斯伯瑞超市的关系。

通过食物改变生活

Fifteen餐厅

2001年，奥利弗为不接受全日制教育或待业的年轻人开了一家培训餐厅。其通过相机记录他的一举一动，他花了一年的时间制订了培训计划，所有的利润都流向了餐厅和慈善机构。该系列节目，《杰米的厨房》（*Jamie's Kitchen*），在英国由第4频道播出，成为了今年最大的热门节目之一。现在此节目已在40多个国家中播出，并且他写了一本书也叫《杰米的厨房》，取得了巨大的成功。该餐厅的成功是显而易见的，它在2003年赢得Tatler杂志的最佳餐厅奖，并且同一年在缇欧·佩佩·卡尔顿伦敦餐厅奖中获得了卓越奥斯卡奖。奥利弗在2003年由于他对酒店业的贡献被授予了不列颠帝国勋章（MBE）。Fifteen餐厅慈善基金会目前拥有Fifteen伦敦餐厅，并在伦敦继续招募学员进行培训的工作。Fifteen在全球拥有三家餐厅——阿姆斯特丹、康沃尔郡和伦敦——所有的这些餐厅都为18至24岁之间的年轻人制订了创业学徒计划。他再次面临着来自美食评论家的批评，他们声称其提供的美食价格过高，服务水平差。同样地，学徒计划也因低毕业率备受批评。这些说法都遭到了奥利弗的强烈反对，他指出该餐厅在材料的质量方面从未妥协，以及学徒计划中已制订了未来的基准，即达到70%的毕业率。

让我吃得更好

2004年，由于得知英国学校晚饭很差并且其导致了25%（欧洲最高）的儿童肥胖率，杰米开始了他最雄心勃勃的事业。

他回到学校，目的是教育和激励吃晚餐的女士和孩子们要享受烹饪并吃健康、有营养的午餐，而不是吃那种他们过去常常吃的精加工的食品。他开展了一项全国性的称之为“让我吃得更好”的活动（www.feedmebetter.com），并为了更好的学校伙食在网上发起请愿书。由于271 677人在请愿书上签了名，他在2005年3月30日便把请愿书带到唐宁街10号，使政府承诺再拨付2.8亿英镑，并用其中2.2亿英镑为每餐花费50便士的小学生以及每餐花费60便士的中学生提供最低限度的午餐，以达到最低的营养标准。这项事业在屡获殊荣的《杰米的校园晚餐》系列中达到了登峰造极的地步，并在第4频道播出。此系列节目引起了公众强烈的抗议，要求改变学校的伙食制度。在2005年1月至6月，共有1 016篇文章提到《杰米的校园晚餐》，其中包括21篇主要的具有领导地位的文章。平面媒体报道的评估显示，公关价值至少值1 410万英镑。

该节目在英国国家电视奖上被评为最佳真实题材节目。杰米在全国电视的颁奖典礼上因他对电视的贡献还获得了特别奖。作为后续的纪录片，《杰米校园餐的回归》2006年9月在第4频道播出，由于他的新发现，英国政府为学校孩子的伙食和食品教育作了进一步的投资。这项活动使杰米·奥利弗的品牌形象再现活力，把他从名厨改变为真正的民族英雄。

食品部

2008年，杰米开始参加英国的两个主要的电视节目。《吃饭来挽救你的生命》（Eat To Save Your Life）采用了专家的分析，以及冈瑟·冯·海根斯教授对一名体重达350磅“吃撑致死”的人进行了解剖，试图改变一群营养不良的人的饮食习惯。与此同时，杰米的鸡肉晚餐是对英国家禽业的一个深入的挑战，有消息说，如果英国消费者不能使鸡和蛋交易到更高的价格，则英国家禽业将会遭受无法弥补的损失。从英国防止虐待动物协会（RSPCA）到农民组织的很多群体都称赞该方案，直接的结果使散养的以及有机的鸡肉的销售量增加了50%。2008年，他还出现在《The Big Give》节目里，这是在美国广播公司的黄金时段播出的由奥普拉·温弗里主持的热播节目。然而，他在2008年的重大项目是《杰米的食品部》，在电视剧4频道播出，这表明一点点的鼓励和信息就会使人们受到启发去做饭。该部电视剧，拍摄于罗瑟汉姆，探讨了朋友、家人和同事在受到启发后，会将食谱传给别人，并采用新鲜食材进行烹饪。《杰米的食品部》成功后，罗瑟汉姆委员会宣布将继续资助其中心的运行，在2010年，罗瑟汉姆的食品部是如此成功，以至于它的课程很多周之前已被预定完了，在英国各地又成立了更多的食品中心。

《杰米的食品革命》

《杰米的食品革命》将《杰米的食品部》和《杰米的校园晚餐》结合在一起，以解决美国的流行肥胖问题。该活动旨在对人们进行食物烹饪教育，以提高学校食堂提供的食物质量，并鼓励食品零售商为它们的客户提供质量好、新鲜以及当地的食物。《杰米的食品革命》于2010年3月在美国广播公司首次进行公演，每星期都播放于黄金收视时段，收视率达到750万人次。他出现在奥普拉推出的活动中，也高调地接受了《莱特曼》、《雷诺》和《晚间报道》的采访，也接受了《纽约时报》和《时代杂志》的在线采访。2010年，他在加利福尼亚州的一个仪式上成为著名的TED（技术、娱乐、设计）大奖的获得者（以前的获奖者包括戈尔和波诺）。在2010年8月，美国食品革命因最佳真人秀节目而获得了艾美奖。杰米·奥利弗的食品革命最令人印象深刻的一个方面就是他为自己的事业所建立的基层支持。超过709 493名美国人已经签名来支持他的食品革命，此项运动的资金完全来自美国公众的捐款。不过，他也面临着一些美国人的批评，他们认为食品革命是杰米·奥利弗瞄准美国消费者的一种可笑手段，而不是一场社会变革运动。

品牌延伸：远离名人

杰米有着种类丰富的食品以及厨具产品。然而，在2009年，杰米·奥利弗要求Pearlfisher（英国设计公司）创建一个理想的品牌，通过传达名人效应来吸引更挑剔的消费者。2009年3月，杰米创办的厨具直销公司在网上推出了Jme品牌。Jme是一个由杰米·奥利弗及其采购商策划的提供多元化的家居用品和食品（包括食材、烹饪和烘焙器具）的产品公司，选用美观、实用、工艺精良的产品。Jme的品牌标记是一种隐性代言，是对众多的生活方式类品牌采用的名人代言方式的挑战，因为他的脸和名字在品牌上都没有出现。Jme品牌从主流群体的市场受众中解放出来，从而使自己能够吸引更挑剔和更有抱负的消费群体。到2011年3月，其销售额有望增长166%。到2012年，目标销售额将会增长244%。Jme对杰米·奥利弗的整体品牌具有晕轮效应。自从Jme品牌创办以来，今年它特许经营产品的销售额增加了4%，证明了杰米·奥利弗的其他品牌没有发生过同类相食（或竞争）的现象。

结　论

杰米·奥利弗继续有效地扩大着自己的品牌使用策略，如电视真人秀。其网站jamieoliver.com每月有150万名独立用户。2009年底，奥利弗发布了一款称为20分钟餐的苹果手机应用程序，不仅迅速成为畅销品，在英国和海外大受欢迎，而且也赢得了很多令人垂涎的苹果设计奖。

在社交媒体方面，杰米·奥利弗拥有125多万名推特追随者。品牌的日益普及，凸显了杰米·奥利弗将烹饪节目的传统形式应用于现实方案的进展。

问　题

1.杰米·奥利弗在他的书和电视节目里，最初提出了什么样的独特的价值主张来解释他的成功？

2. 探讨他用于建立自己的品牌形象所使用的技术。

3. 随着时间的变化，杰米·奥利弗是如何改变品牌主张的？

4. 此时此刻，他的品牌所面临的风险是什么？

这个案例出自大卫·科斯瑞和马修·坎农，从公布的资料来源看，利默里克大学仅将其用于课堂讨论，而非为了阐明高效或无效的商业活动。

参考资料

Evans, M. (2011) Twitter Users Publishes Fresh List of Super-Injunctions, *Telegraph.co.uk*, 30 May; Mortimer, R. (2009) How to be a Big Hitter when Using Twitter, *MarketingWeek.co.uk*, 5 November; OReilly, L. (2011) Twitter: A Five Year History in 140 Characters, *MarketingWeek.co.uk*, 21 March; Walters, R. (2009) Sweet to Tweet, *Financial Times*, 27 February, 10.

Drucker, P.F. (1999) *The Practice of Management*, London: Heinemann.

Rosenberg, L.J. and J.A. Czepeil (1983) A Marketing Approach to Customer Retention, *Journal of Consumer Marketing*, 2, 45-51.

Grönroos, C. (1989) Defining Marketing: A Market-oriented Approach, *European Journal of Marketing*, 23(1), 52-60.

Farquhar, R., R. Barrie and T. Goodwin (2010) For the Love of Wispa: A Social Media Driven Success Story, *Warc.com*.

Parry, C. (2008) Chocolate Bars Get Taste for Nostalgia, *MarketingWeek.co.uk*, 28 May.

Fullerton, R. (1988) How Modern is Modern Marketing? Marketing's Evolution and the Myth of the 'Production Era', *Journal of Marketing*, 52, 108-25.

Jones, D. and D. Monieson (1990) Early Development of the Philosophy of Marketing Thought, *Journal of Marketing*, 54, 102-13.

Benton, R. (1987) The Practical Domain of Marketing, *American Journal of Economics and Sociology*, 46(4), 415-30.

Davis, P. (2005) Attack on 'Outdated' Marketing, Financial Times, Fund Management Supplement, 30 May, 1.

Brown, R.J. (1987) Marketing: A Function and a Philosophy, *Quarterly Review of Marketing*, 12 (3), 25-30.

Satterthwaite, C. (2004) Trust Me, and Martin and Sophie and the Boys, *Financial Times*, Creative Business, 16 November, 10.

Graves, P. (2010) *Consumer.ology: The Market Research Myth, the Truth about Consumers and the Psychology of Shopping, London*: Nicholas Brealey.

Vargo, S. and R. Lusch (2004) Evolving to a New Dominant Logic for Marketing, *Journal of Marketing*, 86(1), 1-17.

Coulter, D. (2004) Magnum 7 Sins: Driving Women to Sin across Europe, *Warc.com*.

O'Connell, S. (2009) Vitamin Ad Provides Flat Market with Some Fizz, Irish Times, 15 October, 22.

Klein, N. (2000) *No Logo*, London: Flamingo Press.

Rigby, E. (2010) Fresh Horizons Uneasily Scanned, Financial Times, 20 September, 12.

James, O. (2007) *Affluenza*, London: Vermilion.

Klein, N. (2000) *No Logo*, London: Flamingo Press.

Linn, S. (2004) *Consuming Kids: The Hostile Takeover of Childhood*, New York: The New Press.

Narver, J.C. and S.F. Slater (1990) The Effect of a Market Orientation on Business Profitability, *Journal of Marketing*, 54(October), 20-35.

Hooley, G., J.Lynch and J.Shepherd(1990)The Marketing Concept: Putting the Theory into Practice, *European Journal of Marketing*, 24(9), 7–23.

Terazono, E.(2003)Always on the Outside Looking In, *Financial Times*, Creative Business, 5 August, 4–5.

Fligstein, N.(1987) Intraorganisational Power Struggles: The Rise of Finance Personnel to Top Leadership in Large Corporations, 1919–1979, *American Sociology Review*, 52, 44–58.

Doyle, P.(2000)*Value-based Marketing*, Chichester: John Wiley & Sons.

Rust, R., T.Ambler, G.Carpenter, V.Kumar and R.Srivastava(2004)Measuring Marketing Productivity: Current Knowledge and Future Directions, *Journal of Marketing*, 68(4), 76–89.

Hanssens, D., R.Rust and R.Srivastava(2009) Marketing Strategy and Wall Street: Nailing Down Marketing's Impact, *Journal of Marketing*, 73(6), 115–18.

O'Sullivan, D.and A.Abela(2007) Marketing Performance Measurement Ability and Firm Performance, *Journal of Marketing*, 71(2), 79–93.

Boone, J.(2007)Private School's Marketing Pays Off, *Financial Times*, 4 May, 3.

Sauer, A.(2010)Lady Gaga Pushes the Limits …..of her Brand, *Brandchannel.com*, 23 February.

Shanyon, S.(2011)It's a Lady Gaga World(We Just Live in it), *Brandchannel.com*, 20 May.

See, for example, Foxall, G.(1984)Marketing's Domain, *European Journal of Marketing*, 18(1), 25–40; Kotler, P.and S.Levy(1969)Broadening the Concept of Marketing, *Journal of Marketing*, 33, 10–15.

Kotler, P.(1972)A Generic Concept of Marketing, *Journal of Marketing*, 36, 46–54.

Borden, N.(1964)The Concept of the Marketing Mix, *Journal of Advertising Research*, June, 2–7.

第2章　全球营销环境

本章框架

- 宏观环境
- 经济因素
- 社会因素
- 政治与法律因素
- 自然环境因素
- 技术因素
- 微观环境
- 环境评析

学习目标

在学习本章之后，你应该理解：

1. “营销环境”的含义。
2. 微观环境和宏观环境的区别。
3. 经济、社会、政治与法律、自然环境和技术因素对营销决策的影响。
4. 社会责任和有道德的营销活动日益重要。
5. 企业应如何应对环境的变化。

营销聚光灯

中国的奢侈品消费

奢侈品消费模式的转变是全球商业发展良好的一个迹象。从前，欧洲是奢侈品消费国，接着是美国，现在是亚洲，尤其是中国。中国消费者对奢侈品的喜爱显而易见，包括中国的富人以及那些渴望成为富人的人。2011年，全球奢侈品销售额为1 680亿美元，中国的奢侈品消费额约占这个总数的20%。

由于受全球金融危机（GFC）的影响，奢侈品的购买在2008年急剧减少。然而，在亚洲经济快速复苏的带动下，其影响并没有持久。全球最大的奢侈品集团，LVMH，在2010年的销售额增长了近20%，然而在同一年，瑞士钟表制造商斯沃奇，和历峰集团（旗下囊括卡地亚、万宝龙和爱马仕等品牌）的股票价格上涨幅度超过了50%。其他的品牌如古驰

(Gucci)、巴宝莉（Burberry）和普拉达（Prada）都报告了优异的业绩。中国奢侈品牌销售额的增长预计超过30%，而全球和欧洲的增长率仅为5%。有人认为，在中国有7100万个家庭被认为富裕或非常富裕（也就是说，收入为30万人民币或者更多）的时候，其市场的需求量会是十分巨大的。此外，中国游客在世界各地的奢侈品消费中占据了相当大的比重。

亚洲人不仅喜爱奢侈品牌，他们也喜爱制造奢侈品牌的公司。2000年，中国香港的方氏集团（S.C.Fang & Sons）收购了苏格兰传统针织品牌普林格（Pringle of Scotland）。利丰(Li & Fung)，也是香港的一个集团，买下了哈迪·艾米斯（Hardy Amies）公司，Hardy Amies是英国女王的服装设计师，其他的欧洲奢侈品牌如来自德国的爱斯卡达（Escada）现归印度的米格·米塔尔（Megha Mittal）所有。作为向东方转移的又一迹象，2011年意大利著名品牌普拉达的股市上市不是在米兰，而是在中国香港，并以5倍的价格被超额认购。亚洲的生产成本降低意味着，这些投资者认为，不在欧洲生产将会进一步提高从这些知名品牌中获得的利润。

这些事态的发展表明了全球经济变化的速度。虽然从前的经济大国像美国和欧洲诸国都在债务和失业问题中苦苦挣扎，但是新兴的国家像亚洲和拉丁美洲诸国却冲劲十足，其正在为未来提供新的机遇和新的机会。在20世纪80年代，日本的品牌以同样的方式在全球市场上占据主导地位，也许不久之后，中国、印度和巴西的品牌也会做同样的事情。

以市场为导向的企业关注自己所处的外部环境，做出调整来利用出现的机遇，将潜在的威胁减少到最小。本章将研究营销环境（marketing environment）并监控环境，尤其是影响企业的一些主要环境，如经济、社会、法律、自然和科技等影响企业活动的问题。在本章中，我们将对营销环境进行探讨，并探讨如何对其进行监控。特别是，我们将看到一些影响组织的主要因素，如经济因素、社会因素、法律因素、自然环境因素和技术因素。企业需要监控这些因素发生的快速变化，以利用潜在的机会，并尽量减少潜在的威胁。

营销环境由影响企业为顾客提供产品和服务的有效性的力量和因素组成。营销环境可以分为**微观环境**（microenvironment）和**宏观环境**（macroenvironment）（见图2-1）。微观环境包括公司临近的环境和商业系统中影响其在所选市场上有效运行能力的因素。关键因素由供应商、分销商、顾客和竞争者构成。宏观环境包含的因素则具有更广泛的影响，其不仅影响本公司，还影响微观环境中的其他参与者。宏观环境可以分为经济环境、政治/法律环境、自然和技术环境。这些塑造了公司面临的机遇和威胁的特点，并且其大多是不可控的。

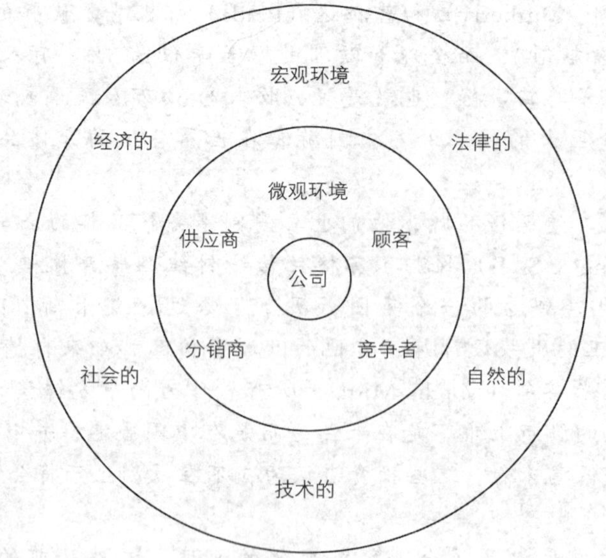

图2-1 市场营销环境

2.1 宏观环境

本章关注影响市场营销决策的主要宏观经济因素。四种因素，即经济因素、社会因素、政治/法律因素、技术因素，一直是倍受关注的焦点，结果是人们经常使用缩写PEST和STEP来描述宏观经济环境分析。营销活动对自然环境的影响日益重要，意味着这一问题也将成为关注的焦点。本章稍后会介绍宏观经济环境的4个维度，更加详细的介绍会贯穿整本书。供应链本质的变化和消费者行为的变化会在后面的章节中详细讨论。分销会在第11章详细讨论，竞争因素会在第12章详细讨论。

2.2 经济因素

经济环境影响供给和需求，从而对企业的成功影响重大。企业必须选择与自身业务有关的经济环境并监测它们。我们要讨论影响企业市场营销环境的3个主要的经济因素：经济增长和失业、利率和汇率、税收和通货膨胀。

2.2.1 经济增长和失业

国内和国际经济的总体形势可以对企业的繁荣产生深远的影响。经济往往会根据“商业周期”来波动。从早期到20世纪中期，很多世界经济体经历了重要的经济增长阶段，这主要是由发展中国家的不断增长的需求以及西方发达市场的廉价信贷的可获得性推动的。许多行业的命运，如零售业、服务业、耐用消费品和商品业，都与这种经济模式密切相关。例如，对石油的需求上升意味着石油储量丰富的国家如阿拉伯联合酋长国（UAE）的财富迅速增长，从而导致了如迪拜（Dubai）等地的零售、酒店及房地产的繁荣（见插图2-1）。2007年全球金融危机（GFC）之后紧接着的是突如其来的信用缺失为投资者带来了重大的经济损失，并大大减少了消费支出（见市场营销行动2.1）。一个主要的营销问题就是预测下一轮的繁荣或萧条。德国多年来落后于欧洲平均的增长水平，却成为从全球金融危机中复苏最快的国家，并有许多大公司报告了创纪录的利润。当经济复苏时，低增长时期的投资能够产生丰厚的回报。

插图2-1　阿联酋航空公司的这则广告反映了像中国和阿联酋等国家的经济增长

注：去网上（www.mcgraw-hill.co.uk/textbooks/fahy）看看这个阿联酋航空的广告是如何传达公司全球影响力的。

低经济增长率也体现了高失业率的水平，这反过来又影响了消费者的消费能力。整个世界的一些主要经济体的经济增长率和失业率水平的变化如表2-1所示。在经济衰退时期，消费者倾向于推迟消费和/或变得更具成本意识，从而将更多的支出转移到折扣店。这也是企业倾向于削减广告预算的时候，这对市场营销有着特别的影响。据估计，英国政府的广告预算在2010年被削减了75%。

表2-1 所选国家2011年的经济增长率和失业率（%）

国家	经济增长率[1]	失业率[2]
加拿大	+2.6	7.8
美　国	+3.3	8.9
澳大利亚	+3.1	5.0
日　本	+1.7	4.6
奥地利	+1.8	4.3
比利时	+1.7	11.5
捷克共和国	+2.0	9.6
丹　麦	+2.1	4.0
法　国	+1.7	9.6
德　国	+2.6	7.1
希　腊	-4.0	14.8
意大利	+1.1	8.6
荷　兰	+1.8	5.1
挪　威	+1.5	3.2
波　兰	+4.2	13.2
西班牙	+0.6	20.4
瑞　典	+3.9	7.9
英　国	+1.6	8.0
欧元区	+1.6	9.9
中　国	+9.0	9.6
印　度	+9.0	10.8
俄罗斯	+4.3	7.4
巴　西	+4.3	6.4

[1] 2011年预计增长率。

[2] 2011年2月失业率。

资料来源：《经济学家》。

市场营销人员面临的一个主要挑战将是尝试预测全球经济增长模式的变化所产生的影响。虽然世界经济中的传统强国如欧洲和美国的增长依然缓慢（见表2-1），然而其他经济体都在竞相保持领先地位。在过去的十年中，中国经济增长如此迅速，现在已成为世界上第二大经济体。其余的金砖国家（巴西、俄罗斯和印度）的经济也在强劲增长。因为这些国家修建工厂、道路和商场，它们需要各种各样的资源，如石油、铜、煤等，非洲大陆——传统上是世界上最贫穷的地区——这些资源蕴藏丰富，其结果导致中国巨额的投资纷纷涌入非洲。在某些行业，新的机会总是会不断地涌现。例如，诺基亚通过提供低成本的电信产品获得了印度市场中相当大的份额，取得了很大的成功。出版商康泰·纳仕（Condé Nast）在2010年推出了其印度版本的《旅行者杂志》，以大约200万家庭收入超过100 000美元的印度人为目标人群。这些引人注目的趋势表明，欧洲的市场营销人员需要意识到新兴的机遇和挑战。

2.2.2 利率和汇率

政府用来管理经济的一个杠杆就是利率，利率指的就是企业和个人借款从而需要支付的一个比率（见插图2-2）。目前在全球范围内，利率处于历史最低水平。

插图2-2 欧洲最大的银行桑坦德银行的这则广告表明了零售金融服务竞争的本质

这其中的一个结果就是导致了消费信贷的繁荣，如住房贷款的资本投资。这意味着建筑公司和家具公司，如宜家家居（IKEA）的销售额和利润将显著增加。虽然通过货款购买房子和车子，在传统上被认为是可以接受的，但令政策制定者担心的是高水平的消费者债务，尤其是信用卡的过度使用。家庭总借款占全国生产总值（GDP）的比重在过去的20多年已经显著增加。意大利的债务占GDP的比重低于40%，但英国、荷兰和丹麦则超过了100%。总之，利率方面的变化常常会导致消费者行为的变化。

汇率指的是用一种货币购买另一种货币的比率。随着欧盟的形成，欧洲国家之间的汇率水平基本稳定。然而，主要货币，如美元、欧元、英镑和日元的汇率仍不稳定。浮动汇率对公司国际贸易的盈利性会产生显著的影响。例如，2009年和2010年澳大利亚经济的蓬勃发展和利率的上升，导致了澳元兑欧元和美元的大幅升值。这反过来又意味着，澳大利亚的商品在欧洲和美国变得更加昂贵，从而对澳大利亚公司在这些市场上的运作提出了挑战。然而，澳元的上涨也带来了积极的效果，例如，使澳大利亚公民的出国旅游成本更低。

2.2.3 税收和通货膨胀

有两种税收类型：直接税收和间接税收。直接税收指的是直接对收入和财富征税，如收入税、资本增加税、遗产税等。收入税对市场营销人员来说非常重要，因为它决定了消费者拥有的可支配收入水平。当税收减少时，消费者能够保留的收入部分增加，就有更多的钱可用于消费。这也会提高他们可支配收入的水平，即除去必须支付的食品和租金之后的可用收入。这时，消费者就从需要过渡到想要，大量的市场营销活动就应说服人们使用可支配收入。间接税收包括增值税（VAT），是对我们购买产品和服务支付价款征的税，不包括关税。它们和主要的市场营销组合变量有关，如价格。增值税税率的改变会传递给消费者，这会导致企业努力在低价上进行竞争。国家间间接税水平的差异会引发平行出口的问题，即产品会从低成本国家购入再回到高成本国家。这为高成本国家的分销商带来问题——它们无权获得低成本货源。税收水平的不同影响了消费者的需求。例如，葡萄酒的低税收让消费者从购买啤酒转移到购买葡萄酒。因此，引起了一些产品该如何划分类别的有趣争论。例如，玛莎百货认为它们的茶点饼干应被划分到饼干类（对这类产品征收零增值税）；相反，如果是划分到巧克力饼干类，其就需要承担20%的增值税。2008年，企业和英国财政部之间长期的法律战最终在欧洲法庭结束，法庭支持玛莎百货，并退回玛莎百货350万英镑的产品增值税。

最后，通货膨胀是对生活在一个经济体中的成本的测量。通货膨胀率是通过监控货架上商品的价格（如租金、抵押品偿还价格、石油、衣服、食品和消费者耐用品价格）的变动情况来计算的。产品如石油和面粉的价格的升高，会以油价和面包价格、意大利面价格提高的形式转嫁给消费者。高通货膨胀率也降低了储蓄、投资和养老金的价值。政府部门对通货膨胀非常敏感，并会采取行动使通货膨胀率保持在一定的控制范围内。

全球的经济运行会通过影响产品和服务需求的方式传递给营销活动，并通过产品的销售产生利润积累。有时，经济活动会突然发生并产生巨大的影响，正如市场营销活动2.1所述。

市场营销行动2.1　全球金融危机

批判性思考：下面是对最近全球金融危机的一个回顾。阅读文章并讨论在经济衰退时期企业应该采取什么样的营销方式。

全球金融危机（GFC），开始于2008年美国主要的投资公司雷曼兄弟（Lehman Brothers）的倒闭，在经济活动是如何影响消费者和企业方面，这是一个生动的例子。在危机爆发前，许多主要的世界经济体都在强劲增长。其结果是，失业率很低，然而消费者信心指数——换句话说，他们对未来的预期——是很高的。这反过来又会使他们以各种各样的方式花自己的钱。通常在经济的增长和繁荣时期，对非必需品（如多次外出度假、水疗、到餐厅用餐、购买服装和奢侈品）的需求会增加。消费者也更有可能对资产如股票、房地产和大宗商品进行投资，而这些资产在经济强劲增长时期，它们会产生额外的财富效应——消费者在考虑其资产价值的时候，会认为自己比实际上更富有。所有的这些需求对企业来说都是好的，企业会发现它们的销售额和利润都在不断增加。而且由于需求的增加，它们需要雇佣更多的员工，或需要向他们支付更多的薪水，这会进一步增加消费者的信心。

但这个良性循环可以继续发展，也可以迅速被扭转。全球金融危机表明，在过去十年中早期部分的增长是不真实的，而是由廉价信贷和世界各地金融机构的宽松贷款政策推动的。银行已经把钱借给了消费者去投资或消费，在事后看来，他们永远也无法偿还。银行之所以这样做，是因为新的金融工具使它们能够重新包装这些债务并出售给想在经济增长中投资的第三方。但是，一旦这些贷款开始出现问题，金融机构就开始恐慌，这会加速像雷曼兄弟、美国国际集团和北岩银行这样的大公司破产。突然，信贷成为稀缺资源或成本更高，所以消费者很难偿还贷款带来的债务。随着越来越多的钱被用于支付债务，用于日常开支的费用就少了，因此对产品和服务的需求就开始下降。现在，企业的销售额开始下降，所以它们不得不进行裁员，这进一步打击了消费者的信心，使他们减少消费并增加储蓄，导致了未来的不确定性。投资者把自己的钱从房地产和股票市场中拿出来，从而造成了财富效应的下降，并把其变成像石油一样的大宗商品，这推动了油价上涨，更堆积了消费者的压力。自从20世纪30年代的美国大萧条以来，全球金融危机是对世界打击最严重的经济事件。一些欧洲国家如希腊、爱尔兰和葡萄牙，为了继续运营不得不接受来自国际货币基金组织（IMF）的主要救助贷款。它表明，重大的经济事件不仅能够影响消费者和企业，甚至还会影响国家。

2.3 社会因素

对市场营销活动有意义的4个主要社会因素是人口状况的变化、一个国家内和国家之间的文化差异、**社会责任**（social responsibility）和市场营销道德，以及**消费者运动**（consumer movement）。下面我们一一介绍。

2.3.1 人口因素

人口统计资料指的是人口的变化情况。从社会的角度看，最显著的因素是在过去的200年里世界人口的急剧增长（参见图2-2）。一方面，在不断发展壮大的市场环境里，这为市场营销人员提供了机会；但是另一方面，它也对全球经济增长的可持续性提出了挑战。地球上的资源是有限的，这意味着在有限的水、食物和燃料供应方面的压力正在增加。例如，捕鱼业能够养活5.2亿人，或者全球8%的人口，但如果目前的过度捕捞仍继续进行，那么2050年之前商业捕鱼就会崩溃。这一挑战的创新解决方案很可能会对组织产生显著的回报。人口增长的变化也很重要。发达国家的经济增长正在放缓，据预测大多数的增长会出现在非洲、亚洲和拉丁美洲。对此，联合利华试图在非洲国家销售更多提高卫生水平、减少疾病的肥皂，手机公司如非洲的沃达丰和加勒比海域的阿鲁巴岛移动公司已经通过在这些地区提供通信设备而获得巨大利润。

全球化还导致了两个有趣的人口现象：国家之间的人口流动和低人均GDP国家中等收入阶层及富裕阶层人数的增加。持续的移民导致欧洲国家中较为贫困的中东部国家的劳动力向富裕的西欧国家转移。这样的情况在全球范围内时有发生，而国际移民组织估计，在2010年，将有2.14亿人不定居在他们出生的国家，而且这个数字到2050年将会达到4.05亿。入境人数控制的变化如学生签证的数量会对大学的需求水平产生影响。全球的经济繁荣使低人均收入国家如俄罗斯、中国的富裕消费者增加了消费（见营销聚光灯2.1）。在尼日利亚，全球企业都在迎合正在增长的中等收入阶层，从2000年到现在，其广告支出增加了6倍。

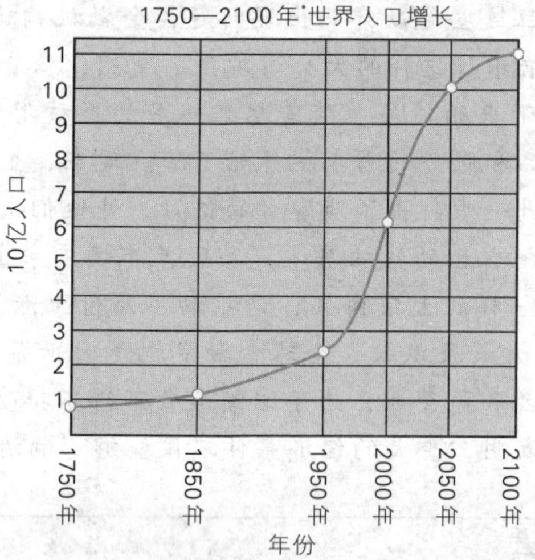

图2-2　全球人口的急剧增长对我们所有人都提出了挑战

*表示估计。

资料来源：United Nations.

一个将持续影响产品和服务需求的主要人口变化，是60岁以上人口的增加以及年轻一代人口的减少。图2-3显示的是，直到2050年60岁以上人口总数的增长变化情况。45岁以上人口的增加创造了大量的市场营销机会，因为在发达国家中这个群体创造了最高的人均产出。他们比需要偿还抵押贷款的年轻人负担更轻，他们可以从遗产上获利并比前辈人更健康。以其为主要目标群体的药物、健康、美容、技术、旅行、金融服务、豪华汽车、奢侈食品和娱乐行业，成为有市场增长潜力的主要行业。这些趋势影响了许多消费品公司，它们需要考虑正在增长的所谓“灰领”阶层，并改变产品和服务的定位。

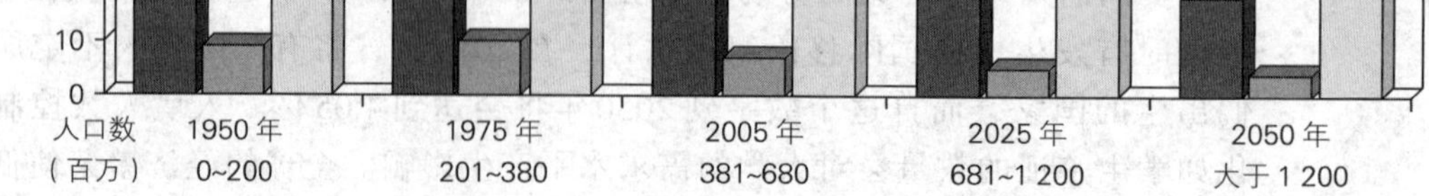

图2-3　世界60岁以上人口分布图

资料来源：UN，World Economic & Social Survey 2007.

最后，一个新出现的人口趋势是，家庭数量的增多和家庭规模的缩小。人们选择晚婚或单身，离婚率增长了，家庭规模也比传统的小。高收入和繁忙的工作促进了便捷食品和便捷购物的繁荣。北方食品（Northern Food）和玛莎百货特别成功地迎合了市场的需要（见插图2-3）。对儿童托管和家庭护理设施的需求也随之出现。

插图2-3 玛莎百货的这则广告明确地以微型家庭单位为目标

2.3.2 文化因素

文化指的是一个民族群体或子群体持有的价值观、信念和态度的总和。文化的差异对企业经营方式有一定的影响。例如，由于中国、印度、新加坡等国家的市场增长，越来越多的西方人发现了东、西方人在做事方式上的差异。西方人将合同视为一成不变的，但东方人对合同的看法则更加灵活。在东方，对和谐的情有独钟意味着决策往往是高层管理人员达成共识的。西方人痴迷于用逻辑方法来应对复杂的环境，这很可能被东方人视作天真的表现。这些差异深受东方复杂的交际网络和西方高度独立的文化的影响。

全球市场营销人员需要特别关注这些积极影响文化的因素。例如，MTV——一个传统的全美音乐频道，现在有使用32种语言、面向160个国家的141个播放频道。这会成为美国向其他国家输出文化的重要渠道，该公司小心谨慎地影响着当地文化。例如，在中东的阿拉伯MTV上，播出的45%的节目是当地制作的，其余的才是翻译的。

然而，即使在一些国家内部，也要谨记许多子文化的存在。正如上文描述的，全球人口的快速流动使种族子文化在一些发达国家如雨后春笋般冒出来，于是在这些国家便产生了潜在的利润丰厚的利基市场。例如，据估计有350万有土耳其血统的人居住在德国，550多万摩洛哥人居住在西班牙，80多万有阿尔巴尼亚血统的人居住在意大利。此外，社会的潮流和风尚引发了他们自己的特有的亚文化，其成员都以特定的方式穿戴和为人处事。

2.3.3 企业社会责任和市场营销道德

企业要认识到它们对社会负有法律责任以外的责任。企业社会责任（CSR）指的是个人和组织的行为影响自然环境和公众环境时，其应该遵守的道德准则。对环境、商业和公共利益问题的关注，被施压团体如绿色和平组织（Greenpeace）、企业观察社（Corporate Watch）和乐施会（Oxfam）表现了出来。

市场营销经理要认识到组织是社会的一员，其行动要对社会负责。鉴于此，毕雷公司（Perrier）在120个国家回收了1.6亿瓶水，因为其在所生产的13瓶水中发现了毒性化学物质。尽管没有证据表明在水中存在这种化学物质对人有害，但其还是花费了5 000万英镑对该批水进行回收。毕雷这样做是因为其意识到要消除消费者心中所有的疑虑，才能维持产品的纯净形象。企业越来越意识到开展活动要对社会负责。相反，可口可乐公司用了一周的时间才承认其产品在比利时受到污染而导致众多民众患病，同时还面对着人们对其暴力反工会、恶化水源短缺问题和儿童肥胖等问题的不断指责。“绿色营销”这个词用来描述生产、促销环保产品和回收易破坏环境的产品的市场营销做法。

社会营销概念是一种标签，被用来描述企业不仅应该考虑消费者的需求，还要尽可能地考虑社会上的大多数人（参见插图2-4）。这个概念引发了一些运动，如公平贸易基金会；还导致了一些公司的成立，如都柏林的时尚公司艾顿（Edun）。由U2的主唱博诺和他的妻子阿里·休森创立的这家公司，生产一系列有机棉衬衫、牛仔裤和亚麻西装。其时尚系列服装所用的材料为来自秘鲁的非补贴棉花，并在非洲加工生产。它的第二个品牌“艾顿生活”的服饰原材料（棉花）由坦桑尼亚提供，衣服在莱索托生产。这个公司的道德目标是赞助非洲的生产商和世界范围内的有机棉花生产商。

插图2-4　像Statoil这样的石油公司一直热衷于强调自己的环保认证

企业的社会责任不再是可有可无的东西，而是业务战略的重要组成部分，正受到施压集团、持股人和机构投资者的密切关注，他们中的一些人还负责管理道德投资资金（参见市场营销行动2.2）。人们越来越希望，在一个有着更清楚透明的价值观的世界里，各行各业能够适应气候变化，保护生物多样性，倡导社会公平和维护人类权利。这些发展导致了两个结果：社会报道的增多和**事业关联营销**（cause-related marketing）。

一个相关的问题就是市场营销**道德规范**（ethics）。道德规范是约束个人和集体的行为及决定的道德准则和价值观，包括有关正误行为的价值观。市场营销决策的合法性和道德性是有区别的。道德标准涉及的是个人的道德准则和价值观，而合法性反映的是社会的法律准则和标准，可以在法庭上实施。

市场营销行动2.2　Allianz4Good

批判性思维：下面是由安联（Allianz）开展的一些关于企业社会责任活动的简要概述。阅读并访问Allianz.com，批判性地评价企业社会责任作为市场营销战略的核心组成部分的程度。

安联集团是世界上最大的金融服务公司之一，总部位于德国。它经营的业务范围包括企业和个人客户、银行、投资和财富管理的普通保险以及人寿保险。它在70个国家拥有7 600多万个客户，在2010年收入为1 060亿欧元，利润为50亿欧元。安联集团是慕尼黑市的安联球场的主要赞助商，目前该球场是此城市两只足球队（拜仁FC慕尼黑和TSV 1860慕尼黑）的主场，它也是一级方程式赛车和高尔夫的赞助商。

但是，安联在Allianz4Good旗下也有企业社会责任（CSR）活动的一个显著组合。它已确定了对其自身的成功以及对其利益相关者都至关重要的五个核心问题，其中包括财产的可获得性、气候变化、人口变化、数字化和金融市场的稳定。反过来，这些又会转换成各种具体的项目，如投资15亿欧元于风力发电和和光伏项目（气候变化），到2012年（气候变化）实现二氧化碳减排20%的目标；安联员工都自愿、主动地向中小学生（金融）提供金融知识；安联文化基金会（Allianz Cultural Foundation）通过对艺术、文化和教育项目的支持也促进了有关各方之间的相互理解。该公司还做出了捐款、积极帮助救灾等工作，如应对2009年印度尼西亚的地震、2010年巴基斯坦的洪水等自然灾害，其也是残奥会（为残疾人运动员举办）的主要赞助商。

因为可持续发展是安联业务的内在要求，因此该集团已试图通过安联的行为准则（the Allianz Code of Conduct）来培育企业社会责任的文化。作为一家保险公司，它采取的所有举措都是为了降低保险的风险并最终在长期内受益。例如，据估计，保险索赔的40%都是由气候变化引起的。它的财务稳定性在确保满足其利益相关者的需求方面也很重要。

社会责任报告就是企业对自身的社会行为所进行的独立审计。这些审计通常包括关键的利益相关者调查，如客户和员工的调查。社会审计通常以打印报告的形式存在，但这些越来越被作为主要传播媒介的互联网所取代。互联网的优点是它易于更新，发布的信息成本低、效率高，可搜索，可迅速地传播并且环保。

事业关联营销是公司、慈善组织和事业部门为共同的目标相互结成伙伴关系，共同营销一个形象、商品或服务的商业活动。当企业和慈善组织的目标客户类似时，事业关联营销效果明显。例如，美国运通是红色计划的合伙人，红色计划是一个合作联盟，主要通过将品牌产品的一部分利润交给全球基金用于抗击艾滋病、肺结核、疟疾。有关事业关联营销最强的一个承诺是由加拿大MAC化妆品公司做出的，该公司现在是雅诗兰黛集团的一部分（参见插图2–5）。它放弃了所有唇膏的销售收入，将其投到魅可艾滋病基金会，最终将其发给携带HIV的群体。迄今为止，公司已经投入了1亿美元。

插图2–5　MAC化妆品Viva Glam系列的所有收入都被捐献给MAC艾滋病基金会

不是所有不符合道德标准的做法都是违法的。例如，在超市出售的产品中加入转基因成分并不违法，但是“绿色和平”等一些组织认为无法科学证明其对健康的影响前出售转基因食品是不道德的。出于这种考虑使得冰岛和圣斯伯里等地的连锁超市把这种食物从货架上撤走。类似地，由于一些科学研究发现手机的使用可能和脑肿瘤的产生有关系，所以手机公司需要对因为使用它们的产品而产生的潜在长期风险承担责任。生产商要保证手机听筒符合辐射吸收率的国际标准，该行业已经为这个问题的研究花费了数百万美元。

很多道德困境产生于利润和商业活动之间的冲突。例如，使用童工进行生产活动的成本低，利润率高。在2006年，英国第四频道的一段新闻的秘密录像清楚地显示，孟加拉国的童工为乐购制作自有品牌的衣服。然而，乐购对工厂使用童工并不知情，它还是英国道德贸易组织的成员之一，这个组织对全球供应链进行独立监管。鉴于市场营销道德规范的重要性，本书的每一章都包括一个关键的道德之争，讨论支持者的论点和市场营销危机的核心主题。关于企业社会责任的争论（CSR）见道德之争2.1。

道德之争2.1　是CSR，还是PR？

多年来，关于企业应该承担哪些社会责任，一直都有争论。企业不是独立运行的，而是和所处的经济环境、社会环境以及物质、政治环境紧密联系的。许多公司对环境的漠不关心并不光彩。使员工在低工资、恶劣环境下工作，使用童工等形式的人力资源滥用已经受到高度重视。污染、不加节制的砍伐和不合法的污水排放等破坏环境的行为，已经遭到了批评。现在，全球范围内还存在通过保持人为高价来剥削消费者的行为和政治腐败行为。类似的事情层出不穷。在重要的政府与经济会议上，抗议者和警察的对抗，凸显了企业和一些社会部门之间分歧的扩大。

社会变化的压力，导致企业社会责任（CSR）已经成为企业董事会议题的一部分。所有大型公司都有企业社会责任倡议，并在它们的网站和每年的报告中公布。例如，在1953年，壳牌石油公司成立了壳牌石油基金会，自从成立以来，其已经捐助了5亿美元来改善壳牌公司雇员生活和工作的社区条件。玛莎百货有一个"A计划"，其列出了5年内要完成的100个有价值的项目，包括帮助乌干达15 000个儿童接受更好的教育，减少二氧化碳排放量55 000吨，回收4 800万个衣架，将2 000万件衣服加工成公平交易棉花等。企业取得了三重盈余增长，不仅展示出经济方法的实力，还展示出其在社会和环境方面的实力。

然而与此同时，有一些评论家尖锐地指出，这些投资是完全错误的。这种说法尤其被美国的经济学家米尔顿·弗里德曼所认同。他认为，企业的任务就是最大化它的所有者和股东的利益，一切影响企业达到这个目标的做法都应尽量避免，社会问题是政府的责任。类似地，在比尔·克林顿时期的美国劳工部长罗伯特·莱克认为，企业不能承担社会责任，它们承担社会责任会不利于政府参与并解决问题。另外一系列研究表明，企业履行社会责任不起作用，也就是说，企业社会责任对企业行为会有消极的影响。

现在人们仍然在激烈讨论，企业开展履行社会责任的活动的当前趋势究竟反映了企业对自身行为对环境的影响的进一步关注，还是只是将其看作纯粹的大型公共关系问题。许多评论家赞成后者，因为企业正在为回应不断增加的公众和非政府组织的监督而作出改变。企业履行社会责任是一个好的创意，可以为企业塑造一个良好的形象，并且让评论员和股东满意，但是最终的测试是企业是否始终如一地坚持原则，甚于关心利润。反过来说，美体小铺(Body Shop)、本杰瑞公司（Ben & Jerry's)、innocent公司和其他一些公司的经历，都表明这两者也并非相互排斥。培养长期的兴趣或许是企业应采用的最好方法。

推荐阅读：Allen（2007）；Bakan（2004）；The Economist（2008）；James（2007）.

思考：企业把社会利益放在自身利益之前，这是恰当的吗？

2.3.4 消费者运动

“消费者运动”是以维护消费者权益为目标的集个人、组织和团体所开展的活动。例如，欧洲的各种消费者协会，往往在比较的基础上为消费者提供有关产品的信息，从而让消费者在产品和服务之间作出更明智的选择。

除了提供无偏见的产品测试和反对不公平的商业做法外，消费者运动还活跃在产品质量和安全、信息的准确性等领域，并在全麦酒运动、改善汽车的安全性、规定信贷公司的广告必须给出真实的利息费（年百分率），以及在香烟盒和香烟广告中要警告吸烟有害健康等领域取得了明显的成功。

这样的消费者组织可以对营销实践产生显著的影响。例如，比利时消费者组织Test-Achats向欧洲法院提起了诉讼，男性和女性在提供货物和服务方面应该享受平等的待遇。法院赞成了它的意见，意味着历来为女性驾驶者提供更便宜的汽车保险的保险公司从2012年12月将不能够再这样做，其结果表明，年轻女性驾驶员的保费价格可能会上涨。在英国，公平贸易局（the Office of Fair Trading）正在设法使消费者更容易采取法律行动打击那些通过反竞争行为伤害他们的公司。

消费者运动不应被看作对商业活动的一种威胁，市场营销人员应该关心消费者所关注的，提供机会去创造新的产品和服务来满足新兴市场的需求。例如，在发达国家，随着人们对肥胖水平提高的关注，麦当劳对它的菜单和市场营销活动做了明显的调整。其在菜单中加入了很多健康食品，包括沙拉、袋装水果，并帮助公司重新获利。一些欧洲领先的道德品牌在表2-2中列出。

表2-2　2008年所选国家中被认为最有道德的品牌

排　名	英　国	法　国	德　国
1	Co-op公司	法国达能集团	阿迪达斯
2	美体公司	阿迪达斯	耐克
3	玛莎百货	耐克	彪马公司
4	Green & Black's公司	雀巢公司	宝马公司
5	艾克佛公司	雷诺公司	得墨忒耳公司
6	Traidcraft公司	标致公司	gepa公司
7	咖啡直达公司	飞利浦	大众汽车公司
8	Innocent	家乐福	索尼
9	Divine	可口可乐	Trigema

资料来源：GfK NOP.

2.4 政治与法律因素

政治和法律环境可以通过制定开展商业活动的规则来影响市场营销决策。考虑到政治因素，组织中的高级管理人员需要和政界人士建立联系，从而观察政界变化，并同时影响政界。有时，企业为了保持有利的关系，需要为政党提供适量的资金。政治关系的重要性已被一项研究证明，即‘政治关联企业’在金融危机期间比那些非关联企业从困境中摆脱出来容易3倍。

在全球金融危机期间，雷曼兄弟被允许破产，但高盛（Goldman Sachs）获得了营救，从而导致了“政府投资”的出现。企业试图影响政治过程的程度要依赖于游说的程度。据估计，在布鲁塞尔有15 000名说客试图影响732位欧洲议会议员（MEPs）对欧盟的政策制定。其中一些企业游说议员反对这样一些提议：限制网络和手机广告以减少垃圾邮件，制定更严格的包装规则以减少浪费，为化学品制定更严格的检测和标签规则。

政治决策会对商业活动产生重要影响。这可以从美国攻打伊拉克从而导致美国重要公司成为众矢之的，且美国产品遭到联合抵制的活动中反映出来。通常情况下，政治因素会产生循序渐进的和细微的影响，这可以通过欧洲政治体试图建立欧盟看出来。

2.4.1 欧　盟

在过去，基本的经济单元是国家，国家有做出经济决策和决定经济供应与需求水平方面最大的自主权。但是，在过去的30多年，一切都在迅速变化，这主要是由商业的全球化驱动的。世界上最大的公司，如微软公司、通用电气公司、沃尔玛等，现在经济方面的实力比一个国家还要强大。因此，国家在经济领域结成同盟可以更有效地管理事务。于是，大多数的欧洲国家现在都成了欧洲联盟（欧盟）的成员国，北美国家组合成一个经济区域，称之为NAFTA（北美自由贸易协定），环太平洋国家则是ASEAN（东南亚国家联盟）的成员国。

1986年出台的《单一欧洲法法案》，使欧盟（EU）形成了自由流动的内部市场。其目的是通过去除产品、服务、资金和人员在12个成员国之间自由流动的障碍，建立一个拥有3.2亿消费者的巨大市场。目前，欧盟的成员国有奥地利、比利时、捷克共和国、塞浦路斯、丹麦、爱沙尼亚、芬兰、法国、德国、希腊、匈牙利、爱尔兰、意大利、拉脱维亚、立陶宛、卢森堡、马耳他、荷兰、波兰、葡萄牙、斯洛伐克、斯洛文尼亚、西班牙、瑞典和英国。通用的货币——欧元，在17个国家里使用，从而使旅行、现金支付和跨国贸易更便捷。

经济联盟的一个主要成果就是在整个欧洲采用的被称为泛欧洲或标准化战略的前景得到改善。标准化程度似乎取决于产品类型。很多工业品、耐用消费品（如照相机、烤箱、手表和收音机）和服装（古奇鞋、贝纳通T恤和李维斯牛仔裤）标准得到了很好的推进（见插图2-6）。然而，许多快速消费品（fmcg）由于地方口味的差异很难实现产品的标准化。尽管如此，这种方法正在越来越多地被公司所采用。例如，Lastminute.com，它的目标是将自己定位为一个休闲、娱乐和旅游零售商，以“故事从这里开始”为口号让客户讲述难忘的故事，在欧洲范围内展开了宣传活动。同样，玛氏公司（Mars）为了对整个欧洲的士力架品牌制定出更协调的宣传活动，在广告中使用电视名人T先生作为代言人（见插图2-7）。

插图2-6　瑞典品牌H＆M赞同以简单的有设计感的海报形式来进行泛欧的广告宣传，这些海报在不同的市场中运作良好

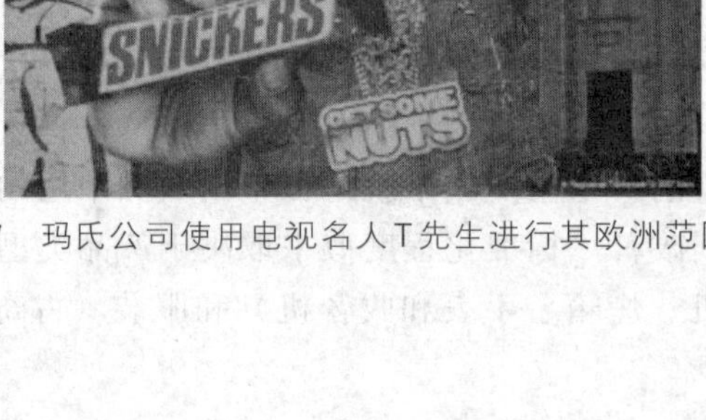

插图2-7　玛氏公司使用电视名人T先生进行其欧洲范围内的士力架品牌的推广

2.4.2　有利于竞争的立法

政治决策可能被直接转化为法律以及少部分的正式指令，这会对商业活动产生深远的影响。在一些关键领域，调整者要保证竞争的公平性和合法性，并以保证消费者的社会权益的方式进行。在欧洲，反垄断是根据《罗马条约》第86条进行的，目的是阻止企业“滥用”市场统治地位。然而，欧盟于1990年引入了第一个处理兼并和收购的直接机制《并购规则》，对其加强了控制。这使得欧洲委员会的竞争署有权管理“在欧洲范围内的集聚”。在最近这些年，这个委员会面临着世界级大公司的挑战，尤其是微软公司。微软公司在欧洲委员会控告它滥用在软件市场的控制地位，并持续了9年的法律战之后，于2007年认输。它必须支付7.77亿欧元的罚款，并被勒令向其他公司提供信息，以使这些公司的软件和微软公司的软件能够实现交互操作。促进竞争的机构也可以是国家层面的，如英国的公平交易办公室和爱尔兰的竞争管理局，它们负责当地的竞争问题。

2.4.3　消费者立法

政策调整者还颁布法令来保护消费者。欧洲的许多国家用各种形式的《消费者保护法令》来规范企业如何和消费者建立联系以及应该如何宣传产品。这些法令将不平等、错误诱导和侵略性商业行为归为不合法行为。例如，产品信息和使用后的功效必须被明确标示出来——例如产品对环境友好，必须有证据能够说明。这个法令在爱尔兰国家消费机构的监管下被强制执行。例如，由于全球肥胖的流行，所以世界各地的餐馆都需要在它们的菜单上说明各种食物所含卡路里的数量。这种对消费者权益保护的必要性，通过产品营销（如早餐谷物和软饮料）表现了出来，参见市场营销行动2.3。

总之，政治和法律决策可以很快就影响到商业游戏规则。

例如，2006年，巴西的圣保罗市长推出了《清洁城市法》，要求所有城市的户外广告都要拆除，结果表明巴西的广告商很快就适应了使用社交媒体并留住了他们的客户。同样地，欧洲法庭在2007年判定迷你百利酒（Baileys Minis）系列可以继续销售，这可以被视作扩展品牌发展时投入了巨资的迪阿吉奥（Diageo）公司的重要胜利。在许多情况下，企业和行业为了避免可能发生的政治和法律行动都制定了自愿行为守则。

市场营销行动2.3　健康的早餐是什么样的?

批判性思维：下面是对一些研究的评论，该研究对针对儿童的市场营销活动而言很重要。阅读文章并考虑消费者、监管者和企业应该如何应对这些出现的问题。

谷物早餐市场非常大，据估计在英国该市场价值12.3亿英镑，但该市场上也充斥着对类似家乐氏（Kellogg's）等公司的质疑。大部分谷物早餐市场的主要目标受众是儿童，因此一些卡通形象如史莱克、托尼虎和辛普森一家常常出现在广告和包装上。但是，谷物早餐中都包含什么？它们真如宣传的那样健康吗？一项由爱尔兰消费者协会组织的研究表明，被研究的36种儿童谷物食品未达到健康等级，该等级要求儿童谷物食品应高纤维、低糖、低盐、使用饱和脂肪。2/3的谷物食品的含糖量超过了30%，一些自有品牌的食品甚至达到了38%的含糖量。家乐氏反对这项研究，声称研究中没有考虑产品所含的维生素和矿物质。

类似这样的争议非常重要，因为社会中肥胖问题逐渐凸显，尤其是儿童的肥胖问题。例如，英国儿童2～15岁的肥胖水平预计从1995年的11%左右，上升到2008年的近16%。这导致要求禁止播出针对儿童的食品广告的呼声越来越高。英国通讯管理局（Ofcom）提出了一系列限制令，包括不接受针对学前儿童生产食品和饮料的公司的广告和赞助，明星和其他经授权的动画角色不能在食品饮料广告中出现，促销不能将目标群体设定为10岁以下的儿童。这些类型的措施对儿童产生了巨大的影响，研究发现一些肥胖儿童在看完电视上的广告后开始质疑自己摄入的食品是否健康。

资料来源：Cullen（2007）；NHS（2010）；Terazono（2006）；Wiggins（2007）.

2.4.4 行为准则

除各式各样的法律之外，一些行业还草拟了行业的行为准则——有时这可被看作政治压力的结果——来保护消费者权益。例如，英国的广告行业，已经制定了广告标准自我监管准则和保证广告“合法、得体、诚信、尊重事实”的操作准则，2010年，此准则被延伸到脸谱网（Facebook）的网页、推特（Twitter）推送和网络横幅广告中。类似地，市场营销研究行业拟定了保护消费者免受不道德行为侵害的准则，不道德行为包括将市场营销研究作为销售借口。然而，许多评论员对现存的诸如石油行业和制衣行业等行业中的自愿行为准则持批评态度。像美国的可口可乐公司和百事可乐公司，已经开始限制在学校中销售软饮料，以此来平息怨言和逃避诸如法国等国禁止在学校贩卖食品的管制。

市场营销管理人员必须意识到政治和法律环境对营销活动的限制，必须考虑是否有必要干涉那些影响公司运转的政治决策的制定，以及企业应在多大程度上进行自我监管才能保证消费者对产品和服务持有最高满意度。

2.5 自然环境因素

正如我们看到的，消费者运动致力于保护消费者的权利，而环境保护论者则致力于保护自然环境，避免其成为生产和销售产品以及提供服务的牺牲品，其关心消费的社会成本，而不仅仅是消费者个人的成本。有6个环境问题特别值得注意，它们是：气候变化、污染、节约稀缺资源、可回收且非破坏性包装、环境友好型材料和新产品的动物试验。市场营销人员应该意识到这些问题带来的威胁和机会。

2.5.1 气候变化

气候变化已经成为近些年讨论最为热烈的一个主题。大多数评论家认为人类的活动加速了臭氧层的消耗，导致了全球气温的逐年升高，从而使南北极冰盖消融，而这又导致了不可预测的极端天气（如干旱和飓风）的出现。格尔的电影《难以忽视的真相》使这个讨论进一步白热化。持相反观点的人认为全球变暖是自然循环的结果。到目前为止，关于气候变化的《京都议定书》已经获得全球191个国家的认可，各国已签订协议要共同减少温室气体的排放。事实上，对于企业来说，这意味着要寻求方法来减少二氧化碳的排放，并限制氯氟碳化物（CFCs）的使用。例如，路虎的SUV是绿色环保人士的首要攻击目标，它被要求在2012年之前使汽车碳排放量下降20%。这类倡议是必要的，因为对SUV征收高额税金已经使路虎在西欧的销售额大减。运输公司通过使用路线设计软件以及网络匹配系统来改善运输活动，减少气体排放。

气候变化对商业活动和社会存在潜在的影响。例如，人们越来越乐于乘飞机旅行，在近些年来由于经济繁荣和航线的低成本的营销活动，航空业急速发展起来。但是，航空飞机是诸如石油等有限能源的主要使用者，而且自1990年以来国际航班的二氧化碳排放量已经成倍地增加。这意味着消费者选择乘飞机出行的会越来越少，甚至其会被鼓励少乘飞机出行，这对航空行业来说会产生深刻的影响。这些影响已经体现在露天加热器行业，该行业曾因为排烟量的限制和消费者户外就餐的增多而大受欢迎。但是，汽油加热器每年排放的二氧化碳量相当于一个半汽车每年的二氧化碳排放量，诸如B&Q等公司已经决定停止销售。

2.5.2 污　染

产品的生产、使用和处理会对自然环境造成危害。污染空气的化学产品的生产，使用可能污染河流的氮作肥料，将副产品注入海中都成了公众关心的问题。像中国和印度这种迅速增长的经济体在这方面存在严峻的问题，中国已超过美国成为世界上二氧化碳排放量最大的国家。煤炭为中国提供了80%的能源，预计这种情况至少还会持续半个世纪。在北京，工厂和汽车的二氧化碳排放已成为一个重大的问题。水污染也非常严重，据估计流经城市的水域有90%已受到污染。

监管者和消费者群体对企业施加压力有助于减少污染。丹麦采用了一系列反污染的措施，包括对杀虫剂和CFC征税。在荷兰，有人提议对杀虫剂、化肥的使用和一氧化碳的排放征收较高的税。然而，并非所有活动都会增加成本。在德国，参与绿色科技活动获得的市场营销好处是，污染控制设备的出口业务获得了异常繁荣。

2.5.3 节约稀缺资源

意识到自然资源的有限性使人们开始对有限资源进行保护。对节能住房和省油汽车的需求反映了这一点。在欧洲，瑞典率先制定了家用和可再生能源的相关政策。对煤和石油等污染性能源的使用，采用惩罚性的税收制度；而对污染较小的泥炭和木片等家用燃料的使用，则采用较低税收的政策。由于出台了鼓励家庭将多余的电能发送至电网的新政策，英国正经历着安装太阳能电池板的热潮。公司生产的太阳能电池板及相关产品从这一趋势中获益。日本丰田公司的一种油电混合动力汽车——普锐斯取得了空前的成功，以至于公司必须全力以赴生产才能满足客户的需求。

人们越来越意识到，水资源可能会成为下一个需要保护的稀缺资源，因为据估计世界上只有1%的水资源是适合人类饮用的。这对利润丰厚的全球瓶装水行业具有重大影响。一项美国的研究表明，从2001年到2006年5年的时间里，瓶装水的消费量提高了57%。用于瓶装水的投资是用于为发展中国家提供安全饮用水的投资的7倍。生活方式品牌斐济水来源于斐济，跨越了10 000英里被运到欧洲及更远的地方，而有1/3的斐济人无法获得安全的饮用水（见插图2-8）。此外，上百万桶原油被用于制造瓶装水的塑料瓶，有90%的塑料瓶使用过一次就被废弃了，这些瓶子需要1 000年才能被生物降解。水资源短缺也与软饮料生产商百事可乐和可口可乐等公司有关，它们被指控在发展中国家生产软饮料导致周围地区缺水。

插图2-8　“生活方式”品牌斐济水在名人中特别受欢迎

组织对资源稀缺问题所做的应对会产生有趣的影响。例如，由于石油等化石燃料的有限性，生物燃料显著增加（它们主要是从谷物中获得的），这就导致了用于生产面包等产品的粮食的短缺，从而间接抬高了国际粮食价格。

2.5.4　可回收且非破坏性包装

过去的20多年，欧洲可回收再利用材料迅速增长。减少包装方面的浪费不仅对环境友好，而且有商业价值。一些公司引进浓缩清洁剂，并将一些品牌的牙膏外包装的纸板去掉，这样做节省的费用数额是非常大的。在德国，Lever GmbH通过使用浓缩清洁剂节省了30%的费用，通过使用更轻的塑料瓶减少了20%的材料，引进可回收使用的填充浓缩液的包装减少了一半的包装材料。多国政府已经开始禁止超市和便利店为顾客免费提供塑料袋，因为这些塑料袋引起了环境污染并且分解速度很慢，这种禁令极大地影响了包装生产商。

个人电脑使用量的迅速增长引发了一个重要的问题，即废旧电脑的回收问题，因为废旧电脑中含有很多有害物质和污染物。欧盟法律强制要求生产商要勇于面对如何回收这些产品的问题，回收产生的费用一部分应由生产商承担，另一部分则要由消费者承担。惠普公司已经组建了一个团队去检查电脑如何生产并研究如何处理废旧电脑。这个团队已经实施了一些计划，如在打印机中使用玉米淀粉取代塑料品，重新设计包装并减少工厂的污染排放。《电子电器废弃物指令》（WEEE）在2003年正式成为欧洲法律，其增加了条例，指出生产商应履行处理电子产品的责任。消费者有权将要求循环利用的旧电子产品返还给销售者，否则费用将通过一个附加的循环税强加在消费者身上。出台这项指令的结果是生产商加强了对产品的回收利用。

2.5.5　环境友好型材料

环境学家提倡使用可降解的和天然的材料。玩具行业由于使用塑料和其他对环境不友好的材料而处于舆论的风口浪尖。因此，诸如绿色玩具（Green Toys）公司和木玩公司（Anamalz）等新开业的公司就开始另辟蹊径。前者用回收的牛奶塑料包装来制作玩具并用回收的硬纸板包装出售，后者则使用木制品来取代塑料。白炽灯泡是采用环境非友好型材料的典型。它消耗了大量的电能，而消耗的电能中多达95%用于能量消耗而非照明，它的使用寿命也相对较短。现存的灯泡使用电极来连接能量供应，因此就会使用一些危险材料，如水银。一家名为凯若维森的英国公司的研究人员发明了一种替代品，这种灯不需要使用电极或水银，只需要极少量的能量，且永远不需要更换。这些类型的创新表明，企业通过控制市场营销环境就可以获得商业机遇。

2.5.6　新产品的动物试验

洗发水和化妆品等很多新产品会在发布前先在动物身上进行试验，以减少对人类的危害，这种做法遭到了许多人的反对。英国零售商美体小铺最初能够取得成功就在于，它的一个主要观念是它的产品不需经过动物试验，这是它在业务上使用道德方法的一个例子，这一做法也被扩展到它的供应商那里。其他大的商店也效仿美体小铺推出了对动物友善的产品系列。

总之，兼顾自然环境对商业公司来说是个很大的挑战，但也意味着巨大的机遇。市场非常乐意接受新的环境友好型的产品或方法。

2.6　技术因素

技术对人们的生活和企业的命运有着巨大的影响，技术突破已经给我们提供了人体扫描仪、机器人、摄像放映机、计算机和其他许多提高生活质量的产品。很多技术突破改变了竞争性行业的游戏规则。例如，计算机的发明摧毁了打字机市场，并使计算器变得几乎毫无用处。计算机中的网络电话功能，可以通过网络进行电话呼叫，正威胁着电信行业，同时几乎将国际长途电话税收降为零。

制药公司正在使用移动电话服务，以打击发展中国家如加纳和尼日利亚等国的假冒药品的破坏性贸易。这些国家的消费者购买药品后会刮开包装上的代码。他们将此代码发到计算机系统中，系统会显示该药物是否是真的、安全的。知晓技术环境可能有益于获取新技术和主要的投资计划。例如，很多人觉得汽车的平行停车很困难，从而使得现在的许多汽车品牌都配有一个由法国公司Park4U制造的设备，驾驶者只需控制油门和刹车，其余的都由汽车的停车辅助系统来完成。

潜在的技术运用时时刻刻都在更新。例如，钱——已成为市场经济的基础——正变得越来越多余。例如，在日本，电子现金设施的使用呈现巨大增长，消费者按月购买智能卡，并用于一切消费，包括从运输系统到商店和咖啡馆的消费。其他消费者使用他们的手机付费，从而导致了像7 Eleven和麦当劳这样的领先企业安装了“电子货币接收器”。

应用软件或应用程序的快速渗透，说明了技术可以成为我们生活的一部分。一个应用程序是一种计算机程序，它允许用户执行单个或几个相关的任务。当我们撰写本书的上一个版本时，智能手机等设备的应用程序还处在开发阶段。现在，它们无处不在——截至2011年超过100亿个应用程序可从苹果应用商店下载，这些程序帮助用户完成各种活动，如表2-3所示。

表2-3 十大最受欢迎的免费和付费iPhone应用程序

免费apps		付费apps	
app	解释	app	解释
Facebook	社交网络	Doodle Jump	简单的游戏平台
Pandora Radio	网上收音机	Tap Tap Revenge 3	节奏游戏
Google Mobile	网络搜索	Pocket God	神的游戏
Shazam	音乐发现	Angry Birds	弹弩游戏
Flixter	DVD租借	Tap Tap Revenge 2.6	节奏游戏
The Weather Channel	天气预报	Bejewled 2+Blitz	宝石之谜
Google Earth	地图服务	Traffic Rush	交通拥堵之谜
Bump	iPhone间数据共享	Tap Tap Reveng Classic	节奏游戏
Skype	呼叫	App Box Pro Alarm Clock	实用工具套件
Paper Toss	游戏	Flight Control	空中交通管制模拟器

资料来源：*Telegraph*，April 2011.

社交媒体营销2.1中回顾了社会活动对技术的影响。但是，成功的科技投入的关键是市场潜力，而不是为了自身利益将技术复杂化。协和飞机（Concorde）就是受到技术专家的驱动，而不让市场牵着鼻子走的进行高科技创新的典范。然而，由于技术复杂，在发布产品之前，管理人员就知道它在商业上永远不可行。大量的网络行业的技术创新就是因同样的原因失败的。

社交媒体营销2.1 技术无处不在

批判性思维：下面是对技术在人们生活中越来越普及的一个回顾。阅读并批判性地思考其营销意义。

对于每一个年龄组来说，无论是在家里，还是在学校或工作中，技术已经成为我们生活的一个重要组成部分。例如，在《韩国先驱报》的一份报告称，52%的3~5岁的韩国儿童经常使用互联网，每周平均上网4小时。据估计，10~11岁的英国小学生每年在学校900个小时，与他们的家人一起1 300个小时，但在屏幕前至少2 000个小时——无论是电脑屏幕、手机屏幕，还是电视屏幕。根据美国2009年的一项研究，一个十几岁少年平均每月要发送或接收2 272条短信。在英国，年龄在15~24岁的那些人每天花费6.5个小时在媒体和沟通上，并且29%的时间里，他们都在同时做几件事。总体而言，据估计平均每人的信息摄入量从1960年至2008年间增长了300%。不可避免地，接触技术而产生的所有影响尤其会影响青年人的思考方式和为人处事的方式。据沃森（2010），屏幕少年（screenagers）可能会有不同的表现，主要包括以下几个方面：

■屏幕少年更喜欢多任务的、并行处理的以及个性化的体验，喜欢以非线性的方式阅读文本，喜欢图像，而不喜欢文字。

■记忆是一种在硬盘上被找到的东西。如果他们需要信息，他们就谷歌（google）一下。

■屏幕少年的大脑对多信息流充满了警觉，而注意力和理解力只停留在浅层次。

■数字化的产生需要感官环境、即时反应、频繁的赞誉和奖励。

■可视化正在消除人类直接接触的需要。

2.7 微观环境

除了上文提到的宏观环境，还有一些微观变量会影响组织面临的机遇和威胁。我们会逐个讨论这些变量，并在整本书中进行详细的探讨。

2.7.1 消费者

正如我们在第1章看到的，消费者处于营销活动的中心位置，我们会在后面的章节详细探讨消费者行为。消费者最终决定着企业的成败。企业面临的挑战是，如何找出没有被满足的市场需求并抓住客户群。这需要企业对市场中不断改变的需求保持敏感，并非常恰当地利用这些机遇。

2.7.2 分销商

一些邮购公司、在线音乐公司和服务提供商直接向消费者提供产品或服务，但是大多数其他类型的公司使用独立的批发商和零售商提供的服务。我们将会在第11章看到，中间商可以提供很多有价值的服务，例如随时随地为消费者提供所需产品，并免费送货。另外，还可以提供一些特殊服务，如推销商品并进行安装调试。分销的发展给生产商带来重要的影响。沃尔玛和乐购等零售商势力的壮大会影响食品生产商的盈利能力。

2.7.3 供应商

企业不仅受分销商的影响，还会受供应商的影响。供应商可以非常简单，也可以非常复杂。例如，一辆汽车平均需要15 000个原件，因此汽车行业由3个层次的供应商为其提供服务。第一层次的供应商负责制造整个系统，如电力系统和刹车系统。他们需要第二层次的供应商提供服务。第二层次的供应商可能是生产电缆的，这一层次的供应商又由生产基本商品（如塑料或金属板）的第三层次的供应商负责供应。就如分销商一样，势力大的供应商可以通过限制必备元件的生产来提高价格，进而增加利润（见第12章）。

2.7.4 竞争者

竞争水平各行各业都不同。例如，在能源或电讯等行业可能就只有一两家国有企业。但在其他容易进入并且高利润的行业，竞争就会非常强烈。毕雷公司为了应对人们对健康的日趋关注，就研发了一种矿物质水，而这引发大批的竞争者进入了该迅速成长的行业。为了在市场上成功立足，企业不仅要满足消费者的需求，还必须有区别于竞争者的特殊优势。我们会在第12章更详细地讨论竞争问题。

2.8 环境评析

监控和分析企业市场营销环境的过程叫作**环境评析**（environment scanning），这时，管理人员需要作出两个主要的决策：评析什么和如何组织评析。显然，从理论上讲，世界上任何一个事件都可能影响企业的运作，但是构建一个涵盖所有因素的评析系统是很难管理的。因此，第一个任务就是确定需要监控的一系列可行的因素，即最可能影响企业前途的潜在相关环境因素。例如，日元价值的变化对在日本有商业活动的公司存在巨大影响。构建评析系统的第二个前提条件是，设计一个对部分可预测而且发展迅速的偶发事件做出快速反应的系统，以应对市场营销环境越来越动荡的现状。

大体上来说，环境评析系统由高级管理团队的成员进行控制，但是在一些大型公司，常常会有单独的团队致力于这项任务的完成。最合适的组织评析安排，依赖于公司面临的环境。对于每个选择都要根据成本和利润做出相应的调整。公司的规模和利润率，以及对环境动荡的感知，会成为影响决策的因素。环境评析提供了必要的信息以方便在战略、组织和环境方面作出合适的决策（见图2-4）。虽然制定市场营销战略需要管理者对企业运行有一个基本认识，但是它也要反映环境。

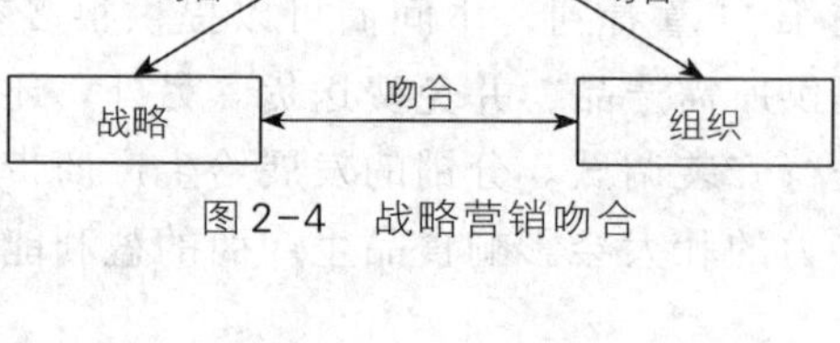

图2-4 战略营销吻合

企业对环境变化会有不同的反应方式（见图2-5）。

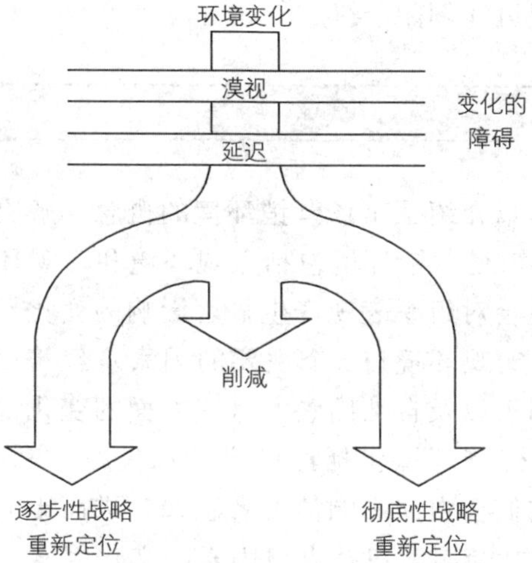

图2-5 对环境变化的反应

2.8.1 漠 视

如果企业环境评析系统较差，则企业可能意识不到一些重要的因素正在影响企业的前景。因此，一切照常进行，管理者不知道环境问题正在威胁着企业，或者看不到可以抓住的机遇。

2.8.2 延 迟

第二种反应方式是企业虽然认识到了影响因素，但是延迟行动，这可能是由阻碍迅速行动的官僚主义决策过程所导致的。瑞士手表制造商对数字手表的推出反应慢，部分是由其决策过程的官僚主义本质造成的。“市场营销近视症”通常以产品为本，而不是以顾客为本，因此导致其放慢了反应速度。造成延迟的第三个原因是“技术近视症”，即企业没能对技术变化做出反应。第四个原因是经理们的“心理近视症”，即他们把变化看成威胁，因此乐于保持现状。这些是造成惰性的4个罪魁祸首。

2.8.3 削 减

这种反应解决了效率问题，但是忽视了效益。随着销售额和利润率的下降，管理人员缩减成本，这会导致一段时期的高利润，但其仍对销售额的长期下降无能为力。成本（和生产力）再次下降，但根本战略问题仍然存在，削减政策只是将不可避免的事向后推迟。

2.8.4 逐步性战略重新定位

这种方式是渐进地、有计划地并持续性地适应不断变化的市场营销环境。

2.8.5 彻底性战略重新定位

当延迟导致危机时，企业就不得不考虑彻底改变战略定位了，即彻底地改变整个公司的经营方向。英国服装零售商赫普沃斯（Hepworths）彻底将自身重新定位成奈克斯特（Next），即一个面向25~35岁工薪阶层女士的高档女士服装商店。彻底性战略重新定位比逐步性战略重新定位风险大，如果不成功，企业很可能倒闭。

总　结

本章介绍了市场营销环境的概念，解决了以下几个关键问题：

1.市场营销环境包括微观环境和宏观环境。这些环境中经常发生企业不能控制但会对组织表现产生显著影响的变化。

2.宏观环境有5个主要的因素：经济因素、社会因素、法律或政治因素、技术因素以及自然因素。这些方面的变化都会对公司造成威胁或带来机遇。

3.经济环境包括经济增长和失业、利率和汇率水平，还有税收和通货膨胀。它们会强烈影响消费者感知，进而影响其购买产品或服务的偏好。

4.社会因素包括人口因素、文化因素、企业社会责任、市场营销道德以及消费者运动。后两个影响因素在影响商业活动方面日趋重要，得到了社会的重视。

5.政治和法律因素描述的是组织运行的监管环境。监管可能是建立在国家或者全欧洲的水平上，主要用来保护消费者的权益，保证组织的公平竞争环境。

6.自然环境的变化在近些年得到了大量的关注。它包含了气候变化、污染、节约稀缺资源、可回收及非破坏性包装以及环境友好型材料和新产品的动物试验。

7.术语“技术”被广泛地用于描述信息技术，但是也可以用于描述纳米技术、自动化技术等技术。使用技术可以生产出现代商业活动所需的设备。技术需要及时更新，一个领域的技术发生变化，可能会使处于该领域的企业迅速落伍。

8.微观环境有4个主要因素：供应商、分销商、消费者和竞争者。这些会在整本书中详细讨论。

9.环境评析是监测公司市场营销环境的过程。企业会对环境变化做出各种不同的反应，包括漠视、延迟、消减、进行逐步性战略重新定位以及彻底性战略重新定位。

练习题

1.访问www.trendwatching.com。选择你觉得营销人员需要密切关注的五大关键趋势，并讨论它们可能对营销活动产生的影响。

2.企业社会责任（CSR）活动在很大程度上是由大公司进行的公关演习。请讨论。

3.讨论公司应对宏观环境变化可能采取的替代方式。

4.讨论由自然环境关注度增高而引起的五种商业机会。

5.访问 http：//business-ethics.com/。选择任何两个“流行的故事”，并讨论其对企业和社会的影响。

课后阅读

Bakan，J.（2004）*The Corporation*，London：Constable & Robinson.

Brownlie，D.（1999）Environmental Analysis，in M.J.Baker（ed.）*The Marketing Book*，Oxford：Butterworth–Heinemann.

The Economist（2008）Just Good Business：A Special Report on Corporate Social Responsibility，19 January，1–22.

Enkvist，P.，T.Naucler and J.Oppenheim（2008）Business Strategies for Climate Change，*McKinsey Quarterly*，2，24–33.

James，O.（2007）*Affluenza*，London：Vermilion.

Royte，E.（2008）Bottlemania：*How Water Went on Sale and Why We Buy It*，London：Bloomsbury Publishing Inc.

Sekerta，L.and D.Stimel（2011）How Durable is Sustainable Enterprise? Ecological sustainability meets the reality of tough economic times，*Business Horizons*，54，115–24.

案例2　innocent公司：善，有利于企业

总的来说，一些大的商业品牌会承诺让你变得更年轻，更漂亮，或者更长寿。然而，却有一些企业想成为更接地气、更真实、更可信的企业。innocent

公司就是这种模式下的一个企业。它在软饮市场上通过提供高品质、新鲜的产品，并遵守公开的职业道德，成功建立了自己的商业王国。它的成功引起了激烈的竞争，并且它正面临着一些可能撼动其在该领域统治地位的挑战。

公司背景

innocent在1998年由3个大学生——理查德·里德（Richard Reed）、亚当·巴隆（Adam Balon）和乔·怀特（Jon Wright）建立。在那年夏天，他们在伦敦的一个小的音乐节上搭了个小货摊。他们从经营一个价值500英镑的新鲜水果摊开始，并摆放了分别标有“yes”“no”的两个箱子。他们还有一个标志就是问顾客“是否需要我们停下来帮您榨果汁？”在音乐节结束时，标有“yes”的箱子被装满了，innocent有限公司从此诞生了。创立者之一里德总结说，他们开始时的愿景是成为“欧洲最好的果汁公司”，着手开发的产品百分百原汁且新鲜、不含添加剂。它发展的非常规方式，通过它的名字使用小写的“i”，而非大写的“I”，以及软饮包装声称“不含防腐剂，不含浓缩液，不含增甜剂，不含添加剂，没有不道德行为”表现出来。取得最初的成功之后，innocent公司将目标扩展为在2030年以前成为全球最受欢迎的小食品公司。

抓住人们关注健康的饮食和生活的未来趋势，innocent很快就得到了大众的喜爱。它的产品对于有钱、缺少时间又关注健康的人，以及没有吃到足够的水果抑或是没有时间准备健康餐点的人来说都是相当理想的。其年销售增长率超过100%，并且每年翻一番，在2007年，其销售额超过了1亿欧元。其初始的市场是英国和爱尔兰，且在这两个国家的销售额占总销售额的64%，但是其产品也在其他一些欧洲国家销售，如荷兰、法国、德国、斯堪的纳维亚。

公司价值观和品牌

公司的核心价值观是负责、企业化、慷慨、商业化和天然化。对软饮料企业来说，innocent是一个不寻常的名字，选择它是经过审慎考虑的，反映了企业精神。它代表产品的天然性，也要求公司在进行关键业务决策时做正确的选择。这些价值观也反映在公司如何与顾客交流沟通上，即以一种轻松并显示企业风采的方式进行，这点从产品包装方面就能充分体现出来。包装盒彩色、透明并印有各种精心设计的主题，公司希望借此给消费者带来欢乐。包装纸上印有诸如“在打开前先摇一摇，不要在打开后再摇”的提示，并邀请顾客“享受”而不仅仅是“品尝”。还有一个标签写道：“你不会犯通奸罪……这是我们要遵守的宗教信条；我们的果昔是百分百纯水果制作。我们称其为innocent是因为我们拒绝以任何方式掺假。”（译者注：英语adulterate既有“通奸”的意思，也有“掺假”的意思。）这以一个幽默的而非说教的方式有效地宣传了该产品是由真正的水果制作而成。

innocent的创意总监丹·日尔曼曾说道：“很多企业为研发创意投巨资并发布公告，而我们要做的是把我们的真实情况告诉人们，向大家报告我们正在做的一切——从可持续的原料来源、标签上俏皮的语气，到涂刷成母牛似的货车和公园里的员工活动，再到亲自到农村采摘水果。既然我们为公司取名叫

innocent，我们就承担着保证产品纯天然的责任。”他强调innocent的主要任务是生产出好的产品，那时要成为知名品牌也就容易了。

市场活动

innocent主要经营“思慕雪”（Smoothie）系列产品。开始时其有3种口味，后来发展成大约30种口味。其中，最受欢迎的几种口味包括草莓味、香蕉味、芒果味、西番莲味、菠萝味和椰子味。它还生产了一系列适合孩子的思慕雪产品，使用一些受孩子欢迎的香型，包装附有吸管，使用酸奶作为增稠剂，产品比普通的果昔饮品浓稠。这些产品有3种大小不同的包装：有适合一个人四处奔波时消费的250毫升饮品，有适合小孩子的小杯饮品，还有适合家庭消费的大杯饮品。

由于产品是百分百纯果汁饮品，innocent能够控制市场上的价格波动范围。小杯为99便士，大杯为3.49英镑，售价远高于其他像乐购这种由超市经营的竞争品牌的饮品。公司通过说像“我们可以降价，但是我们就得使用浓缩液或其他令人作呕的东西”之类的话，巧妙地化解了消费者心中的疑问。它在运用促销手段来激励消费者购买产品的问题上也很有创新。一个例子就是“买一箱饮品就可获得一棵树”的促销活动，即促销期间每卖出一箱饮品，公司就会种植一棵树。在非洲和印度，该公司已经种植了超过165 000棵树。

鲜艳的包装盒和特别的公司车队，成了innocent在市场上建立品牌的一个重要方面。比如，为了促销它举办了一个名为“水果大会”的音乐节，借以感谢消费者对公司的支持，同时也树立了品牌形象。这后来被同样可以使公司达到最初目标的“innocent乡村盛宴”活动取代。该活动于2007年在伦敦的摄政公园举行，吸引了6万人，并为3个慈善机构：撒玛利亚会、地球之友、幼儿保健募捐了150 000英镑。

顾客受邀用“香蕉”电话号码联系公司，公司总部的任何人都可能接听这一热线或者可以在任何时间参观它在伦敦的总部——水果塔。公司还鼓励顾客提交果昔食谱或者成品、产品包装和广告上的宣传口号，如果有不愉快的购物经历，也可以诉说一下这种经历。它的网站——www.innocentdrinks.co.uk给登录者提供来自于村庄盛宴的欢乐视频。它还在YouTube和脸谱网上设置了主页。

持续性

为了保持核心价值观，innocent的目标是成为“通过自身努力使事物更美好”的遵守道德的企业。它每年将利润的10%捐赠给慈善单位，其中大部分被用于2004年成立的innocent基金，该基金的成立是为了给世界上的穷人可持续的帮助。该基金和全世界诸如世界女性、小额贷款基金等18家组织建立了联系。它和世界女性一起支援生活在印度拿督海岸的伊鲁拉部落的女性，该地区曾在2004年遭遇海啸和洪水。它通过提供重建家园必需的资金和物资帮助430多个家庭建造了砖房。小额贷款基金主要向撒哈拉以南的非洲弱势女性群体提供小额贷款和商业基础培训。

道德的行为已经影响了公司关键性战略决策的制定。做饮料所用的香蕉都出自“热带雨林联盟”授权的大农场。这些农场关注农场工人的权利和福利，同时还保护农场的生态系统，并保护生物多样性。百分百可回收的材料被用于包装盒标签的生产。瓶子是用可回收的塑料做的，瓶盖是用聚乙烯做的，这些都是可回收的。标签中，25%是由可回收的纸张做的，75%是由树木加工而成的，这些树木是经过“森林管理委员会”认证的。2007年，innocent开始追踪从农场到冰箱再到回收箱的碳足迹，并在当年年末减少了15%。它还鼓励供应商进行绿色生产，其中一个供应商在8个月的时间里使碳足迹减少了60%。

新挑战

innocent在很短的时间里名声大涨，在建立道德、淳朴形象的同时，它也面临着很多挑战。比如说，在2007年5月，有顾客控告innocent在麦当劳为儿童思慕雪做实验是出卖灵魂；它还因为“超级食物果昔”广告声称其具有“自然解毒功效”而备受指责，它声称该饮品含有比一天五份水果更多的抗氧化功效，这是针对政府提出的每天要吃至少五份水果蔬菜的倡议而发出的言论。广告标准局批评了这一广告，该饮料中含有抗氧化剂自由基不能等同于其具有清除毒素的作用，而且innocent也没有提供科学的证据来证明它的论断。innocent的名气曾迅速大涨，但如何保持强劲增长还面临很大的挑战。

但是最受争议的可能是该公司被可口可乐公司收购。innocent最初在2009年将一小部分股票以3 000万英镑的价格出售给这家全球饮料巨头。innocent公司解释说这会为其提供融资以拓展到意大利和西班牙的市场，从而使更多的地方的更多人可以买到其产品。2010年，可口可乐公司获得了该公司大部分股权。可以想见，许多顾客都非常气愤，上述说法在推特、脸谱网和公司自己的博客等社交媒体上受到了抨击。面对指责，理查德·里德和其他主管回应道，他们仍然完全控制企业的运营，并会继续将公司10%的利润捐给慈善机构。他们说，这笔投资会帮助他们达到为全世界生产健康饮品的目标。

问　题

1.什么样的环境氛围造就了innocent在思慕雪饮品市场上的主导地位？

2.评估innocent的市场，识别其优缺点。

3.分析innocent和顾客的关系，它们之间的关系是如何帮助innocent发展其品牌的？

4.该公司是否应该出售多数股权给可口可乐？

这个案例摘自利默里克大学John Fahy教授的各种出版物，目的是进行课堂讨论，而不是为了说明管理的有效性。

参考资料

ack, A.(2007) Bitter Pills: The Fast-Growing, Deadly Industry in Fake Drugs, *Financial Times*, 14 May, 13; Lambkin, M.and Y.Tyndall(2007) Stealing Beauty, *Marketing Age*, Summer, 71-5; Rigby, E.(2005) Fashionistas May Soon Find Being up to Date Too Costly, *Financial Times*, 18 August, 22.Atsmon, Y., V.Dixit and C.Wu(2011) *McKinsey Quarterly*.com, April; Daneshkhu, S.(2010) Boom in Luxury Goods to Cool Off, *Financial Times*, 18 October, 25; Ritson, M.(2011) World Domination is in the Hands of China, *MarketingWeek.co.uk*, 2 February; Sender, H.and V.Friedman(2010) Relocated Labels, *Financial Times*, 1 September, 9.

Bradshaw, T.(2010) Government Advertising Cuts Concern Agencies, *Financial Times*, 18 October, 5.

Leahy, J.(2010) Condé Nast in Push to Court India's Affluent, *Financial Times*, 24 August, 19.

Green, M.(2008) Nigerians Heed the Call of Marketing, *Financial Times*, 8 April, 10.

Matthews, R.(2005) US Grapples with 'Language of Love', *Financial Times*, 13 January, 9.

Edgecliffe-Johnson, A.(2007) MTV Tunes into a Local Audience, *Financial Times*, 16 October, 16.

For a discussion of some green marketing issues, see Pujari, D.and G.Wright(1999) Integrating Environmental Issues into Product Development: Understanding the Dimensions of Perceived Driving Forces and Stakeholders, *Journal of Euromarketing*, 7(4), 43-63; Peattie, K. and A.Ringter(1994) Management and the Environment in the UK and Germany: A Comparison, *European Management Journal*, 12(2), 216-25.

Carter, M.(2005) Ethical Business Practices Come into Fashion, *Financial Times*, 19 April, 14.

Elkington, J.(2001) *The Chrysalis Economy*, Capstone.

Berkowitz, E.N., R.A.Kerin, S.W.Hartley and W.Rudelius(2000) *Marketing*, Boston, MA: McGraw-Hill.

Hunt, B.(2005) Companies with Their Reputations on the Line, *Financial Times*, 24 January, 10.

Jack, A.(2008) An Unusual Model for Good Causes, Financial Times, 5 June, 16.

Allen, K.(2007) *The Corporate Takeover of Ireland*, Dublin: Irish Academic Press.

Bakan, J.(2004) *The Corporation*, London: Constable.

Anonymous(2008) Just Good Business: A Special Report on Corporate Social Responsibility, The *Economist*, 19 January.

James, O.(2007) *Affluenza*, London: Vermilion.

Anonymous(2011) A Boy-Racer's Dream, *The Economist*, 5 March, 74.

Faccio, M., R.Masulis and J.McConnell(2006) Political Connections and Corporate Bailouts, *Journal of Finance*, 61(6),

Minder, R.(2006) The Lobbyists Have Taken Brussels By Storm, *Financial Times*, 19 January, 11.

Ahmed, K.(2011) Google under Investigation for Alleged Breach of EU Competition Rules, *Telegraph.co.uk*, 11 June.

Bevins, V.(2010) Advertising Goes Underground, *Financial Times*, 7 September, 14.

Klein, N.(2000) *No Logo*, London: HarperCollins.

Cullen, P.(2007) Survey Finds 36 Children's Cereals Cannot Be Rated Healthy, *Irish Times*, 4

June, 3.

NHS (2010) *Statistics on Obesity, Physical Activity and Diet: England, 2010*, February, ic.nhs.uk.

Terazono, E. (2006) Ban on Junk Food Adverts 'Should be Bolder', *Financial Times*, 29 March, 5.

Wiggins, J. (2007) Fat Children Double Eating After Adverts, *Financial Times*, 25 April, 5.

Coonan, C. (2008) Great Pall of China, *Innovation*, January, 36–7.

Harvey, F. and L. Simpson (2010) Outlook Sunny for Solar Panels as Homeowners Go Green, *Financial Times*, 25 August, 8.

Ward, A. (2006) Global Thirst for Bottled Water Attacked, *Financial Times*, 13 February, 9.

Harvey, F. (2004) PC Makers Set to Face Costs of Recycling, *Financial Times*, 4 February, 13.

Anonymous (2011) Not Just Talk, *The Economist*, 29 January, 61–2.

Birchall, J. (2005) US Supermarket Encourages Shoppers to Keep in Touch, *Financial Times*, 13 July, 22.

Watson, R. (2010) *Future Minds: How the Digital Change is Changing Our Minds, Why this Matters and What Can We Do About it*, London: Nicholas Brealey & Co.

第3章 理解消费者行为

本章框架

- 消费者行为涉及的问题
- 谁购买?
- 如何购买?
- 选择的标准是什么?
- 消费者行为的影响因素
- 组织采购行为的影响因素

学习目标

在学习本章之后，你应该理解：

1. 消费者行为涉及的问题，即明确谁要购买，他们以怎样的方式购买，购买过程中使用了哪些选择标准。
2. 理性与感性标准在购买决策中的作用。
3. 个人消费行为和组织消费行为的区别。
4. 影响个人消费行为的主要因素——个人因素及外部因素。
5. 影响组织消费行为的主要因素——购买类型、产品类别、采购的重要程度。
6. 各种消费者行为问题的营销启示。

营销聚光灯

Habbo

网络的崛起最迷人的一个方面就是虚拟世界的普及，其本质是交互的，并且用户通常在3D环境创建对象、相互交流和进行游戏。最简单的虚拟世界是造访者基于文本交流的聊天室或论坛，但随着功能的提升，已出现使用3D多感官图形技术相互交流的方式。在此情况下，虚拟世界描述了一个具有自己规则、行为方式、交流方式或仅受到想象力限制的幻想空间。1999年成立的*Second Life*是此空间最早的参加者，其他的领导者包括魔兽世界——BLIZZARD INC公司研究的多层次在线游戏、索尼的*PlayStation home*和在智能手机上日渐流行的*The Sim 3*。虚拟世界的吸引力在于，它给想法相似的人们提供分享感情、经验的机会，是一个能结识新人的社区。

Habbo，最初叫Habbo旅馆，由Sulake集团Finish公司拥有。它起源于1999年作为finish公司的乐队聊天室，即Mobile Discos，在2000年成为叫finish hotelli kultakala的虚拟旅馆。用户能装饰他们的旅馆房间，在公共空间闲逛，参加虚拟活动，交换虚拟礼物。它发展迅猛，最大的针对青少年的虚拟社区（超过90%的用户年龄在13～18之间的社区）拥有1.7亿遍布31国家的用户。其他的数据还有每月有300万新注册用户，1.2亿个用户创建的房间和用户平均使用42分钟。

不像魔兽世界用户主要为男性，Habbo在青少年女孩中更受欢迎。毫无疑为，Habbo的观众的规模和性质引起了商人的兴趣。2006年，Habbo和RealNetworks签订协议，给用户开通一个广播台使他们能给喜欢的乐队投票。使用品牌产品装饰房间和使用授权的产品交易是两个真实品牌接触虚拟观众的主要的方式。Habbo还与“美国偶像”节目合作，由“美国偶像”提供赞助，允许节目徽标和虚拟产品出现在Habbo的世界里。*Seventeen*杂志通过赞助虚拟的美发沙龙来推广其内容。除了吸引赞助，Habbo还通过销售积分（可用于购买家具或奢侈品来装饰房子）或与其他人交易，赚取如Habbo会员或VIP的交易费用来盈利。其盈利性体现在向其运营的31个国家通过150种支付渠道向用户收费这一点上。Sulake报告显示2010年一季度2 000万美元的销售额产生了300万美元的利润。

用户热衷于虚拟世界的速度使得我们居住的现实世界产生了各种各样的有趣的关于消费者行为的问题，这正是本文的焦点。

我们的生活充满了选择。我们要选择进入哪个大学，选择要学习的课程，选择要追求的事业。在日常生活中，我们要选择吃什么，选择要买什么样的衣服，选择要听的音乐等。我们做这些选择的过程，引起了市场营销者极大的兴趣。想要销售给我们产品或想要为我们提供服务的公司，非常想知道我们喜欢什么，不喜欢什么，以及我们如何做出这些消费决定。

在第1章，我们发现深刻了解消费者行为是取得成功营销的先决条件。事实上，了解消费者行为是建立市场营销观念的基石。消费者如何做肯定都是事出有因的，且新的趋势还在不断出现，例如当前社交网络的普及。各种各样的原因影响着消费者的购买偏好，这种偏好又不断变化和发展。成功的市场营销需要对这些微妙的驱动行为以及预测如何影响需求的能力保持高度的敏感。在本章中，我们将探讨客户行为的性质，我们会检查用于了解消费者行为的框架和概念，还会回顾我们需要考虑的各个维度以抓住消费者行为的细微方面和对它的影响。

3.1 消费者行为涉及的问题

在销售点，需要注意个人消费行为和组织消费行为的差别。大多消费行为是私人的，例如当看到报刊经销商的计算器旁有一排甜品时，某人可能决定购买一个巧克力棒，尽管这种决定也可能由一个家庭作出。相反地，组织购买或企业对企业模式（B2B）购买有3种主要的购买方式。第一，工业市场关注提供产品和服务的公司是否帮助其生产其他产品或提供其他服务，例如购买移动电话的内存芯片。这些工业品包括从原材料到组件，再到如机械之类的资本品。第二，中间商市场包括购买产品和服务然后再转售的组织。在线零售商和超市的经销商就是中间商的典型代表，我们将在第11章详细探讨。第三，政府市场包括购买产品和服务以辅助它们实现职能的政府机构，当地政府和防护部门就是例子。

要想了解消费者行为，需要回答如下问题（见图3-1）：

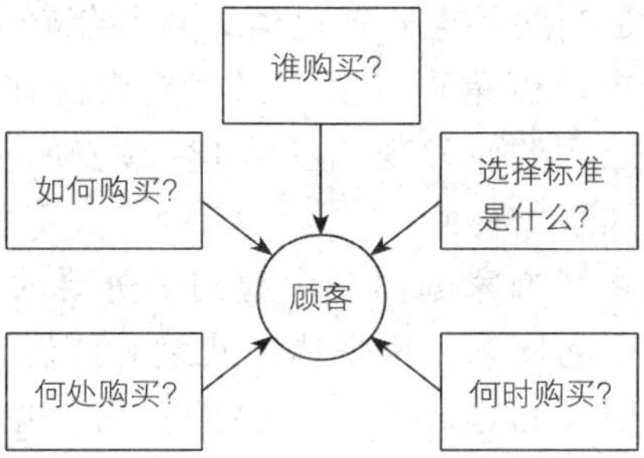

图3-1　了解顾客：关键问题

- 在购买决策中重要的是谁（谁购买）？
- 如何购买？
- 选择标准是什么？
- 何处购买？
- 何时购买？

可以通过与顾客的私人接触并越来越多地利用市场调查来回答这些问题。第4章将介绍市场调查的作用和技巧。在本章，我们来看个人消费行为和组织消费行为。分析的结构基于前3个问题：由谁购买、如何购买和选择标准，这些是购买者最难驾驭的方面。回答后两个问题——何处、何时购买，通常简单得多。

3.2 谁购买？

布莱克威尔、米尼亚德和恩格尔总结了在开展购买活动时相关人员在决策过程中发挥的作用。

- 发起者：开始考虑购买的人，可能由这个人收集信息以帮助决策。
- 影响者：试图说服小组内其他人接受提议，影响者通常收集信息，试图根据自己的选择标准作出决定。
- 决策者：最终决定购买哪些产品的掌权者或掌管财政的个人。
- 执行者：进行交易的人，负责给供应商打电话、去商店、付款、把产品运回家。
- 使用者：产品实际的消费者或用户。

然而，购买小组中的一个人可能会同时扮演多个角色。比如购买一个玩具，小女孩可能是发起者，她试图影响她的父母，他们是决策者；这个女孩可能受她姐姐的影响购买另一个品牌；执行者可能是父亲或母亲，去商店购买玩具并带回家；最后，两个孩子可能都是玩具的使用者。虽然例子中是为一个人购买，但市场营销者有4个机会——通过两个孩子及其父母，影响购买决策的结果。例如，三星赞助了欧洲电脑游戏锦标赛以在年轻人中树立品牌形象，因为三星知道当购买电子产品时，这些年轻人会对成年人产生巨大的影响。在三星改变了市场侧重点以后，虽然它没能在40岁以上的人中建立良好的品牌形象，但是公司调研发现三星给18~29岁的年轻人留下了好印象，这部分人的消费已经增加了25%。

儿童在影响家庭消费中起到了重要的作用。“儿童消费力”是一个常常被广告人使用的概念，用来描述儿童对他们父母购买活动的细微影响以及通过不断诉说使其父母购买某一产品的行为（见插图3-1）。少年儿童有很强的品牌意识。研究发现超过80%的3~6岁的儿童能认出可口可乐的商标。据慈善机构Childwise估计，英国的孩子每年要花费42亿英镑，这表明潜在的市场规模之大。也据估计，超过2/3的家庭决定购买新汽车是受到了他们孩子的影响。因此，日本丰田汽车（Toyota）在澳大利亚非常畅销，因为其在广告中加入了小鸡、小狗、小猫等动物形象。企业在它们的市场营销中以儿童为目标所作出的公开努力仍然是一个重要的争议来源，如道德之争3.1所示。

插图3-1　莫里森“迪士尼神奇的时刻”的电视广告被禁止针对儿童

道德之争3.1　针对孩子的营销

很少有像儿童营销这样的话题能引起如此热烈的讨论和争议。许多人认为它代表资本主义的丑陋和罪恶。他们认为公司故意以儿童为靶标营销和交流，鼓励孩子要求父母购买许多他们负担不起的产品和服务。相反，赞成的人认为孩子应该将市场交流视为一种教育而去广泛接触，因为我们生活在一个孩子需要了解市场的消费社会里。

儿童营销的反对者强调公司正在针对越来越小的消费者进行营销。公司利用儿童心理学家的知识来设计一些手段，通过赞助、植入式广告等方式深入儿童正在发展的意识中，并将品牌偏好植入其中。在厂商鼓励儿童鼓动父母购买的产品中，有很多会产生不良后果，这可以通过一些国家儿童肥胖的激增得到证实。对许多评论家来说，肥胖问题和像麦当劳这样的快餐店成为儿童游乐场最大的拥有者和经营者并不是偶然的。其他一些被提出的负面影响还有模式化渗透（如女孩的娃娃、男孩的战争游戏等），物质主义的兴起，礼物赠送导致的经济困难，少女的显性化（例如乐购针对少女在网站上提供钢管舞）。

因此，许多国家和地区严格限制孩童营销，包括德国、法国和斯堪的纳维亚等国家和地区，并在允许的广告数量和种类上作出限制。然而这些措施遭到批评。因为营销方式的扩散，比如通过节目和视频游戏赞助、学校市场化和通过跨国电视频道，孩童营销难以被全部监管。其他的人指出当限制广告的时候，儿童节目的数量发生了显著的下降。这些批评者坚持认为孩童应当暴露在市场化之下，这样他们才能理解市场并作出明智的选择。

虽然讨论依旧激烈，有一点能确定的是，面临越来越大竞争压力的公司将继续试验各种方法来接触和影响下一代消费者。

推荐阅读：Barber（2007）.

思考：在你看来，应当给予儿童广告什么样的限制？

不同家庭成员扮演的购买角色会根据购买的产品的类型和购买过程的阶段而发生变化。例如，男性现在在家庭杂货购买中扮演了重要的角色，而女性光顾DIY店和五金店的数量也在逐渐增加。男性可以很快适应将因特网作为一种购物中介，但是最近其很快的适应性却被女性超越了。其他一些有意思的区别营销人员也注意到了。女性更倾向于花时间在实体零售环境中慢慢浏览，在网络上却往往珍惜时间并具有直接目的性；相反，男性却倾向于在网上购物时在许多网站上冲浪。同时，在购买过程的不同阶段，各自的角色也可能发生变化。大体上，夫妻双方会有一个人在早期占据主导地位，而最终购买决定往往是两人共同作出的。共同做决定在家庭成员为双收入者时会更普遍。

大多数组织购买活动倾向于包含更多的个人决策，并且由一个决策团体（DMU）或**采购中心**（buying centre）所掌控，它不一定是一个固定的实体，也可能在**决策过程**（decision-making process）中发生变化。因此，总经理可能要参与到决策中，如决定新设备是否该购买，而不是决定设备应该从哪个生产商处购买。营销人员的任务是确定并联系关键成员以使其相信产品的价值。但这对组织中正在扩大的决策制定团体来说是个艰难的任务。“守门人”难当的另一个原因是这是组织采购中的一个额外角色。守门人就像部长、大臣，可以允许或阻止接近决策团体成员。营销人员的任务就是弄清楚谁是决策团体中购买产品的积极拥护者。这个人（或“教练”）应该被给予所有需要的信息以让其在决策团队可能产生争论时说服大家。

弄清楚由谁购买对市场营销的意义在于可以进行市场营销传播和市场细分。了解购买小组中每个人的作用是进行说服的前提条件。如前所述，实际使用或消费产品的人可能不是购买小组中最有影响力的人，也不是决策者。就算他们起主导作用，当购买小组中其他成员的知识和看法对整个决策过程有说服力时，与小组中其他人交流也有意义。例如，当消费者打算在他们的家中安装或更换淋浴设备时，来自水管工的建议会影响广大消费者的淋浴设备购买决策。因此，像米拉这样的品牌都试图在消费者市场中建立知名度，以减少购买决策时这些“决策者”的影响（见插图3-2）。

插图3-2 淋浴设备制造商米拉的广告使其能够建立高水平的消费者认可

3.3 如何购买？

了解消费者如何购买和影响决策因素已经成为消费行为领域的核心问题。它是一个跨学科的具有丰富研究外延的学科，包括经济学、心理学、社会学、文化人类学和其他学科。消费者行为学的主导范式被称为**信息处理理论**，它的根源是认知心理学。它认为消费是理性的过程——消费者识别需要然后从事一系列活动试图实现需要。但存在另一种范式，被称为**消费者文化理论**（CCT）（阿诺德和汤普森 2005），它是近年来出现的一种认为消费是理性的或有意识行为的理论。在这里，消费被看作是一个感性的社会文化或体验活动，并有助于解释，例如，消费者为什么会从购物或搜索具有特定意义的品牌中获得快乐。

传统既丰富了我们对消费者行为的理解，也需要我们考虑消费者作出的不同决策（见图3-2）。当消费者高度参与购买、感知品牌间的明显差异并有充足的时间考虑时，*购物（或消费）困惑*（Extended problem solving）就出现了。它涉及高等级的信息搜索，以及使用多种选择标准仔细判断替代方案。[10]在购买汽车、音频设备、房屋和昂贵的服装时更是如此，作出正确的选择是非常重要的。信息搜索和评估可能不仅关注购买哪个品牌/模型，也关注在哪里购买。在这种情况下的购后认知失调或者潜在不满最大。

购物（或消费）困惑	习惯性问题求解
有限性问题求解	多样性寻求行为

图3-2　消费者决策的类型

许多消费者的购买行为可归类为*有限性问题求解*（limited problem solving）。消费者对产品有一定的经验，因此信息搜索主要来源于内部记忆。然而，在购买前，一定量的外部搜索和评估可能会发生（例如检查价格）。这种情况为营销者提供了一些机会，使他们能够通过刺激消费者的搜索需要（如广告）和减少更换品牌的风险（如保修）来影响消费者的购买。

习惯性问题求解（habitual problem solving）发生在消费者参与度低以及品牌之间存在有限差异的情况下。例如，当消费者重复购买某种产品时，就会很少或几乎不考虑替代品，如在每周的购物之旅上购买食品。他或她可能会记得购买一个品牌的满意度，并且再次自动购买它。广告可以使消费者牢记品牌的名称并增强对产品的喜爱程度。

最后，在低产品参与，但品牌之间有着明显差异的情况下，消费者也会进入多样性寻求行为（variety seeking behaviour）。例如，消费者可以从购买一个品牌的饼干换到购买另一个品牌，只是为了尝试一些新的事物。公司使用的促销手段，如额外的免费产品和样品试用，旨在鼓励各种多样性寻求行为。

图3-3给出了消费者及组织的典型决策过程。该图表明购买者通常会经历一系列阶段，从发现存在的问题到评估潜在的购买方法再到作出购后评价决策，最终实现了购买。组织购买更加复杂，也包括更多的阶段。然而，正如我们所看到的，过程的确切性质取决于所作的决策类型。在一些环境中，一些阶段会被省去。例如，在复印纸的日常重复性购买活动中，购买人员可能更愿意省去组织决策的第三、第四、第五阶段（寻找供应商并分析评估他们的提议）。这些阶段会被购买者忽略，但其会认清需求，在一个既存的供应商处循环重复订购。总之，决策越复杂，项目越昂贵，一些阶段就越可能被越过，决策过程就会花费越多的时间。

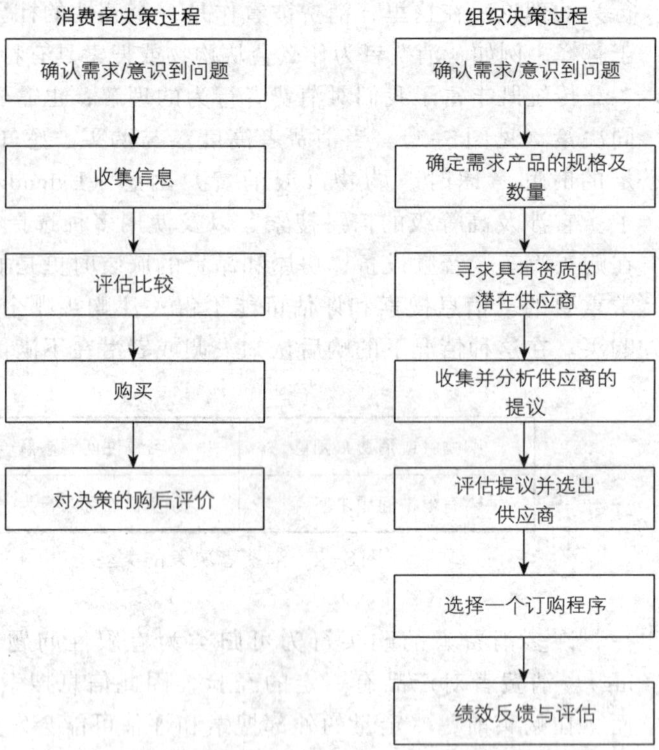

图3-3 消费者与组织购买决策过程的比较

3.3.1 确认需求/意识到问题

确认需求可能是功能性的，是由日常消耗（如汽油、食品）或无法预料的事情（如购买新汽车或洗衣机）引起的。在其他情况下，消费者购物则是由消费者情感或心理上的需要造成的。比如，消费者购买香奈儿香水可能是出于地位的考虑，而不是因为它比其他香水好（见插图3-3）。

确认需求阶段对市场营销意义很大。第一，市场营销经理必须意识到消费者的需求，以及消费者面临的问题。有时，这是靠营销者的直觉完成的，例如发现一种新的趋势（就像发现快餐趋势的市场营销先驱，这为麦当劳和肯德基在全球范围内的成功奠定了基础）。或者也可以利用市场调查来判断顾客的问题或需求（详见第4章）。第二，营销人员应该意识到需求障碍，也就是那些阻止消费者从需要识别进入到购买决策过程下一阶段的因素。例如，易趣（eBay）已经认识到，克服需求障碍是重要的——这种障碍就是顾客怀疑是否会收到产品。为了克服这种需求障碍，它推出了PayPal系统，该系统对未收到的货物起到金融保险作用，并已开发出一种反馈系统，可以让买家对他们的交易和对特别买家的经验发布信息。第三，市场营销经理要意识到可以通过刺激产生需求。开展广告活动、培训销售人员出售促销产品等都可以唤起消费者的需求。

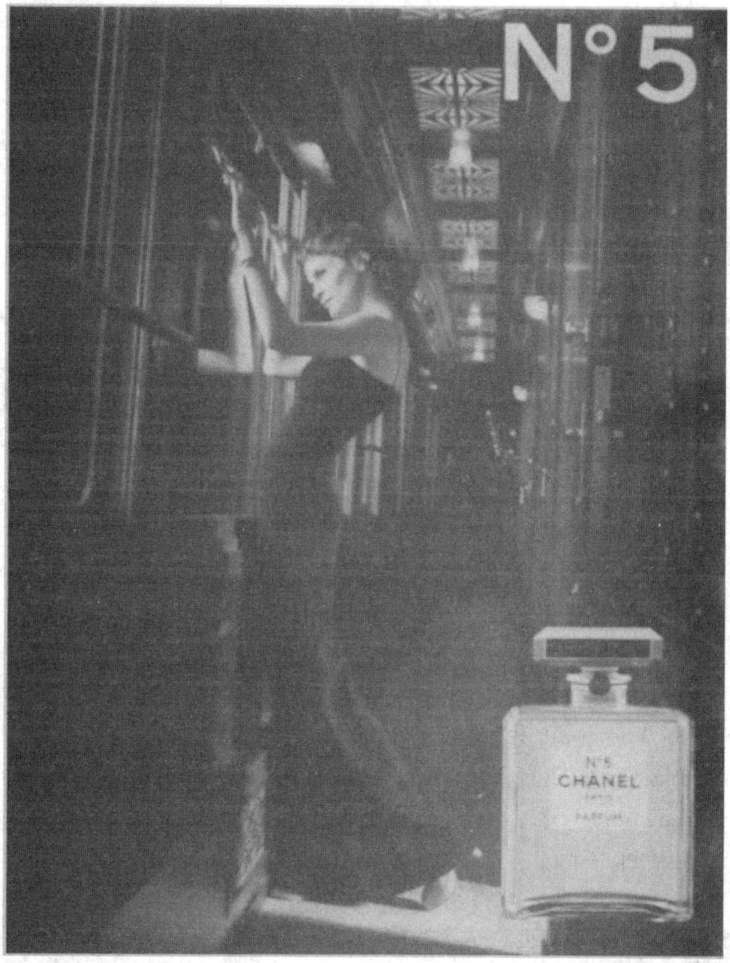

插图3-3 最新的香奈尔5号香水以知名的法国女星奥黛丽·塔图为代言人

3.3.2 搜集信息

如果确认的需求足够强大，消费者决策过程的第二步就要开始了。当组织作出购买决定的时候，决策制定小组（DMU）先草拟一份需要采购的物品的描述清单。当营销人员能够影响草拟的物品的规格时，其所在的公司在后期的购买阶段中就能抢占先机。

在消费领域，信息收集可以分为内部收集和外部收集两种。内部收集主要是从记忆中回顾相关的信息。这种回顾包括根据自身经验、市场沟通情况来考虑潜在的解决方法，并对其进行比较。如果没有找到合适的解决方法，就要开始外部搜集了。外部收集涉及一些个人资源，如朋友、家人、同事、邻居，和一些商业资源，如广告、销售人员。第三方报道，比如报纸、杂志和网络媒体，可以提供对公正信息的报道和产品测试报告。个人经验，可以通过自己观看、触摸或品尝产品得到证明。大量的信息搜索会在因特网上完成，一个重要的新兴增长领域“智能代理”出现了——像buy.com和mysimon.com，它们可以让购买者找到一系列类似产品的信息并提供在线对比。许多这样的网站提供免费的产品评论和价格比较（参见市场营销行动3.1）。另外，像亚马逊（Amazon.com）这种网站还为消费者提供不间断的产品和服务推荐。**信息搜索**（information search）的目标是建立**认知集合**（awareness set），也就是构建一系列可以提供解决方案的品牌。

市场营销行动3.1　在线信息搜索

批判性思维：下面是对网络协助购买决策过程中信息搜索阶段的回顾。阅读它并批判性地评价哪一种消费者的行为是理性的（信息处理过程）或感性的（CCT方法）。

互联网是一个信息媒介，自从它诞生以来就已经彻底改变了消费者的购买行为。其对购买过程信息搜索阶段的影响可以分为三个层次，即主机网站、比较网站和对等网站。

主机网站就是那些产品制造商开设的网站。在做大多数购买决策之前，都要先对公司的网站进行访问，检查产品，并阅读有关它的详细信息。对于服务型公司来说，这可能是给客户带来生活体验的重要途径。例如，现在许多酒店都会在网上拍一段其提供设施的视频，以便让有意预订的顾客在预订之前先了解酒店。

比较网站是那些以一站式购物的形式使用智能代理来快速搜索网上商店并汇总结果的网站。搜索将产生产品和价格信息，以及对产品和在线商店的评论。一些全球领先的网站包括Yahoo.com，kelkoo.co.uk和Shopping.com，但也有许多其他的网站。专门化比较网站也得到了发展，例如金融服务行业的有关网站（例如Moneysupermarket.com，comparethemarket.com和confused.com）。这些网站会对贷款、抵押贷款、保险和类似的费用进行比较，并实现在线购买（见插图3-4）。

插图3-4　网站comparethemarket.com上猫鼬的广告对比较网站品牌形象的建立非常有效

最后，对等网站在信息搜索阶段发挥了重要作用。例如，像TripAdvisor.com这样的网站已经对旅游业产生显著的影响。它包含了其他消费者写的对目的地、航空公司、酒店和餐馆的评论，这在旅行决定作出前能够查到。显而易见地，像Ratemyprofessors.com这样的网站正越来越受到大学生的青睐。对于一些受欢迎的产品，像《哈利·波特》系列，成千上万条评论已被提交给亚马逊网站（Amazon.com）。尽管潜在的购买者不太可能阅读所有的评论，然而单纯的评论量也会对销售量产生积极的影响。然而，像亚马逊和其他网站一样，重要的是要记住，这样的网站都是开放式的，其会为了消费者写好评而支付一定酬劳。社交网络如Facebook和MySpace也可以成为消费决策的信息来源。总之，现代购物面对的最大挑战是提前筛选可用的产品信息。

资料来源：The Economist（2009）；Fenton（2008）.

3.3.3 评估比较和购买

评估的第一步是把认知集合缩减到一小部分需要认真考虑的品牌，品牌的认知集合通过筛选可形成**诱发集合**（evoked set），即消费者购买前认真考虑的品牌。从某种意义上讲，诱发集合是经过仔细评估的几个品牌。选择过程使用的选择标准和最后的选择标准可能不同，并且使用标准的数量会越来越少。在一个组织购买环境中，每一个DMU成员可能使用不同的选择标准。一个可能使用的标准是价格标准。比如，服务价格在某个水平之下的服务公司可能就构成了一个诱发集合。最终集合的确定可能依赖于各品牌的可靠性、名声和稳定性等。消费者使用的选择标准将在本章的稍后部分详细探讨。

决定消费者评估某个品牌的程度的重要因素是其介入程度。介入指的是选择品牌的过程中感知的相关程度和个人重要性。当消费者高度介入购买时，评估很可能较全面。高度介入购买的很可能是昂贵的或个人风险大的产品，比如汽车和房屋等。相比而言，低度介入购买的特点是对购买的东西做简单的评估。消费者使用简单的选择方法，目的是缩短时间，减少努力，而不特别在意购买结果。比如，买烤面包或早餐麦片时，消费者很快就能做出选择，根本不会为做出的决定而感到痛苦不堪。劳伦（Laurent）和卡普费雷（Kapferer）的研究已经证明了有4个影响介入的因素。

1.自我形象（self-image）：当这个决定可能会潜在地影响个人自我形象时，介入性往往会很高。因此，购买珠宝、衣服和化妆品会比选择肥皂和人造奶油的品牌介入性更高。

2.感知风险（perceived risk）：当错误决定存在感知风险时，介入性常常会很高。购买一个错误的房子的风险比购买错误的口香糖的风险要大得多，因为错误决定的潜在负面影响很大。风险常常随着购买价格的提高而增加。

3.社会因素（social factors）：当社会可接受力依赖于消费者是否做出正确选择时，介入性常常会很高。高管们会很在意他们选择的汽车对他在公司的地位有何影响，同时，来自伙伴的压力也在很大程度上影响了青少年对服饰和音乐的品位。

4.快乐论的影响（Hedonistic influnces）：当一次购买活动可以提供很好

的愉悦感受时，介入性就会很高。在假期里，对酒店的选择可能会导致很高的介入性，因为酒店的选择可以在很大程度上影响这次经历带给人们的感受。

区分高度介入和低度介入的情况十分重要，因为消费者对产品和品牌的不同评估对市场营销的意义截然不同。高度介入的复杂评估要求市场营销经理提供大量的信息来支持购买决策，如采用训练有素、信息灵通的销售队伍。对于低度介入情况来说，对各选择项的评估要简单得多，很多购买活动也只是出于一时冲动。在这种情况下，最好通过广告和提供正面强化（比如促销活动）让产品获得“第一认知”，让消费者试用，这比提供大量信息说明购买该品牌的好处更为重要。

3.3.4 对决策的购后评价

有效市场营销的艺术性在于其会使顾客满意。市场营销经理希望消费者购买他们的产品或接受提供的服务时可以获得正面的体验。然而，顾客经常会产生购后忧虑，这被称作认知失调（cognitive dissonance）。产生这种忧虑的原因在于顾客不确定购买是否正确，因为选择一个产品通常意味着放弃其他诱人的可选产品。

有4种情况可能会增强认知失调：购买的开支、难做决定（例如，有很多选择、很多选择标准，且每个选择各有好处）、决策无可挽回、购买者有焦虑倾向。因此，这种情况下，经常会发生高介入购买（例如购买一辆新车）。但买后不久，汽车买主就会看他们所买车型的广告和宣传册，从同型号的车主那里寻求确信，以减少失调感。一些汽车经销商如丰田通过给最近的买主写信，强调他们的选择是明智的，并确认其售后服务的质量以此试图来减少“买主的悔恨”。

许多美国领先的零售商想通过网络邮寄消费者关于产品和服务的评论来减少顾客的认知协调。像塔吉特（Target）、家得宝（Home Depot）和梅西百货（Macy）等公司都已发起了网络产品评论。获得顾客反馈和为将来的顾客提供一个更合适的期望值，比负面评论会带来风险重要得多（参见市场营销行动3.1）。管理期望是减少认知失调的关键部分。

3.4 选择的标准是什么？

消费者评价产品和服务时使用的各种特征（和好处）被称作**选择标准**（choice criteria）。选择标准为消费者提供了购买哪个品牌的决策基础。购买小组中的不同成员使用的标准可能不同。比如，对价格的关注方面，以减少购买价格的多少为标准来评判的采购经理对价格的关注程度，一般超过了以设计产品的技术效率为标准的产品工程师。表3-1列出了4类选择标准。

表3-1　评估可选项的选择标准

标准类型	举　例
技术标准	可靠性 耐用性 性　能 风格/外观 舒适度 送货方式 方便性 品　位
经济标准	价　格 物有所值 运行成本 残　值 生命周期成本
社会标准	身　份 社会地位 传　统 时　尚
个人标准	自我形象 降低风险 道　德 情　感

技术标准和产品或服务的性能有关，包括可靠性、耐用性、舒适度和方便性。许多消费者都认为理性技术术语中的购买决策是合理的，但我们应当看到，购买的真实动机往往更情绪化。一些技术标准，如可靠性在工业产品购买中尤为重要。许多购买组织不愿意用质量来换取价格。例如，2010年澳洲航空公司（Qantas Airlines）在其空客A380飞机的劳斯莱斯引擎上发现了重大问题，从而导致了航班搁浅，因为需要对其进行检查。对劳斯莱斯引擎的快速有效诊断不仅限制了任何潜在的损失，而且还为该公司赢得了更多来自英国航空公司和中国国际航空公司的订单。

经济标准涉及的是购买成本，包括价格、运行成本和残值（例如，汽车的买入价）。然而，一定要谨记，对于许多购买组织而言，价格只是费用的一部分。逐渐地，购买者开始在评价商品时考虑商品的生命周期费用——这除了包括最初购买费用外，还包括生产性储蓄、维修费用和残值。市场营销人员可以运用生命周期费用来分析。通过计算生命周期费用，其可能会获得新的价值观念。

社会和个人的标准在消费者购买决策中特别有影响力。社会标准涉及购买行为对和别人的感知关系产生的影响，以及对购买者社会规范的影响。例如，在个人电脑和移动电话产品的早期阶段，像苹果（Apple）、IBM和摩托罗拉（Motorola）等公司努力追求以技术和经济标准进行销售。但是当技术支撑对所有生产商来说都很相似的时候，新形式的差异，比如颜色、形状、材质和外观上的差异，就变得重要起来。最近的研究已经证明了消费的强大社会效应。像鳄鱼（Lacoste）和汤米·希尔费格（Tommy hilfiger）这样简单的休闲服装知名品牌能够带来更高的地位认知，增加购物中心调查的参与度，改善穿戴者的工作前景和提高穿戴者为慈善机构征集资金的能力。

个人标准关心的是，产品或服务如何与个人心理产生联系。情感是消费者制定购买决策时的一个很重要的考虑因素（参见插图3-5）。

插图3-5　这个幽默的大众帕萨特汽车广告一直非常受欢迎，在YouTube上拥有近5000万次的点击量

个人标准在组织购买中也是非常重要的。由于一些人是风险规避者，更喜欢选择“安全”的品牌，因此减少风险的选择决策此时就会产生作用。IBM的广告竞赛打出标语“买了IBM，您就不会被炒鱿鱼”，反映了它的重要性。供应商可能非常关注销售人员是否受欢迎，或者公司内的办公室政治派别是否会影响销售。

市场营销经理必须了解消费者用来评估产品和服务的选择标准。这样，设计产品时就会优先考虑，在广告中和进行营销时也就知道用什么来吸引顾客。

3.5　消费者行为的影响因素

图3-4总结了消费者行为的主要影响因素。个人因素描述的是那些与个体相关的驱动因素，而社会因素主要考虑的是来源于我们生活环境中的驱动因素。

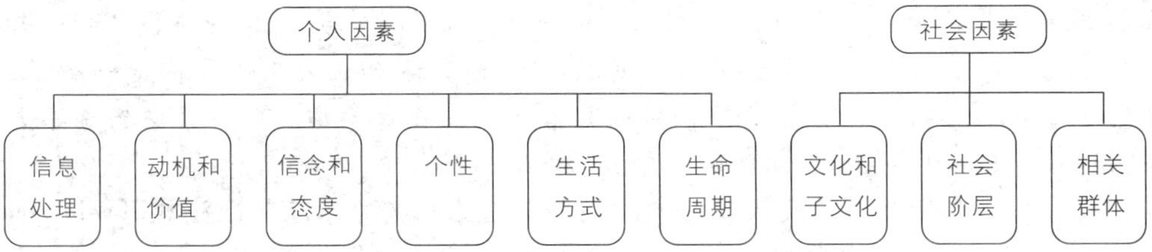

图3-4　影响消费者行为的个人因素和社会因素

3.5.1　个人影响

有6个影响消费者行为的个人因素：信息处理、动机、信念和态度、个性、生活方式以及生命周期。

（1）信息处理

信息处理指的是接受、解释、储存刺激并进行日后检索的过程。因此，它是包括市场营销活动在内的外部营销和消费者决策过程之间的纽带。信息处理的两个重要方面是认知和学习。

认知（perception）是人们选择、组织和解释感官刺激，形成有意义的世界画面的复杂过程。我们通过不同的感官来接受这些外在刺激，比如，听到熟悉的节拍、看到YouTube视频或者偶遇最喜欢的咖啡店。触感对苹果产品的成功十分重要。很多公司现在都非常注重为消费者提供多感官体验，作为吸引我们注意（通常是下意识的）和区别于其他竞争者的方式（见市场营销行动3.2）。

市场营销行动3.2　箭牌（Wrigley）5口香糖

批判性思维：下面是关于箭牌5口香糖的回顾。阅读文章并评估箭牌在普遍低参与度的产品类别中为了建立高水平的消费者依恋所使用的技术。也看看5口香糖在YouTube和visit 5gum.com上的广告。

12～24岁年龄组的青少年和年轻人是口香糖类产品的生命，仅仅这一人群的销售额就占口香糖总销售额的32%。然而，这个年龄组的口香糖消费量正在下降，营销人员更关心的是，青少年没有对口香糖品牌表现出高度的依恋——当然没有与他们谈论iPod、Wiis、衣服或鞋子相似的激情。这对领先的箭牌口香糖制造商提出了挑战，因此，箭牌推出了一个新品牌，即箭牌5口香糖，开始应对这种低参与度产品提出的挑战。

当箭牌着手发展绿箭5口香糖时，一个关键的消费者洞察就是青少年总是在追求新的体验，并且他们喜欢向同龄人讲述这些体验以作为获取社会资本的一种方式。箭牌决定创建一个着重体验而不仅仅是咀嚼的口香糖品牌。三种口味被推出——Rain、Cobalt和Flare——均采用甚为现代、创新和神秘的时尚黑色包装。为配合其上市，电视广告中描述了一个探险家引导观众经历一系列感官体验。该品牌也被纳入吉他英雄3（Guitar Hero 3），并在5gum.com网站上创建了一个多人游戏，即石头、剪刀、布的在线游戏。通过这种方法，消费者不仅能够闻到和品尝到口香糖，而且也能看到、听到和感觉到它！

该方法是非常成功的。在2007年夏天5口香糖发布的9个月内，即达到45%的知晓率，与平均为22%的口香糖种类相比，有42%的被调查的受访者认为5口香糖是一个很酷的品牌。它已经成为继Orbit（也是由箭牌制造的）后的第三大口香糖品牌，市场的领导者。

资料来源：Advertising Research Foundation（2010）；Silverstein（2010）.

选择出可以被认知处理的刺激的过程有3种：**选择性注意**（selective attention）、**选择性曲解**（selective distortion）和**选择性记忆**（selective retention）。选择性注意指的是人们筛选掉那些对自己没有意义或与自己的经历、信念不一致的刺激的过程。

在信息丰富的世界里，对营销人员来说，选择性注意是一项重大挑战。各种研究表明，消费者接触到大量的营销信息，但参与的只占其中一个非常小的比例。例如，一项研究发现，消费者对他们曾见过的广告能够回想起来的平均只有2.21个。创造性的方法，比如由广告商使用的幽默、震惊、性别和神秘性，以此来吸引消费者的注意力。位置也至关重要，放在视觉范围中心的物体比在周边的物体更能吸引人们的注意力。这就是商家为什么要激烈竞争与视线平行的营销位置的原因。我们会更注意与我们的需求有关的信息（寻找利益）和那些提供惊喜的信息（比如大减价）。

当消费者根据自己已有的信念和态度曲解接收到的信息时，就会产生选择性曲解。我们可以曲解与自己现有观点不一致的信息，我们可能认为自己听错了信息，或者怀疑信息的来源。因此，一定要清楚地表达信息，不要有任何歧义，并使用非常可靠的信息源。**信息帧**（information framing）能够影响信息表达，帧指的是把信息展示给人们的方法。莱文（Levin）和基斯（Gaeth）让人们品尝碎牛肉，告诉一半人牛肉有70%是瘦肉，告诉另外一半人牛肉有30%是肥肉。尽管两种说法实际上是一样的，但事实证明得到积极信息帧（被告知70%是瘦肉的人）的受试者，对味道的满意度比较高。

帧涉及使用刺激以鼓励人们在某些方面的行为。例如，当消费者到达超市时大脑需要一段时间才能进入购物模式。因此，零售商把刚入口处称为减压区——减压区鼓励人们放慢脚步，看看特价活动，随后是含有书籍、杂志和DVD的“寒冷区”。颜色是影响信息表达的另一个重要因素。蓝色和绿色被看成冷色，给人以安全的感觉；红色和黄色被看作欢快的暖色。使用正确的包装色可能会影响消费者对产品的感觉。但是，一定要谨记，颜色会受到不同文化的影响，而有不同的含义。

选择性记忆指的是只有一部分信息保留在记忆中。我们倾向于记住那些符合现有信息和态度的信息。营销人员也对我们如何理解营销刺激很感兴趣，如一个领先的运动员能促使我们选择特定的品牌。

学习发生在许多不同的方式中。这些方式包括条件学习和认知学习。**经典条件反射**（classical conditioning）指的是用刺激和反应之间的已有关系促成不同的刺激下会产生同一反应的过程。因此，软饮料广告通常会显示人群玩得很快乐，当这种类型的广告不断重复时，某种程度的调节即在饮料消费和快乐之间建立的关联就产生了。这有助于解释为什么大的、知名的品牌反复做广告。例如，能量饮料红牛（Red Bull）反复使用古怪、幽默的广告来吸引年轻的目标市场。

操作性条件反射（operant conditioning）不同于经典条件反射的地方在于，其具有定时强化的作用。在这种情况下，强化来自于奖励：对反应的奖励越多，再次购买的可能性就越大。操作性条件反射是产品试用的结果。发放免费试用装就是以操作性条件反射的原理为基础发明的。例如，把新洗发水的免费试用装发给大量家庭，因为不用花钱，所以人们会乐于使用（期待的反应）。因为有期望的特征，所以受到欢迎（强化），这样产品被购买的可能性就增加了。经典条件反射和操作性条件反射的结果不同，前者靠关联，喜欢先于试用；对后者而言，试用先于喜欢。可以在一段时间内给予消费者一连串的奖励（强化）以鼓励其重复购买该产品。

认知学习（cognitive learning）指的是不用直接强化而掌握知识和建立信念的学习。**机械学习**（rote learning）指的是在无条件反射的作用下学习两个或多个概念。看到“扑热息痛，流感的克星”，消费者就记住了扑热息痛（Lemsip）是一种感冒药，用不着前面提到的条件反射和强化。**替代学习**（vicarious learning）指的是从别人那里学习，没有直接的经验或奖励，给予奖励的许诺会刺激人们产生动机。因此，通过观察别人，我们就可以知道什么样的衣服会引来别人的羡慕。做广告时，吸引到“羡慕的目光”可以用来表明穿着服装或饮用这种酒会得到他人的认可。人们认为自己穿上类似的衣服或饮用类似的酒也会吸引来同样的目光（见插图3-6）。**推理**（reasoning）是一种较为复杂的认知学习，通常在高度介入的情况下发生。例如，详细的网上产品评价或销售报告能够为消费者提供一些事实和评价，帮助他们通过推理得出自己的结论。不管使用哪种学习方法，营销人员对信息的识别和印象特别感兴趣，我们将在第9章看到。

我们对于人们如何感知刺激和如何学习的理解一直在进步。符号学（Semiotics）是研究符号与其赋予其含义的角色之间对应关系的学说。消费者赋予标志设计和广告中的符号特定的含义。例如，一名大步向前的男子拿着一瓶尊尼获加威士忌（Johnnie Walker whisky），象征着我们终生的旅行，而此旅行是尊尼获加（Johnnie Walker）“永远向前”的核心理念。在心理学和脑科学的研究中，更多的有关学者正致力于了解潜意识，因为似乎很多决策都是在我们没有意识到它的情况下做出的。例如，有人认为，与深思熟虑相比，我们常常会匆忙作出判断。

插图3-6　阿迪达斯的“三叶草”活动充分利用替代学习

（2）动机

考虑到为我们提供的选择无穷无尽，那么促使我们选择一种体验而不是另一种体验，或者选择以哪种方式花费时间和金钱的动机是什么？解决这个问题的关键也是关于整个市场营销的争论的关键，即是搞清楚需求和欲望之间的区别。市场营销的批评者认为市场产生了过量的需求和欲望，从而导致了消费者的各种不良适应行为包括成瘾性消费、购物强迫症（CSD）、消费者负债和地球上稀缺资源的浪费（见插图3-7）。

其中最著名的动机理论是马斯洛的需求层次（Maslow's Hierarchy of Needs）。心理学家亚伯拉罕·马斯洛（Abraham Maslow）试图解释人们是如何成长和发展的，并建议我们逐级提高动机的层次。

首先，我们必须满足我们对食物、衣服和住所的基本生理需要（*physiological needs*），然后是安全需要（*safety needs*），如防止危险和意外事故，然后为归属（*belongingness*）的需要，如爱情和家庭关系，再到尊重和地位（*esteem and status*）的需要，最后是最高层次的需要，即自我实现（*self-actualization*）的需要，也就是我们对生活意义的理解。从营销的角度来看，不同的产品可以被看作满足不同的需求，如提供安全保障系统是为了安全需要；成为俱乐部会员是为了地位需要；旅游和教育是为了自我实现需要。然而，消费者不会严格地按照层次结构进行，但是也许会把重点放在不同的层次和不同的时间上，相同的产品可能会满足不同人群的不同需求。

插图3-7　绿色和平组织的广告向我们展示了消费的黑暗面

因此，基本人类需求的新解释正变得越来越流行。例如，进化心理学家认为，我们人类有四个基本需求，这源于我们作为物种的进化，并在不同的时间段中能够在不同的文化中观察到。这些需要分别是生存需要、繁殖需要、选择亲属需要和回报需要。这些基本的动机可以从烹饪书（生存）、美容手术（繁殖）、圣诞礼物（回报）等一切消费中得到证实。

（3）信念和态度

信念（belief）就是一个人对事情持有的看法。

对自己的坚定，称之为自我概念，是非常重要的，因为它是带动消费的一个重要元素。例如，源自DOVE叫作进化（Evolution）的病毒视频，作为“真正的美”的活动的一部分，是对媒体的一个重要的打击，因为它揭示了媒体是如何扭曲对美的认识的（见插图3-8）。

消费者越来越多地使用品牌来表达自己的身份，如通过穿名牌衣服或者把品牌文在他们的身体上（见插图3-9）。营销人员也对消费者信念很感兴趣，因为这些都是与消费态度相关的。特别是，对于产品的错误想法会对品牌的销售产生不利的影响。消费者认为金霸王（Duracell）电池持续的时间是永备（Ever Ready）电池的3倍，但是如果持续使用的话，持续时间则是它的6倍。这迫使金霸王公司不得不开展广告宣传来更正这样的错误印象。

插图3-8 Dove的“真正的美丽”运动向传统意义上美的概念提出了挑战

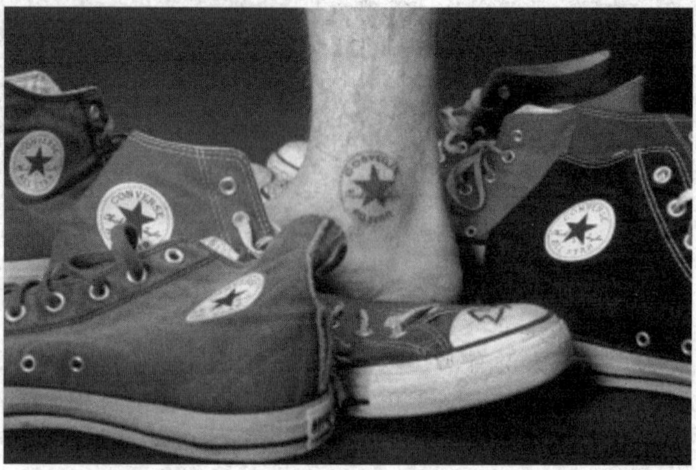
插图3-9 品牌在身份认同中的作用

态度（attitude）指的是对产品或服务的总的评价是好还是坏。一系列信念产生的结果是对产品或服务持有积极的或消极的态度。使其改变态度是让消费者尝试接受某一品牌的重要一步。比如，斯柯达（Skoda）轿车在英国市场上成功增加销售额之前，其首先改变了消费者对该品牌的重要的消极态度。

理解信念和态度对市场营销人员而言是一项非常重要的任务。比如，“灰色市场”，即超过50岁的人的态度没有得到理解。一些公司，比如Gap，曾经关注过这部分市场，但是在经历了严重的顾客流失之后，被迫关闭了Forth&Towne销售店。像亚马逊的Kindle和苹果的iPhone和iPad品牌已被证明在灰色市场中特别受欢迎，因为它们比其他的便携式设备更大，而且非常容易使用。在将来，这一巨大而富裕的群体将是市场营销人员要付诸努力的重要目标群体。

(4) 个性

我们每天和人打交道，所以我们可以分辨出人们不同**个性**（personality）之间的巨大差异。个性指的是个人的内部心理特点的总和，包括对环境的反应。有几种关于个性的理论，但现在最为人所接受的是五大类人格特征（the Big Five），一个人在这些维度上的区别程度从低到高不等。这五大类按照人们外向和健谈的程度区分，包括：乐于接受新体验，寻求新奇等；具有责任感，即善于自我控制，具有可靠性等；具有宜人性，即温暖，友善等；具有稳定性，如情绪稳定，性格外向健谈。在一定程度上，我们拥有的这些特质将在我们的行为和我们的消费选择中反映出来。例如，青少年责任感普遍偏低，但是责任感会随着年龄的增加而增加。难以打理的产品、宠物、个人的仪容仪表以及家用健身器材的消费都是体现高度责任感的指标。

个性的概念也和品牌有关（见市场营销行动3.3）。品牌个性是消费者眼中的品牌特点。品牌可能被认为是“年轻人的”（汤米·希尔费格）、“胜利者的”（耐克）或“高傲的”（欧莱雅）。这是品牌的物理特征（例如，颜色）或功能特征（例如，味道）以外的方面。通过创造品牌个性，市场营销人员可以制造诱惑吸引看重这个个性的人。例如，流行时间最长的一个广告是詹姆斯·邦德的广告，各个汽车制造和技术公司通过在邦德的电影中加入自己的元素使邦德看起来酷、文雅并且性感。

市场营销行动3.3 Tayto的兴起、衰落和重新崛起

批判性思考：下面是关于Tayto品牌在爱尔兰市场成功复兴的回顾。阅读文章并批判性地评价品牌个性对于消费者品牌忠诚度建设的作用。

Tayto是成立于1954年的一个标志性的爱尔兰薯片品牌，它在市场中占据主导地位。与许多薯片品牌一样，它最初以腌制的土豆风味出现，但加入了奶酪和洋葱调味料后使品牌走向了成功。然而后来，英国品牌沃克斯（Walkers）使用相同的营销方式，找著名的英国足球明星和电视名人——加里·莱因克尔代言，其在英国是如此的成功，于是很快就改变了这一切。Tayto的市场份额迅速下降，2006年Tayto品牌被它的主人C&C以6 230万欧元出售给Largo Foods。

Largo很快就着手试图复兴Tayto在爱尔兰的强势地位。营销活动的核心是重点关注Tayto先生（Mr Tayto）——品牌的核心个性。2007年完美的机会出现了——这是爱尔兰举行大选的一年。Tayto先生作为一名冒充的选举候选人，他给严肃的政治竞选活动带来轻松的气氛，当Tayto先生拉选票的时候，他已经拥有了广泛的公众知名度。Tayto先生也提醒消费者可能已被忘记了的Tayto品牌依然存在。随之而来的是数字化的2008年，Tayto先生开始寻找适合的Tayto太太，当他在媒体上与主要的模特和名人频繁合照时，Tayto先生已经取得了巨大的宣传成功。2009年，他虚构的自传——《夹克里面的男人》（The Man Inside the Jacket）发表并取得了前所未有的成功。该书共卖出了60 000册，成为6个星期的头号畅销书，其所开展的活动也在2009年最令人难忘的广告中名列第三。这一系列聚焦Tayto个性的活动，帮助Tayto品牌重新获得爱尔兰消费者的喜爱，也恢复了Tayto品牌在爱尔兰市场的主导地位。

（5）生活方式

自从市场营销研究从业者获得关注以来，**生活方式**（lifestyle）已经得到了广泛关注。生活方式指的是通过人的活动、兴趣和观点（AIO维度）表现出来的生活模式。市场营销人员会根据消费者的信念、活动、价值观和人口学特点（比如教育和收入）分析消费者。比如，广告公司扬雅&罗必凯公司（Young & Rubicam），将欧洲人和美国人分为7种主要的生活方式群体。

①主流群体：7类中最大的群体。这些人传统、诚信、谨慎和顾家。从事的休闲活动包括观看体育比赛和从事园艺活动。进行购买活动主要根据兴趣爱好，对品牌忠诚并喜欢在正规商店购物。

②追求型群体：那些不愉快、多疑并有野心的人所组成的群体。从事的休闲活动包括参加流行的体育活动和翻阅时尚杂志。他们喜欢购买流行商品，是冲动型的购物者，并乐于进行炫耀性消费。

③继承人型群体：这些人愉快、自信、勤奋，并且是领导者。从事的闲暇活动包括旅行、进行体育运动、航行和外出就餐。购买决定依赖于物品的质量、自身所处的地位和消费标准。

④过渡型群体：这些人是崇尚自由主义的、反叛的、乐于自我表现的和直觉型的群体。他们对音乐、旅行和电影的品位是非传统的，并喜欢厨艺和艺术、手工艺制作。购物时倾向于冲动消费，并喜欢特别的商品。

⑤改革型群体：这些人属于自信的、心态复杂的并且有宽泛的兴趣爱好，以问题为导向型的群体。他们喜欢阅读、参加文化活动、收看智力游戏盒等教育类电视节目。他们有出众的品位，喜欢天然食品，并关心真实性和生态环境。

⑥在贫困中挣扎型群体：这些人不快乐、多疑并觉得自己被忽视了。他们的兴趣是从事体育运动、收听音乐和观看电视。他们的购买行为趋向于以价格为基础，但也会追求即时的满足感。

⑦顺从贫困型群体：这种类型的人不快乐、感觉自己被孤立了并且没有安全感。观看电视是他们主要的娱乐活动。虽然他们为了寻求安心会购买品牌产品，但购买活动还是以价格为基础。

分析消费者的生活方式对市场营销有意义，因为有人发现消费者的生活方式与购买行为有关系。[33]企业可能选择某种生活方式下的顾客（比如主流群体）作为某产品的顾客群，使用与该顾客群的价值观和信念一致的广告（见插图3-10）。例如，降低胆固醇的食物Benecol的营销对象都是寻求健康生活方式的消费者。因为对有着各种生活方式的人群的习惯越来越了解，所以媒体的选择可能会受到生活方式调查的影响。近年来显著增长的利基生活方式的一个典型的例子是冲浪。冲浪起源于南太平洋，之前只是在一些特定地区如夏威夷、加利福尼亚和澳大利亚很受欢迎。在过去的十年中，冲浪的受欢迎程度已大幅上升，世界各地的参与率也大幅增长。其特点是不同群体有着自己的冲浪文化，如穿着冲浪短裤或驾驶“伍迪”，也就是携带冲浪板的旅行车。很多品牌都利用了这个机会，尤其是澳大利亚的服装品牌Billabong，其以冲浪者为目标并通过特定的杂志、事件、电视节目和社交网络进行营销。

插图3-10 宜家的“厨房派对”活动反映了一种年轻、现代、城市的生活方式

（6）生命周期

除了上面我们已经介绍过的因素外，消费者行为很大程度上还取决于“生命阶段”。消费与一个人的生命周期阶段相关性最大，因为消费者可支配的收入和购买需求随生命周期阶段的不同而不同。例如，没有子女的年轻夫妇如果两个人都工作，他们的可支配收入就会很多，他们很可能是家具和家庭用品的大买主，因为他们要建立家庭。但当他们有了孩子，可支配收入可能就会减少，特别是成了单收入的家庭后，其会增加购买婴儿或儿童用品。在空巢阶段，可支配收入会因没有孩子需要抚养、抵押贷款分期付款较少、个人收入较高而增加。研究已表明，当孩子离开家庭后，母亲就会改变80%其日常购买物品的品牌。一旦到了商店，她们比任何其他群体都能更快地决定哪个品牌是她们想要的。这些问题对市场营销活动来说都是非常重要的。

3.5.2 社会影响

社会对消费者行为的影响因素包括3个：文化、社会阶层和相关群体。

（1）文化

正如第2章所介绍的，文化（culture）指的是个人所处的整个社会的传统、禁忌、价值观和基本态度的总和。它提供了一个有关个人及其生活方式发展的框架，因此也影响了消费。比如，在日本，基本上女性负责管理家庭的日常收支情况，并做出主要的家庭消费决定。结果就使许多金融服务公司将可能消费投资产品的目标人群锁定为日本女性。

过去30多年最值得注意的就是，日益明显的文化国际化趋势。最明显的就是，在过去，一些产品和服务仅在某些国家可以购买到，现在其却成了全球化的了。比如，日本的寿司、韩国的烤肉和法国大餐，在世界各地的大城市都能找得到。与此相关的是，一些文化逐渐成为世界的主导文化。例如，美国成功的快餐业和电影制作公司，成为世界上许多地方当地小企业巨大的竞争者。

（2）社会阶层

多年来，社会阶层被看作决定消费者行为的重要因素。在英国，很大程度上，人们根据职业来划分阶层（通常是根据主要收入来源）。这是市场调查中划分被调查者的一种方法，通常由广告媒体（比如报纸）给出不同社会阶层的读者数量。

一些国家比其他的国家如英国和印度有更加明显的阶级意识，并且阶级之间的跨越是困难的。在其他国家，如巴西和中国的收入增长催生了大量的新的中产阶级和上层阶级，其对国际奢侈品牌具有明显的驱动需求（见插图3-11）。

插图3-11　在许多亚洲市场，对奢侈品牌的需求也在不断增加

然而，用传统的社会分层框架去解释消费者行为差异这种方法受到了批评，因为一些社会阶层与其可支配收入没有必然的联系（比如一些个体的体力劳动者也可以有很高的收入）。英国国家统计局社会经济分类系统（NSSEC）旨在对区分职业的八个类别进行解释，见表3-2。消费模式也被相应地分类。比如，基于英国杂货店购物者的社会分层的研究发现，多数AB型（具有管理性/专业性职业）购物者经常去塞恩斯伯里超市购物，阿斯达（Asda）吸引的最多的是较低层监管和技术性职业者，乐购的利润则来源于社会大众。日益增长的中产阶层的一个有趣的趋势是，其越来越注重成本，但也愿意在奢侈品上花钱。以中间市场为目标的品牌，如卡夫（Kraft）拥有的麦斯威尔咖啡（Maxwell House coffee）品牌会因这方面的发展而受到挑战。

表3-2　社会阶层分类

分析阶层	操作类别	职业
1	高层管理者和专家	大型组织的成员、较高层管理者和专家
2	较低层管理者和专家	较低层管理者,从事的是高技术和监管类工作
3	从事中层管理或相关职业的人员	中层办事员/行政人员、销售人员/服务人员、技术人员/辅助人员和从事工程管理的相关人员
4	小雇主和自营工作者	小型、非专业化企业和农产品企业的雇主和自营工作者
5	低层监管人员和技术人员	低层监管人员、低层技术员工和从事过程维护的相关人员
6	从事半常规职业的人员	从事半常规销售、服务、技术、运行、农业生产、行政和照顾孩子等工作的有关人员
7	从事常规职业的人员	从事常规销售/服务、生产、技术、运行和农业生产等工作的相关人员
8	从不工作和长期失业者	从不工作和长期失业的人员以及学生

（3）参考群体

参考群体（reference group）指的是影响一个人的观点或行为的一组人。如果产品比较显眼（比如服装和汽车），购买者就会考虑选择的品牌和型号是否可以被参考群体所接受，这种影响很大。参考群体包括家庭成员、一群朋友和同事。有些参考群体比较正式（例如，俱乐部和社团成员），有些则不太正式（比如有相同乐趣的朋友）。参考群体以各种方式影响他们的成员，如为同龄人提供产品信息、通过影响同龄人购买产品以及通过个别成员选择某种产品，因为他们觉得这样会提高他们在群体内部的形象。由于某些群体选择通过社交网络来过一种非常“公众”的生活，所以参考群体的作用比以往任何时候都更重要。存在各种不同类型的参考群体。会员群是指由个体组成的群体，可以是朋友、俱乐部成员或者同学。一个有趣的营销发展是品牌社区的增长，这是围绕对产品感兴趣而建立的社会关系（见第6章）。向往群体是由向往同样的生活方式的人所组成的群体，例如人们常常向往体育明星或名人的生活方式。最后，规避群体是指人们选择相互保持距离的群体，因为他们与这样的一个群体不会分享同样的价值观。

在所有的参考群体中，扮演重要角色的是意见领袖。意见领袖通常在社交方面很活跃，并且与他们的群体高度互联。他们也有机会获得产品信息，影响群体成员的行为和购买选择。鉴于社交网络技术的进步，他们的影响是非常显著的。因此，他们是营销人员关注的焦点，营销人员的目标是识别他们、通过口碑营销技术鼓励他们影响同龄人（见第10章）。他们对新产品的采用也至关重要，如图3-5所示。

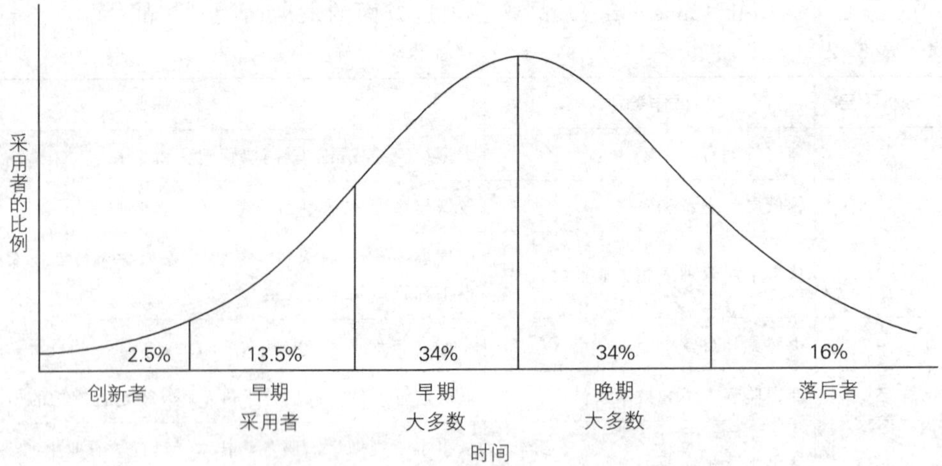

图3-5 创新扩散（意见领袖是创新者和早期采用者）

一个相关的问题就是消费行为的“羊群效应”。人类是社会性动物，并趋向于跟风，因此营销人员就探索相应的方法以增加销售额。例如，美国的调查者创建了一种人造音乐市场，在那可以下载先前的、不知名的音乐。他们发现，当消费者可以看到下载的次数时，他们趋向于选择被下载得最多的歌曲。其结果是，很多网站现在都包括像“其他的消费者已经购买了”这样的标签。相似地，“智能手推车”是超级市场中探索这种群体心理的先驱。每辆手推车上都有一个扫描仪，其能够读取顾客选择的产品并将该信息导入中央计算机中。当一个购物者走过一个货物架子时，放在架子上的屏幕就会告诉她/他商店中有多少顾客已经选择了这个商品。研究已经表明，如果购买的人很多，她/他就很可能选择这个商品，所以这种方法可以用来在不进行打折促销时增加销售。

总之，消费者行为受到各种因素的影响。购买环境、个人特质和一些社会因素一起组成了个人与产品和服务间联系的本质。现在，我们将要讨论影响组织购买行为的因素。

3.6 组织采购行为的影响因素

组织采购行为有其独特的特点。其中一个典型的特点是，消费者消费次数少，但订单量大。例如，在澳大利亚，仅Coles和Woolworths两家公司的产品就占超市出售的全部产品的70%以上，因此，是获得还是失去这些分销商的订单是非常重要的。组织采购常常是复杂的并且有风险的。许多组织需要的商品和普通消费者需要的商品有很大的差别，这意味着消费需求中一些小的变化将会对工业品产生非常重要的影响。例如，录像机销售的减少会对录像机零部件的需求产生冲击。当大型组织消费者苦苦挣扎时，其会对供应商产生影响。大多数的汽车制造商如福特（Fort）、通用汽车（General Motors）、戴姆勒-克莱斯勒（Daimler-Chrysler）和大众（Volkswagen），近年来都要求供应商大幅打折。然而，与此同时，供应商面临着钢材和原料成本的上涨，这些都影响了它们的利润，甚至迫使一些供应商倒闭。组织采购的另一个特征是购买者和销售者之间可以协商，在一些案例中还可能互相购买。例如，和电脑公司协商购买电脑时，沃尔沃公司可能会劝服电脑供应商购买一些沃尔沃公司的汽车。

图3-6显示了影响组织购买行为的三个因素和使用的选择标准：采购分类、产品类型和采购的重要性。

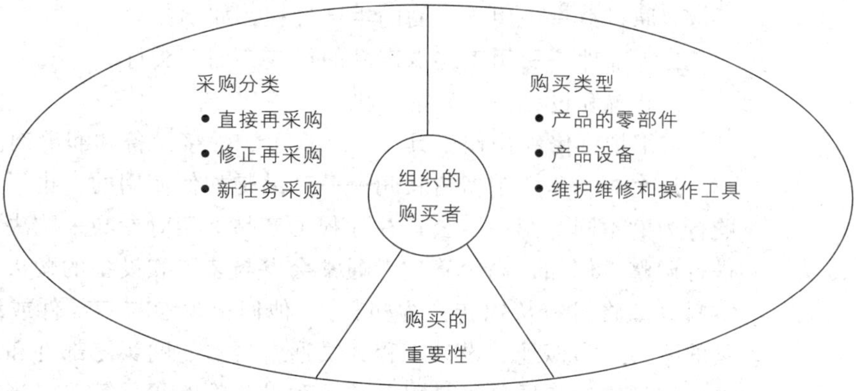

图3-6 影响组织购买行为的因素

3.6.1 采购分类

组织采购可以分为**新任务采购**（new task）、**直接再采购**（straight re-buy）和**修正再采购**（modified re-buy）。在以前没有对该产品的需求以至于公司基本没有相关经验的情况下，如果公司突然对某产品产生需求，那么它需要搜集大量信息，这时新任务采购就出现了。直接再采购指的是之前已经和供应商达成共识并在之前有过采购经验的情况下再次出现的采购。常规采购过程的建立就是为了帮助直接再采购活动。修正再采购介于两种极端情况之间。对某类型产品有着常规需求，并且购买选择已知，但是一些重要的变化发生了（如运输问题），这就需要对日常采购过程进行修正。

采购活动以下面几种方式影响组织采购活动。第一，决策团体（DMU）成员的变化。对于直接再采购来说，只与采购专员有关；然而，对于新上任的采购高级管理者来说，工程人员、产品管理者和采购专员可能也有关。修正再采购和工程人员、产品管理者以及采购专员有关，但与高级管理者无关，除非采购对公司至关重要。第二，在采购种类由直接再采购转化为修正再采购再到新任务采购时，采购决策过程会变长。第三，考虑到决策团体的影响，采购经理可能更愿意接受新任务采购和修正再采购，而非直接再采购。在后者中，采购经理已经解决了采购问题，并有其他需要解决的问题。

进行采购分类分析的第一层含义是，如果一个公司在客户决策过程初期能够影响其新任务采购，它将获得巨大收益。通过提供信息和帮忙解决出现的技术难题，公司能够获得商誉和实现缓慢投入，从而可以在最终决策做出时保证订单量。第二层含义是，由于决策过程可能很长，新任务采购会涉及很多人，供应公司需要对销售人员进行长期“大额投资”。一些公司雇佣“传教士”销售团队，该团队包括其最好的销售人员，以保证新任务采购量。

3.6.2 产品类型

产品可以分为4种类型：原材料、零部件、装置和设备、维护维修和操作工具（MRO）：

1.原材料——用于产品的生产过程，如铝。

2.零部件——用于终端产品的组装，如车头灯。

3.装置和设备——如推土机。

4.维护维修和操作工具——如扳手、焊接设备和润滑剂。

这个分类基于消费者视角——产品是如何使用的，也可以用来证明组织采购行为的不同。第一，公司往往根据产品类型对参与采购决策制定过程的人员进行调整。例如，高级管理者通常会参与装置和设备的购买，或者更换新的原材料（如将材料从铝转换为塑料）。他们很少参与零部件或维护维修和操作工具的购买。类似地，设计工程人员通常会参与购买零部件和原材料，但很少会参与维护维修和操作工具以及装置和设备的购买。第二，当产品类型按下面的过程移动时，决策过程趋向于更缓慢和更复杂：

维护维修和操作工具→零部件→原材料→装置和设备

3.6.3 采购的重要性

当一项采购活动涉及大量的资金时，当错误的决策比如停产会导致很大的损失时，以及当备选产品的产出特别不确定时，这项采购活动就会被认为对采购组织非常重要。在这种情况下，组织中不同阶层的人都可能介入决策中以至于决策过程会非常长，并要搜寻和分析大量的信息。因此，就需要大量的市场营销人员的努力，但是这也为和采购组织一起工作的销售团队带来了许多机会，以说服其自己的供应是价格最合适的，这就涉及产品的验收（如私人柴油机生产商给铁路公司提供样品以供测试）、查看技术支持和从其他使用者那里得到证实。另外，如果买方对送货日期和售后服务等因素非常看重的话，保证送货日期和售后服务就非常必要。

3.7 组织采购活动的特点

在采购职能上出现的许多新趋势，对于供应公司来说是具有营销含义的。商业利益的无情驱动已经成为能够决定即时采购活动（网络采购和集中采购）增长的关键因素。与此同时，这些发展已经增强了采购者和供应商的关系，我们已经看到了其在关系营销和反向营销中的迅速增长。

即时采购（just-in-time，JIT）观念旨在提供需要的原材料和零部件，以使组织的供应系统的存储最小化。即时采购的作用非常大，其降低了购买存货和检查的费用，提高了产品设计性，使运输合理化，缩短了停工时间，增强了完工质量。生产商和它的供应商之间需要许多紧密的合作。一个采用即时采购的公司案例是尼桑汽车（Nissan），其在英国的桑德兰进行汽车组装。尼桑采用所谓的“同步供货”：零部件在需要的前几分钟内送到。例如，车内地毯由一家法国供应商萨默（Sommer Abbibert）在靠近尼桑组装线的工厂按照正确的模型逐次供应。从对地毯下订单到将其组装到汽车上，只需要42分钟。然而，这个系统也面临着风险。例如，2011年日本地震延误了两个新的丰田普锐斯车型的引进，并影响其他全球公司如卡特彼勒和通用汽车公司的生产。

因特网使用的普及使网络采购得到大力发展。两类主要的市场或交易所已经产生：面向工业产品的**纵向电子市场**（vertical electronic marketplaces），如造纸工业网站（www.paperexchange.com）或汽车、医疗保健行业网站（如www.covisint.com），和**横向电子市场**（horizontal electronic marketplaces），其跨越了行业界限，主要代替供应商提供产品维修（如www.dgmarket.com）和服务（如www.elance.com）。公司通过在这些网站上发布通知来寻找供应商。潜在的供应商随后会对这些电子合同进行投标。一些公司声称，通过以这种方式管理它们的采购，减少了相关采购过程的采购人员数量，从而提高了效率，并且促进了供应商的潜在全球传播。竞争的加剧给供应商带来了巨大的挑战。社交媒体平台，如Facebook和LinkedIn已成为公司寻求员工和供应商的一种流行机制（见社交媒体营销3.1）。

社交媒体营销3.1　LinkedIn

批判性思维：下面是关于LinkedIn企业网络的快速增长的回顾。阅读文章并考虑社交网络是如何对你自己的事业产生影响的。

LinkedIn是一个商务社交网站，成立于2003年，主要用于专业网络。它发展迅速，目前在200个国家拥有超过1亿个注册用户。成员创建的个人网络档案，本质上就是一个简短的职业简历，然后与他们过去认识的或者工作过的人产生联系。接着人们以各种各样的方式使用这些联系。例如，雇主可以列出工作清单来寻找潜在的候选人。很多LinkedIn用户会携带以前联系人的推荐信，以增加自己对雇主或潜在的商业合作伙伴和客户的吸引力。求职者可以查看招聘经理的个人资料，并发现哪些现有的联系人可以介绍他们。用户可以加入LinkedIn 500 000组的任何一组以找到拥有相似兴趣的人，也可以研究公司以找出一些信息，像男性/女性员工比例、公司及其办公室的位置和现在、以前的员工花名册。

LinkedIn是一个非常成功的公司，在2011年上市时，其股价在发行期间翻了3倍。它产生收入的方式多种多样，包括LinkedIn Jobs——提供招聘和招聘服务、文本和显示广告销售和订阅服务，如提供额外功能的商业、商业+和专业账户（Business、Business Plus和Pro accounts），其包括搜索过您或您公司的人员清单。这种既从个人又从企业筹集资金的方法使

LinkedIn 在2010年实现收入2.43亿美元，盈利1 500万美元。

资料来源：Kim（2011）；Wall（2011）.

如果公司的一些职能部门有共同的需求，而且通过大批采购有机会获得谈判优势，集中采购就是一种极具吸引力的选择。集中采购鼓励采购专员在一小部分产品上集中精力，因此可以让他们对成本因素和供应商情况有个全面的了解。例如，对医疗保健费用增加关注，意味着许多医院将采购活动集中在采购部门，而不像以前主要以医生和护士为中心。结果就是许多合同需要在全欧洲范围内，依靠公司产品质量、成本和运输能力进行招标。这样产生的网络效应使公司更难得到订单，但一旦得到订单，合作关系就会更加长久。与此同时，组织采购由于采购者和销售者之间更加紧密的联系而特征越来越显著。**关系营销**（relationship marketing）指的是在消费者和其他利益相关者之间建立、发展并加强关系的一种营销方式。比如，玛莎百货和它的供应商之间的关系可以追溯到一个世纪前。如此长时间的关系对买者和卖者都有好处。由于了解供应组织的人员和谁将在问题出现时进行协调，采购者降低了风险，双方交流也密切了。事实上，供应商成为了战略伙伴，因此其也参与问题的解决和管理设计。销售者了解了更多的购买者需求，许多公司已经重组了销售队伍来反映有效管理消费者关系的重要性，这被称作重要客户管理。新产品的开发可以从这种紧密的联系中获益。可机洗羊毛制品和易熨的棉织品，就是玛莎百货和英国制造商紧密联系的产物。市场关系问题我们将会在第7章进行更详细的讨论。

营销的传统观点是，供应商公司积极找出消费者需求，并努力比竞争对手更好地迎合这些需求。然而，采购活动现在更具有前瞻性，其瞄准需要竞争的产品和服务。购买者努力说服供应商提供组织想要的产品的过程就称作**逆向营销**（reverse marketing）。瑞士先正达（Syngenta）是一家国际化学品供应商，针对目标供应商有效地采用逆向营销，它列出了一系列个性化的需求，如送货次数、送货成功率和销售人员出访的频率。逆向营销的增长给愿意听取购买者的提议和仔细考虑它的优点的供应商带来两个好处。第一，它提供了一个和顾客发展更牢固和更长久的关系的机会；第二，它可以为新产品的发布提供机会，这有助于在将来发展更多的顾客。

最后，在B2B的环境中，一个公司可能并不购买产品，而是租用产品。租用指的是由物品（如汽车）所有者将使用权交给另一方一段时间以换取租金的活动。[45]顾客的好处是租用活动避免了产品或服务的现金购买，从而避免了产品的快速贬值。一些类型的租用合同还避免了一些修理费用。这些好处需要和租用费用相比较，有些情况下租用费用可能比全部购买费用还要高。

总　结

本章介绍了消费者行为的本质和影响消费者行为的关键因素，解决了以下几个关键问题：

1.个人和组织购买行为的区别。组织购买决策包含了更多的阶段、更多的人员投入和对于协商更高的要求。技术和经济选择标准倾向于对组织采购起到重要的作用。

2.谁购买——购买决策制定过程中出现的5个角色：发起者、影响者、决策者、购买者和使用者。不同的人有不同的角色，尤其是在家庭购买活动中。对于市场营销人员而言，区分出决策者至关重要。

3.购买决策过程包括需求识别、寻找备选方案、评估备选方案、购买和买后评价。在高度相关的购买案例中，消费者可能经历了所有的阶段；在低度相关的环境下，他们可能直接从需求识别跳跃到购买和买后评价。

4.在市场购买决策中使用的主要选择标准有技术标准、经济标准、社会标准和个人标准。在个人购买活动中，社会标准和个人标准非常重要，因为消费者通过产品和服务的选择来构建他们的身份。

5.影响个人购买活动的主要因素有：购买情况、个人影响和社会影响。在任何给定的时点，都会存在无数影响消费者购买决策的因素。例如，个性、生命周期、相关群体和替代性学习。而且，这些因素可能联合起来促成特定的购买决策。

6.组织采购行为的主要影响因素有：采购分类、产品类型和采购的重要性。例如，在装置设备上的一次重要的投资在组织里存在争议，新任务采购会牵连组织中的许多成员，并会在决策前花掉很长时间。

7.组织采购的几种类型：即时采购、网络采购、集中化采购、关系采购、反向采购和租用。组织采购一方面为反向采购、与供应商建立联系提供了机会，另一方面被集中化和网络采购的高效率所驱动。

练习题

1.组织采购行为和个人采购行为的区别是什么？

2.选择一个最近的在决策过程中不仅包括你自己，还包括其他人的购买活动。你在采购中的角色是什么？其他人扮演的角色是什么？他们是如何影响你的决策的？

3.按照需求识别、信息搜索、方案评估和选择后评估来回顾一下你选择当前所在教育机构的决策。

4.回顾影响你最近的购买活动如设计发型、就餐的选择标准。

5.描述即时采购、网络采购和集中性采购的最新趋势。讨论这些趋势对卖方营销人员的影响。

课后阅读

Anderson，J.C.，J.A.Narus and W.van Rossum（2006）Customer Value Propositions in Business Markets, *Harvard Business Review*, 84 (3), 90-9.

Arnould, E.and C.Thompson (2005) Consumer Culture Theory (CCT): Twenty Years of Research, *Journal of Consumer Research*, 31 (4), 868-82.

Gladwell, M. (2005) *Blink: The Power of Thinking Without Thinking*, London: Allen Lane.

Miller, G. (2009) *Spent: Sex, Evolution and the Secrets of Consumerism*, London: William Heinemann.

Mollen, A.and H.Wilson (2010) Engagement, Telepresence and Interactivity in Online Consumer Experience: Reconciling Scholastic and Managerial Perspectives, *Journal of Business Research*, 63 (9/10), 919-25.

Underhill, P. (2000) *Why We Buy: The Science of Shopping*, London: Texere.

案例3 昆士兰看守人：世界上最好的工作

2009年7月1日，英国的Ben Southall开始了他所说的“世界上最好的工作”。Ben被命名为大堡礁的看守人。他6个月的工作报酬为丰厚的150 000澳元，在职期间其住宿在豪华的Hamilton岛。“世界上最好的工作”运动开始于2009年1月11日，由政府机构为昆士兰设计，目的在于促使昆士兰成为世界旅游的目的地，特别是其试图通过这项活动，提高大堡

礁的国际知名度。

活动背景

尽管大堡礁是世界自然奇观，也是世界遗产，但是该地区的岛屿是相对未知的。事实上，每年约有200万个游客参观珊瑚礁，但大部分游客都是在白天旅行，而不是长时间在此度假。在活动之前的几年，对澳大利亚的国际访问已陷入停滞（2006年增长率小于1%）。2007年，即使澳大利亚旅游局发起的“你究竟在哪里”的广告宣传成为热议话题，旅游人数也仅增长了2%。昆士兰的国际游客人数正在下降（2007年为-1%），主要是因为来自主要国际市场的游客人数正在减少。值得注意的是，旅游业直接关系到122 000个工作岗位，间接关系到额外的10万个工作岗位，在昆士兰劳动力市场中占到10.3%。昆士兰的旅游产业面临着许多艰难的挑战。这时有一个州正在进行选举，由于昆士兰旅游局是一个与政府相联系的机构，所以这在时间上以及政府对资金的反应方面造成了一些不确定性。全球金融危机正在全面展开，从而对世界各地的旅游业、航空公司和旅游公司造成了不利影响。消费者在大多数市场上的消费都在减少，失业率上升。因此，昆士兰旅游局向CumminsNitro机构提出了一个吸引人的想法，就是让来自世界各地的、在不同文化和背景下的人们产生共鸣，并且名义上其有120万澳元的预算（包括所有生产和媒体）。

活动本身

2009年1月推出了“世界上最好的工作”这一活动。该活动为世界各地的人们创造了一个理由，让他们来到澳大利亚并渴望体验这一活动。活动使用了一个非常简单的沟通策略。分类广告、工作列表和小横幅广告被策略性地放置在目标市场，指导人们链接到中心网址：islandreefjob.com。这一活动的目的是提高这一网站的客流量，以刺激大众社交媒体和主流媒体的报道。该网站旨在两个层次上捕捉消费者的兴趣：（1）主要动机、工作申请或申请者的兴趣；（2）从事且热心于大堡礁群岛的内容。该网站受到了MySpace、Facebook、YouTube和推特的支持。这一活动的推出与北半球的冬季相一致，以确保它在主要市场上具有更高的吸引力。一项全面的公关策略是，在失业率不断上升、认识提高以及试图指导客流量的情况下，向全世界报道了一个罕见的“好消息”。候选者被要求提交一个一分钟的视频，展示他们对于这个区域的认识并用于生成网站内容。

竞争本身允许昆士兰旅游局在多个阶段开展更多的宣传。该职位的潜在候选人被缩减到150人。由此，来自22个国家的50个申请者被缩减到最后的16个，其中15个被昆士兰旅游局选中，第16名申请人是由公众投票选出的。在2009年5月6日宣布获胜者之前的一段持续时期里，人们对此活动保持了巨大的兴趣（见插图C3-1）。

插图C3-1 昆士兰旅游营销传播组合

此项活动的目标受众被定义为“全球经验搜寻者”：勇于挑战自我、受过高等教育、接触新技术、偏好在大城市之外度假的年轻的旅行者。该活动设置了许多目标。首先，它希望通过主流媒体的报道取得的收益将超过整体的投资。该活动还对主要的人口市场进行了新闻报道，获得了旅游行业的认可（通过批发商、旅行代理商、航空公司和当地旅游经营者）。具体来说，专门为竞选活动设定的响应目标是：收到14 000份求职申请，使岛屿某些具体内容广泛流传，并且扩大社交媒体对运动内容以及消费者生成内容的运用，以及使申请人通过博客、社交网站和其他Web 2.0网站制作视频内容。

活动结果

宣传结果远远超出了预期。昆士兰旅游局一共收到了来自201个国家34 684份视频工作申请。因此，世界上每个国家至少有一个人申请了该职位。昆士兰旅游局也收到了超过20 000封电子邮件。该组织最初准备了三四个人观看4 000个视频，但由于巨大的回应量，他们需要35到40人在最后一个周末看最后的9 000个视频。“世界上最好的工作”网站的访问人数超过3 870万，访问量达53 889 455，平均每次浏览时间为8.25分钟。154 437人订阅了该网站的新闻更新。还有超过475 000个通配卡申请人。利用谷歌搜索“世界上最好的工作”，得到了52 500 000条列表和43 603条新闻故事列表。从社交媒体方面来看，Facebook参加过371 126次访问，成为继雅虎和谷歌之后最高者。大堡礁岛屿的展示视频在YouTube上被观看了近300 000次。从消费者生成的内容来看，仅视频应用程序在YouTube上就有超过578小时的内容。这些视频和Ben的视频显示了岛上管理员的工作，这些已经被查看了近400 000次。在

FLIKR上搜索“世界上最好的工作”出现了3 500多张图片。在谷歌博客上搜索“世界上最好的工作”产生了231 355条博客。

Ben作为一名岛屿管理员，在推动昆士兰发展方面一直非常成功。他在推特上大约有4 000个粉丝，在脸谱网上大约有1 300个粉丝。他还获得了重要媒体的关注，包括作为一个嘉宾出现在The Oprah Winfrey Show（奥普拉·温弗瑞秀）上，仅在美国其视频就被观看了约970万次，并在世界上的另外145个国家通过国际广播被人们所知晓。仅在美国，其接受采访时的宣传价值预计为440 952美元。“最好的工作”宣传在英国备受关注，BBC1在黄金时间播出了有关其的时长为一个小时的纪录片，吸引了570万名观众。这部纪录片的首映价值预计超过900万英镑。Ben经常出现在国内的电视节目上，包括作为7频道的天气客串嘉宾以及主持关于哈密尔顿岛的“车游天下”节目。这些节目的宣传价值估计分别为570 000美元和970 000美元。来自世界各地的60家媒体参加了其在哈密尔顿的工作公告，吸引了英国广播公司（BBC）、美国有线电视新闻网（CNN）、《早安美国》（*Good Morning America*）、加拿大电视台（Canada TV）、天空新闻（Sky News）、《时报》（*The Times*）和《上海晨报》（*Shanghai Morning Post*）的报道。昆士兰旅游局通过国家地理频道的有关国际“世界上最佳的工作”的六部纪录片进行了进一步的媒体曝光，这是对Ben担任岛屿管理员的又一次曝光。

到目前为止，该活动已产生了4.3亿美元的宣传价值。其中，在澳大利亚的国内媒体报道代表着约为9 400万美元的宣传价值，国际媒体报道代表着约为3.26亿美元的宣传价值（不包括社交媒体报道和消费内容的价值）。其最佳的求职活动也获得了许多奖项，最引人注目的是，在世界上最负盛名的戛纳国际广告节上，在这个活动55年的历史中，此项活动比其他活动赢得了更多的终极大奖。昆士兰旅游局的关键是将宣传的成功转化为实际的预订。

旅游业

这一活动是在全球金融危机的高峰期推出的，这预示着全球范围内旅行人数的大幅减少。再加上禽流感和强劲澳元的影响，所有这些都导致了到澳大利亚旅游的整体游客数量的减少。该运动对昆士兰旅游业也造成了显著的影响。尽管来澳大利亚旅游的总人数减少了，但是到昆士兰旅游的人数增长了20%。自宣传活动以来，所有赴澳旅游中有一半都包含昆士兰行程。在国际旅游的稳定性上，与世界各地的许多其他地区相比，澳大利亚在2009年有相对强劲的表现。据联合国世界旅游组织（UNWTO）估计，国际旅游人数在2009年下降了4%。由于“世界上最好的工作”的社交网络性质，青年市场（30岁以下）对昆士兰尤为重要。来自欧洲大陆的年轻游客截至2009年12月底增加了6个百分点。同样，澳大利亚旅游研究所的国际游客调查表明，2009年7月至2010年6月，在假期参观圣灵群岛的30岁以下的游客中，英国游客增加了8个百分点，欧洲大陆游客增加了10个百分点。昆士兰目前在澳大利亚的国际青年市场占有42%的市场份额（排名第二）。

在活动开始后的几周内，几家运营商就发现对宣传网站的引用量激增，其中在活动开始当天Mantra集团就收到了超过1 400份查询。在德国，批发商FTI到昆士兰的次数稳步上升，截至2009年12月底增加了8.7个百分点，而批发商Dertour宣布，虽然去澳大利亚的人数在下降，但是去昆士兰的人数在稳步增加，并拥有比其他国家更多的预订量。Boomerang Reisen记录了在2009年去昆士兰的游客增加了7%，这表明，几乎每秒内都有客户受到“世界上最好的工作”的影响。媒体曝光的结果是，“世界上最好的工作”这项活动也导致了澳大利亚的安利公司在2010年11月在哈密尔顿岛举行了有500人参加的代表大会，为昆士兰产生了约580 000美元的支出。2010年5月，美国两家主要的旅游公司，在线预定代理Orbitz和豪华旅游批发商Signature，成为率先将大堡礁岛屿作为独立目的地的美国旅游销售商。这项决定是通过在“世界上最好的工作”活动中获得的资料而作出的。在整个活动期间，Orbitz.com和其他国际网站在5月和6月就使昆士兰旅店提供了6 524个房间。

通过对“世界上最好的工作”的一系列分拆活动，昆士兰旅游局的14个国际办事处也取得了成功。例如，在北欧地区活动推出之后不久就进行了大堡礁营销，使近5 000名旅客前往昆士兰。在2009年初，昆士兰旅游的英国办事处创建了六个“最佳”主题套餐，例如，Ethiad和Austravel合作运行的“世界上最好的假日”，使得来自英国的1584名游客去了昆士兰。报告显示到昆士兰旅游的人数比上年同一时间上涨了58个百分点。这项在英国从2009年9月开始的世界范围内的最佳体验活动，催生了超过250 000个贸易和最终消费者，使得点击率达到了24.29%。2009年8月，昆士兰旅游局启动了“世界上最好的假期”这一国内营销活动，其特色是为Monkees乐队的主题歌曲推出4个有着世界上最好工作的候选人。为期10个月的电视、印刷、广播和在线活动使参观者在2009年8月到2009年6月期间观看了超过552 000次的最好的假期活动。整个2009年10月-12月，昆士兰的欧洲办事处与昆士兰的旅游大使在欧洲合办了主题为“世界上最好的假期”的活动，导致了超过75 000次的页面浏览量，并有超过32 000的人参与了这项活动。这项活动吸引了高达64 000多名的消费者和潜在的游客到昆士兰旅游。

哈密尔顿岛，作为世界上最好的工作的守护者Ben Southall的基地，2009年的国际游客数大得惊人。2009年11月夜间客房的销售额比2008年同月增长了21%。欧洲市场也表现良好，夜间客房销售额同比增长29%。2009年12月，日本的游客增长了59%，而全国平均水平下降了24%。韩国、印度和中国的游客也分别增长了84%、41%和34%。

结　论

2009年12月31日，Ben完成了他作为岛屿守护者的合同。由于活动的成功和高度的宣传价值，他继续作为昆士兰的旅游大使。以这一身份，他将继续与昆士兰旅游局的国际机构密切合作，并继续出现在一系列高调的媒体宣传中以及与美国、加拿大、日本、新西兰、英国、中国和中东的贸易事件中。2011

年5月，Ben开始了“世界上最好的探险”，其使用皮划艇和帆船划行1 600多公里来探索大堡礁。随着他的旅程进展，他将再次通过博客和网站www.bestexpeditionintheworld.com发声。昆士兰旅游局正计划继续利用这一获取全球关注的机会。

问 题

1.根据你对在购买决策过程中重要角色的认识，来评估决定申请“最好的工作”这一广告宣传中可能起重要作用的角色。这些角色如何在提高昆士兰地区的旅游意识方面发挥重要作用?

2.如何描述申请“世界上最好的工作”的决策的参与程度?

3.这个活动的目标受众被定义为“全球体验搜寻者”。以目标市场为参考，讨论世界上最好的工作对消费者行为的影响。

4.讨论社交媒体作为消费者决策过程中工具的重要性的增长。

本案例由伯恩茅斯大学的Deborah Sadd和爱尔兰利默里克大学的大卫·科斯格雷夫从公开的资料来源获得，作为课堂讨论而不是用于说明有效或无效的管理行为。

参考资料

Anonymous(2006)Habbo Hotel Signs RealNetworks Radio Deal, *MarketingWeek.co.uk.*, 14 December; Brady, S.(2010)Habbo, *Brandchannel.com*, 7 May; Kiss, J(2010)Ten Years of Virtual Worlds: Habbo Hits a Decade, *Guardian.co.uk*, 5 July.

Blackwell, R.D., P.W.Miniard and J.F.Engel(2000)*Consumer Behavior*, Orlando, FL: Dryden, 174.

Pesola, M.(2005)Samsung Plays to the Young Generation, *Financial Times*, 29 March, 11.

Jones, H.(2002)What Are They Playing At? *Financial Times*, Creative Business, 17 December, 6.

Pidd, H.(2007)We Are Coming for your Children, *Guardian.co.uk*, 31 July.

Lindstrom, M.(2003)The Real Decision Makers, *Brandchannel.com*, 11 August.

Barber, B.(2007)*Consumed: How Markets Corrupt Children, Infantilize Adults and Swallow Citizens Whole*, London: W.H.Norton & Co.

Arnould, E.and C.Thompson(2005)Consumer Culture Theory(CCT): Twenty Years of Research, *Journal of Consumer Research*, 31(4), 868–82.

Engel, J.F., R.D.Blackwell and P.W.Miniard(1990)*Consumer Behavior*, Orlando, FL: Dryden, 29.

Hawkins, D.I., R.J.Best and K.A.Coney(1989)*Consumer Behavior: Implications for Marketing Strategy*, Boston, MA: Irwin, 30.

Kuusela, H., M.T.Spence and A.J.Kanto(1998)Expertise Effects on Prechoice Decision Processes and Final Outcomes: A Protocol Analysis, *European Journal of Marketing*, 32(5/6), 559–76.

Blackwell, R.D., P.W.Miniard and J.F.Engel(2000)*Consumer Behavior*, Orlando, FL: Dryden, 34.

Elliott, R.and E.Hamilton(1991)Consumer Choice Tactics and Leisure Activities, *International Journal of Advertising*, 10, 325–32.

Laurent, G.and J.N.Kapferer(1985)Measuring Consumer Involvement Profiles, *Journal of Marketing Research*, 12(February), 41–53.

The Economist(2009), Fair Comment, *Technology Quarterly*, March 7, 11.

Fenton, B.(2008)Counting the Cost of the Online Land Grab, *Financial Times*, 19 February, 21.

Hawkins, D.I., R.J.Best and K.A.Coney(1989)*Consumer Behavior: Implications for Marketing Strategy*, Boston, MA: Irwin.

Birchall, J.(2006)Retailers Give Customers the Final Word, *Financial Times*, 6 October, 13.

Anonymous(2011)I've Got You Labelled, *The Economist*, 2 April, 74.

Engel, J.F., R.D.Blackwell and P.W.Miniard(1990)*Consumer Behavior*, Orlando, FL: Dryden, 363

Williams, K.C.(1981)*Behavioural Aspects of Marketing*, London: Heinemann.

Lindstrom, M.(2009)*Buyology: How Everything We Believe About Why We Buy is Wrong*, London: Random House Books, 38.

Ratneshwar, S., L.Warlop, D.G.Mick and G.Seegar(1997)Benefit Salience and Consumers' Selective Attention to Product Features, *International Journal of Research in Marketing*, 14, 245–9.

Advertising Research Foundation(2010)Wrigley's 5 Gum, Warc.com.

Silverstein, B.(2010)A Gum that Willy Wonka Would Love, Brandchannel.com, 11 May.

Levin, L.P.and G.J.Gaeth(1988)Framing of Attribute Information Before and After Consuming the Product, *Journal of Consumer Research*, 15(December), 374–8.

Anonymous(2008)The Way the Brain Buys, *The Economist*, December 20, 99–101.

O´Morain, P.(2008)The Fascinating Facts About Ladies in Red, *Irish Times HealthPlus*, November 11, 14.

Gladwell, M.(2005)Blink: *The Power of Thinking Without Thinking*, London: Allen Lane.

Saad, G.(2007)*The Evolutionary Bases of Consumption*, Hillsdale, NJ: Lawrence Erlbaum.

Kassarjan, H.H.(1971)Personality and Consumer Behavior: A Review, *Journal of Marketing Research*, November, 409–18.

Miller, G. (2009) *Spent: Sex, Evolution and the Secrets of Consumerism*, London: William Heinemann.

O´Brien, S.and R.Ford(1988)Can We At Last Say Goodbye to Social Class? *Journal of the Market Research Society*, 30(3), 289–332.

Carter, M.(2005)A Brand New Opportunity in the Empty Nest, *Financial Times*, 5 December, 14.

Anonymous(2005)This Sceptred Aisle, *The Economist*, 6 August, 29.

Anonymous(2006)The Disappearing Mid-Market, *The Economist*, 20 May, 70–2.

Simon, B.(2005)Car Parts Groups Face a Depressed Future, *Financial Times*, 18 May, 31.

Cardozo, R.N.(1980)Situational Segmentation of Industrial Markets, *European Journal of Marketing*, 14(5/6), 264–76.

Robinson, P.J., C.W.Faris and Y.Wind(1967) *Industrial Buying and Creative Marketing*, Boston, MA: Allyn & Bacon.

Kim, R.(2011)LinkedIn Preps a Bigger IPO, but it´s no Facebook, Businessweek.com, 9 May.

Wall, E.(2011)LinkedIn IPO: Is this a Tech Bubble? Telegraph.co.uk, 13 June.

Briefly, E.G., R.W.Eccles and R.R.Reeder(1998)*Business Marketing*, Englewood Cliffs, NJ: Prentice–Hall, 105.

Thornhill, J.and A.Rawsthorn(1992)Why Sparks Are Flying, *Financial Times*, 8 January, 12.

Blenkhorn, D.L.and P.M.Banting(1991)How Reverse Marketing Changes Buyer–Seller Roles, *Industrial Marketing Management*, 20, 185–91.

Anderson, F.and W.Lazer(1978)Industrial Lease Marketing, *Journal of Marketing*, 42(January), 71–9.

第4章　营销调研和洞察顾客

本章框架

- 洞察顾客的作用
- 营销信息的类型
- 内部营销信息
- 市场情报
- 开展营销调研的方法
- 营销调研的流程
- 营销信息系统
- 营销信息系统的应用与营销调研

学习目标

在学习本章之后，你应该理解：

1. 洞察顾客和营销信息的重要性。
2. 可获得的营销信息的不同类型。
3. 内部营销信息的主要类型。
4. 情报营销意味着什么。
5. 开展营销调研的主要方法。
6. 营销调研的主要流程。
7. 定性调研与定量调研的不同之处。
8. 营销信息系统的性质与目的。

营销聚光灯

宜家（IKEA）

瑞典宜家家居有限公司是全球最大的家居品牌，在欧洲、亚洲、北美洲和澳洲拥有300多个商场。宜家在全球41个国家有超过12.7万名员工，并且在2010年其销售额达到231亿欧元，利润达到25亿欧元。宜家指出，目前每三个欧洲人中就有一个使用宜家的床。

宜家以价格低廉、斯堪的纳维亚式和可以自行组装的家具而闻名世界。宜家的商场通常达到5万平方米，拥有各种家具，从大的厨柜到像烛台这样小的家居摆件应有尽有。为了实现全球的一致性，宜家将其运作和流程标准化，例如供应链管理和宜家蓝黄色的标识。然而，当宜家开拓新市场时也遇到了新挑战和风险，这是因为该品牌是全新的、全球化的，没有与当地消费者的需求相联系。这是一个家居行业独有的问题，因为在世界各地，房屋设计、气候环境和居住模式相差很大。因此，宜家家居在澳洲对80多个家庭进行观察并了解他们是如何生活的——观察一些细节，比如他们坐在哪里看电视？他们在哪儿吃饭？当他们回家时会把钥匙、手提包或者钱包放在哪儿？这种类型的研究能够揭示出人们对家的感觉到底是怎样的。

在对研究结果的分析中，一个十分重要的观点出现了，那就是合适的家具能够使家庭生活变得更美好，例如一家人一起看电视或共进晚餐。基于灵活、现代的家具设计，宜家认为它能够很好地定位和利用机会。因此宜家发起了一个叫作“这就是家”的广告活动，目的在于展示家具是如何改变人们生活的。在关键细分领域的六个家庭被挑选出来，例如家庭中有上学的孩子，独立居住的年轻夫妇等。摄像机被安置在厨房、起居室和卧室，以记录人们使用宜家家具的情况。摄像机记录了一些变化的发生、人们表现出的新行为和情感。“真实”模式的广告发挥了作用，见识过该活动的50%的人们指出，他们将考虑去宜家商场。用来调查市场的本地化方法已经成为品牌推广运动的核心。

4.1 洞察顾客的作用

新可口可乐、WAP技术或千禧巨蛋经历灾难性的失败是因为没有提前对顾客进行更多或更好的调研吗？我们永远不会知道，但可以肯定的是，真正以市场为主导的企业认识到，它们需要始终与市场上正在发生的事情保持密切联系。顾客的需求在不断变化，而且经常发生微妙的变化。创新价值形式，准确、及时对顾客进行了解是非常重要的。这些洞察能够为很多方面提供信息，从产品创新、产品设计和功能，到广告活动的主题等。例如，当研究表明现代男性（其主要的目标市场）越来地把生命看作一次长长的旅程后，著名的Johnnie Walker“与巨人同行——一直走”活动便被发起了。苏格兰演员罗伯特·凯雷代言的电视和病毒式广告超过了5分钟，很好地说明了上述问题（见插图4-1）。

对于一些公司来说，没有研究过市场，其是不会做出重大战略决策的。但营销调研远远超出了组织进行商业活动的范围。例如，政党和唱片公司往往会大量使用市场调研，它们常被指责过度依赖市场调研，并在此基础上设计竞选宣言和新唱片。因此，组织对帮助它们做出正确决策的信息十分喜欢。营销调研可以在许多不同的活动中发挥作用。调研有助于公司理解顾客想要什么，决定是否推出一个新产品，现有顾客对公司服务水平的评价，品牌在市场中的表现，最近的促销活动效果如何等。本章将研究可获得信息的类型以及这些信息怎么被用来帮助企业做出更好的决策。考虑到我们所处的信息时代，这是一个十分重要的活动，因为组织经常处在信息过剩而不是信息不足的情况下。能够对潜在可获得的信息进行明智分类并将其转换成有用的消费者洞察力是一件十分重要的营销任务。

插图4-1 Johnnie Walker“与巨人同行——一直走”活动是一系列令人鼓舞的个人故事

因此，营销调研行业很庞大，在2009年其全球估计价值超过289.5亿美元，在欧洲其估计价值为1 330万美元，接近全球营销总支出的一半。表4-1列示了世界一些国家营销调研支出的详情。市场研究也倾向于遵循市场发展的规律。比如说，市场研究人员日益增加了对像印度尼西亚和东非这样的国家和地区的市场研究，因为这些国家和地区的经济增长引起了市场营销者的兴趣。欧洲国家中有人均最高的支出（见表4-1）。定义营销调研的边界并不容易。通过在展览会或通过电话与客户进行的随意讨论，市场研究人员可以获得关于顾客需求、竞争对手的活动和行业前景等方面的宝贵的非正式信息，而更加正式的方法则包括执行市场调研方法或开发营销信息系统。本章着重介绍这些提供资讯的正式方法。

表4-1 2010年全球部分国家营销调研支出

国家	营业额（单位：百万美元）	人均支出（单位：美元）
英国	2 332	52.55
法国	1 930	42.94
瑞典	261	39.38
德国	2 080	35.32
挪威	102	29.22
丹麦	112	28.29
美国	6 144	27.84
瑞士	146	27.56

续表

国　家	营业额（单位：百万美元）	人均支出（单位：美元）
澳大利亚	414	26.33
芬　兰	94	24.33
荷　兰	262	22.15
爱尔兰	68	21.32
比利时	148	19.05
加拿大	453	18.72
新西兰	53	17.18
日　本	1 270	13.87
意大利	543	12.66
新加坡	42	12.20
中　国	659	0.69

资料来源：欧洲市场研究协会2010年全球市场研究。

4.2 营销信息的类型

考虑到组织能够接触到广泛的信息来源，那么关于组织收集何种类型的信息就至关重要。重要的是，这些信息是由需要组织回答的问题来驱动的。例如，如果一家公司想要从最近的营销活动了解其品牌是否在寻找机会，它可能通过非正式渠道注意正发生在各大网站的会话或者更加正式地通过定期营销调研来发现公司品牌被认可的情况。针对每个调研问题，均有几个选项。利用网上的二手数据和储存在图书馆的报告对国外市场进行初步分析是比较经济的，通过在目标国家的调研公司来进行详尽的研究则会更加昂贵。可获得的主要类型的营销信息如下所述。

4.3 内部营销信息

组织开始回应营销调研问题的一个很好的方法是，研究公司目前已经获得的信息。这可以采用许多不同的形式。例如，在公司内工作的单个员工——销售人员或客户服务人员——可能拥有关于在市场上正在发生的事情的有用信息。在组织某一方面进行的调研能够有助于回答其他方面的问题。信息技术的飞速发展意味着这种类型信息的滞留性已经大大地改善了。当公司想要对其目前的顾客有更好的了解时，内部营销信息就尤其重要。欲了解内部营销信息，需要用到以下的技术。

4.3.1 营销数据库

公司收集有关客户日常行为的数据，并将这些数据储存在营销数据库中，包括每个消费者的姓名、地址、电话、交易记录，有时还有人口和生活方式、购买类型、购买的频率、购买价值以及对预告优惠活动的反应等数据（见第10章）。例如，零售商鼓励通过深受超市、百货商店和汽油零售商欢迎的优惠卡计划获取这些数据（见插图4-2）。顾客可以到客户采集点兑换返现或领取礼物，这时零售商可以收集到关于该顾客使用这张卡情况的有价值的信息。

插图4-2 优惠卡方案被组织广泛使用以建立客户的数据库

随着银行寻求对已拥有抵押贷款和信用卡的消费者进行更细致的管理，银行已经成为该类信息的重度使用者。银行获取信息有许多来源，包括其自己的记录、其与其他支付机构如维萨（Visa）信用卡和万事达（Master）信用卡的链接，以及专业信用检查机构。通过对这些信息的分析，银行可以对可能拖欠贷款的客户群做出相对准确的预测，进而它们可以在其债务变得庞大之前进行干预。例如，如果顾客转换了常规购物（比如购买生活用品）的支付方式，从现金支付变为使用信用卡支付，那么这可能意味着其现金短缺和其延误偿还贷款的风险增加。

4.3.2 客户关系管理（CRM）系统

随着营销数据库的扩大使用，一个潜在的问题就是这些数据库是由公司不同部门创建的。例如，销售部门可能会有一个包含客户信息的账户管理数据库，而呼叫中心的工作人员使用的可能是同样包含客户信息的另外一个数据库，且这两个数据库是在不同时点创建的。然而，当一个客户交易被记录在一个数据库，未被记录在另外一个数据库时，这种分离的方式就会导致问题的出现。正是类似这样的问题促进了客户关系管理（CRM）系统的发展，并导致建立起单一的客户信息数据库，所有的职员以此与客户打交道。CRM是企业用于管理客户关系的方法、技术和电子商务功能的一个术语（见第10章）。好的CRM系统会提出各种类型的消费者少见的行为模式。例如，当乐购发现它的消费者在一次购物中购买啤酒和尿布时，乐购就能够更准确地将其定位为年轻的父亲（见市场营销行动4.1）。

CRM的有效利用使组织能够对它们的消费者做严格的分析。企业经常发现它们正在遵循帕累托法则或者是80/20法则，也就是说，企业80%的利润来自于它们20%的顾客。从一个十分简单的层面可以看出，对企业来说一些顾客比其他顾客更加重要。从营销的角度告诉企业，其也许应该在那些有价值的顾客身上进行更多的投资。其他调查者也指出，公司应根据顾客对组织的价值来区别对待他们，可以使用白金级、黄金级、银级和铅级标签进行区分。当铅级顾客逐渐“火起来”时，银级和黄金级顾客的规模会增加。客户关系管理允许公司测量以下几个方面：

1.顾客保留：有多少比例的顾客留在公司以及这些顾客是公司想要留下的那些顾客吗？

2.顾客流失：有多少比例的顾客正在离开公司？这些顾客是公司想要“放弃的”还是公司想要留下的？

3.顾客获取：基于公司的营销活动，有多少比例的新顾客正进入公司？

4.3.3　网站分析

消费者的信息也可以通过分析消费者对网站的使用来获得。通过其产品的售卖和消费者的付费方式，对那些被频繁访问的网站进行测度是可行的。事实上，网站分析的一个真正挑战是要处理产生的海量数据。从广告的角度看，不管衡量受众规模存在哪些挑战，消费者访问网站时的几方面表现都应该被记录和监测。首先，应该了解他们从哪里来。例如，他们的访问是通过一个搜索引擎，还是其他网站上的一个链接？其次，应该了解在访问网站时，其会去向何处。其选择了什么选项，浏览了哪些视图？他们在该网站上停留多长时间，以及多少访问者从该网站立刻跳转到其他网站？他们是否会对优惠促销或是网站设计的改变有所响应？大部分网站使用谷歌分析器来监控这些模式，每周或每天都能得到监控的结果（见插图4-3）。如果是一个在线零售商，多少百分比的消费者会完成支付？而对于那些没有完成支付的客户，其又是在哪个阶段退出的呢？

一些用于测量网站用户的关键指标包括独立用户的数量、这些访问者的信息以及他们投入到网站的程度。尽管一些方法仍然能够操作，但这些变量的测量方法正随着时间而改善。独立用户（一个人访问一个网页）是测量一个网站访问者数量的一个流行的度量方法。但它也是有问题的，因为200万个独立用户可能意味着，任意200万人每人访问了这个网站一次，或者一个人访问它200万次。这是我们不可能确切知道的事情。通过让访问者提供他们自身的信息以及他们的兴趣所在来注册使用网站，能够明确地了解访问量。页面浏览数成为下一个网站要测量的量。许多现代网站使用了一种技术，允许页面自己更新部分内容，如股价、股票代码，而无需重新加载和重新绘制页面的其余部分。但是，问题是用户将花费整天时间逛雅虎，比方说金融部分。因此，目前更多是强调网站的交互性。“持续时间”和“花费时间”表明一个或更多人在一个页面上的时间花费，这反过来也表明访问者的数量以及他们留下的评论类型可暗示出他们投入的程度。

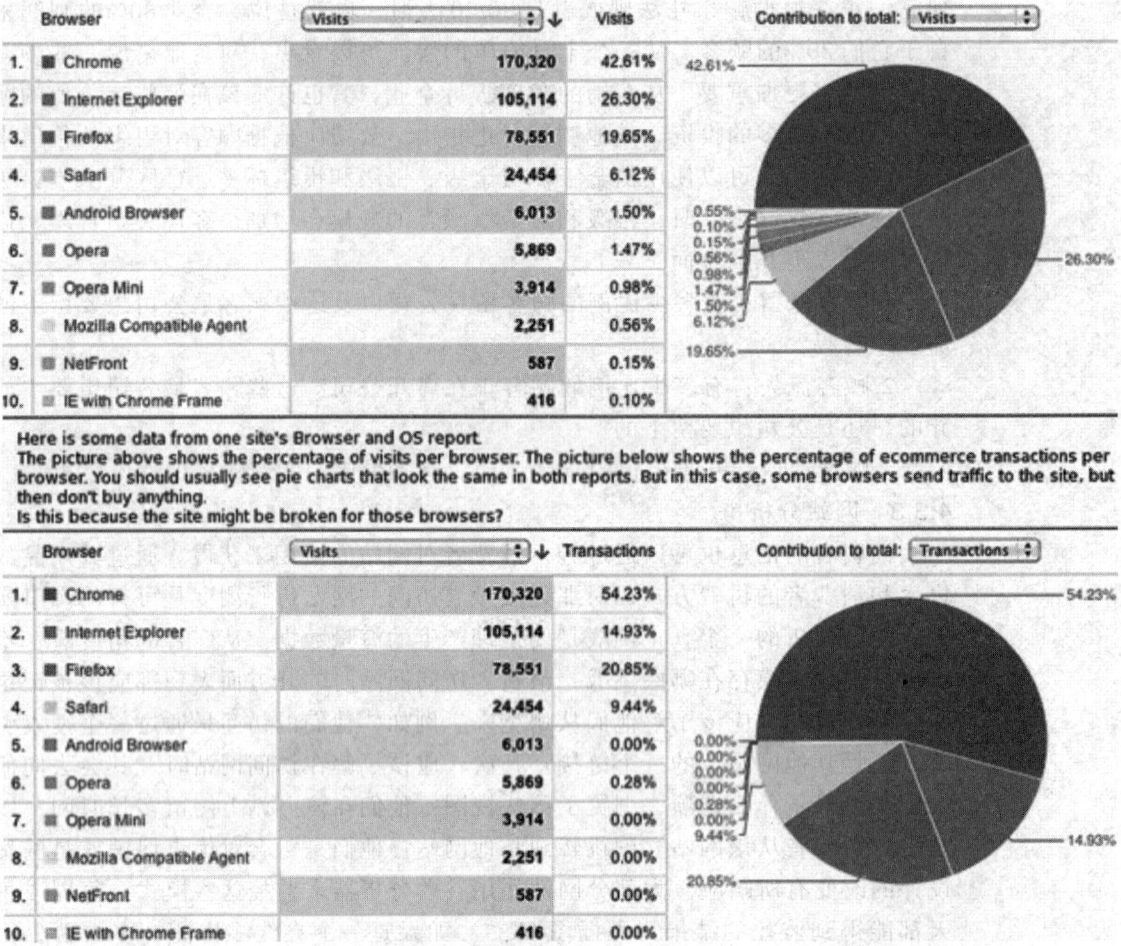

插图4-3 谷歌分析器得出的网络消费者行为模式

市场营销行动4.1 博姿（Boots）会员卡

批判性思维： 如下是对博姿利用其会员卡信息来进行圣诞节促销的回顾。阅读并批判性评估为什么促销是如此成功，以及公司能运用何种方式来对现存顾客信息进行更好的利用。

博姿是英国领先的连锁药店，业务遍及爱尔兰、挪威和瑞典。它在2001年推出了会员卡计划。顾客注册卡片，每次在博姿购买药品能够得到积分，这些积分能在未来兑换商品。每花费1英镑，客户会获得4个积分，除了各种各样的其他活动如特殊促销和店内活动可获得额外“奖励”积分外，这是一种微妙地将注意力集中在积分收集并且能够带来更多的购买的方法。之后，它又将计划扩展至允许顾客在其他零售商处积累积分，如Thomas Cook，Toys “R” Us和Asos.com，之后在博姿进行兑换。大多数零售商开展类似的计划，但会员卡计划能否成功取决于公司对其在顾客那里收集到的信息的运用能力以及更加高效地针对顾客购买习惯的能力。

例如，博姿在2009年进行了一个特别的圣诞促销，目的是向客户展示，在一个屋檐下的每个人都能收到礼物，同时能够收集到积分。博姿向其600万个客户分别发送了一个直接的邮件包让他们关注店内的活动，并且这项努力由出版社和电视促销来推进。博姿对顾客的了解意味着它能够根据客户之前的采购模式发出400 000个不同版本的邮件。当所有零售商都非常积极营销的时候，这种对顾客的深度了解能够使博姿每年的促销都极其成功。会员卡积分的兑换率通常非常低，但是因为顾客得到更多相关的优惠从而使它提高了25%。源自店内活动，销售增量同比增长90%，利润增量同比上升了60%。

资料来源：Baker（2010）；Direct Marketing Association（2010）.

4.4 市场情报

内部营销信息对目前顾客深度洞察的开展是十分有用的，但对了解潜在的新顾客和竞争对手的活动的作用不大。为了回答这些问题，组织需要将注意力转向组织外部，关注在市场中正在发生的事情。**市场情报**是一个描述系统收集市场上存在的公共可获得数据的宽泛术语，包括收集的市场发展、竞争对手和消费者的相关信息。它以多种形式存在。目前和潜在顾客的信息能够通过观察发生在博客和聊天中的互联网会话来找到。营销人员能够通过参加未来趋势讨论组或者阅读可获得的公共书籍和报告来预测未来市场趋势。竞争对手的信息能够通过在交易展上访问竞争对手的摊位或者在一些极端情况下通过竞争者的垃圾箱来获得。市场情报最重要的组成部分是二手资料，因为这是公共可获得的和相对实惠的，而且这经常是当组织试图去回应调研问题时将要接触的第一个资料来源。

4.4.1 二次研究

因为数据对研究人员来说是“二手的”（即其他人已经处理过），所以这种类型的研究就称为**二次研究**（secondary research）（当研究人员积极收集新的数据——如进行受访者访谈时——这些数据就被称为第一手研究资料）。二次研究应在主要研究开展之前进行。没有前者，成本高昂的主要研究调查最终所提供的信息，很可能本可以通过二手资源获得。越来越多的市场信息可以从明特尔（Mintel）市场调查公司、欧洲商情（Euromonitor）市场调研公司以及其他一些公司购买获得。

二手数据可以通过多种形式获得。这些来源主要包括政府和欧盟委员会的统计、出版商的市场报告和指南、国家和产业、行业协会、银行、报纸、期刊等。考虑到全球范围内有着大量的潜在信息来源，对许多公司来说，其最常使用的工具就是互联网搜索引擎。最近几年，搜索引擎业务急剧增长，在受到欢迎的搜索引擎谷歌（Google）被纳入通用词典之后，已经产生了“用谷歌搜索”的表达方式。本章末的附录4.1提供了供欧盟研究人员使用的信息来源，列出了根据研究问题分类的一些主要资源。

4.4.2 营销调研

如果组织通过现有的内部信息或营销情报无法得到它们想要的答案，那么进行营销调研就是一种固有的选择。系统地设计、收集、分析和报道与特定营销情境相关数据的方式称为**营销调研**。营销调研描述了一系列潜在的活动，这些活动中的许多部分都是十分不同的，因此能够用许多不同的形式进行划分。例如，特殊调研（ad hoc research）和连续性调研（continuous research），定制调研（custom research）和组合调研（syndicated research），以及探索性调研（exploratory research）、描述性调研（descriptive research）和因果性调研（casual research）。

特殊调研和连续性调研

特殊调研是聚焦于某一特定的营销问题，在同一时点上向同一调研样本收集数据的调研方法。比如，态度的调查及客户满意度的调查都使用特殊调研方法。

连续性调研是一种向同一调研样本重复访问的调查方法。连续性调研在评估市场趋势中发挥重要作用，其最主要的类型是消费者特定小组（consumer panel）。

消费者特定小组

当大量的家庭被招募以使其提供随时间推移的购买信息时，他们就组成了一个**消费者特定小组**。例如，一个杂货特定小组将记录许多不同超市的商品品牌、包装、价格和存货。通过在一段时间内跟踪调查相同的家庭，就可以得到对品牌忠诚度和转换率的测度，以及关于购买某特定品牌人群的人口统计特征概况。最近几年的消费者特定小组研究在技术的使用上有了显著的增长，其已经通过在线或电话以及面对面等多种方式进行研究。一旦参与者熟悉了调查员并且表示愿意参加调查，这些远程的研究方法将会非常有效。例如，爱尔兰的地铁（Metro Ireland）为都柏林的长期乘车者提供免费的报纸，并成立了一个2 000人的在线小组，小组成员是从18岁到44岁的市民，在18个月的时间里向他们发送了超过六项问题和一系列小型的民意测评。从该小组中获得的信息帮助地铁公司做出有关从社论版面到营销战略等方方面面的决策，以吸引广告投资。

博客和论坛的快速增长催生了一种新型的消费者特定小组。这种类型的论坛在互联网上到处都是，其讨论内容广泛，从薯条的脂肪含量到新电子产品的优点。在大多数情况下，论坛并不是公司正式建立的，但发生在论坛上的直率争论通常会吸引管理者（参见社交媒体营销4.1）。一些公司会跟踪这些讨论组来获取有关其品牌的言论以及出现的新趋势。随着监测的大部分电子化，它也是一个非常经济的研究形式。然而，这种监测通常是隐蔽的，当参与者得知自己所说的内容正在被公司研究的时候，其可能会感到不安。

社交媒体营销4.1 社交媒体和营销调研

批判性思维：下面是关于社交媒体研究最近发展情况的一个回顾。对你选择的品牌或话题开始社交媒体的访谈，然后监控该访谈一段时间。评估你所学到的东西。

社交媒体的兴起已经开始改变市场研究格局。数以百万计的个人页面、提要、状态更新、微博、概要文件和博客已经创建，并且这个数字还在上升。到目前为止，这个潜在的市场信息来源主要是未开发的，但可能会在未来变得越来越重要。

例如，脸谱网已经被描述为人们推销自己，表现出他们的理想人格的一个“忏悔”的社会。所以，研究人员需要加入Facebook群组来检查决定背后的动机，以品牌的粉丝页面为例。每个人成为星巴克粉丝均是出于同样的原因吗？或是有不同的动机在起作用？对一个品牌以及品牌未来前景的评论是怎样的？同样地，品牌所有者可以监视和分析在博客或微博的会话，如Twitter。这些会话大概是积极的还是消极的？其中最有名的品牌博客被称为戴尔地狱，是一个博客作者杰夫·贾维斯写的关于某家公司及其产品的负面信息。如果组织遇到这样的情况，那么这些问题是何种类？这些类型的对话可能来自于从一个新产品到一个新的服务解决方案再到一个广告宣传活动的想法。社交媒体网站如LinkedIn和ChubbyBrain可以用来研究对手，而Google Trends和Trendpedia能够用来追踪重要的趋势。

通过社交媒体进行营销研究提出了许多有趣的可能性。随着不断调查和询问顾客的意见使他们疲惫，社交媒体创造了人们参与对话的机会，而不是“受访者”。顾客现在愿意记录和分享信息的方式是之前我们从未见过的，所以由用户生成的内容可能更深刻和准确。评论可能更自然、无意识、情感更加丰富。研究技术如网络志（网络民族志）被开发来监测网络会话，社区被创建来更好地理解顾客需求。例如，美国梅赛德斯-奔驰设立GenBenz，一个在线社区，帮助其理解Y一代谁将会是未来的奔驰买家。但是，离线研究、抽样、数据收集和数据分析仍然是至关重要的，以确保没有错误的结论。

资料来源：Beer（2008）；Cooke（2008）；Precourt（2010）.

定制调研和组合调研

定制调研是一种由特定组织基于特定问题而提供特定答案的一种研究。但是因为公司对市场信息的需求，调研已经开始提供组合调研或综合调研。这是一种由一些公司定期收集数据进行调研然后卖给其他公司的调研方式。**组合调研**最主要的方式是零售审计和电视观众固定样本组调查。

零售审计

主要的调研公司如尼尔森（Nielsen）进行零售审计。在零售网点（如超市）的配合下，可以通过收银台对包装条形码的激光扫描来测算品牌的销售情况。尽管品牌的忠诚度和转换率无法测量，但零售审计可以通过商店的销售情况得出准确的估计。一个主要的零售审计数据的提供者，就是AC尼尔森市场研究公司（AC Nielsen）。例如，它的图书调查服务提供超过300 000本图书的周销售数据，这些数据是从不同零售商的销售终端搜集而来。

电视观众固定样本组调查

一个电视观众固定样本组调查可以测量每分钟的观众量。商业广告可以被分配收视点（目标人群的收视率），这就是购买和评价电视广告的货币价值。在英国，该系统由英国广播听众调查委员会（BARB）（www.barb.co.uk）控制，由AGB和RSMB运行。AGB操纵测量过程并用收视记录仪记录终端的开关状态、正在观看哪个频道，并可借助一个手动控制工具了解谁在观看。因为真正关注的是观众乐于观看广告的程度，所以受众测量公司现在同提供节目的收视率一样，也提供对广告收视率的测量。同时，科技的发展继续革新着对电视观众的测定方法。个人录像机（PVRs）的出现契合了观众的喜好，它自动记录了观众最喜欢的节目，同时这个小盒子也把对遥控器上每个按键的操作“告知”给了制造商，以此提供了关于观众喜欢在哪个频道观看何种节目的精确细节。

4.4.3 探索性调研、描述性调研和因果性调研

最后，探索性调研、描述性调研和因果性调研之间也存在区别。探索性调研是用来对研究领域进行初步的探索，以获取初步洞察或者得出一些初步的假设。它能够通过十分广泛的方式来进行，比如检测可获得的二手数据，与某些关键顾客进行焦点小组访谈或者与行业内的专家进行深度访谈。为了对研究问题获得更强的结论，需要进行描述性研究。这可能涉及一个关于能够代表顾客整体情况的大样本调查，并让研究者相信他们的观点能够准确地代表那些市场。最后，因果研究试图建立因果关系。最主要的因果性研究形式是实验，在实验中对不同的变量进行操作，如包装设计或广告主题并且顾客的这些改变的效应也被监测。这些不同形式的研究过程接下来要进行检测。

4.5 开展营销调研的方法

根据一个公司所面临的形势，其开展营销调研一般有两种主要的形式，即自己开展调研或是雇用专门的市场研究机构。当研究规模较小时，比如从图书馆收集信息或面试一定数量的工业客户，公司可能会选择自己开展工作。如果这家公司有营销部门或执行营销调研的员工，那么这就会变得非常可行。其他一些公司更倾向于自行设计调研，然后雇用田野调查机构收集数据。另外，在资源允许和研究规模较大时，公司可能会雇用一个市场研究机构进行调研。该公司只向研究机构提供其有关营销调研的简要要求，剩下的由研究机构完成。接下来，要讲述完成一个市场调查研究所涉及的典型阶段。提供全面服务的机构一般要进行下面介绍的所有活动。

世界上著名的市场研究公司见表4-2。

表4-2 世界著名市场研究公司（2009年）

公司名称	国家	雇员人数	营业额（百万美元，除了已列示的）
尼尔森公司	美国	40 000	4 808
艾美仕市场研究公司	美国	7 250	2 190
坎塔尔市场研究集团	英国	N/A	2 927(£)
捷孚凯市场研究集团	德国	10 058	1 165(€)
益普索市场研究集团	法国	8 761	944(€)
艾利艾咨询机构	美国	3 600	706
思纬市场研究公司	英国	N/A	521(£)
维思达特管理咨询有限公司	美国	N/A	502
阿比创市场研究公司	美国	971	385
英德知联市场咨询有限公司	日本	1 966	34 526(Yen)

资料来源：欧洲市场研究协会2010年全球市场研究。

4.6 营销调研的流程

图 4-1 描述了一个典型的营销研究过程。现在将对每个阶段进行讨论说明。

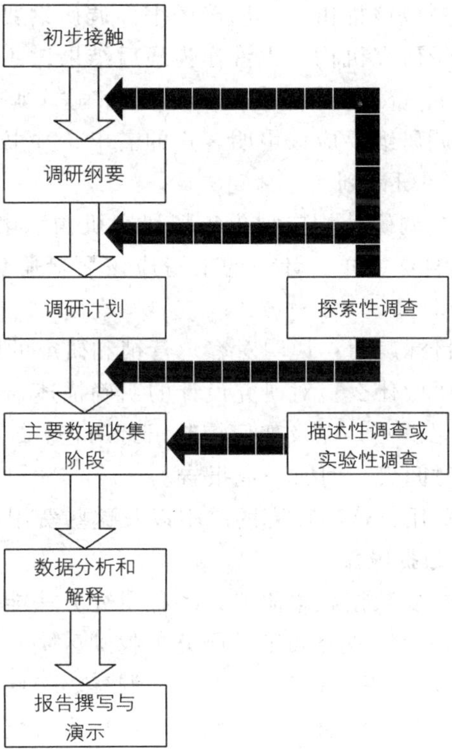

图 4-1　市场营销调研过程

4.6.1 初步接触

这个过程通常开始于意识到需要用信息来帮助其解决某个市场营销问题（例如，一个新产品的开发或投放广告的决定）。这时，营销管理人员可能会接触内部营销研究人员或外部机构。现在我们假设研究需要一个营销调研机构的援助，那么该机构就会安排一个会议来讨论问题的性质和客户的研究需求。如果研究机构对于客户及其市场并不熟悉，那么它们会在会议开始之前进行一些基本的探索性研究（例如，关于客户及其市场信息的一个快速在线搜索）。

4.6.2 调研纲要

在会议上，企业将决定采用什么形式进行研究，同时客户要阐释存在的营销问题，并概述企业的调研目标。研究机构应该提供的其他信息包括：

1.背景资料：该产品的历史和竞争态势。

2.信息来源：客户可能有一个产品潜在用户的行业分布列表，这有助于研究人员确定研究的范围。

3.项目规模：客户是寻求物美价廉的服务还是要开展大型调查，这影响到研究的设计和调查成本。

4.时间表：什么时候需要信息？

客户应该提供一个明确的书面**调研纲要**（research brief），在会议开始之前将其交予研究机构。也许作为最后结果，还会对其进行修改，但是在机构出示**调研计划**（research proposal）之前，这个调研纲要无疑应该保留在研究机构的手中。调研纲要应该声明客户的需求，并书写规范，以尽量减少误解。

4.6.3 调研计划

一个调研计划应列出市场研究机构承诺为其客户做什么以及费用是多少。同调研纲要一样，计划的书写应该尽量避免误解的出现。客户希望包括以下各项：

1.目标声明：说明对客户营销和研究的问题的理解。

2.要做什么：对研究设计的明确描述，包括研究方法、样本类型、样本容量（如果适用）以及如何控制田野调查。

3.时间表：何时完成报告。

4.费用：这项研究的成本以及这些费用的具体内容。

4.6.4 数据收集

在主要数据收集阶段，各种研究方法能够被用来处理考虑中的问题。研究者常常在定性研究和定量研究中找到区别。定性调研涉及对小样本的半结构化的、深度研究以获得深入的顾客洞察。一些主要的定性调研的方法包括焦点小组访谈、深度访谈、观察调研法和行为研究法。定量研究是对小的或大的样本进行结构化的研究，利用事先准备好的系列问题或者指标，并对结果进行统计分析。典型的定量研究方法包括调研和实验。从传统意义上看，在探索性研究中定性研究是有意义的，但是需要描述性研究时，就需要定量研究来进行补充。然而，现在不再是这种情况。许多定量研究的结果被证明是错误的，而定性研究技术的改进意味着其可能产生更多有用的见解（见表4-3）。我们现在更详细地检验一些主要数据收集技术。

焦点小组（focus groups）访谈

通常是，在焦点小组访谈中，一个心理学家作主持人或组长，与一群消费者进行非结构化或半结构化的讨论（参见插图4-4）。主持人有一个覆盖主题的问题列表，但允许小组成员相当自由地讨论相关问题，这对于他们来说是非常重要的。通过组织6~12名消费者讨论他们的态度和行为，可以获得关于消费者的大量信息。这些信息对设计问卷的帮助很大，我们可以设计问卷来关注什么对应答者（而不是研究者）是重要的，以及斟酌语言措辞以方便应答者使用和理解。有时，焦点小组通过仔细选择那些有创新能力或喜欢一切新鲜事物的参与者来得出有关新产品的想法。

表4-3 2009年不同类型市场研究的费用（%*）

方 法	法 国	德 国	荷 兰	爱尔兰	挪 威	瑞 典	英 国
焦点小组	7	2	0	16	4	6	N/a
深度访谈	3	3	0	4	1	3	N/a
在线定性研究	4	2	0	0	0	0	N/a
其他定性研究	0	0	9	0	4	0	N/a
定性总计	14	7	9	20	9	9	10
电话调研	12	39	20	23	31	32	17
邮寄调研	2	6	5	0	14	15	9
面对面调研	14	18	11	40	7	5	24
在线调研	13	29	30	12	18	27	26
其他定量调研	10	0	10	0	13	8	2
定量总计	51	92	76	75	83	87	78

资料来源：欧洲市场研究协会2010年全球市场研究。

*由于四舍五入，数字相加可能不等于100。

插图4-4 这类焦点小组访谈是非常受欢迎的市场研究形式

传统的焦点小组访谈采用的是面对面的形式，但是互联网的兴起促进了在线焦点小组访谈的形成。互联网提供了“兴趣社区”，人们可以在聊天室或网站上交流各自的兴趣并进行互动（见社交媒体研究4.1）。这些“兴趣社区”对焦点小组访谈的进行或至少确定合适的参与者而言都是很有用的。这种形式使参与者可以在无时间限制的情况下对问题作出回应。因为受访者可以更为深入地思考在线问题，所以结论就会更有洞察力。在线焦点小组访谈的另一个优势就是，它可以以最小的成本组织来自世界各地的人们。此外，技术的发展意味着对于客户来说，在焦点小组进行会话的同时可以与主持人在线私下交流。客户可以问主持人若干问题，作为更早回应的结果。显然，与传统焦点小组访谈相比，在线焦点小组访谈的劣势就是缺失了肢体语言和小组成员之间的交流。

深度访谈（depth interviews）

深度访谈是对个别消费者进行的针对单一主题的一到两个小时的面谈。其目标与焦点小组访谈大体相同，但当话题针对个人（如当讨论个人的决策过程时）或该个体是关于此特定主题的专家时，深度访谈就弥补了因他人存在而抑制真实观点表达的缺陷。例如，深度访谈曾被用来研究美国的富人，来试图了解他们对待金钱的态度以及如何理财。由于受访者一般不愿意谈论这些问题，所以与焦点小组访谈或调查相比，深度访谈就不失为一种好方法。一种被称为“滚雪球”的技术也常被使用，受访者会推荐其他他们认为合适的人来参与研究。

当解释定性研究结果的时候必须小心，因为这些结论通常基于小样本，而且更多有趣的或令人感到惊讶的观点可能已被大肆地报告。当定性研究结束后未进行定量研究的时候，这就特别地重要。

观察调研法

观察调研法涉及通过观察人们和他们的行为来收集原始数据。这些类型的研究能够在真实的情况下进行，如在公共街道进行交通计数，或者在策划的情境下进行，如调研对象置身于模拟购物通道中并且他们的行为被进行霍尔测试。观察调研法有许多的优势。第一，该方法不依赖被调查者提供信息的意愿；第二，减少了主持者调研时的潜在偏差；第三，某些类型的信息只能通过观察收集（如交通计数）。观察调研法在零售业尤其受欢迎，通过简单地观察超市或服装店内顾客的行为就可获得大量信息。许多零售创新包括店面布局和定位产品的出现都是源自观察消费者行为的研究。

观察调研法可以通过人员或机械设备进行，如视频录像，并在对客户有、无了解的情况下都能实施。照相手机是用于观察研究的最新科技，但当它被秘密使用时即产生了问题。三星，世界领先的照相手机制造商，甚至因害怕工业间谍而禁止在其工厂内使用该产品。一些技术允许研究人员绕过消费者说什么，转而观察他们所做的事情。例如，通过使用眼动跟踪技术，研究人员观察受试者会首先观看广告的哪些部分，印刷广告设计深受这种研究的影响。**神经营销**研究，涉及观察大脑对市场营销刺激的反应，能够帮助人们更深刻地理解消费者行为（见市场营销行动4.2）。

市场营销行动4.2　神经营销的成长

批判性思考：阅读下面对神经营销最新进展的回顾，你认为这种类型的研究是道德的还是不道德的。

神经营销是神经学技术在市场营销中的应用。神经科学研究大脑和神经系统，它还利用遗传学和进化生物学等不同的视角。营销人员希望利用技术，如调查和焦点小组访谈，获得关于大脑功能和模式的更多了解，来帮助他们获得对消费者行为更深入的见解，而这些见解在传统上是不可获的。

一个典型的神经营销的例子是百事可乐和可口可乐广告对消费者对这些品牌的偏好的影响。受试者被要求从未标记名字的杯子中喝百事可乐与可口可乐，同时这也展示了品牌的视觉形象。受访者明显表现出对可口可乐的偏爱，但脑部扫描很明显反映出，这只是出于广告图像，而不是味道的原因。神经成像研究经常揭示那些在传统研究中与消费者报告矛盾的偏好。例如，超级碗（Super Bowl）在美国的一项研究发现，据报道，百威淡啤广告是消费者最喜欢的；而大脑的研究表明，他们更偏爱迪士尼世界的商业广告。

总之，大脑的研究可以揭示消费者可能不愿意或无法表达的情感。使用著名的多芬演变病毒广告的神经影像学研究显示出，当观众看到广告后的情感模式，这也有助于解释为什么它是如此的成功。变得清晰的一点是电影中关于广告牌的创建，即随着蕴含意义的不断出现，跟随消极情感而来的情感和认知的峰值随之出现。另一个有趣的情况是，在美国斯坦福大学的大脑研究发现，当学生被告知某些葡萄酒更加昂贵时，他们会倾向于添加更多的酒。神经营销有没有可能解锁所有消费者内心深处的情感和偏见？

资料来源：Page（2010）.

民族志（Ethnographic）研究

一个对类似焦点小组访谈研究方法的批评是，参与的人会看起来有点做作。可能彼此了解，也可能彼此不了解的一群人，把他们带到设定好的房间中并期望他们表达思想、情感和对观点的洞察。在这种设定好的情况下，消费者可能很难或不愿意完全投入。因此，许多研究公司借鉴由人类学家和生物学家使用的技术，对在自然设定下的五种情况进行观察。这种类型的研究被称为**民族志研究**，它可能涉及对深度访谈和焦点小组访谈二者的结合。

在人种学研究中，研究人员决定他们想要观察的人类行为。然后，他们去现场并记录消费者做什么，他们如何生活，如何购物，等等。

民族志方法的一个关键优势是，研究人员经常发现他们甚至没有意识到他们一直在寻找的东西（见市场营销行动4.3）。记录下这些活动，采访消费者以试图获得对支撑自己的行为的动机和态度的洞察。当这些数据被收集时，他们使用寻找共同行为模式的定性软件包来分析，并产生消费者集群。民族志的研究结果通常以视觉和书面的方式来报道。这为高管们提供了一种接近消费群体的机制，这些消费者可能因为物理距离和/或社会阶级差异使高管们之前在自己的日常生活中很难接触到。

市场营销行动4.3　欧莱雅

批判性思维：下面是对由法国化妆品品牌欧莱雅进行的关于观察类型和民族志研究的简要讨论。提出一个研究问题，并制订民族志研究计划来解决它。

快速消费品公司通常在新产品的研究和开发上花费2%～3%的销售利润，为了开发出能够在市场上获得成功的新产品，许多企业正在地理上进行扩展并对消费者的生活进行更深层次的挖掘。例如，欧莱雅已尝试用卫生间摄影以了解消费者在不同的市场是如何使用美容产品的。这项研究显示，与其他国家相比，韩国女性会使用更多的药水和化妆品——每次总计超过25个面霜和化妆品，这在任何时候都超过了欧洲妇女使用量的两倍。

欧莱雅的研究既发生在"实验室"如装饰的浴室里，又利用安装在人们家中的摄像头来进行。后来，由于错误有时会在实验设定的情况下发生，民族志研究被证明更加有效。例如，当回顾家庭录像时，欧莱雅发现，许多日本妇女用一个小小的剃须刀作为他们日常生活的一种工具。用剃须刀剔除鼻子、眉毛下方和颈后部的毛发，这样当涂脂抹粉时能得到更好的效果。在实验室环境中，这些剃须刀甚至还没有被提供。所有这些研究提供了关于消费者在做什么和他们试图实现什么的信息。然后，产品开发部门开发新产品或完善现有的产品。例如，欧莱雅在日本的口红颜色更轻，这能够让喜爱口红的日本女性反复涂抹。

资料来源：Lucas（2010）.

测　量

测量仍然是主要的市场调查方法（见表4-3），通常包括以下关键点。

- 访谈对象及数量：抽样过程。
- 如何访谈：调研方法。
- 欲问的问题：问卷设计。

抽样过程（sampling process）

图4-2提供了抽样过程的大纲。**抽样过程**开始于对受众群体的界定，也就是在特定调查下要调查哪类人群。进行调查的目的就是希望得出能代表该群体的结论。举例来说，抽样的设计者必须问这样的问题："我们采访所有软件开发公司的采购经理人，还是只采访雇员超过50人的公司的采购经理人？"

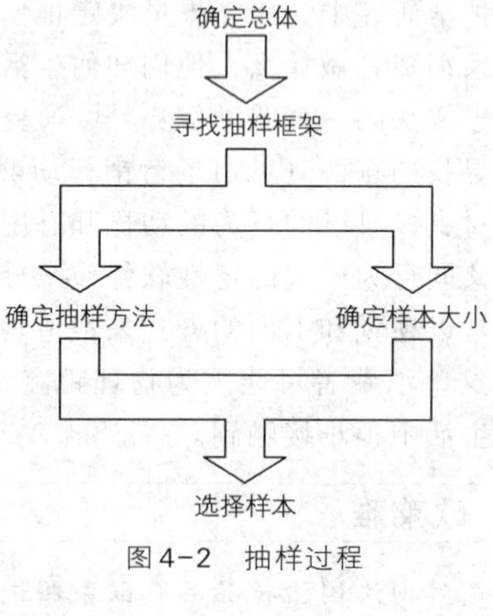

图4-2　抽样过程

一旦人群被确定下来，下一步就是寻找抽样框架，即在已确定的人群中选择样本列表或其他记录。例子有选举登记和公司的康帕斯目录。然后，研究人员在3个主要的抽样方法中进行选择：简单随机抽样（样本被随意抽出，且每次抽取时各个个体被抽到的概率已知且相等）、分层随机抽样（在抽样总体中将个体划分为若干层，然后在每层分别抽取一组随机样本）、定额抽样（调查人员将调查总体按会议预设条件分类，确保每个类别下包含一定数量的个体，比如一组已设定比例的小、中、大型企业）。

最后，研究人员必须选定一个合适的样本容量。样本容量越大，样本越有可能代表总体。统计理论允许不同样本容量下抽样误差的存在（即没有调查总体中每个个体所引起的误差）。在实践中，受访者数量的确定一般是基于抽样误差和成本之间的平衡。幸运的是，在有着百万人口的总体中，抽取约1 000个样本（或更少）就可以提供具有可容忍误差的测量。

调研方法

在选择调研方法时，有4个选项可供选择：面对面访谈、电话访谈、邮寄调查和互联网调查。表4-4列出了每种方法的优势和劣势。

表4-4　调查方法的比较

	面对面访谈	电话访谈	邮寄调查	互联网调查
问卷				
开放式问题的使用	高	中	低	低
调查能力	高	中	低	低
有形刺激的使用	高	差	高	高
敏感问题	中	低	高	低
财力				
成本	高	中	低	低
抽样				
样本分散性	低	中	高	高
应答率	高	中	低	低
实验控制	高	中	低	低
调查				
样本控制	高	高	低	低/高
调查误差	合适	合适	低	低

与电话访谈和邮寄调查相比，面对面访谈的一个主要优势是应答率通常较高。在与受访者接触的过程中，接触中的个人因素可能会减少拒访的情况。因而，面对面访谈比电话访谈和邮寄调查更通用。在邮寄调查中，许多开放式问题的使用会降低应答率，同时电话访谈的时间长短也限制了其的使用，而在面

对面访谈中访员更方便进行更为详细的探访。一定程度的调查在电话访谈中可以实现，但因时间压力和较少的个性化情况，不可避免地限制了它的使用。

但是，面对面访谈也确实有其弊端。它比打电话和邮寄问卷成本更高。电话访谈和邮寄调查比较便宜，是因为联系的成本较低，而只有在样本非常集中的情况下，面对面访谈的成本才会低一些。访员的存在会导致一定的偏差（如社会理想答案）和对敏感信息的谎报。例如，O'Dell[19]发现，只有17%的受访者在面访中承认曾从银行借钱，而在邮寄调查中这一数字是42%。

在某些方面，电话访谈是面对面访谈和邮寄调查的折中。其应答率通常比邮寄调查高，但比面对面访谈低；其成本通常只有面对面访谈的3/4，但高于邮寄调查。并且，它允许访谈时有一定的灵活性。但是，使用有形刺激就是不可能的了。并且，由于受访者要么终止访谈，要么为了加快进程而给出快速（无效）的答案，因此减少了有效问题的数量。于是，就产生了计算机辅助电话访谈。地处中心地点的访员读出计算机屏幕上的问题，再通过键盘输入答案。问卷的调查程序由计算机控制，这样就为访谈提供了协助。

在给定一个合理的应答率时，邮寄调查研究通常是一种非常经济实惠的方法。然而，其主要的问题是存在潜在的低应答率以及一个非代表性样本随之带来的风险。不过，已经发现可使用一个系统化的方法来设计邮寄调查，例如定制设计方法（TDM），对应答率有一个非常积极的影响。定制设计方法建议，作为一种改善应答率的方法，既要精心设计调查问卷以使受访者易于完成，又要附上一个强调研究重要性的个性化附信。针对商业群体使用定制设计方法都有一个很高的应答率。

互联网已经成为进行调查研究的一个非常受欢迎的媒介。互联网调查目前是最受欢迎的形式，其调研费用占到全球所有调研费用的23%。互联网调查占全部调查总额比重最高的国家包括保加利亚（43%）、加拿大（39%）、日本和新西兰（均为36%）。互联网调查通常通过电子邮件或在网站上给出问卷来实现，其通过在搜索引擎上注册关键词或打横幅广告推动人们去做调查问卷。互联网作为市场研究媒介的一个主要的优势就是其成本低廉。因为省去了打印和邮寄的费用，互联网调查甚至比邮寄调查成本更低。在其他方面，其特点类似于邮寄调查：限制了开放式问题的使用，减少了对受访人群的控制，减少了访员误差，应答率可能比面对面访谈和电话访谈低很多。

当通过电子邮件进行调查时，受访者的身份就会被自动发送到调查公司。这种非匿名的形式可能会造成受访者不愿意诚实回答敏感问题。但互联网调查的一个优点就是它能以低成本覆盖全球人口，尽管互联网用户呈现偏态性会引起抽样上的问题。鉴于互联网用户往往是社会中较年轻、较富裕的群体，这就会使一个需要截面样本的调查产生很大的局限性。

问卷设计

为获得对一个问题的真实回答，3个条件是必要的：第一，受访者能够理解问题；第二，他们有能力来提供这些信息；第三，他们愿意提供。图4-3给出了问卷开发的3个阶段：规划、设计、预调查。

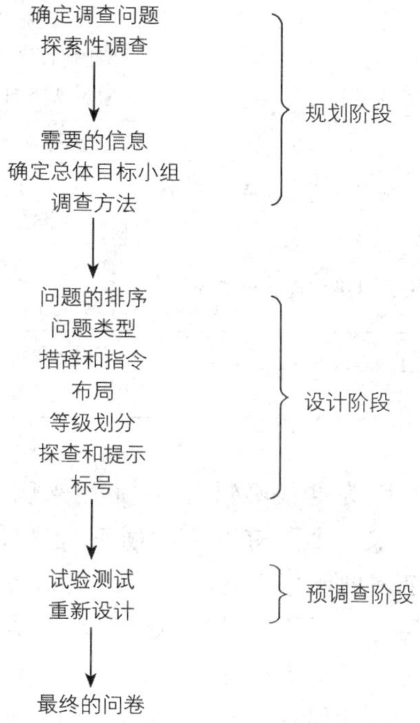

图4-3 问卷开发的阶段

规划阶段涉及本章讨论的决策类型。它为设计问卷提供了一个坚实的基础，为需要解决的营销问题提供了相关信息。

设计阶段处理的是调查手段的实际实施情况，并且涉及许多重要的决策。第一，问题的排序问题。为了让受访者放松，明智的做法是以易于回答的问题开始，把敏感的问题留到最后。有效的问卷有一个很好的结构和逻辑。第二，需要决定问题的类型。一般来说，有3种类型供使用：二项问题（只有两个答案选项，如是或否）、多项选择题（允许有多于两个的答案）、开放式问题（受访者表达其观点）。

问卷中所有的措辞、指令及其布局都是需要注意的。问卷设计人员应避免在问卷中出现模棱两可或诱导性的问题，以及不熟悉的词汇（见表4-5）。就问卷的布局来说，问卷不应该看起来很混乱，并且如果可能的话，答案和代码应该各自成列，这样容易被识别。

量表在问卷设计中是非常常见的。例如，受访者看到一系列陈述（如我公司的营销信息系统让我做出更好的决策），其后分别是五个反应类别，从“非常同意”到“非常不同意”。“查究”通常被用于探索和弄清受访者所言。在关于品牌名称的一个问题之后，紧接着的一个探索性调查“是否还有其他”将试图识别其他品牌名称。有时，受访者会使用一些模糊的单词或词组，像“我喜

表4-5 糟糕措辞的问卷

问卷	问题及解决方法
你喜欢什么类型的酒	“类型”是模棱两可的:受访者可能会说“法国”，“红”或“红葡萄酒”。给受访者一个列表“从这个列表……“将会避免这个问题
你认为阿斯达比阿尔迪的价格便宜吗	主要问题是支持阿斯达,一个更好的问题是：“你认为阿斯达的价格高、低，或者与阿尔迪一样吗?”一半的样本名字应该更改
碧浪和波特哪个去污能力更强大，对手部皮肤更温和	两个问题可用一个问题表达：碧浪去污能力可能更强大，而波特对手更温和。两个问题应分别单独问
和Y相比，X更耐用/更便宜，你觉得很矛盾吗	不熟悉的词:一项研究表明,只有不到1/4的人理解自相矛盾、先后顺序或灵活等词语。使用之前进行理解力测试

欢去度假，因为这很不错”。一个用来明确答案的查究，比如问题“它不错在哪里”将寻求一个更有意义的回答。另外，“提示”有助于对问题的应答。例如，在一个辅助回想问题中，将给受访者提供一个品牌名称的列表。为了方便日后分析问卷，还可以进行编码活动，对具体行为反应赋值。

一旦问卷被初步设计出来，就应该有人在有代表性的子样本中做调查，以识别可能存在的错误，这被称为“预调查阶段”。预调查检测问卷的设计，并有助于估计成本。面对面的预调查，就是要求受访者回答问卷并评论任何与问卷有关的问题，在这个过程中，问卷问题由访员读出。与让受访者自行完成问卷并被要求写下发现的问题这种情况相比，这是一种更人性化的预调查。一旦预调查工作令人感到满意，最终的问卷就可以派发给所选定的样本人群了。

数据分析和解释

问卷数据的基础分析通常处于描述性的水平（如均值、频数表和标准差）或基于一个比较原理（如t-检验和列联表）。更复杂的分析就是寻找关系（如回归分析），对受访者分类（如聚类分析），或建立因果关系（如用于实验数据的方差分析技术）。

在解释营销调研结果的时候，必须格外小心。一个常见的失误就是，在只建立联系的基础上推断因果关系。例如，建立广告支出水平上升和销售额上升的关系，但这并不一定意味着增加广告支出将引起销售额的增加。其他营销变量（如销售团队的努力）可能在提高广告额的同时会有所增加。另外值得注意的是，对均值和百分比的解释。给定样本时，任何的均值和百分比都是服从于抽样误差的估计值。也就是说，抽样误差是由于对抽取样本而不是全体人口进行调查而产生的估计误差。一个市场研究调查估计，有50%的男性和45%的女性吸烟，但并不一定表明吸烟在男性中更为普遍。考虑到与每一个估计相关的抽样误差，真正的结论可能是男性和女性在吸烟这件事上没有什么区别。

报告撰写与演示

克劳奇建议一份研究报告应包括以下几个部分：

1. 主题页。
2. 目录。
3. 前言——说明纲要的轮廓、目标声明、研究的范围和方法。
4. 结论和建议的概要。
5. 之前的相关调研——之前的调研如何影响该调研。
6. 调研方法。
7. 调研成果。
8. 结论。
9. 附录。

第1~4部分为忙碌的经理提供了一个关于调查性质和结论的简洁描述。如果有任何特定问题需要检查的话，第5~9部分就为其提供了必要的细节（如研究的基础或用到的分析技术）。这份报告应该写得易于读者理解，应该避免使用术语。

4.7 营销信息系统

通过认真执行以上描述的各个阶段，研究人员就能提高所收集来的市场信息的质量。然而，由于目前企业会得到各种各样的信息，所以建立营销信息系统是明智之举。**营销信息系统**（marketing information system）被定义为：

营销信息系统是一个根据管理者常规计划的信息需求来收集、存储、分析和分配市场营销信息的系统。

该系统建立在对营销管理信息理解的基础上，并以管理者要求的形式提供时间、地点等信息。营销信息系统（MkIS）的设计是很重要的，因为营销信息系统的质量已经被证明能够影响决策的有效性。营销信息系统包括4个因素：内部市场信息、市场情报、营销调研及环境扫描（见图4-4）。系统的前三个要素在本章中已经讨论过，而环境扫描在第2章讨论过。需要处理的市场信息数量巨大，这表明有效地设计和使用营销信息系统是多么重要。

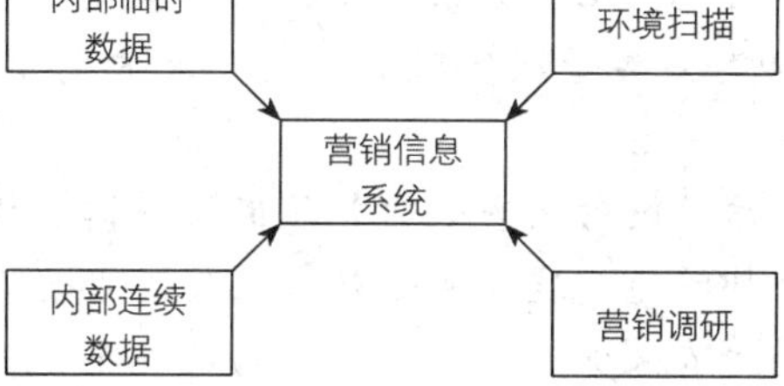

图4-4　营销信息系统

4.8 营销信息系统的应用与营销调研

营销信息系统应该设计成能选择性地提供数据（例如，通过一个直接的、互动的功能）。高级管理人员应该非常支持该系统的使用。这些建议是符合阿柯夫的观点的，他认为信息系统的首要任务就是通过筛选信息来消除无关信息以满足管理者个体的需求。这与皮尔西和埃文斯的论断一致，市场定位基本上是在全组织范围内生成和传播、响应市场信息。

如果研究人员不仅注重研究的技术方面，还注重信息在报告演示和政治方面的清晰需求，则营销研究报告可能会被更多地使用。营销研究报告不常被用于决策过程，特别是其结果对现有状态有威胁或者会产生负面政策影响的时候（见道德之争 4.1）。所以，健全有效的信息在决策过程中有时会因各种原因被忽略，而不是因为研究本身存在的困难。然而，一个组织想要成为真正的市场领导者，准确和及时地洞察客户是至关重要的。

道德之争 4.1 营销研究——事实还是虚构？

营销调研是营销中的常见手段。从某种程度上讲，几乎每个人都参与过调研，不管是在购物场所、学校还是在家里通过电话、邮寄，甚至只是按动电视遥控器上的按钮。客户被邀请加入特殊小组，进行深度访谈和人类行为研究。然而，所有研究所提供的答案似乎引发了更多的基础性问题。

首先要关注的是研究的广泛使用问题。在报纸或者电视上看不到调查问卷的结果或其他演示是不可能的。调查可能有关最现实的问题，比如每天用于清理厨房地板的时间或者谁是人们心中最好的电影明星。问卷调查及其结果越荒唐，越容易出现在新闻或者广播脱口秀节目中。换句话说，问卷调查已经成为新闻，且对于24小时新闻频道来说，其会在有用的空余时间对其进行播报。例如，很多人会想起天空（Sky）新闻的付费用户被问及“是否认为自己为手机账单支付了过多的费用”的讽刺事情。

调查问卷及其结果的流行还带来了另外两个基本的问题：谁来为研究赞助和如何开展研究。事实上，前者更为重要，因为它反映出了在媒体业，公共关系由个别的公司或品牌决定。例如，我们的地板清洁调查由一家清洁用品公司展开，而在商业公司，多数员工喜欢使用电邮而不是面对面的交流方式等。有时，这可能是无伤大雅的玩笑，然而在其他例子中，这可能会导致严重的问题，比如关系到食品、家庭健康等。过多的可视、可听或纸质媒体意味着我们总能找到这类公共管理实践的渠道。客户需要注意接受媒体报道的研究是由谁赞助的。

通过阅读本章，你应该对调查如何开展保持谨慎。样本是如何组建的及样本的大小应如何控制？调查包括何种问题，这些问题是否无偏见或者无引导性？对于所有经过常规演示的调研结果，这类背景细节很少涉及。在这样的情况下，研究开展的科学性很难得到论证。不幸的是，时间短缺使客户很少探究这些信息，而是倾向于探究这些调研结果的表面价值。

市场调查也遭遇了其他的问题。例如，它被用来收集竞争者的情报。存在问题的操作包括利用学生项目来收集信息而没有让学生识别出研究赞助者的身份，假扮成潜在供应商来开展电话调查以了解市场，伪装成展览会的潜在客户，对竞争者的客户行贿以获得专利信息，以及利用隐藏摄像机进行监控。市场调研时所进行的销售，通常被理解为打着进行市场调研的幌子，对客户进行诈骗性推销。尽管实际上真正的市场调研机构不经常使用这种方式，但是一些不择手段的销售人员将营销调研作为一种可使其扩大销售的方式，从而导致整个市场调研行业受到负面影响。

市场调研是组织了解客户，开发满足客户需求的产品和服务的重要方式。通过有效地开展调研，可以进行有价值的深入观察，其有时会成为决定成功的关键。但是，调研的声誉会受到伪造调查及其他有问题的操作的影响。

沉思：选择在公开媒体上你听到或看到的任何三项研究。对它们进行调查并依据上面讨论过的指标来评估研究的质量。

总　结

本章介绍了市场研究和营销信息系统的性质和作用，解决了以下几个关键问题：

1.营销调研的重要性：进行营销调研可以使组织真正成为市场导向型企业。它可以为组织面临的各种市场问题提供解决方案。

2.市场信息的三种主要类型：内部市场信息，包括收集和审查内部提供给组织的数据；市场情报涉及对通常在市场上正在发生信息的收集；而市场研究则是对公司的具体问题进行审查。

3.开展调研的方法：营销调研可以由组织自己或者专业市场研究公司开展。大型、复杂的研究最好由专业机构进行。

4.营销调研过程：初始阶段、研究简介、研究提案、探索性研究、主要数据收集阶段、数据分析和报告撰写及演示。

5.定性研究技术包括一系列半结构化的研究技术，具体包括焦点小组访谈、深度访谈、观察调研法、民族志调研法等。

6.4种主要调查方式：面对面访谈、电话访谈、邮寄调查和网络调查。每种方式都有其优缺点，究竟使用哪种方式要根据研究的性质、应答人群和成本而定。

7.营销信息系统的性质：在此系统中，营销信息在常规、有计划的基础上，被正式地收集、存储和分配。

练习题

1.定性调研和定量调研的区别是什么？分别解释其作用。

2.概述营销调研过程的主要阶段，识别在每个阶段可能面临的具体困难。

3.讨论：营销调研正在被媒体上报道的一些调查所轻视。

4.许多公司现在都大力投资，通过CRM和网站分析自己的客户。对企业和消费者来说，这一趋势的优势和劣势是什么？

5.讨论最近的机械法，如正在用于研究消费者行为的神经营销。这些方法的伦理问题是什么？

6.访问网站www.surveymonkey.com，学习如何创建和管理一个调查。

课后阅读

Carson，D.，A.Gilmore and K.Gronhaug（2001）*Qualitative Marketing Research*，London：Sage Publications.

Davenport，T.（2006）Competing on Analytics，*Harvard Business Review*，84（1），98-107.

Graves，P.（2010）*Consumerology*，London：Nicholas Brealey.

Poynter，R.（2010）*The Handbook of Online and Social Media Research：Tools and Techniques for Market Researchers*，London：John Wiley & Sons.

Mueller，S.，L.Lockshin and J.Louviere（2010）What You See May Not Be What You Get：Asking Consumers What Matters May Not Reflect What They Choose，*Marketing Letters*，21，335-50.

Ulwick，A.and L.Bettencourt（2008）Giving Customers a Fair Hearing，Sloan *Management Review*，49（3），62-8.

在线学习中心

阅读本章后，登录市场营销学的在线学习中心www.mcgraw-hill.co.uk/textbooks/jobber，你会发现多项选择题、链接和额外的在线营销研究工具。

附录4.1 欧洲营销信息的来源

存在行业的调查吗？

《欧睿GMID数据库》有深入的分析和有关国家数据的关键领域、消费者的生活方式、市场大小、预测、品牌和国家信息、商业信息来源和营销资料等方面的当前市场信息。

《路透业务洞察报告》在线提供医疗、金融服务、消费品、能源、电子商务和技术等各行业的全文报告。

《主题报告》涵盖了市场规模、经济趋势、前景和公司业绩。

《明特尔总理报告》涵盖了市场趋势、前景和公司业绩。

《快照CD系列》是一个完整的市场研究报告库，覆盖了消费者、企业对企业和工业市场。其包含2 000个市场研究报告，该系列提供了英国、欧洲和美国超过8 000个细分市场的深刻的数据分析。

《大英图书馆市场研究》是大英图书馆馆藏指南。它列明按行业排序的报道标题。一些书目可馆际间互借，其他则可能出现在伦敦的大英图书馆里。

《已发表市场研究的国际目录》，由Marketsearch出版。

市场有多大？

《欧洲市场数据和统计》现在可在《欧睿GMID数据库》中获得。

《世界营销数据和统计》现在可在《欧睿GMID数据库》中获得。

《CEO公报》

所有的英国营销数据。

《欧洲市场口袋书》

《亚太市场口袋书》

《美洲市场口袋书》

市场在哪里？

《区域营销口袋书》

《区域发展趋势》提供了英国地区主要的经济和社会统计数据。

《地理人口统计口袋书》

谁是竞争对手？

英国公司使用以下任何一个均会被识别。

《康帕斯》（大多数欧洲国家有其自己的版本）

《关键英国企业》

《季度回顾——毕马威》

《销售的产品和服务目录》（Gen Ref E 380.02542 SEL）

对于更详细的公司信息，可查询以下报告：

《卡罗尔收集的公司年度报告》（www.carol.co.ik在线提供公司年度报告）

《名声DVD》（光盘服务）

《业务比较报告》

《零售排名》

海外公司来源包括：

《亚洲最大的7 500家公司》

《亚太区关键业务企业》

《欧洲最大的15 000家公司》

《阿拉伯世界的大型公司》

《百万美元目录（美国）》

《主要国际企业》

趋势是什么？

要考虑的可能来源包括：

《欧洲预测书目》现在可通过《欧睿GMID数据库》获得。

《欧洲营销》

《欧洲趋势》

《欧洲消费者》现在可通过《欧睿GMID数据库》获得。

《欧洲消费品》

《家庭支出调查》

《社会趋势》

《生活方式口袋书》

《饮品趋势》

《媒体口袋书》

《零售业务》

《明特尔市场情报》

OECD（经济合作与发展组织）

欧盟统计和信息来源

欧盟统计局有一系列的出版物提供了有关欧盟的详细图片，可通过访问所有欧盟国家的欧洲文档中心（通常在大学图书馆）获得，主题包括通用统计、经济、金融和人口/社会条件。

《欧盟统计局年鉴》

《欧洲通道》是涉及有关欧盟成员国问题、政策、活动和事件的一个公告。

《今日营销与研究杂志》研究了涉及西方、中欧和东欧的社会、政治、经济和商业问题。

《欧洲报告》是一个来自布鲁塞尔的新闻周刊，其内容涉及工业、经济和政治问题。

摘要和索引

《商业期刊索引》

《安巴尔省的营销和分销摘要》

《ABI报告》

《研究指数》

《时报指数》

《爱思唯尔科学数据库》

《Emerald期刊》

《威利跨学科和Boldideas》

来源指南

存在各种各样的出版资料来源，下面的来源指南可以帮助你进行研究。

《营销信息》

《欧洲市场营销信息指南》

《营销信息来源纲要》

《Croner的所有业务信息来源》

麦卡锡卡：从媒体覆盖的公司和行业复制摘要的信用卡服务，还对其来源生成一个有用的指南——《英国和欧洲市场信息：基本的来源》。

统 计

《官方统计数据指南》

《英国非官方统计数据来源》

资料来源：作者感谢布拉德福德大学管理学院图书馆在编译这个列表时予以的帮助。

案例4 零售眼：神秘购物和市场研究

成立于1995年的英国零售眼是一家美国公司的分公司。零售眼坐落于米尔顿·凯恩斯（英国），是英国领先的向客户提供定制解决方案的研究机构，专注于神秘购物、网上零售审核和客户调查。该公司通过结合创新方法和新技术向客户提供跨越各领域的顾客体验改善计划。其国际规模和经验，使其能够从市场上最新技术的专业知识研究中受益。国际规模和经验是在这一产业中存在的几个竞争对手都声称自己能为客户提供最好的服务。

营销人员越来越多地使用创新的方法来更好地了解和更有效地接触客户。为了提高对客户需求的理解，并有效地设计营销策略，营销人员需要深入分析影响客户购买体验的商务因素。事实上，提高在零售商店的客户体验质量是零售商进行差异化竞争最具成本效益的方法之一。此外，当顾客接受到差的服务时，他们通常不抱怨，只是去其他地方购物。因此，监控客户服务的质量是最基本的，可以及时识别服务中的任何优点和缺点。神秘购物在营销中已变得很流行，因为它是评估公司客户服务（即员工态度和外观、产品知识）的强大技术。神秘购物者被定义为“经过训练来经历和衡量顾客服务流程的个人，他们通过扮演潜在客户，基于自身的经历以某种方式详细地和客观地作出报告”。神秘顾客是一般人扮演实际客户，进而从审计零售商那里获得金钱奖励。在做这个时，他们不能透露自己的身份。他们购买产品，提出问题，发现问题，最后他们写报告帮助公司识别培训需求或评估培训项目，而且也通过激励措施来提高员工士气。

零售眼在英国于2003年开始营业，之后成长迅速，而此时英国其他研究公司正在努力维持收入。2010年，公司的营业额增加了31%，这使它成为英国最大的客户体验机构之一。该公司为英国在各领域的几大零售商和服务提供商工作，承担每年超过20万次的神秘访问。客户包括赛百味、HMV、O2、威廉·希尔、BAA、洲际酒店集团、JD运动时尚、马槽、劳埃德药店、Thomas Cook、JD Wetherspoon。2009年，根据《市场营销》的市场研究排行榜，该公司排名第27位；在《星期日泰晤士报》100个成长最快的科技公司中，该公司排名第57位。

公司的关键承诺是接触零售商，以便它们了解真正的客户是谁。神秘购物计划是用于识别顾客购买中的那些能够导致销售改善、客户支持和高利润的关键点。这种类型的研究可以提供客户和竞争对手的情报。为了基于特定标准匿名评估特定的业务，神秘购物者通常遵循规定的评估形式。此外，该评价可能考虑到零售商业务（或一个产品）的各个方面，包括非销售点或服务点的简单实际观察，尤其注重礼貌和销售队伍的准备情况、洁净度、等待时间、响应时间、商业标志、设备的使用状态、公司标准的遵循情况，等等。该评价可能会进一步被一个实际或潜在的客户用于购买或咨询。此外，从报告中，该公司将知道它们的培训工作，或者它们的工作人员是否需要不同的或额外的培训。

今天，零售商和其他运营商所使用的传统客户的研究方法（即调查）被认为是原始的，因为它们往往提供不可靠的和通用的结果，其被认为是过时的客户知识。相反，神秘购物是在短期内提供准确结果的一种市场调查方法。“零售眼“神秘购物者提供关于特定零售商的实时的、连贯的，并不断更新的认识。这在顾客品味、喜好和需要迅速改变的时代是最基本的。因此，零售眼建议其神秘顾客在完成每个任务（一般当天或最迟第二天）后尽快返回他们的报告。越来越多的公司使用的软件使客户能够真正实时地访问所有结果，每天24小时，每周7天，这样他们就可以监控和分析最新的成果。

传统调查的另一个问题是，该结果经常被按一定人口的可用性和意愿偏置。零售眼一直试图通过增加可用的神秘顾客的数目来克服这个问题。该公司能从超过25万个“真正的”神秘顾客中进行选择，这些神秘顾客年龄范围为16~96岁，其拥有不同的兴趣和爱好，代表其客户的潜在顾客。该样本的数量和异质性将零售眼与其他研究机构区别开来，零售眼通常采用一个小团队的专业顾客模式进行公信力情况的评价，而其他公司则不会。据零售眼营销经理Simon Boydell说，“很高兴看到神秘购物世界里利益的不断增加——消费者越来越意识到，他们不仅可以免费购物、吃饭或住酒店，而且他们将提供有价值的反馈来帮助零售商为每个人都提供一个更愉快的购物体验。”

进行神秘购物调查包括许多一般的步骤。第一步包括识别客户的目标市场和确定合格的神秘客户组成的公司数据库。然后，为实现在自然情境下进行评估，从大量消费者中选择合适的候选人。将合适的神秘顾客与合适的情况进行匹配对提供准确的反馈至关重要。零售眼的创始人兼营销总监蒂姆·奥格尔指出，“没有什么比了解客户如何看待企业更有价值。”

零售眼通过确保神秘购物者不用勾选简单的问题，进而与其他竞争对手区别开来。这些简单的问题如：员工戴名字徽章了吗？当他们收钱时，他们微笑吗？他们询问你想要别的什么吗？而其更集中于通过收集额外的定性数据来获取整个过程。在这一过程中，它的目标是为客户提供更详细的反馈。

公司的业务活动基于一个网上报告系统，通过该系统，注册在该公司名下的神秘顾客可以轻松选择任务，并针对其神秘购物体验提交反馈。零售眼提供服务的另一项创新来自于使用平板电脑代替纸笔完成以合规性为主导的审计。这种创新的引入，帮助该公司加速并保证审计过程；越来越多的神秘顾客还可以将数码摄影和视频作为审计过程的一部分。视频在加强信息和更清楚地展现服务的某些方面是有用的。凭借其领先的技术，零售眼几乎用任何形式让其客户快速、便捷地获取信息。

网上评论的出现

零售眼和其他市场研究公司提供的神秘购物计划目前面临着互联网顾客的评论。网上的评论都是潜在的，实际的或以前的客户作出关于一个产品或公司的任何积极或消极的说法，都可以通过互联网获取。它们可能是神秘购物报告的替代品，因此，它们对企业构成了真正的威胁。使用网上评论的客户正在不断增长，例如，Tripadvisor.com就是能够使客户发表对旅游产品和服务意见的网站。2005年1月，该网站拥有100万评论和意见；如今它拥有每月超过2 000万个访问者，注册会员1 500万人，共有超过3 000万条评论和观点。它的增长和其他网站，如Epinions.com和booking.com表明，这些评论被广泛使用，并且消费者和公司都认为来源是可靠的。这吸引营销人员鼓励消费者在零售商的网站上发布产品评论。因此，零售商在进行一项神秘购物审核前可以分析可获得的意见和评论，或者也可以鼓励客户直接在公司网站上发布评论或给它们发送电子邮件。

参　考

1.Market Research Society（2003）MRS Code and Guidelines on Mystery Customer.mrs.org.uk（accessed 4 August 2011）.

2.RetailEyes（2011）Retail Eyes Signs Up Record Number of Mystery Shoppers，retaileyes.co.uk/latest_news/item/162/start//num//（accessed 6 August 2011）.

3.Mystery Shopper Special Report（2007）Open Up Your Retail Eyes，Frontier Magazine，frontiermagazine.co.uk/article/Open-up-your-retail-eyes-71.html（accessed 6 August 2011）.

问　题

1.分析在哪些条件下零售商可能决定使用一个神秘购物研究技术。

2.确定一组应该由神秘顾客回答的典型研究问题。

3.讨论与神秘购物技术相比，其他市场研究方法的优缺点。

4.讨论零售眼在其神秘购物项目中进行的创新。

该案例是由诺森比亚大学纽卡斯尔商学院市场营销学讲师Raffaele Filieri博士对大量的出版物整理而成的，目的是作为课堂讨论，而不是为了说明有效或无效管理。

参考资料

Aitken, L.(2010) IKEA- An Improbable Tale: How a Research Methodology Became a Big Creative Idea, *Warc.com*; Armitstead, L.(2010) IKEA Reveals Profit for the First Time to Dispel 'Secretive' Image, *Telegraph.co.uk*, 1 October.

Esomar(2010) *Global Market Research.*

Esomar(2010) *Global Market Research.*

Foss, B.and M.Stone(2001) *Successful Customer Relationship Marketing*, London: Kogan Page.

Zeithaml, V., R.Rust and K.Lemon(2001) The Customer Pyramid: Creating and Serving Profitable Customers, *California Management Review*, 43(4), 118-42.

Baker, R.(2010) Boots Advantage Card Signs up Third Parties, *MarketingWeek.co.uk*, 5 October.

Direct Marketing Association(2010) Boots: Christmas, *Warc.com.*

Beer, D.(2008) Researching a Confessional Society, *International Journal of Market Research*, 50 (5), 619-29.

Cooke, M. (2008) The New World of Web 2.0 Research, *International Journal of Market Research*, 50(5), 569-72.

Precourt, G.(2010) Mercedes Benz USA: The Move from Traditional Research to Consumer Communities, *Warc.com.*

Crouch, S.and M.Housden (1999) *Marketing Research for Managers*, Oxford: Butterworth Heinemann, 253.

Gray, R.(1999) Tracking the Online Audience, *Marketing*, 18 February, 41-3.

Birchall, J.(2005) Rich, But Not Fortune's Fools, *Financial Times*, 13 December, 13.

Harper, J.(2003) Camera Phones Cross Moral, Legal Lines, *Washington Times*, Business, 15 July, 6.

Page, G.(2010) Neuroscience: A New Perspective, *Warc.com.*

Lucas, L.(2010) Up Close and Personal Brands, *Financial Times*, 14 October, 15.

Yu, J.and H.Cooper (1983) A Quantitative Review of Research Design Effects on Response Rates to Questionnaires, *Journal of Marketing Research*, 20 February, 156-64

Falthzik, A.and S.Carroll (1971) Rate of Return for Close Open-ended Questions in a Mail Survey of Industrial Organisations, *Psychological Reports*, 29, 1121-2.

O'Dell, W.F.(1962) Personal Interviews or Mail Panels? *Journal of Marketing*, 26, 34-9.

Dillman, D. (1978) *Mail and Telephone Surveys: The Total Design Method*, New York: John Wiley & Sons.

See Fahy, J.(1998) Improving Response Rates in Cross-cultural Mail Surveys, *Industrial Marketing Management*, 27 (November), 459- 67; Walker, B., W.Kirchmann and J.Conant (1987) A Method to Improve Response Rates in Industrial Mail Surveys, *Industrial Marketing Management*, 16 (November), 305-14.

Esomar(2010) *Global Market Research.*

Reynolds, N. and A.Diamantopoulos (1998) The Effect of Pretest Method on Error Detection Rates: Experimental Evidence, *European Journal of Marketing*, 32(5/6), 480-98.

Crouch, S.(1992) *Marketing Research for Managers*, Oxford: Butterworth Heinemann, 253.

Jobber, D.and C.Rainbow(1977) A Study of the Development and Implementation of Marketing Information Systems in British Industry, *Journal of the Marketing Research Society*, 19 (3), 104-11

Van Bruggen, A., A.Smidts and B.Wierenga(1996) The Impact of the Quality of a Marketing Decision Support System: An Experimental Study, *International Journal of Research in Marketing*, 13, 331-43.

Piercy, N.and M.Evans(1983) *Managing Marketing Information*, Beckenham: Croom Helm.

Ackoff, R.L.(1967) Management Misinformation Systems, *Management Science*, 14(4), 147-56.

Kohli, A. and B.Jaworski (1990) Market Orientation: The Construct, Research Propositions and Marketing Implications, *Journal of Marketing*, 54, 1-18.

第5章 市场细分、目标市场选择与定位

本章框架

- 细分消费者市场
- 细分消费者市场的标准
- 细分组织市场
- 成功的市场细分的原则
- 目标市场选择
- 市场定位
- 重新定位

学习目标

在学习本章之后，你应该理解：

1. 市场细分的过程及市场细分为什么重要。
2. 在细分消费者市场和组织市场时所使用的方法。
3. 有效细分应遵循的原则。
4. 目标市场选择的过程及四种市场策略——无差异化、差异化、集中化与定制化。
5. 市场定位的概念及成功定位的关键因素。
6. 重新定位的概念及方法。

营销聚光灯

黑莓（BlackBerry）

黑莓解释了创新力量对工作、文化和社会的影响，黑莓是一个早期的智能手机品牌。黑莓在1999年首次由加拿大Research in Motion（RIM）公司推出。黑莓包含了一个完整的QWERTY英文键盘，并嵌入“发送”电子邮件的软件设施，这意味着电子邮件能被立刻发出，它成为重要的商业工具。变革使得人们能够在移动中无线查看邮件——由于使用的程度取决于其所有者对它的喜欢程度，所以使用黑莓手机是一种会上瘾的行为。它帮助改变工作的本质，能够与公司代表发送和接收电子邮件，但是为了使员工能保持工作与生活的平衡，加拿大某部长下令在办公之余“禁用”黑莓手机。

虽然采用了水果的名称，但黑莓迅速成为占主导地位的智能手机品牌。它最初是针对商务市场的，而且数以百计的设备被“送到”高级商务人士、记者和政治家们手中，鼓励他们采用产品和影响同龄人。一些重大事件的影响进一步巩固了其声誉。例如，在2001年纽约世贸大楼遭受袭击时，唯一能够传递消息的是那些使用黑莓手机并保留网络功能的人。许多主要的政治人物证明了该产品在他们与员工和支持者保持联系时的价值，其中最著名的是美国总统巴拉克·奥巴马和法国总统尼古拉·萨科齐（Nicolas Sarkozy）。据估计奥巴马一个人对该公司的代言价值就超过了5 000万美元。该品牌主要是由一个“热爱你所做的（做你所热爱的）”全球性运动支持的，使用著名的甲壳虫乐队的歌曲“你需要的是爱”。最近社交媒体已邀请用户访问黑莓网站并分享他们“为什么我爱我的黑莓”的故事。

不过，在主导业务的细分市场上，黑莓面临着一些严峻的挑战。最大的威胁来自苹果（iPhone）和三星Galaxy品牌，因为它们不仅提供电子邮件和网页浏览功能，同时还提供应用软件（Apps）和播客库。黑莓用火炬系列作出回应，火炬系列提供对黑莓应用程序的访问并通过提供音乐、视频、访问社交网络和控制他们个人视频录像机（PVRs）的工具来吸引顾客。黑莓的竞争对手不仅技术领先，而且有品牌效应，这就使其不确定将要如何应对。随着竞争对手进军商务手机市场，黑莓让人上瘾的传奇也将受到考验。尽管到目前为止，RIM已经售出了4 000万个黑莓手机，有1 600万份活跃的黑莓订购，但它已跌至第五位，仅有智能手机15%的市场份额，落后于诺基亚、三星、LG和苹果。

在我们看来，第3章中顾客的购买决定受多种因素的影响。顾客都喜欢多样性，不管一个公司的产品或服务有多好，并不是所有顾客都需要或愿意为此支付同样的价钱。例如，有些消费者可能觉得节省钱以便能够前往新西兰做蹦极跳是一个好主意，而另一些人可能为了显得好看而宁愿将钱花在购买最新的时装上。虽然这两个群体的消费者可能有自己的喜好，并有一些相似之处，但也有一些关键的差别。因此，要想实现市场理念、成功地满足顾客需求，不同产品和服务的供给必须适合多样化的顾客群，不同顾客群能组成各自独特的市场。

营销人员区分细分市场多样化特征的方法就是**市场细分**（market segmentation），即把具有相同需求的个人或组织划为同一群体，以便确定营销策略。

因此，市场细分把多样化的市场分为许多小的、有比较相似特征的子市场，其目的是识别有相似需求的顾客群体，使这些有相当规模的群体得到更有效的服务（见插图5-1）。通常，尤其是在消费市场上，没有哪一种营销策略能满足所有人的需求。市场细分就是通过把有相似需求的顾客归类，提出在商业上更可行的办法为顾客服务，因此，市场营销是制定营销战略的核心，是市场人员把握市场、制定营销策略、超越竞争对手、满足目标顾客群需求的根本。

插图5-1 Garmin sat navs广告的有趣之处在于这些技术制造商的目标是女性。广告中对“粉红色”的强调表明，男性/女性的固有印象也可以是鲜活的、好的

市场细分对企业来说有很多好处（见图5-1）。首先，最值得一提的是，它使企业有机会巩固利润。很多顾客愿意支付额外的费用来购买与其需求相匹配的产品或服务。例如，虽然照顾头等舱的乘客所花费的成本仅仅稍高于照顾经济舱的顾客，但头等舱的乘客通常愿意为长途航班多支付数千英镑。在新兴的产品类别中，如“一体式”的个人电脑，所有关键的内部电脑配件如处理器和显卡都包裹在显示屏中，消费者可以选择购买不止1 200美元的苹果iMac或支付大约一半金额购买三星和惠普等公司的电脑。这两个价格点和产品将会吸

引不同的细分市场。

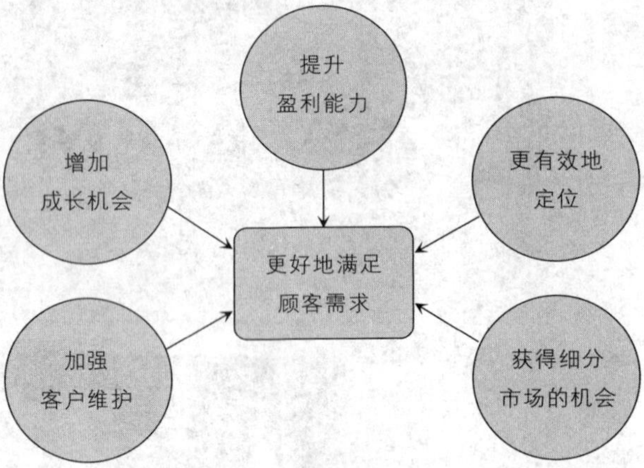

图5-1 市场细分的好处

其次，通过市场细分，企业可以评估自己的成长机会，扩展产品线。例如，对于柜台销售的咳嗽药，辉瑞（Pfizer）公司针对不同类型的咳嗽提供了不同产品，都是Benylin牌的。在儿童药一类，它们为心包络咳、干咳、夜间咳嗽提供了不同的产品。在成人药一类，它们也提供了5种不同的咳嗽药。

最后，在很多竞争市场中，企业不可能在所有的细分市场都有效地竞争；通过市场细分，公司可以识别哪块市场使它更具竞争力，然后针对该市场制定合适的营销策略。例如，音频设备市场中的著名品牌博士（Bose），以生产高质量音响系统享誉全球，其产品仅在专卖店以高于市场的价格才能买到。通过这种策略，博士成功地将自己与索尼、三星、先锋等公司区分开，虽然产品价格偏高，但其每年的销售收入仍超过20亿美元。

5.1 细分消费者市场

消费者市场细分标准大致可归纳为3类：行为变量、心理变量和基本变量。市场细分的目的就是找出消费者行为的差异，制订营销方案。行为变量，是市场细分的基础，如追求的利益和购买的模式等。如果市场人员认为购买行为与消费者的个性、生活方式有关，就会将**心理细分**（psychographic segmentation）作为细分标准。要找到这些差异，市场人员就要描述出这些有差异的人，这时的**基本细分**（profile segmentation），如社会经济情况和地理位置差异等，就很有价值了。例如，市场人员首先调查是否有人喜欢低热量的软饮料，然后看是否和年龄、社会经济状况等基本变量有关。图5-2是细分消费者市场的主要变量，表5-1更详尽地列出了这些变量的清单。

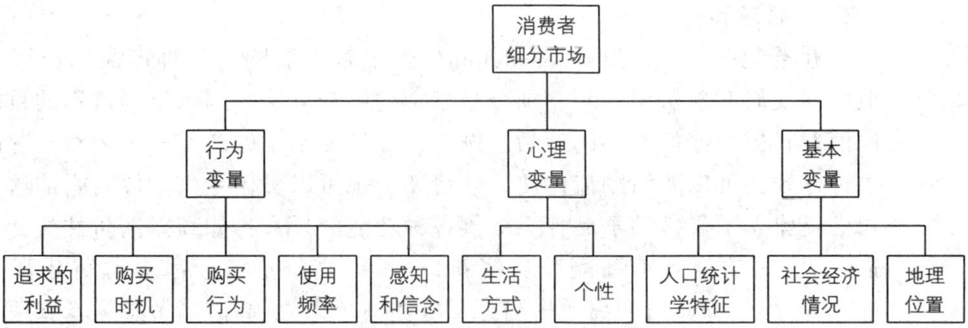

图5-2　细分消费者市场

表5-1　消费者细分的方法

变　量	例　子
行为变量	
追求的利益	便利性、身份标志、性能
购买时机	自用、作为礼物、特定场合
购买行为	品牌忠诚、变换品牌、创新者
使用量	大量、少量
媒体行为	网上购买、线下购买
心理变量	
生活方式	新潮型、保守型、复杂购买型
个性	小心谨慎型、随和型、外向型
档案	
年龄	12岁以下、12～18岁、19～25岁、26～35岁、36～49岁、50～64岁、65岁以上
性别	女性、男性
家庭生命周期	年轻单身、年轻夫妇、年轻父母、中年空巢家庭、退休老人
社会阶层	中上阶层、中层家庭、熟练工人
最终受教育的年龄	16岁、18岁、21岁
收入	根据各国收入水平和调查对象而定
地理位置	北方/南方,城市/农村
地理人口统计特征	有自己的大房子日子一天比一天过得好的年轻家庭,住小房子的老年家庭,根据语言、收入、年龄、位置划分的欧洲地区

5.2　细分消费者市场的标准

表5-1为细分一个消费者市场时需考虑的多样性准则。在实际操作中，没有严格既定的细分市场方法，不同的准则以及不同准则的组合都有可能被用到。接下来，我们将考察市场细分的更多、更普遍的标准。这也是营销人员要记住的关键，即消费者心理和行为模式会随时间发生变化，因此，消费者不一定一直在同一细分市场，而是在它们之间移动。因此很重要的一点是，市场细分分析需要的是最新的信息。

5.2.1 寻求利益

利益细分（benefit segmentation）能了解人们购买某种产品的原因，而且能帮助我们发现机遇。利益细分是基本的细分方法，因为市场营销的目的就是向消费者提供他们想要的产品。例如，一样最基本的产品——牙膏，它能提供多种好处：可以防治龋齿，使口气清新，也可以美白牙齿。像高露洁这样的公司已经建立了很多的子品牌，提供各种功能的牙膏，如高露洁防蛀牙膏（防龋齿）、高露洁全效清新凝胶（清新口气）、高露洁清新冰爽薄荷牙膏（口感好）、高露洁普通白和高效净白牙膏（美白牙齿）、高露洁敏感牙膏（适合敏感牙齿）。奢侈腕表品牌如欧米茄、爱马仕和百达·翡丽传达着其拥有者的地位和声望，以及被认为是一个很好的长期投资（见插图5-2）。关注利益能够帮助企业发现业务中的发展机会。

插图5-2　百达·翡丽广告使用强大的情感吸引以表达拥有该产品所带来的好处

5.2.2　购买行为

对品牌的忠诚度也可以作为细分消费者市场的有效标准。那些绝对品牌忠诚者在众多的产品中只购买一种品牌。例如，一个人可能始终如一地选择碧浪洗衣粉。然而，大多数的顾客会选择不同的品牌。一些钟情于碧浪洗衣粉的顾客有时也会购买两三种其他品牌的洗衣粉，还有一些顾客不钟情于任何品牌，他们每次都会根据提供的特殊优惠（降价）购买不同品牌的产品或者因为他们是多样性的探索者，每次都要买不同的品牌。零售业最近的发展方向，就是把个人和实际购买的行为联系起来。超市忠诚度的增长提供了收集顾客信息的途径（见市场营销行动4.1），就像乐购会员卡计划。这些数据可以用来细分消费者市场，准确选定目标顾客。例如，超市可以很容易地列出购买“粉状咖啡”的顾客并针对这些顾客给予特殊的提供。通过分析这些数据，超市可以根据顾客的年龄、生活方式以及支付习惯等来储存货物。

5.2.3　使用量

细分消费者市场的另一种方法是看消费者对某一类别商品的使用量，是大量使用者、少量使用者还是不使用者。确定大量使用者，市场营销可以给予这些顾客更多的关注（尤其是在促销活动中），赢得他们对这一品牌的忠诚，要知道这或许要付出一定代价。有时80：20的比例比较适用，即大约80%的产品销售给20%的顾客。Skype就是一个很好的例子，生活在世界各地的人们电话联系的需求越来越多，而通讯公司就有效地发现了这一机遇。通过网络提供免费的电话，Skype很快就建立了全球6亿用户注册的客户群，并在短短7年内，赢得国际长途电话13%的市场份额。然而，如果所有的竞争对手也都采用这种策略，那么主攻大量使用者的这个细分市场也存在弊端。分析少量使用者类型和不使用者类型或许能发现一些其他竞争者无法照搬的新视角。用目标群体指数（TGI）提供的调查信息可以分辨大量使用者、少量使用者和不使用者及他们的大致特征。这是每年一个大规模的购买和媒体习惯的年度调查，可以在世界各地60多个国家获得。

5.2.4　生活方式细分

生活方式细分（lifestyle segmentation）是根据人们展现出的关于自身行为、兴趣和观念的生活模式（见插图3-3）来对他们进行细分，正如我们在第3章中所看到的，生活方式是引导消费行为的重要个人因素，广告商已经识别出很多种有着不同生活方式的群体。生活方式细分法是一种很有效的消费者细分法，因为有着特定生活方式的群体有着几乎可以预见的媒体接触习惯（见市场营销行动5.1）。例如，喜欢徒步和水上运动等户外活动的人可能更喜欢阅读杂志，喜欢看电视和上网的人倾向于选择电视媒体或网络媒体。市场营销人员就可以利用相应媒体来接触目标细分市场（见插图5-3）。

插图5-3 Billabong品牌与通过图像集中体现生动的户外生活方式如此相关

成功使用生活方式细分的一个有趣的例子是一个提供SeaPak虾的美国小冷冻食品公司。虽然这些低介入产品类别通常由零售商自有品牌控制，但其确定了两个有着完全不同生活方式的群体：一个是“与厨师一起生活”，另一个是“简单烹饪”，并着手建立每个细分市场单独的品牌。“与厨师一起生活”的生活方式包含对烹饪的热情，它为发现新配方和独特的食物做准备。该公司用能够发挥购物者热情的方式来包围这些购物者，如通过在线活动、原创的海鲜食谱和每月的电子邮件来接触厨师。该品牌提供的其他要素包括高端的未包裹面包屑的海鲜产品、高档包装盒并将其放置在这些类型顾客经常去的超市的海鲜专柜附近。“简单烹饪”则强调产品的质量和易用性，在店铺的冷冻食品区销售包裹面包屑的快烤类产品。尽管该产品属于销售下降类，这两种细分使该公司获得了15%的销售增长。

市场营销行动5.1 保时捷的生活方式

批判性思维：下面是对最近由保时捷所作出的一些产品和品牌决策的回顾。阅读和批判性评估保时捷的细分市场是如何变化的，以及这些发展的优势和劣势。

保时捷911被视为美好生活的体现。在一个晴朗的日子里，驾着古老的双座汽车沿着悬崖顶部畅游是许多人喜欢和渴望的生活方式。因此，在保时捷于1964年成功推出保时捷550 Spyder并引入911系列后，它拥有了坚定的追随者。它被视为一个拥有历史、性能和合适价格的品牌。保时捷拥有低价快速的汽车，但不是那些在路上性能良好的车。保时捷有很多超级跑车品牌如玛莎拉蒂、兰博基尼等，但这些品牌与德国的汽车品牌相比属于很少有人能负担得起的。

然而，近年来，保时捷旨在扩大其吸引力和车辆的范围。在2004年，它推出了一款高性能、运动型多功能车（SUV）——卡宴。这个子品牌最初没有受到保时捷支持者的欢迎。它的大小、重量，以及缺乏任何赛道认可都受到批评，尽管如此，卡宴已经非常成功，其销量超过美国市场的911系列。但是让一些保时捷爱好者真正信服的是在2009年劳斯莱斯推出的Panamera品牌。它是一个四座豪华轿车，旨在与全球汽车领导品牌相关车型，如梅赛德斯S级、奥迪8系、宝马7系列和雷克萨斯460相竞争。这是一个与众不同的细分市场，在这里客户正在寻找规模、性能相当，拥有最先进技术、美丽外形以及能够彰显车主身份的车。但是，在这样一个细分市场，由于保时捷被视为跑车而不是豪华车，所以它没有激起消费者的兴趣。但是，Panamera被看作是成功的，因为自推出以来其销售量已超过43 000台。

推出911系列的目的是什么呢？看来保时捷想要提高它的吸引力了。由于在美国销售额的下降，保时捷已决定将其旗下汽车重新定位为“日常”的车辆。在活动中，保时捷已被标记为“雪地摩托”、“宠物载体”和“校车”，其电视广告也表明了车主开着保时捷接送孩子，或者载着宠物狗兜风——这与昔日其梦寐以求的生活方式相比有点太普通了。在PorscheEveryday.com网站上，访问者被邀请分享他们的日常故事，尤其是关于911系列的故事。

资料来源：Buss（2011）；Ross（2010）.

5.2.5 年 龄

年龄变量可以用来细分许多消费者市场。正如第3章中所提到的，儿童市场已经成为一个非常重要的市场，被认为每年价值约为1万亿美元，现在儿童有自己的电视节目、谷类食品、电脑游戏以及糖果。格罗公司的格罗时钟是一个在儿童市场成功推出产品的例子。市场一直以来由使用卡通人物如托马斯小火车的简单的机械设备占领。格罗时钟包含了太阳和星星的动画形象以唤醒小朋友让他们起床（见插图5-4）。产品一上市就超过销售预测的300%以上，这使它迅速成为市场领导者。同样地，毕马威会计师事务所的一项研究发现，仅有1/5的基金管理公司以“80后”顾客（生于20世纪80年代）为目标，虽然由于养老金制度的变化，这个群体不得不在财务上比他们的父母更加熟练。

正如第2章中提到的，对市场营销者来说，欧盟人口年龄的分布变化，对不同年龄细分市场有深远影响，超过50岁的人在未来将变得越来越重要，已将他们标记为“灰色市场”。人的寿命在延长，在全球发达国家，预期寿命已经升至80多岁。很多“灰色消费者”健康、积极、受过良好教育、经济独立，而且有很多休闲时间，这使得他们成为一个很有吸引力的市场。例如，在音乐行业，唱片公司一直在努力应对其核心市场（年轻人）下滑的趋势，他们更喜欢从网络文件共享网站下载音乐，而且这些网站的音乐经常是免费的。鉴于此，环球音乐集团为在20世纪50年代成长起来的人们推出一张名为“爱人和裙子”的CD。它非常成功，紧随其后的是伦敦西区音乐剧和其他三个已经售出230万张的专辑。其他媒体公司，如电视台、电台和报纸正逐渐意识到，对它们的产品最大的消费潜力可能来自“灰色市场”。

插图5-4 格罗时钟——发布在孩子细分市场的成功产品

5.2.6 社会阶层

社会阶层是另一个细分消费者市场的重要变量。正如第3章中提到的，社会阶层的划分主要是基于其职业。然而，有相同职业的人可能有不同的生活方式、价值观和购买模式。有研究发现，划分社会阶层在很多方面很有用，如可以区分购买洗碗机、集中供暖设备、个人股票等不同的消费群体，因此社会阶层应该作为细分市场的变量。此外，不同的社会阶层在媒体消费上有不同的倾向，这就意味着其很容易被广告商“捕获”。例如，一些小报倾向于锁定工薪阶层，然而传统的大幅纸张报纸主要面向的是中高层的群体。

5.2.7 地理状况

通常情况下，可以根据国别、地区来细分消费者市场，或者以城市规模来细分消费者市场。近年来，越来越流行将地理因素和人口统计因素结合起来细分，这被称为**地理人口统计**（geodemographics）。在一些提供人口普查数据的国家，就可以根据地理位置和一些人口统计变量或社会经济变量细分消费者市场。根据人口普查表上的一些要素也可以将所有家庭分类，如在英国，有些地方按房子大小、上网行为、职业、家庭规模以及种族背景等有相似特征的家庭细分消费者市场。两个最有名的人口统计制度是CACI市场分析公司（www.caci.co.uk）提出的居住环境分类法（A Classification Of Residential Neighbourhoods，ACORN）和Experian公司提出的MOSAIC。ACORN的主要分组和特征如表5-2所示。CACI运用125种地理人口统计变量以及287种生活方式变量来生成详细的消费者描述。在英国190万个邮编就是按这种方式分类的，使得精确的目标市场定位成为可能。

表5-2 ACORN目标分类

类　别	占英国人口的百分比（%）	人　群	占英国人口百分比（%）
A.富裕型	25.4	1.富裕的高管	8.6
		2.富裕的老人	7.9
		3.兴旺的家庭	9.0
B.蒸蒸日上型	11.5	4.富裕的专业人才	2.1
		5.受过教育的城里人	5.5
		6.有抱负的单身人士	3.8
C.小康型	27.4	7.事业刚起步的人	3.1
		8.有保障的家庭	15.5
		9.在郊区定居的人	6.1
		10.审慎的养老金领取者	2.7
D.稳定型	13.8	11.亚洲社区的人	1.5
		12.后工业家庭	4.7
		13.蓝领之家	7.5
E.艰难抗争型	21.2	14.与生活抗争的家庭	13.3
		15.负担重的单身人士	4.2
		16.遭遇变故者	1.6
		17.城市里的不幸者	2.1

资料来源：© CACI Limited（data source BMRB and OPCS/GRO（S））；© Crown Copyright；all rights reserved；ACORN is a registered trademark of CACI Limited；reproduced with permission.

注：由于四舍五入，百分比总计为99.2。

使用类似的分类系统，全球MOSAIC能够在24个国家获得，其中包括大多数西欧国家。基于世界各城市居民共享普通的居住隔离模式的假设，它利用10个不同类型的住宅社区，其中每个社区的人都具有各自价值观、动机和消费者偏好，这方便对消费者进行从“享受舒适的退休生活”到“仍旧在大城市中挣扎”的分类。地理人口统计信息已经被用来选择直邮广告的收信人、开设销售点的最佳位置，以及张贴海报的最佳地点。每个消费者都有邮编，所以以上的每个点都是可以实现的。人口普查信息还可以帮助选择电视广告的最佳时间。代理人根据收视率面板（收视率面板记录了观众的收视习惯）的信息，可以了解谁喜欢看什么样的节目。这就意味着，一旦广告商锁定特定地理人口群体，就可以研究他们喜欢收看节目的类型，然后购买相应的电视广告。社交媒体网站如Facebook的广告也能够定位特定的顾客群体，这主要是基于当顾客创建账户时提交的主要信息。

地理人口统计的主要优点是把购买者行为与顾客群联系起来。根据大规模的企业联合调查（目标群体指数和MORI金融服务），或来自小组调查的数据（如AGB超级小组所做的关于食品和化妆品的调查）都可以得出关于购买习惯的结论。通过对被调查者进行地理编码，可以确定哪些最可能是某个产品或品牌的ACORN组。这有助于选择分公司的地点，因为很多服务商使用全国分支网，并且需要使本地区细分市场为它们最感兴趣的顾客群体服务。零售商的商品组合决策也会受到顾客概况数据的影响。把购买习惯与地理人口统计数据联系起来，可以帮助零售商更准确地选择宣传媒体。

简而言之，很多的变量都可以用来细分消费者市场。灵活性和创造性是有效区隔分析的标志。通常多个变量结合运用可以识别顾客群，这与营销组合策略的方式相同。

5.3 细分组织市场

就像第3章中所提到的，相比于消费者市场，组织市场的特点就是购买者数量相对较小。然而，很多时候我们还需要区分组织市场。

5.3.1 组织细分准则

以下是一些最有效地细分组织市场的标准。

（1）组织规模

根据购买组织的规模可以进行市场细分。大型组织和中小型组织有很多差异，大型组织的需求潜力更大，购买和经营过程更正规，并且还有一些特殊的需求（如数量折扣）。大型组织可能形成重要的目标市场细分，因此需要有特定的营销组合策略为其服务。例如，当遇到重点客户时就要组织销售人员，组成专门的销售队伍，确定产品和服务的标价时也要考虑大买主出现时的大量折扣优惠。另外，销售人员还需要精通谈判技巧。

（2）行业

行业是另一个常用的市场细分变量，可以用标准的行业分类（SIC）编码来划分。不同行业有其独特的产品需求，例如，应用软件供应商甲骨文（Oracle）和思爱普（SAP）可以根据行业需求的不同，将产品卖给银行系统、制造业系统、医疗系统以及教育系统。这些行业对软件程序、服务价格以及购买方式有不同的要求。深入了解各行业的需求，才能设计出更有效的营销组合策略。在有些情况下，还需要进一步细分。例如，教育业可以分为小学教育、中学教育以及继续教育。这些分支部分所需要的产品和服务也不相同。

（3）地理位置

购买实践和需求的地区差异，意味着应利用地理位置作为差异化的营销策略。中欧和东欧一些公司的购买行为和购买期望与西欧的公司有极大差异。它们更为官僚化的公司机构决定了其经商方法与西欧的公司有根本的不同，其他公司要进入这些产业的市场，必须意识到这一点。实际上，这些差异说明了按地区细分市场很有必要，因为市场营销需要反映这些差异。

（4）选择标准

以选择标准中的因素细分组织市场时，是以消费者评估供应商产品的主要准则为基础的（见插图5-5）。一组顾客可能将价格作为主要的选择标准，另一组更偏向于产品，第三组也许更看重服务。这些不同的偏好意味着必须不断调整营销战略，以满足各个细分市场的需求。3个细分市场也应该有3种不同的营销组合，而且在与每个细分市场的顾客交谈时，销售人员必须强调相应营销组合的优势。主要选择标准的差异预示着购买行为的差异。

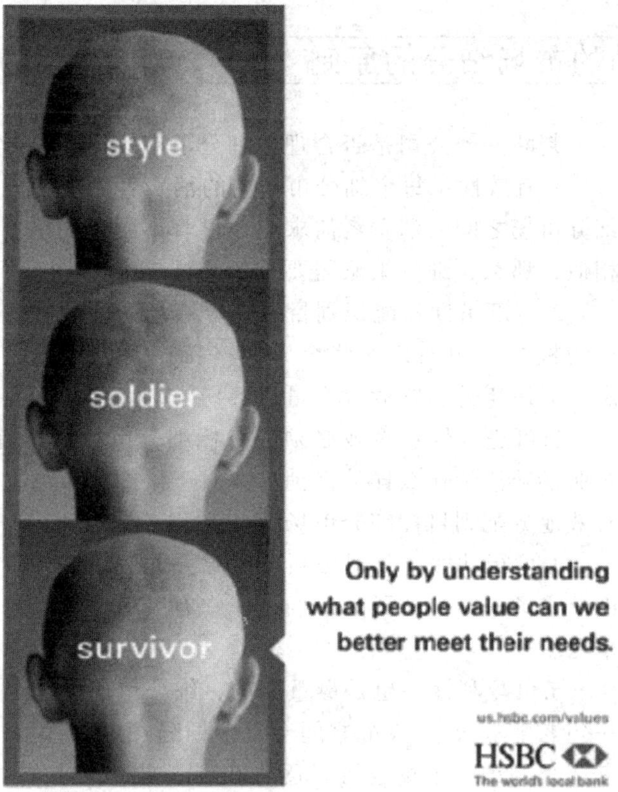

插图5-5　这则来自汇丰银行的广告反映出在企业的营销中对选择标准理解的重要性

（5）采购组织

分散采购和集中采购是另一种细分市场变量，它对购买决策有很大影响。集中采购与一系列产品采购的专家，尤其与百货零售业的专家们是紧密联系的。专业化意味着这些专家比分散购买的多面手更熟悉价格要素和供应商的优势和劣势。更进一步来说，购买的机会多意味着他们讨价还价的能力可以得到加强。这些专家，像工程师等，在决策单元（DMU，见第3章）中的权力往往比进行分散购买的多面手更大。这些多面手一般缺少专业技能，在决策中没有什么地位。鉴于以上原因，采购组织成为区分购买行为很好的依据，这也间接影响营销活动。例如，集中采购的细分市场需要有全国性客户销售人员为其服务，而分散采购只需要地区代表。

有趣的机遇常常出现在消费者市场和行业市场部门的交界处。例如，一个名为Wagner的德国小公司成为美国绘画喷漆枪的最大供应商，占有85%的市场份额。它运用其特长，通过与专业的绘画家合作，使得产品对DIY绘画者也很有吸引力。该公司凭借3 000种产品横跨消费者市场和行业市场，对于大的行业体系，价格从50美元到200万美元不等。虽然大多数制造商集中于行业细分，但Wagner在美国2/3的销售额来自于喷漆枪。

5.4 成功的市场细分的原则

判断一个公司是否合理地细分了市场，有5条常用的标准可以参考。

1.有效性：每个细分市场内的消费者需求应该具有相当的同质性，而不同细分市场之间的消费者需求应该显著不同。如果不同细分市场中的消费者需求相似，那么，细分策略需要重新修订。

2.可度量性：能识别目标细分市场中的消费者，并能够理解他们的特征和行为模式。例如，一些个人性格特点，像“内向”或“保守”，这些很难确定，但像年龄、职业等变量很容易辨别。

3.可进入性：企业必须为目标细分市场制订有效的营销计划。也就是说，企业必须清楚什么样的促销方案对于该细分市场最有效，产品怎么样才能被最有效地分配到目标细分市场等。

4.可行动性：公司必须有资源去开发在细分市场时所识别出的机遇。有些细分市场——例如国际市场，非常有吸引力，但是公司并没有资源去服务国际市场。

5.可盈利性：也是最重要的，细分市场必须足够大才能有利可图。这就像一句老生常谈：“夹缝之间会有市场吗？”虽然说，如果产品和分销技术都很优良，小的细分市场也可以逐步获利（见以下小节“客户化市场营销”），但是非常小的细分市场很可能没什么利润。

5.5 目标市场选择

一旦市场细分完成，下一个重要的步骤就是选择目标市场。**目标营销**(target marketing)，即选择明确的细分市场提供服务，这是制定营销策略的关键要素。企业需要评估细分市场，并用以上5条准则选择决定为哪几个细分市场服务。例如，CNN把新闻节目的目标选定为“有影响力的人”，这就是为什么CNN把全球的营销重点放在获取旅客房间上的原因。商务人员无论在世界哪个地方，都可以看到CNN的国际新闻。CNN的体育节目也是针对特定人群的，包含大量的高端体育运动，如高尔夫和网球。

对细分市场做出评估，目的是选择一个或几个细分市场来开拓。目标市场选择就是选择进入哪个市场环节，开拓几个市场。有4种市场营销策略可供选择：无差异性市场营销、差异性市场营销、集中性市场营销以及定制化市场营销（见图5-3）。接下来我们将逐一讨论。

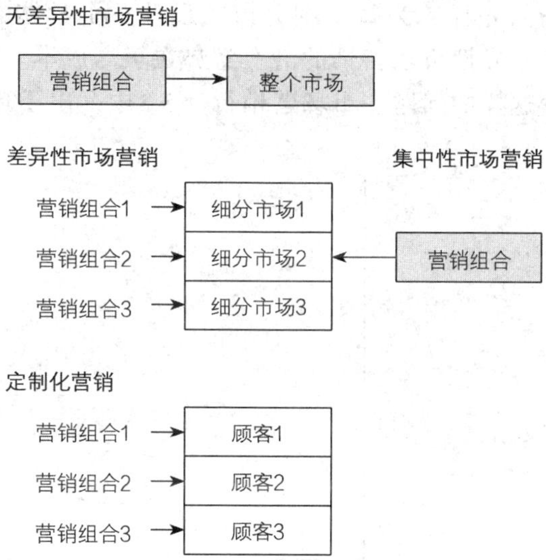

图5-3　目标营销策略

5.5.1　无差异性市场营销

有时市场分析显示，对营销策略有意义的顾客特点没有明显的差别，或者说为每个细分市场开发专门的营销策略需要巨额的投入，这笔资金可能会超出潜在收益。在这种情况下，企业往往把整个市场看作一个大的目标市场，用统一的市场营销组合对待整个市场，这种模式叫作**无差异性市场营销**（undifferentiated marketing）。这是默认的策略。例如，不以营销为导向的企业由于缺少对顾客的了解而采用该模式。并且无差异性市场营销对经理来说十分方便，因为他们只需要开发一种产品。但是如果消费群体有不同的需求，经理则不得不耗费精力、花费资金来开发具有不同特色的产品，进行宣传推广，培训销售人员，以及开拓分销渠道。进入新的细分市场同样意味着，销售人员要着手勘察新的购买群体，这远不如应对熟悉的消费群体那么得心应手。

5.5.2　差异性市场营销

当细分市场显示出几个潜在的目标市场时，那么采用特定的市场营销组合就能吸引所有或部分的细分市场。这就是**差异性市场营销**（differentiated marketing）。这是一个非常流行的目标营销策略，被广泛应用于汽车、酒店以及时尚零售业（见图5-4）。例如，Arcadia对时尚市场的细分揭示出对于不同的顾客群需要一个特定的营销组合。因此该公司开设了组合式的店面，店面的名字、店内服装的风格、店面装修风格以及周围环境的风格都不相同。总之，该公司有7个独立的品牌，如Miss Selfridges（主要针对18~24岁群体），Dorothy Perkins（主要针对二三十岁的女性），Evans（主要提供16+码女式服装）。同样地，作为转型策略的一部分，玛莎百货试图寻找机会从一个客户群体广的品牌转向一系列的子品牌，例如Autograph（一个高端的品牌）和Per Una，主要针对的是35岁以下有时尚意识的女性。差异性市场营销充分利用了每个细分市场的差异，为每个细分市场设计一个具体的营销组合。与无差异化营销相比，差异性市场营销的潜在劣势在于高成本。当然，使用灵活的生产体系可以减少这样的问题。市场营销行动5.2中列出了追求差异化营销面临的种种挑战。

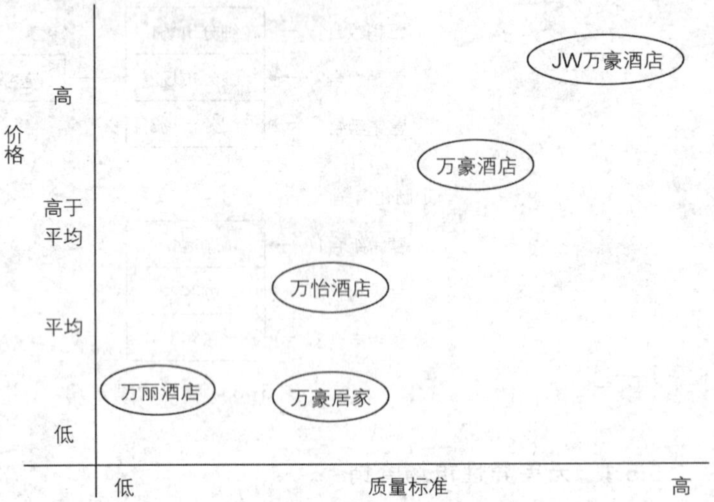

图5-4 万豪酒店的一些主要品牌，它们瞄准不同的细分市场

市场营销行动5.2 差异化营销的风险

批判性思维：以下是对差异化的营销策略所带来风险的回顾。阅读并考虑差异化市场营销的利弊。

采用差异化的营销策略的两大风险是造成市场混乱和使组织的资源过于分散。休闲服装零售商Gap Inc.是市场混乱的一个经典案例。对于休闲服装有不同的细分市场，从那些想在折扣商店寻找休闲服装的顾客到那些为了工作或社交活动寻找休闲服装的顾客。为了满足这些不同的细分需求，Gap公司收购了Old Navy（折扣时装）和Banana Republic chains（时尚休闲）。但这三个品牌之间由于缺乏足够的分化导致彼此在销售方面出现你死我活的局面，当其试图将定位远离折扣零售商时，Old Navy从Gap那里争取利润，而Gap又与Banana Republic争抢利润。

混乱和声誉损失也可能由品牌所有者如何选择差异化战略导致。例如，领先的葡萄酒品牌禾富酒园（Wolf Blass）选择通过标签颜色来进行差异化区分，如黄色标签和红色标签是在超市里出售，而金色、灰色和铂标签则只在专业葡萄酒店出售。但是，由于这些品牌均共享禾富酒园的名字，所以有些消费者可能通过他们所看到的就认为该品牌出售的都是较低价格（和中等质量）的葡萄酒。

为确保营销人员理解和应对不同细分市场的需求，差异化方法给管理团队施加了巨大的压力。因此，当艾伦·穆拉利入主福特汽车公司后，他着手出售各种各样的已经收购了的久负盛名的品牌，如路虎、捷豹、阿斯顿·马丁和沃尔沃，尽管这些品牌许多正带来销售利润。相反，该计划是把公司所有的资源投入到福特品牌OneFord战略的保护伞下。例如，尽管2011年嘉年华系列在5个工厂生产并销往五大洲，但是汽车本身是相同的。以这种方式集中公司的资源意味着，福特可能会通过其产品获得超额利润。所以，虽然有些同行像通用汽车和克莱斯勒依靠政府救助来维持，但福特这种更集中的方法使它能够更好地生存下去。

资料来源：Gayatri and Madhav（2004）；Ritson（2010）.

5.5.3　集中性市场营销

尽管企业可以在市场上找到几个细分市场，但是并不代表应向所有细分市场提供服务。有些细分市场也许没有吸引力，或者与企业实力不符，这样最合理的做法是只服务于一个细分市场。企业制定一个单独的营销组合，瞄准一个目标市场（利基）的做法叫作**集中性市场营销**（focused marketing）。这种策略对资源有限的企业尤其适用。小企业若在几个市场中竞争，有限的资源会铺展得过于广泛。集中性市场营销可以集中利用研发经费，以满足某一固定群体的需要，管理活动就可以致力于理解和迎合这些人的需要。大型企业可能对这样的细分市场并不感兴趣，或者它们的竞争对手分散在整个市场以至于它们没有足够重视某一群体的需求。

集中性市场营销的一个例子是丹麦音响电子公司Bang & Olufen，它将自己时髦的音乐系统的目标人群设定为乐于自我发展、自我娱乐以及思想开放的高档消费群体。该公司总裁安德斯·奎特森这样描述其市场定位：“高质量，但不是劳斯莱斯，更像宝马。”集中性市场营销和成本控制意味着Bang & Olufen的成功证实了传统说法的错误，说明小企业也能在丹麦电子消费品市场赢得利润。集中性市场营销面临的挑战之一是，随着市场的发展如何有效地调整自身的定位策略。例如，运动营养品公司Maximuscle传统上集中于狭小的健美运动员市场，但通过其市场交流对品牌定位进行调整，重新定位于拥有各种生活方式的进健身房的人们以及那些活跃在运动场的运动员（见插图5-6）。要做到这一点，就必须克服消费者对运动补剂含有类固醇和其他禁止物质的误解。同样地，那些传统上关注精打细算的旅客的低成本航空公司已经开始通过提供一些主要机场的航线的方式将其注意力转移到精打细算的商务旅客身上，如伦敦盖特威克机场和巴黎戴高乐机场，同时其也提供经常乘坐和忠诚度计划。

插图5-6　Maximuscle通过在广告中宣传优秀运动员和产品来消除消费者对运动食品补充剂的抵制

5.5.4　定制化营销

在某些市场中，个别顾客群体的需求比较独特，但购买力也很强，这时就可以为每个顾客群体提供单独的营销组合。这种不同水平上的细分导致企业容易采用**定制化营销**（customized marketing）。很多服务提供者，像广告代理机构、市场营销调研代理机构、建筑师和律师，都是根据不同的顾客来提供服务的。他们可以与顾客面对面地交谈，根据其要求修改服务内容。定制化营销也可以用于组织市场活动，因为订单和顾客的特殊需求有很高的价值。火车头制造商可以根据个别铁路运输公司的要求来设计制造产品。同样地，在机床制造业，德国公司Emag在制作多任务化的机床上处于全球领先地位，这种机床被用来切割金属，主要用于航空业和机动车。它们通过在德国一个成本效益好的生产点制造半成品，然后在分布于全球的客户周围的工厂里完成或客户化这些产品来实践定制化营销。定制化营销常常将客户和厂商紧密联系在一起，因为订单的价值值得让供应商为每个顾客付出大量的营销和销售努力。

近年来，市场营销中一个最吸引人的进步就是消费者市场中**大规模定制**（mass customization）的引进。这项实践最开始是由日本企业开始实施的，它们利用自身在生产和物流方面的优势提供定制产品，如将男士西装、自行车、高尔夫球杆卖给私人消费者。越来越多的产品根据特殊群体的需求而被客户化。例如，在德国Stuttgart旁边Mercedes Sindelfingen的工厂中，工厂里正在加工的车型都是顾客预先选定的，其中很多人都是通过网络来提交组装自己的车的方案。而且，很多顾客都是在工厂取货，而不是传统地通过中间商取货。网络公司如谷歌允许其用户制作一个包含所有主要信息源、客户喜欢的网址以及gmail信息等的iGoogle页面。但是，逐渐地，这不仅仅在信息公司可见，而且几乎所有领导品牌都可以做到。例如，NikeiD允许顾客设计自己喜欢的耐克鞋和服装的款式。最初只在网上可以，后来耐克乘胜追击，在全球耐克店开设了NikeiD工作室。消费者在工作室里设计，然后成品会被送到耐克专卖店或者直接送到消费者家中。

未来技术的发展可能会大大改善大规模定制的前景。例如，3D打印技术已经能够使单独定制生产的东西如同生产数千件产品一样廉价，从而消除规模经济的作用。这一过程称为加法制造过程，生产对象首先由可以调整和定制的电脑屏幕的蓝图创建，然后一次“打印”一层，直到新产品完成。因为这种生产不需要在工厂发生，所以高水平定制和利基生产将是可行的。

5.6　市场定位

到目前为止，我们已经探讨了营销管理的两个关键环节，也就是市场细分（寻找市场差异化需求和偏好）和目标营销（决定要服务于哪一个或哪几个细分市场）。现在我们到了市场营销最关键、最具挑战性的环节：市场定位。**市场定位**（positioning）是指：对公司的产品和形象进行设计，从而使其在目标顾客心中占据一个有意义的、独特的位置。

这是所有企业面临的挑战。所有的企业都生产产品或提供服务，但是正如我们在第1章中看到的，消费者买的是实惠。市场定位将你的产品和消费者寻求的解决方案联系在一起，当他们思考自己的需求时，你的品牌将是顾客率先想到的品牌之一。例如，有这样一个小汽车细分市场，将安全性能作为购买的首要准则。多年以来，瑞典汽车厂商——沃尔沃通过汽车设计和广告信息将自己成功定位于安全系数最高的汽车品牌之一。当被问及什么品牌的车最安全时，即使技术测试显示，沃尔沃汽车的安全性能并没有显著高于市场中其他品牌，但顾客们的答案却常常是沃尔沃汽车。这就是有效的市场定位的作用：保证你的品牌在消费者心目中占据一个有意义、独特的位置。沃尔沃全球年销售量超过200 000，近年来一直持续盈利。沃尔沃的清晰定位与瑞典另外一个汽车品牌萨博形成鲜明对照，萨博由于销售急剧下降不得不由荷兰世爵汽车公司将其从破产中拯救出来。

有效的市场定位为可口可乐公司带来了一个有趣的问题（见插图5-7）。虽然没有专门向女性营销，但80%健怡可乐的消费者为女性顾客。公司的调查研究表明，男性对低卡路里的饮料也很感兴趣，但他们不太乐意喝健怡可乐。因此，零度可乐就用非常男性导向的广告将目标定位于男性市场。虽然，它的成分与健怡可乐几乎没有区别，但其市场吸引力却大不相同。

插图5-7　健怡可乐和零度可乐：成分几乎相同，但市场吸引力却大不相同

在线学习：去网站www.mcgraw-hill.co.uk/textbooks/fahy了解过去125年可口可乐的广告。

市场定位很重要也很有挑战性，主要是因为我们生活在一个过度交流的社会里。消费者常常暴露于广告信息之中，正如我们在第3章中所看到的，只有5%的这些消息可能获得目标受众的关注。要理清这些混乱的信息，公司需要传递的信息必须简单、直接、与消费者需求产生共鸣。如果不能在消费者心中占据一个位置，公司在市场中失败的可能性就会大大增加。

5.6.1　制定定位策略

确定以什么样的定位去占领市场时需要考虑3个要素，即消费者、竞争者以及公司自身。在消费者这一要素上，要理清什么对消费者重要——占领在消费者看来不重要的市场是没有多大意义的。在很多市场，竞争者早就确立了，那么接下来的挑战就是找到与其不同的优点。从基于公司资源的角度出发，应该根据其独特的贡献来定位产品，这就会增加保持持续优势的可能性。

一旦全面的定位策略通过了，下一个步骤就是定位陈述。定位陈述是对产品期望地位的一种易于记忆、印象深刻的书面概括。图5-5中的准则可以帮助提炼出所需的定位陈述。可口可乐正是通过有吸引力的定位标语——“有可口可乐，万事如意”（20世纪60年代），“正宗”（20世纪70年代），有效地诠释市场定位并使其成为最有价值的品牌之一。

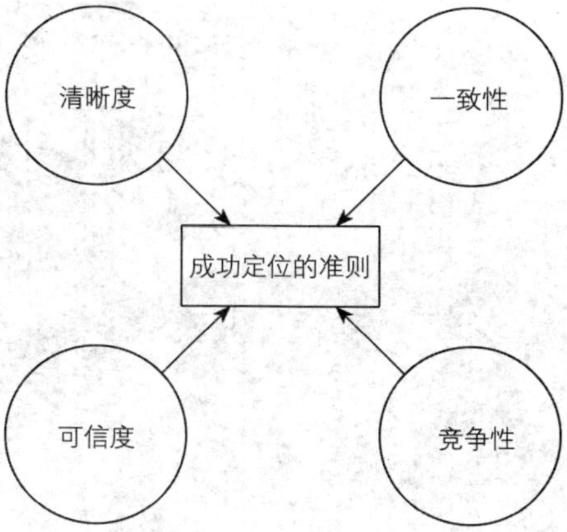

图5-5　成功定位的准则

1.清晰度：在阐述目标市场与差别优势时，必须用清晰明了的词句。复杂的定位陈述让人难以记住，一些简洁的话语却让人过目不忘，例如“宝马——终极驾驶机器”，“嘉士伯——世界上最好的淡啤酒”，“欧莱雅——你值得拥有”，这些市场定位目标既清晰又易于记忆（见图5-6和插图5-8）。

We try harder	Avis
Go to work on an egg	Egg Marketing Board
Guinness is good for you	Guinness
Don't be vague. Ask for Haig	Haig Scotch Whisky
Happiness is a cigar called Hamlet	Hamlet
Heineken refreshes the parts other beers cannot reach.	Heineken
Beanz Meanz Heinz	Heinz
It is. Are you?	The Independent
Just do it	Nike
Think small	Volkswagen

图5-6　一些经典的广告词

插图5-8 徕美（Lumix）数码相机的广告有力地说明了其核心价值定位

2.一致性：人们每天都受到信息的轰炸，在这种喧嚣中，信息有必要始终不变。如果今年我们定位“服务的质量”，明年又换成“产品的卓越表现”，这样很容易让人混淆。一些公司一直使用相同的定位，像宝马的“终极驾驶机器”已经使用了几十年。

3.可信度：企业选择的差别优势必须让目标顾客觉得可信。若将“摇摆”牌香烟定位成高级的排他性产品，就会失去可信度。同样地，丰田在高端品牌市场没有可信度，就用“雷克萨斯”作为其高端车的品牌名。

4.竞争性：差异性服务必须具备竞争优势，为顾客提供竞争对手无法提供的有价值的服务。例如，iPod的成功就是基于差异性优势——从iTunes、苹果的专用音乐商店，再到高音质的移动播放器的无缝音乐下载。

在市场中为一个产品成功定位的有效途径是制作知觉图。这是利用顾客重视的特征（维度），将顾客对品牌及其竞争对手的看法进行可视性表述。制作知觉图的主要步骤如下：

1.确定一系列竞争品牌。

2.用定性研究（如小组讨论）确定顾客在选择同类产品时使用的重要特征。

3.用定量研究确定顾客对每件产品所有特征所打的分数。

4.将产品标在二维图上。

图5-7是一幅关于7家连锁超市的知觉图。结果表明，超市最终被分为两组：价格高且品种多的和价格低且品种少的。这揭示了两个细分市场，表明在消费者眼里C点与D点势均力敌，相对于E点、F点、G点来说，占据显著地位。知觉图在考虑策略转移时非常有用。例如，可以制造机会提供价位低、品种多的差异化服务（就像理论上设定的X点位置）。

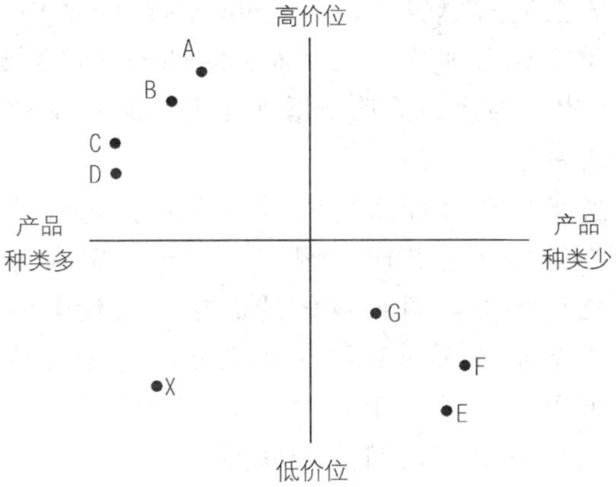

图5-7　超市的知觉图

5.7　重新定位

通常，在销售业绩平平或消费群体偏好改变的情况下，需要对服务或产品进行重新定位。**重新定位**（repositioning）涉及改变目标市场或改变差别优势之一，或者两者都做改变（见图5-8）。一种选择是产品与目标市场保持不变，改变产品的形象。例如，很多公司向年龄大的顾客营销产品时意识到，当老年人仍然有适度的健康和活力的时候，它们必须非常小心，不能将这一群体定位成和蔼的、缓慢衰老的老者。因此，康补宁粉末状的能量饮料，通过包装和广告上半开玩笑的卡通人物参与有活力的运动，如滑板运动和冲浪运动等，将产品定位从有同情心的、减轻病痛的代餐饮料，变成有幽默感、积极主动的品牌。另一种选择是保持目标市场不变，以改进产品。例如，当来自大众汽车市场的竞争越来越激烈时，福特的品牌蒙迪欧的市场表现并不好时，福特加大投资力度将车改造得更吸引消费者。在2005年的法兰克福车展上，新的福特Iosis以一个激进的设计呈现在世人面前——汽车门是向上开的，挡风板坡度很陡，轮子很大。

一些重新定位策略包括保持产品不变，改变目标分析市场。碳酸饮料Lucozade，就是这种“无形重新定位”的典范。该饮料最初被定位为儿童饮料，但市场调查表明，母亲们也把它作为提神饮料，公司随之对产品进行重新定位。随后，Lucozade充满活力的特征又被用来吸引更大的目标市场——年轻人，于是请来大牌运动员为广告代言。它的经历表明，随着时间的推移，对产品进行重新定位是成功打造产品的必要条件。一些其他的品牌也尝试走Lucozade的路线。例如，维生素C饮料Rubex，从流感饮料转型成为帮年轻人缓解参加夜间俱乐部熬夜后不适的饮料，然而红牛从最初与俱乐部紧密相关的饮料转变成主流的功能饮料。Cadbury's试图将Roses和Flake重新定位为快速成长的优质巧克力细分市场，而Jose Cuervo花费6 500万美元通过一个名为“Cuerve万岁”的促销活动来增加龙舌兰酒的吸引力，而这个促销活动与学生聚会联系在一起。

当产品和目标市场同时改变时，该公司就是在进行有形重新定位（参见社交媒体研究5.1）。例如，公司决定通过推出一系列新产品来满足低档或高档市场上新目标群体的需求。英伦航空公司发现必须同时运用目标和产品重新定位来应对航空业激烈的竞争。该公司担心其在英国本地居民心中的形象，于是着手转型并提供国际航线。它加入了德国汉莎航空公司和美国联合航空公司组成的联盟，开始了飞往美国的长途运输服务。它也花费了1 500英镑用于公司的更名，把名字从英伦航空改为bmi来博得国际旅客的青睐。

社交媒体研究5.1 老香料（Old Spice）的重新定位

批判性思维：下面是对老香料成功重新定位的回顾。阅读它并思考那些试图重新定位的其他品牌。理性评估它们成功或失败的原因。

老香料是消费品集团宝洁公司推出的一款男性护肤产品和香水。其成立于20世纪30年代，品牌在剃须泡沫和须后水市场占据主导地位，在其广告中使用航海主题进行宣传，其包装上经常出现帆船。因为它已经有些陈旧和过时，所以宝洁公司在1990年的时候接管了该品牌。

但在过去的10年中，该品牌的形象已经通过结合产品开发和有效的社交媒体营销，尤其是具有Isaiah Mustafa特点的病毒营销活动得以重振。2003年，老香料引入了一款男性沐浴露，即使该类别每年增长近10%，但它依然面临着来自竞争对手的激烈竞争，如凌仕和多芬。不同于该领域的新竞争对手，老香料有一个高水平的男性声誉——最著名的口号是“老香料——一个男人的标志”。但是研究也显示，60%的沐浴露产品的购买者是女性。因此，老香料需要一个创造性的活动来影响男性和女性，将其吸引到低介入的产品领域。

这导致了“这个男人闻起来像你的男人”的活动。美国演员、前NFL球员Mustafa起到重要作用，包括“看看你的男人，再看看我”，这明显针对女性，但同时也吸引男性。该运动的一个关键要素是在广告中制造声音，并进行男人和女人之间的对话。该广告首先在

YouTube和Facebook播放，这与其竞争对手多芬在2010年超级碗期间推出的广告类型不谋而合，然后在电视上播出，当情侣们一起观看电视上的节目如《美国偶像》的间歇，其会看到该广告，以及在情人节周末的电影院中，人们也会看到该广告。这则广告很快就得到数以百万计的评论和几十个模仿者。

继续这个话题，老香料从Mustafa和Facebook，Twitter，YouTube已经做出评论的粉丝中获得了186条反馈，这进一步导致其发出了大量的声音。例如，在一个视频中，提到了一个能够代表其Twitter追随者的女性（显然，她说是的）。在3天内，响应活动已经产生了2 000万条意见，Facebook的粉丝增加了60%到了80万，Twitter的追随者增加了2 700%。最初的广告和活动的响应都是设置多个奖并且帮助品牌人性化和现代化。2010年6月该活动达到最高峰时，老香料产品的销售飙升了100%。

资料来源：Effie Worldwide（2011）；Sauer（2010）.

总　结

本章介绍了市场细分与市场定位的主要策略问题，解决了以下几个关键问题：

1.市场细分的步骤：市场中并不是所有的顾客都有相同的需求，根据需求的异质性将它们分成若干群体，将有助于更好地为它们提供服务。

2.细分消费者市场和组织市场的标准有很多种，将不同的标准结合起来考察可以更有效地细分市场。在消费者市场，追求的利益、购买行为等行为变量是市场细分所要考虑的重要因素。在细分组织市场中，细分组织市场准则是重要的参考因素。

3.成功的市场细分有5个标准：有效性、可度量性、可进入性、可行动性、可盈利性。

4.有4条常用的目标市场营销策略：无差异性市场营销、差异性市场营销、集中性市场营销、定制化市场营销。差异性市场营销和定制化市场营销有其特殊的优势和劣势，定制化市场营销正越来越受欢迎。

5.市场定位意味着什么？为什么市场定位很重要？成功市场定位的关键是清晰度、一致性、可信度和竞争性。消费者最终购买的是利益，而不单单是产品或服务，定位是向消费者传递这些利益的关键。

6.重新定位的概念及4个重新定位策略：形象重新定位、产品重新定位、无形重新定位和有形重新定位。重新定位很有挑战性，实施时需谨慎。

练习题

1.讨论市场细分的好处。

2.顾客要求你对冰淇淋市场进行细分。至少使用三种不同的标准对其进行细分并呈现细分的过程。

3.许多消费品公司最近一直在尝试一个顾客目标营销策略的可能性。这种策略的优点和局限性是什么？

4.你的一个朋友想在市场上推出一种新的早餐麦片粥，但不知道如何定位产品。制定一个在同一领域竞争的早餐麦片市场品牌识别的感知图，并且分析如果目前没有大品牌，市场是否有缺口。

5.定位和重新定位的区别是什么？选择一个在市场上已经进行重新定位的品牌，描述其旧的定位和新的定位。其重新定位策略最好能够被描述成哪种重新定位——形象重新定位、产品重新定位、无形重新定位或有形的重新定位？

6.访问Experian.co.uk并回顾Mosaic全球地理人口细分系统。选择任意一个Mosaic群体（如复杂的单身群体），确定一些可以针对这一群体的产品以及什么样的营销策略是最适合该群体的。

课后阅读

Agarwal，J.，N.Malhorta and R.Bolton（2010）A Cross-National and Cross-Cultural Approach to Global Market Segmentation：An Application Using Consumers' Perceived Service Quality，*Journal of International Marketing*，18（3），18–40.

Court，D.and L.Narashiman（2010）Capturing the World's Emerging Middle Class，*The McKinsey Quarterly*，3，12–17.

Dibb，S.and L.Simkin（2009）Implementation Rules to Bridge the Theory/Practice Divide in Market Segmentation，*Journal of Marketing Management*，25（3/4），375–96.

Pine，J.B.and J.H.Gilmore（2000）*Markets of One-Creating Customer-unique Value through Mass Customization*，Boston，MA：Harvard Business SchoolPress.

Ries，A.and J.Trout（2001）*Positioning：The Battle for Your Mind*，New York：Warner.

Yankelovich，D.and D.Meer（2006）Rediscovering Market Segmentation，*Harvard Business Review*，84（2），122–31.

在线学习中心

阅读本章，登录市场营销学的在线学习中心www.mcgraw-hill.co.uk/textbooks/fahy了解一些基础，在那儿你能找到链接和额外的在线营销研究工具。

案例5　劳力士：个人成就的象征

奢侈品牌往往与创造力、排他性、工艺、精密、高质量、创新和溢价等核心能力相关。著名的豪华手表——劳力士超过一个多世纪以来一直被视为威望的象征和极佳性能的代表。劳力士品牌的皇冠标志象征着产品的优越性和佩戴它的个人成就感。在2010年，劳力士是排名第二的超级品牌，基于声誉、质量、可靠性和产品的区别，以及与其竞争对手相比所提供的情感和功能效益，其被评为领先的产品。通过成功的市场细分、目标市场和定位策略，劳力士在高档手表市场中一直保持市场领导者的地位。然而，劳力士这一战略遇到了新的挑战，因为它面临着一项艰巨任务，即如何成为年轻一代的消费者的选择。

历　史

劳力士由德国人汉斯·威斯多夫（Hans Wilsdorf）与阿尔佛雷德·戴维斯（Alfred Davis）于1905年成立。Wilsdorf and Davis（W&D）公司是劳力士起初的名字，后来改成劳力士手表公司。汉斯·威斯多夫1908年在瑞士注册了

“劳力士”商标名称。选择“劳力士”这个名字是因为其对于每一种语言的发音都很容易，而且也能够呈现在表盘上。当时，瑞士车间主要生产怀表，因为那时还很难生产足够小的可以戴在手腕上的表。1910年，劳力士手表是世界上第一个收到瑞士精密证书的手表，该证书是由比尔市官方手表评价中心授予的。1914年，劳力士手表获得了由英国矫天文台（Kew Observatory）颁发的A级证书，该证书之前一直只颁发给海洋天文钟表。这使得劳力士手表成了精密的同义词。在1919年，威斯多夫将劳力士手表公司搬迁至日内瓦。1926年，该公司迈出了重要一步，研发了世界上第一款防水手表——“蚝”（Oyster）式手表。“蚝”式手表具有表壳密封，能够提供最佳保护的特性。第二年，一位年轻的英国游泳运动员佩戴“蚝”式手表游过了英吉利海峡。在经过10个小时的游泳后，手表仍然正常转动。这传达了劳力士品牌的优越性。

1931年，劳力士发明了世界上第一个永久转子的绕组机制。诸多现代自动腕表依旧采用的是该系统。在20世纪50年代初，劳力士开发的专业腕表，其功能超越了简单地表达时间。于1953年推出的“潜航”系列是第一个保证防水深度到100米的手表。同年，由埃德蒙·希拉里率领的远征队，佩戴“蚝”式恒动表，成为第一个到达珠穆朗玛峰之巅的队伍。

在1960年汉斯·威斯多夫去世前，他创建了一个由董事会运行的私人信托，以确保该公司永远不会被出售。今天，劳力士是全球最大的奢华腕表品牌，收入约为30亿美元，年产量在650 000~800 000之间。虽然许多主要的竞争对手都在寻求集团的庇护，但是劳力士一直保持着独立。目前，劳力士在全世界拥有28个分支机构，并维持了由超过100多个国家的4 000个手表制造商形成的网络。

钟表业

奢侈品的世界不仅是独特的，而且是高度保密的。一些大的奢侈品牌都是由私人控股的，例如劳力士，因此不要求汇报年度或季度业绩。许多上市公司是更大公司的一部分，这使得难以准确评估这些单个品牌的业绩，例如路易·威登和古琦。许多品牌通过合并到集团企业来应对竞争。

LVMH（酩悦·轩尼诗-路易·威登集团）是世界上最大的奢侈品公司，年销售额超过150亿美元，手表品牌包括豪雅、天顶和迪奥。历峰集团（Compagnie Financière Richemont）是世界第三大奢侈品制造商，拥有手表品牌，如卡地亚（Cartier）、名士（Baume and Mercier）、伯爵（Piaget）、积家（Jaeger-LeCoultre）和沛纳海（Officine Panerai）。知名品牌摩凡陀（Movado）、百达·翡丽（Patek Philippe）和百年灵（Breitling）基本保持独立。在手表方面，瑞士拥有接近100%的奢侈品市场，价值相当于手表市场总价值的48%（见表C5-1）。

表C5-1　世界顶级奢侈品牌

顶级奢侈品牌			
	品牌价值（百万美元）	品牌贡献	品牌发展潜力
路易·威登	19 781	5	8
爱马仕	8 457	5	7
古琦	7 588	5	4
香奈儿	5 547	4	4
轩尼诗	5 368	5	9
劳力士	4 742	2	6
酩悦	4 279	5	9
卡地亚	3 964	3	2
芬迪	3 199	2	5
蒂芙妮	2 383	1	6

资料来源：Millward Brown Optimo.

注：品牌贡献是纯粹由品牌资产驱动的财务价值的比例。

品牌发展潜力是短期增长的一个指标。

奢侈品市场近期发展趋势

在2009年，瑞士手表出口下降了22%，这代表了自大萧条以来的最大跌幅。在所有进口国中美国拥有最大跌幅。劳力士依赖于美国1/3的销售，所以特别受到影响。欧米茄等竞争对手的销售（只有10%）较少依赖于美国市场。这一事实，再加上年轻消费者对欧米茄代表时尚的普遍认知，帮助斯沃奇集团股份有限公司的欧米茄从劳力士那里赢得了更多的市场份额。其中一个原因可能是，欧米茄与最近的詹姆斯·邦德的电影相关联（1995年皮尔斯·布鲁斯南和2006年丹尼尔·克雷格都佩戴了欧米茄）。另一方面，劳力士在早些时候出现在由肖恩·康纳利主演的邦德电影中，并受到青睐。劳力士估计的销量仍然是欧米茄的3倍。在2009年，奢侈品手表制造商削减产量来适应由于经济条件而导致的更低的消费者需求。虽然大多数奢侈品手表制造商并没有降低手表的价格，但是一些必须适应特定市场的汇率波动。与欧元相比上涨了19%的瑞士法郎的购买力会影响手表企业的盈利能力。这将继续增加使用亚洲组件的压力，因为瑞士制造的零部件正变得越来越昂贵。

在2010年，钟表出口达到了162亿瑞士法郎。与2009年相比增长了22.1%，达到了2008年预期的在2011年上半年的记录水平。在2010年，瑞士手表制造商出口了2 610万件完成品，增长了20.4%，这是自2002年以来最大的出口量。亚洲的出口量占这些出口价值的50%以上，即85亿瑞士法郎。这也实现了最高的增长率，与2009年相比增长了34.6%。就钟表的数量而言，这个比例下降到38.6%，意味着平均来说亚洲客户购买了更多昂贵的钟表，钟表平均出口价格接近800法郎。欧洲占瑞士手表出口额近1/3（31.1%），增长310.4%。尽管按价值计算，与亚洲相比欧洲所占到的份额较低，但是欧洲进口大量的钟表：与亚洲进口1 010万件钟表相比，欧洲消费1 120万件钟表，平均价格为415瑞士法郎。与欧洲相比，美国有更高的增长率，但基数较低。

新兴市场的增长

尽管西方国家出现市场复苏的迹象，但在不久的将来，中国等新兴市场将是奢侈品最主要的消费国。中国的需求量每年增长20%，已成为世界第二大奢侈品消费国，在2008年已经超越美国。目前，中国大约有18 000位亿万富翁，44万位千万富翁，以及快速崛起的约2.5亿个中产阶级，他们拥有较强的购买力，2007年在奢侈品上即花费了80亿美元。豪华瑞士手表已成为新富裕起来的中国消费者必备的配饰，这些新富裕起来的中国消费者更喜欢按品牌而不是样式来消费。对于家庭月收入超过1 300美元（€883）的31%的中国消费者来说，劳力士是其最梦寐以求的品牌。至2007年，中国富裕消费者中22%拥有自己的劳力士。中国香港是世界上最大的高档手表的购买地区，但据估计，这些高档手表的30%是由中国大陆消费者所购买，大陆消费者希望能够避免强加在这些品牌上20%的奢侈品关税，其数额超过1 200美元。

劳力士面临的挑战

劳力士在奢侈品市场中面临着许多重大的挑战，具体如下所示。

过分依赖目前的目标市场——这是一个关键的挑战。劳力士正面临着在年轻消费者间建立相关性的挑战。在成熟市场和新兴市场中，都需要为新一代富裕消费者开辟一个至关重要的业务来源。不幸的是，许多年轻消费者将劳力士看作旧身份的象征，而不是取得当代成就的标志。而他们的父母和前辈们大多数将劳力士手表作为首要选择。劳力士客户的平均年龄是45岁或45岁以上，为了实现长期增长，劳力士需要在30岁或更年轻的客户中建立兴趣、关联性和吸引力。劳力士被视为个人财富的旧象征，而不是永恒人类成就的一个至高无上的标志，这使其处于危机之中。同样，该品牌已被定性为具有更多“男性”因素。虽然劳力士已经将增加女性细分市场客户确定为一个区域的发展目标，但该公司在吸引新女性客户方面仍然面临着困难。劳力士曾如此成功的定位战略使其现在处在孤立新一代消费者的危险之中。

假冒——像许多高价名牌一样，劳力士手表是最爱被仿制的手表品牌之一，经常可见其非法在大街上和互联网上出售。根据瑞士钟表业协会（FH），造假导致瑞士手表制造商损失了8 000亿瑞士法郎。据估计，每年生产的75%以上的副本手表采用的是劳力士“蚝”式永恒手表的设计。人们普遍认为，市场上仿冒品的数量大于真品的数量。这个数字被作为衡量品牌质量的证据。

分销——甚至随着需求的增加，劳力士通过限制生产来维持它的定位策略。对于奢侈品，稀缺性在市场上可以影响价值，刺激需求，并有助于长期升值。劳力士也保证了它的手表是在指定的商店进行销售。水晶棱镜标志着一个非常珍贵的“官方劳力士经销商”。劳力士寻求能够提供优质服务的拥有高端形象、相对大的店铺和有吸引力位置的经销商。保持这个标准并不总是那么容易。劳力士之前与蒂芙尼公司有过纠纷，这是因为该零售商在它售出的劳力士手表上印上了自己的名字。当蒂芙尼拒绝停止该行动时，劳力士取消了蒂芙尼作为其官方零售商的地位。同样地，在20世纪90年代，为了控制“灰色市场”销售劳力士的产品，劳力士与100家经销商取消了合作协议。最近，劳力士与在线零售商易贝（eBay）打了一场漫长的官司，以防止其在线拍卖劳力士品牌手表。最终最高法院作出决定，易贝必须采取相应的防护措施以确保不销售假冒伪劣的劳力士手表。

品牌——劳力士也关注维护品牌形象的集中度。许多奢侈品制造商利用原来的产品作为品牌延伸的跳板，例如卡地亚（Cartier）和万宝龙（Mont Blanc），而另一些则将自己的品牌授权给其他制造商。到目前为止，劳力士并没有生产多元化并行产品。然而，它推出了帝舵（Tudor）品牌，旨在与豪雅表和其他竞争对手在可接受的奢侈品市场进行竞争。例如，典型的劳力士手表的价格从2 000美元起，可高达180 000美元，而一个帝舵（Tudor）手表的价值则在850美元到4 000美元之间（见表C5-2的价格细分）。劳力士官方网站并没有直接提及帝舵，虽然该品牌属于劳力士，但大众却没有看到任何关于帝舵的财务信息。为了重新将帝舵定位于更年轻和可接受的品牌，帝舵请伍兹为其代言。这两个品牌间的明显区别阻止了任何对劳力士品牌在奢侈品市场价值的稀释。然而，在该细分市场上帝舵的推出可能使劳力士在向更加年轻化的市场进军时并不顺利。

表C5-2 钟表市场的价格细分（出厂价）

价格类别	定 义	技 术*	品牌事例
超过3 000瑞士法郎（超过2 000欧元） 介于500瑞士法郎和3 000瑞士法郎之间	“独家奢侈品”细分	M	百达·翡丽、宝玑
（介于350欧元和2 000欧元之间） 介于200瑞士法郎和500瑞士法郎之间	“可接受奢侈品”细分	M/Q	雷达、真力时、万国
（介于150欧元和350欧元之间） 低于200瑞士法郎（低于150欧元）	中等价格细分 低等价格细分	Q/M Q	天梭、艾美 斯沃奇、蔻驰

传播——劳力士利用了大量的营销传播工具，以有效地传达它的定位策略。印刷广告在高档出版物，如英国《金融时报》和《时尚》中仍然流行。赞助和发布获奖感言仍然是其营销传播的中心。劳力士的目的是选择一些已经获得成就的人来作为传播对象以强化其品牌相似价值观。劳力士与艺术（迈克

尔·布雷）、赛车运动（杰基·斯图尔特）、马术、探险、滑雪和帆船比赛相联系。当阿诺·帕尔默支持劳力士品牌后，自1967年以来劳力士与高尔夫有了长期的联系。如今，劳力士为了吸引年轻的消费者赞助了许多重大的活动，如开幕式、奥古斯塔大师赛和莱德杯，也赞助现役球员如瑞奇·福勒（Ricky Fowler）、亚当·斯科特（Adam Scott）和马丁·凯梅尔（Martin Kaymer）。最后，该品牌依然是自1978年以来温布尔登网球公开赛的合作伙伴，劳力士时钟是中心球场上记分板的同义词。同样，劳力士积极参与慈善事业。劳力士发起了导师项目——由劳力士导师和门徒艺术精神的倡导者于2002年启动，同时劳力士在1978年推出劳力士企业奖金。所有这些精心挑选的传播方法都加强了其定位。

结　论

未来，劳力士将面临更大的竞争，特别是在亚洲，因为其竞争对手正寻求新的方式来获得市场份额。大奢侈品集团享有一定的超过独立公司的优势。许多公司为获得规模优势和大大降低成本而进行重组以在广告和营销方面获得协同效应。企业集团也可能更愿意从亚洲获取资源，在亚洲其劳动力成本远远低于瑞士。这些企业集团也有成功针对年轻市场的品牌。基于老龄化的目标市场和难以吸引更年轻的消费群体，使劳力士可能成为自己的战略囚犯。该战略已如此明确定义，以至于对公司来说很难彻底改变或变得更加创新。在不迷惑消费者的情况下传递新的策略是十分困难的，这会在未来留下一些很难企及的市场机会。

问　题

1.评估劳力士可能利用来细分其市场的其他依据。你会推荐使用哪个依据，并阐明原因。

2.评估劳力士目前正在使用的市场定位策略。这种策略是否合适？

3.讨论促进劳力士定位策略取得成功的关键因素。

4.“劳力士可能成为自己的战略囚犯。”严格评估劳力士实施重新定位战略的优点和缺点。

这个案例出自利默里克大学大卫·科斯格雷夫教授出版的资料，仅用作课堂讨论，而非为了阐明高效或无效的商业活动。

参考资料

Hesseldal, A.(2008) BlackBerry vs iPhone: RIM Takes It Up a Notch, *Businessweek.com*, 11 September; Silverstein, B.(2010) BlackBerry Lights Torch as Android Advances, Brandchannel.com, 4 August.

Van Raaij, W.F.and T.M.M.Verhallen (1994) Domain - specific Market Segmentation, *European Journal of Marketing*, 28(10), 49–66.

Hodson, S.(2010) Skype Commands 13 Percent of International Calls, *The Inquisitor*, 3 May.

Heile, C.(2009) Brands: Taking a Narrow View, *Brandchannel.com*, 5 January.

Buss, D.(2011) Porsche 911 Makes U–Turn as Everyday Vehicle, *Brandchannel.com*, 28 March.

Ross, M.(2010) Porsche Passion, *Warc.com.*

Tynan, A.C.and J.Drayton(1987) Market Segmentation, *Journal of Marketing Management*, 2(3), 301–35.

Anonymous(2007) The Boomers´ Babies, *The Economist*, 11 August, 60.

Anonymous(2011) Peggy Sue Got Old, *The Economist*, 9 April, 67–8.

O'Brien, S.and R.Ford(1988) Can We at Last Say Goodbye to Social Class? *Journal of the Market Research Society*, 30(3), 289–332.

Mitchell, V.W.and P.J.McGoldrick(1994) The Role of Geodemo–graphics in Segmenting and Targeting Consumer Markets: A Delphi Study, *European Journal of Marketing*, 28(5), 54–72.

Corey, R.(1978) *The Organisational Context of Industrial Buying Behavior*, Cambridge, MA: Marketing Science Institute, 6–12.

Gayatri, D.and T.Phani Madhav(2004) Gap and Banana Republic: Changing Brand Strategies with Fashion, Case 504–087–1, *European Case Clearing House.*

Ritson, M.(2010) Why Ford's Focus is the Best in the Business, *MarketingWeek.co.uk*, 4 August.

Richards, H.(1996) Discord Amid the High Notes, *The European*, 16–22 May, 23.

Anonymous(2011) In the Cheap Seats, *The Economist*, 29 January, 56.

Marsh, P.(2004) Mass–Produced for Individual *Tastes*, *Financial Times*, 22 April, 12.

Westbrook R.and P.Williamson (1993) Mass Customisation: Japan´s New Frontier, *European Management Journal*, 11(1), 38–45.

Anonymous(2011) The Printed World, *The Economist*, 12 February, 69–71.

Madden, C.(2007) Coca–Cola Zero: The Real Thing or the Same Thing? *Irish Times*, 16 March, 12.

Ries, A.and J.Trout(2001) Positioning: *The Battle For Your Mind*, New York: Warner.

Dowdy, C.(2005) Advertisers Smoke Out Images of Pipes and Slippers, *Financial Times*, 7 November, 30.

Silver, S.(2003) Tequila Tries to Get Out of the Slammer, *Financial Times*, 22 May, 15.

Effie Worldwide(2011) Old Spice: The Man Your Man Could Smell Like, *Warc.com.*

Sauer, A.(2010) Media Too Quick to Label Old Spice Man a Failure, *Brandchannel.com*, 23 July.

第二部分

创造顾客价值

第6章　产品与品牌的价值创造
第7章　服务、关系与体验的价值创造
第8章　定价的价值创造

第6章 产品与品牌的价值创造

本章框架

- 什么是产品?
- 产品差异化
- 品牌化
- 创建品牌
- 管理品牌
- 管理产品与品牌组合
- 动态管理品牌与生产线：产品生命周期
- 新产品开发
- 新产品开发过程的管理

学习目标

在学习本章之后，你应该理解：

1. 营销术语中的产品意味着什么。
2. 产品与品牌之间的区别。
3. 产品差异化的其他方式。
4. 建立与管理一个成功品牌所面临的主要问题。
5. 如何管理多样化产品或品牌组合。
6. 产品策略如何随产品生命周期而变化。
7. 创新的重要性及新产品开发的过程。

营销聚光灯

奈斯派索

传统意义上，咖啡市场由两个主要部分组成，即主要消费速溶咖啡的家庭市场和消费在咖啡馆和消费酒吧里售卖的现磨咖啡的个人市场，特别是在欧洲，咖啡即意味着研磨咖啡豆产生的独特咖啡香气和i十足的风味。一些关键的趋势已经从根本上改变了家庭市场消费者的行为。首先是在家里而不是出去消遣的发展，推动了从名厨食谱到房屋内部设计每一项需求的改变。联系到消费者从茶到咖啡的快速转变，这意味着消费者对之前在家里喝过的咖啡变得越来越挑剔，而对更多美味咖啡产生新的偏好。而且，从电话到啤酒再到个人电脑的发展变化，所有的一切都呈现出一种个性化的趋势。这已经引起了一个新的业务——切块咖啡，其中雀巢的奈斯派索（Nespresso）一直是无可争议的市场领导者。

奈斯派索每个咖啡包内装有含量为5克的烘焙研磨咖啡粉，用于在独特设计的咖啡机中使用。为了在生产后保存6个月的新鲜度，包装被密封起来。与传统的、手工测量的意大利浓缩咖啡相比，奈斯派索系统具有易清洁和操作的优点。每个咖啡包相当于1杯咖啡，且消费者有8个咖啡品种可以选择。品牌的所有者雀巢并不从销售奈斯派索咖啡机中赚取利润——而是利润率高达50%的咖啡粉带来了业务的盈利。

奈斯派索最初定位于办公领域市场，但在这一领域的销量令人失望。就在那时，雀巢公司决定将目标锁定于更有可能成为挑剔咖啡饮用者的高收入家庭。为了获得百货商店和其他高端零售网点的支持，雀巢拒绝了通过超市进行配送的方式。该公司还开发了奈斯派索俱乐部，为客户提供不间断的接单、及时交货服务和个性化的建议。现在奈斯派索俱乐部在全球拥有700万名会员。利用客户关系管理系统来跟踪重度使用的客户，如果没有在预计的日期收到订单，这些用户能够被联系到，以确保他们的机器是正常工作的。该品牌已经定位于底气十足的高档市场。它的口号十分简单，是“还有什么?”并且广受欢迎的美国演员乔治·克鲁尼自2007年以来一直代言该品牌。他以温和、世故以及风度翩翩而著称，这被高端市场的品牌视为完美，雀巢现在希望其拥有更广泛的吸引力。

雀巢公司在产品创新和品牌建设方面的努力已经彻底改变了家庭咖啡的消费量。自2000年以来，奈斯派索品牌已经实现了年销售额超过30%的增长，并且通过在世界各地主要城市开放了超过200家奈斯派索精品店（零售店）而得到增加。虽然由于经济衰退，许多咖啡店竞争激烈，但家庭咖啡消费量依旧上升了17%，这种增长很大程度上归因于消费者对更昂贵的粉状咖啡的消费。

就像我们在第1章看到的，营销的精髓在于向顾客群体传递价值观念。产品和品牌通常是价值主张的载体。比如，柯达生产胶片，它的业务是让消费者收集和保存回忆。随着消费者通过手机和网络收集和分享回忆，胶片技术被数码技术所取代。35毫米的胶片和相纸打印这些老技术变得过时，30%的数码相机用户根本不打印相片。柯达一直试图通过专注于数码摄影领域来应对这些变化，但是变革的速度是如此之快，使得往日世界一流的品牌在2008年跌出了世界品牌前100位。同样地，你现在阅读的印刷书籍，可能成为一个过时的技术。2010年，亚马逊称电子书的销售第一次超过了印刷版本的书籍。你正在寻求的利益，即可以用不同的方式来学习如何营销，预测这些变化的类型以及开发出客户正在寻找的适当的解决方案，是市场人员的工作所在。

本章将解决以上所有问题。首先，我们先阐述术语“产品”的含义，并分析产品和品牌的区别，这是营销专业学生必须掌握的一个概念区分。然后我们综合考察现代品牌管理的诸多方面。许多企业拥有众多品牌，比如迪阿吉奥或高露洁这样的跨国企业，我们将考察如何管理这些品牌以及产品组合。产品需求可能迅速发生变化，所以我们也会讨论如何动态地管理产品和品牌。一个重要因素是创新和保证新产品的稳定供给，对此我们下文将进行探讨。

6.1 什么是产品？

当提及产品时，传统意义上人们倾向于将产品视作有形物品，如手机、等离子电视、水壶等。这些都是产品，而在营销方面，产品的定义则更加广泛。像乐高乐园之类的主题公园是产品，像博尔特一样的体育明星是产品（见插图6-1），潘普洛纳的奔牛节是产品，国际红十字会的筹款努力和自民党的政治活动也是产品。用营销术语来说，任何用于交换金钱的价值形式，无论是选票还是时间，都是产品。近年来观点的营销有增长的态势。例如社会营销是一个新的研究领域，其产生的原因是人们越来越努力推动对社会有益的事业，例如减少肥胖、酗酒和对野生生态的保护、人权等。

插图6-1　美国顶级篮球运动员勒布朗·詹姆斯已经敏锐地管理其个人品牌以赢得多个代言合同，如耐克、麦当劳和国家农场等

认识产品最有效的方法之一是结合有形和无形的要素（见图6-1）。一些产品主要是由有形成分构成，则拥有这些产品的公司其营销活动会重视这些有形元素。那些无形的要素通常被称为服务，而且在第7章我们将特别关注当通过服务、经验和人际关系创造价值的时候所应用的营销努力的类型。但重要的是要记住，几乎所有的产品价值都是结合了有形要素和无形要素的。苹果市场

创新了手持物品，如智能手机和平板电脑，但苹果专卖店的体验是其提供产品的一个重要组成部分。心理治疗师的咨询在很大程度上是无形的、精神性的活动，但它将在物理环境中进行，如咨询室（可能包含一个沙发）。

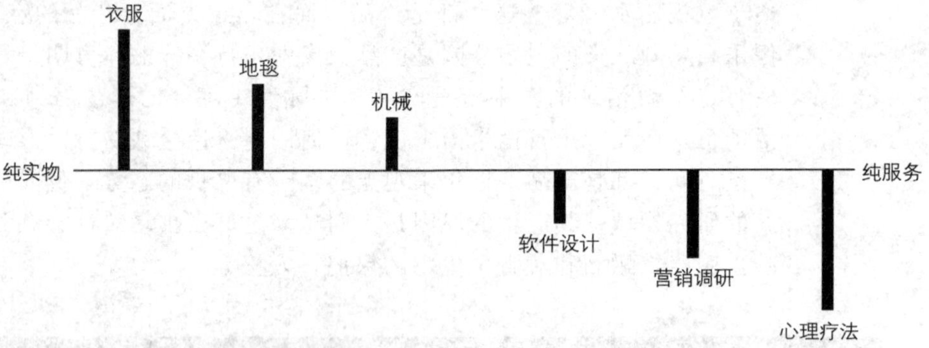

图6-1 有形产品-无形服务

接下来，需要被提及的是产品和品牌之间的区别。从上面的例子我们可以知道，一个产品可以是任何有能力通过提供某种形式的利益或价值来满足客户需求的东西。另一方面，品牌具有在复杂的竞争环境中将一家公司提供的产品与其他公司区别开的重要功能。单词品牌（brand）源自挪威单词“brandr”，意为燃烧，现在这个单词仍然指给牲畜作标记，以宣示所有权。正如我们将在下面看到的，品牌已经成为营销一个越来越重要的方面。由于这样的事实，产品之间的技术差异变得越来越小。例如，许多基本的电子消费品的竞争品牌，如DVD播放器，可能全部是在同一工厂的同一生产线制造的。该产品的技术特征基本是相同的——唯一不同的部分则是名称。在这些情况下，价值从实际产品中体现得较少，更多的是从品牌中体现。产品盲测特别能体现品牌对认知的影响，盲测中的消费者不能区分测试品，即使他们对某一品牌有很高的忠诚度。一些产品通常是通过品牌而不是产品名称被知晓，从这里可以看出品牌的力量超过了产品的力量。

6.2 产品差异化

为了充分了解产品的性质以及怎样最好地与那些竞争对手的产品区分开来，一个习惯的方法是从不同的层次来思考（见图6-2）。最基本的层次是产品提供的核心功用，即核心产品，比如汽车提供了运输，电话提供了沟通。如果核心功用可以用另一种最有效的方式满足，如我们上面提到的柯达，那么产品将迅速下滑。在核心功用的外围是消费者购买的“实际产品”，包括产品特性、款式等，这些构成了品牌。例如，内夫电炉是一个实际的产品，这是一个融合风格、功能和包装的设计以满足市场需求的产品。产品的第三个层次称为

“外延产品”。这是附加在产品上的额外功用，包括质量保证、附加服务、附加品牌价值（brand value）。比如新的雷克萨斯GS车型包括无键盘登录系统、空调前座、手机蓝牙接入、泊车辅助传感器，还有车尾电子遮阳板。产品差异化可以发生在这三个层次的任何一个层次。

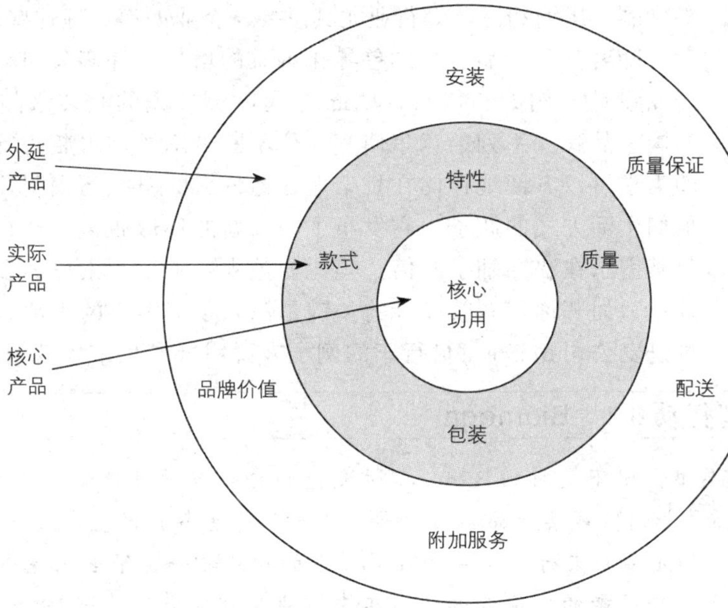

图6-2　产品的三个层次

6.2.1　核心差异化

最根本的产品差异发生在核心层，通常发生时，有显著的技术突破。因此，我们记录的核心功用已经从纸质日历转移到储存在电脑或手机等电子设备中，这给纸质制造商造成了重大影响，如Filofax公司。同样地，因为技术变革能够使消费者第一次从听唱片转变到CD，然后从CD转到数字化下载，所以音乐产业已经改变了很多次。第一个变化意味着音乐公司利润的显著上升，第二个变化，则意味着音乐公司利润的显著下降。由于战略思维的转变也会出现核心差异化。例如，多年来航空公司一直在试图通过如扩展航班的菜单项等实际的差异化竞争来超越对手。通过简单地再次关注核心功能，低成本航空公司的业务取得了巨大的进展，也就是说，仅收取将人们从一个地方转移到另一个地方的费用，去除任何额外的收费。

6.2.2　实际差异化

当组织的目标是在产品的基本元素如产品的质量、设计、特征或包装上竞争时，就会出现实际的差异化。质量是产品的一个重要方面，并一直与企业业绩正相关。它指的是这样一个事实：产品是无缺陷的，并且它满足客户的需求。在世界各地，大多数企业放眼国际标准化组织（ISO）质量方针的统一标准，通过其各种认证，如ISO 9001。类似全面质量管理（TQM）的运营系统被用来强调对品质的不懈追求。质量问题定期削弱企业的营销工作。例如，丰田是最知名的世界汽车品牌之一，但其部分汽车品牌的加速和制动装置在2009年和2010年被曝光了重大的质量问题。总之，共有超过900万台丰田汽车不得不被召回，这对品牌造成了损失而且其遭受了潜在昂贵的法律判决。产品安全在如食品、运输和医药等行业尤其重要。企业如何处理这些问题也是非常重要的。

随着基于产品特点的差异化困难的增加，许多公司转向产品的构成元素如产品设计。例如，依云（Evian）是欧洲领先的瓶装水品牌之一，但是由于不同国家品牌一系列的竞争使其地位不断被削弱。水瓶传统上是为了满足零售商的需求可以方便地存储在货架上，但依云的研究已表明，消费者想要一个适合他们生活方式的瓶子。它发布了一个新的环形瓶盖，并且在该瓶盖推出的这一年其需求在法国翻了两倍。其他如戴森、苹果和索尼等领先的公司以出色的设计能力而著称。有效设计的关键是深入了解客户的生活方式和偏好，这能够通过丹麦公司Biomega自行车的例子来说明（参见市场营销行动6.1）。

市场营销行动6.1 Biomega

批判性思维：以下是对由Biomega所进行的自行车设计创新的回顾。阅读并运用图6.2评估Biomega是如何实现其产品与其竞争对手产品的差异化的。

自行车失窃是城市自行车车主面临的最大的挑战之一，很多人试图通过大力投资于昂贵的锁定装置或选择很老的、便宜的自行车来解决失窃问题。丹麦公司——Biomega已经提出了一个革命性的自行车设计，在自行车结构框架中使锁与车一体化。如果一个小偷试图切断钢丝，那么该自行车就不能骑了，但是可以修复，这使得客户不需要携带额外的车锁。在波士顿命名并且融合生活方式推出的品牌，彪马（Puma），是在2009年推出的自行车品牌。它拥有时尚的设计，并且可折叠，便于运输。

Biomega在2010年推出了彪马的进一步五项设计，每个都融合了越野自行车、沙滩自行车、折叠自行车和定轮的设计。它们也为城市使用者能够在固定和单一齿轮之间切换进行了再设计，而且既针对男性使用者，也针对女性使用者。它们提供了120多个品种的零配件和颜色的选择，这为客户提供了有个性的自行车选择权。每个自行车允许客户选择或创建一个属于他们自己自行车名字的贴纸。这些自行车通过在线和专门的自行车零售商来售卖。Biomega仅仅将重点放在城市自行车的设计和开发上，而它的愿景是改变社会想象的城市交通的方式。它称自己为第一个将自行车当作是“一件郁郁葱葱的移动家具”的自行车制造商，并认为汽车是其主要的竞争对手。

包装涉及用于产品的容器或包装纸种类的所有这些决定。在过去，包装只是为了保护产品，但在现代营销中它具有更重要的作用，为了吸引消费者的注意、传递产品信息以及传达产品定位的要素。例如，苹果产品的包装非常独特，其专注于风格和极简主义。组织经常改变它们产品的包装，以作为其营销策略的一部分，但这是一个困难和危险的事情（见插图6-2）。例如，为了描绘出其产品和实际种植的农民之间更加清晰的联系，茶和咖啡公平贸易公司咖啡直达（Cafedirect）在2009年改变了其产品的包装，从而反映产品的真实性。一个主要包装的变化可能意味着现有一些客户不再认可或很难找到该产品。

旧包装　　新包装

插图6-2　康纳橙汁由左边旧包装到右边新包装的变化存在着争议。对于该包装，你有何看法?

包装也有几个重要的伦理维度。松弛的包装描述了产品被包装在过大的容器中的情况，这给人们这样一种印象，即产品包含的远多于它的实际情况。准确的标签也是一个十分重要的问题，尤其是在食品包装中。例如，在英国，"原产地"只是该产品被"显著改变"的最后一个国家。所以，来自希腊的橄榄在法国被榨成橄榄油，则会被标注成原产地为"法国"；在英国包装的外国进口产品，会被标注成"英国生产"。消费者应该警惕不准确的用语。例如，大学无糖烤豆（Bachelors Sugar Free Baked Beans）实际上每100克包含1.7克糖；作为低脂肪营销的Kerry Low Low Spread每100克包含38克脂肪；Walkers Lite薯片含有高达22%的脂肪。消费者团体试图建立那些已经被领先制造商和零售商拒绝的标签系统，他们支持建立一个给出成人对糖、脂肪和盐"每日摄取量指导"的系统。[4]同样地，欧盟立法旨在取缔模糊的说明，如"激发你的身心"（红牛）或"净化和恢复你的身体和灵魂"（康普茶）。

6.2.3　外延差异化

最后，组织可能选择产品的外延维度来实现差异化。大多数的差异化都发生在这个层次。公司正在不断寻找可以添加到产品上的新功能，这些新功能将带给它们在市场上进行竞争的优势。例如，手机制造商都在不断努力改善手机屏幕大小和分辨率、重量和便携性、导航功能和可靠性等方面。然而，这些类型的优势往往是短暂的，它们正在迅速地被竞争对手模仿或成为所有主要竞争对手产品的标准件。所以，公司正加大投入于那些不能被轻易模仿的无形变化。这些无形要素蕴含在品牌中，我们现在就开始介绍这个重要的决策。

6.3 品牌化

发展一个品牌是困难、昂贵又耗时的。我们已知道品牌能将企业与竞争对手区分开来，但是我们需要更细致地剖析品牌的好处。

6.3.1 品牌对组织的好处

强大的品牌对企业有如下好处。

（1）企业价值

强大的品牌能大大增强公司的财务价值。**品牌资产**的概念被用来衡量品牌在市场中的力量；高品牌资产能够产生有形资产的价值，能够为公司增加销售和利润。比如，雀巢为英国糖果制造商朗特里（Rowntree）支付了25亿英镑（36亿欧元），这相当于朗特里资产负债表价值的6倍。但是收购使得雀巢接管了朗特里旗下稳定的品牌，包括奇巧（KitKat）、花街（Quality Street）、薄荷森林（After Eight）和保罗（Polo）。

（2）消费者偏好和忠诚

强大的品牌对消费者的认知和偏好有积极影响，这反过来导致了消费者继续购买其青睐的产品。随着时间推移，像苹果、哈雷、维珍这样的品牌变成了知名品牌：消费者对品牌充满热情，忠诚不需要任何理由（参见市场营销行动6.1）。品牌忠诚度的强弱可以通过品牌更换（比如可口可乐推出新可乐）或者在品牌受到消失威胁时（比如都柏林的布雷（Bewley）咖啡馆）得以体现。

市场营销行动6.2 Facebook粉丝和品牌社群

批判性思维：以下是对Facebook粉丝页面发展的回顾。阅读文章并评估你目前在粉丝页面的哪个位置？为什么这些网页吸引了你？思考你对品牌或组织的忠诚度水平。

品牌社群的正式定义是“基于品牌崇拜者结构化关系的一种专门的、不受地域限制的群体”。一些品牌社群已经有组织地出现，而且在其他情况下，领先品牌试图创建社群的追随者。其中最著名的是哈雷-戴维森（Harley-Davidson）等品牌。

哈雷车友会——起初是为了反击与地狱天使相联系引起的对哈雷公司形象的损毁——拥有866 000个成员，组织骑车、训练课程、社会活动和慈善募捐。他们钻研摩托车杂志，穿着带有哈雷齿轮标志的衣服，看上去像是桀骜不驯的个人主义者。超过250 000人参加了2003年在密尔沃基举行的品牌庆典。

Facebook已经成为新的交流工具，每个品牌能够通过Facebook与其社群粉丝交流。在2011年Facebook最大的品牌粉丝社群是：

1.YouTube——3 990万个粉丝

2.可口可乐——3 110万个粉丝

3.迪士尼——2 620万个粉丝

4.星巴克——2 320万个粉丝

5.奥利奥——2 150万个粉丝

Facebook网页可用于品牌传播、比赛开展、投诉处理、新公告发布等。如视频和应用程序等原始的、娱乐性的及可共享的内容对于粉丝页的受欢迎程度是至关重要的。页面还提供了一个论坛，让粉丝们分享关于品牌的故事，来展示品牌如何是他们生活的一部分，并与志同道合的爱好者联系。

可以运用一些不同的标准来评估Facebook页面的整体效能。粉丝的总数是重要的，而且这些数字的趋势也是十分重要的。许多页面越来越受欢迎，而另一些页面则迅速地不受欢迎。这种结果受页面参与程度的影响，页面参与程度能够通过多种方式来测量，包括帖子的数量、评论的多少、参与比赛的情况等。对可能的负面评论存在担心的一些领先品牌不允许粉丝在它们的官方页面发表评论。这些公司更多的是将它们的页面看作是与客户沟通的渠道，而不是一个由品牌所有者和用户社群建立的论坛。因此，Facebook的页面能够让品牌所有者考虑，当实际中并没有品牌社群时建立一个品牌社群。真正的品牌社群让消费者与他们最喜欢的品牌之间有一个更高层次的联系和互动。

资料来源：Balwani（2009）；Shayon（2011）.

（3）竞争壁垒

消费者对顶尖品牌有强烈的积极认知，这意味着新品牌很难与之抗衡。即使新品牌在盲测中更优越，还是难以撼动市场领导者的宝座。这可能就是维珍可乐没能削弱可口可乐市场控制力的原因。

（4）高利润

引领市场的强大品牌很少廉价。家乐氏、可口可乐、梅赛德斯、苹果和英特尔都有一定的溢价，这是因为它们优越的品牌价值意味着消费者认可其高于其他品牌的附加价值。大品牌更容易得到订单，在拒绝零售商的打折要求时，它们更具优势。对美国食品品牌投资收益的研究支持了大品牌获利更多的观点。第一名的品牌平均收益率是18%，第二名为6%，第三名为1%，第四名为-6%。

（5）品牌拓展的基础

大品牌提供了消费者积极认知的基础与核心品牌向拓展品牌发展的良好愿景。例如百事极度（Pepsi Max）、红牛运动（Lucozade Sport）、斯米诺冰纯（Smirnoff Ice）和谷歌学术搜索（Google Scholar）。新品牌通过核心品牌的附加价值拓展获利。

6.3.2　品牌对消费者的好处

品牌也为消费者提供了各种各样的好处，如下所示。

（1）传播的特点和利益

首先，品牌是关于一个产品信息的来源。通过与品牌相关的营销传播，品牌传达出有关产品的信息以及产品能带来的好处，这些将帮助消费者作出购买的决策。相关的品牌元素也使消费者更容易识别产品。

（2）降低购买风险

正如我们在第3章看到的，当消费者购买时，他们经历了一系列的潜在风险，这些风险包括功能性风险（该产品没有达到预期的目的）、金融风险（产品的价格远远超过其价值本身）以及社会风险（该产品产生社交尴尬）。品牌降低了这些风险，这是因为消费者能够信任这些他们基于过去的经验所选择的品牌。

（3）简化购买决策

正如我们所知，我们生活在一个消费者面临着大量产品选择的过度传播的社会之中。合理评估所有这些选择是不可能的，所以品牌通过为产品提供快捷键选择，从而使消费者的生活更加简单轻松。消费者一次又一次对信任和喜欢品牌的购买提升了其品牌忠诚。

（4）象征价值

最重要的是，品牌为消费者提供了自我表现的机会。服装、音乐、汽车以及香水等品牌是消费者人格类型的强大指标（见插图6-3）。例如，最近的研究已表明品牌在表达试图成为潜在伙伴愿望时的作用。

插图6-3　拉夫·劳伦马球等品牌在其广告中利用名人如职业马球运动员伊格纳西奥·费卡洛斯来传达象征价值

品牌不仅仅是一种消费现象。它们也在产业和技术营销中变得越来越重要。例如，虽然很多人不能辨认出一个微型处理器，但是他们有可能听过英特尔——一个在品牌中投资巨大的世界领先的技术公司。但这并不是一件很简单的事情，正如微软在进军品牌建设时得到的启发。一场以微软创始人比尔·盖茨和喜剧演员杰瑞·宋飞为主要人物的广告宣传活动让许多消费者感到混乱。品牌在政治、流行文化和其他方面的广泛发展意味着品牌的道德问题已经变得更加重要（见伦理之争6.1）。

伦理之争6.1　品牌价值与品牌的价值

固有的品牌概念是价值的概念。消费者选择品牌是基于品牌给他们的某些价值。但是这种认知有多精确？比如，消费者购买某知名品牌的跑鞋，她购买的价值真的比不知名的廉价跑鞋更高吗？对品牌忠诚的消费者会说，名牌产品的质量的确对得起自己的牌子，但是研究表明并非如此。比如《英国体育医学》在2007年刊登了一项研究，表明3种品牌的中低价位跑鞋质量与高价位跑鞋在鞋内缓冲方面相差无几。本例中的高价品牌似乎没有更高的实用价值。

品牌批评者们指出，品牌并不提供实际价值，而是提供虚幻的价值。花大价钱买来的大品牌往往与一些普通品牌的产品没什么实际区别。消费者为名牌产品花更多钱，认为在质量和特性方面其要优于其他产品，可事实往往并非如此。走出困境的方式是理解什么才是真正的消费者价值。就像第3章谈到的，消费者选择产品的理由既理性又感性。品牌选择并不仅仅出于技术属性，还包含了个人和社会原因。如果一个品牌让消费者自我感觉良好，或者在朋友当中倍儿有面子，难道他不该购买么？消费群体关乎选择，消费者越来越多地掌握了做出明智决策需要的信息。但是尽管如此，关于品牌真正价值的争论仍会在未来愈演愈烈。

推荐阅读：Adamson（2006）；Klein（2000）.

反思：市场营销的批评者认为品牌的创建是没有必要的。考虑以上的观点，并谈谈你将如何应对。

6.4　创建品牌

创建品牌包括品牌命名，还包括品牌发展与品牌定位。

6.4.1　品牌命名

识别3种品牌命名策略：家族品牌命名、个体品牌命名和混合品牌命名。

家族品牌名称（family brand name）用在所有产品上——比如飞利浦、亨氏和谷歌。将所有产品都附上家族品牌名称的良好愿望是让所有产品都受益，是希望这个名称的广告也将促进所有产品的销售。风险在于如果一种产品受到不利舆论的影响或者不成功，那么所有的其他家族产品也会受连累，这就是所谓的“品牌保护伞”。一些公司创建品牌保护伞以保证其某系列产品的一致性，比如索尼为电视游戏机创建的PlayStation品牌。

使用**个体品牌名称**（individual brand name）不能识别出某家公司，比如宝洁在品牌中不用公司名称——金霸王电池、海飞丝、帮宝适、品客薯片等（见

表6-4)。如果公司认为每个品牌需要有分离的、不相关的标识，那么就需要这样的策略。在一些案例中，进入新市场时采用家族品牌可能损害**产品线**(product line)。一个著名的案例是李维斯开发新产品线时使用了李维斯精典(Levi's Tailored Classics)，市场调研获取的信息表明，消费者将李维斯品牌与休闲风格联系在一起，与其推出的时尚套装不匹配。丰田没有重蹈覆辙，进军高端市场的时候它放弃了家族品牌，使用了雷克萨斯这个名字。

在**混合品牌名称**的情况下，家族品牌与个体品牌结合，利用公司声誉的同时允许单个品牌被区分与识别（比如家乐氏的All Bran、诺基亚N系列、微软Windows XP)。

名称传达了印象，选择品牌名称的时候应当多加小心。比如雷诺汽车将某行政轿车品牌命名为塞夫兰，有研究表明这个名字容易让人联想到奢华、另类、高科技和时尚。百事将其健怡可乐命名为百事极度，因为其目标消费者是男性，健怡可乐容易和女性联系在一起，这个名字更有男子气概。因此，决定一个好品牌名称的一个标准是它能够唤起积极的联想。

另一个重要原则是品牌名字必须好记又好说。短的名字就很好，比如埃索(Esso)、壳牌（Shell)、达斯（Daz)、碧浪（Ariel)、抑草蓬（Novon）和迷你(Mini)。名字缩短的有趣例子正发生在网上。Facebook使用Montenegro-.me-for fb.me来作为域名。当然也有一些例外，比如哈根达斯，就是为了在美国推出的时候听起来比较欧洲化。一个品牌的名字可以表达产品的功用——比如好保镳（Right Guard，除臭剂)，阿尔卑斯·佳丽（Alpine Glade，空气和衣物清新剂)，海飞丝（Head & Shoulders，去屑洗发水）——或者用比较有特点的表达，像玩具反斗城（Toys 'R' Us)。技术产品可能从数字名称中获益（如奥迪A4、空客A380、雅马哈YZF R125)。这样在不同的国家和市场进行销售的时候不需要更名。

一些公司开始从事专业的品牌名称咨询。市场调研被用来检验关联、易记性、发音和偏好。从一些顶级域名的价格上就能看出品牌名称的价值：diamond.com（750万美元)，vodka.com（300万美元)，cameras.com（150万美元)。寻求法律咨询以保证不侵害已存在的品牌名称非常重要。品牌和商标经常引起一些有趣的争议，比如维多利亚·贝克汉姆禁止彼得伯勒联足球俱乐部注册其数十年之久的昵称“Posh”。更有甚者，一些公司试图得到品牌口号的法律权利，比如雀巢给奇巧的口号“休息一下”。

对一个品牌名称、品牌标志或交易性质的法律保护是通过商标注册完成的。因为品牌发挥着更多的重要性，所以会给予它们更多的法律保护。耐克的钩形标志、星巴克的美人鱼和苹果的图标对其拥有者来说都非常有价值，当这些注册商标被竞争对手复制时，其可以得到法律的保护。例如，苹果电脑赢了受指控的官司——披头士音乐公司起诉苹果电脑对苹果标志的使用。商标也需要在线保护。搜索广告法规允许企业使用商标作为关键词并显示在广告中，所以品牌所有者的商标保护成本不断增加。

表6-1总结了在选择品牌名称时的几个要点，而表6-2则展示了品牌名称的类型。

表6-1　选择品牌名称的几个要点

一个好的品牌名称应该：
激发正面联想
朗朗上口、容易记住
表明了产品功用
与众不同
强调技术的时候用数字
不侵犯已经注册了的品牌名称

表6-2　品牌名称的类型

人物：吉百利，玛氏，亨氏
地点：新加坡航空，德意志银行
描述：我无法相信它不是黄油（I Can't Believe It's Not Butter），婴儿商店（the Baby Shop），德国电信（T-mobile）
简略：奇巧，柯达，百忧解
唤起认知：艾格（Egg），橙子
品牌拓展：多芬除臭剂，维珍直线，顽童本性
外语含义：LEGO（丹麦语“好好玩”），Thermos（希腊语“热”）

6.4.2　品牌发展

建立成功品牌绝对是具有挑战性的营销任务。事实上，英国品牌前50强当中只有18%创建于1975年以前。这也说明品牌建立以后，都能够持续很久。表6-3列出了世界领导品牌，有一些其历史已经超过百年，可以说明品牌建立是长期行为。它需要吸引人们的注意力，产生认识，传递品牌价值。建立消费者忠诚需要很多年，这就是为什么亚马逊和谷歌迅速建立品牌声誉值得我们尊重。与此类似，韩国三星从原来生产廉价电视和微波炉的企业，变成了生产手机、存储芯片、平板电脑的全球领先的优质品牌。为了实现这个目标，三星花费了30亿美元的营销费用，用广告显示出公司的超凡技术，产品广告植入《黑客帝国2：重装上阵》，赞助雅典奥运会增加了其品牌认知度。三星的品牌价值已经超过了曾经处于统治地位的索尼。表6-3见证了曾经辉煌一时的品牌的衰落，像福特、盖璞、诺基亚、戴尔和摩托罗拉，强大的新品牌，如威士卡、黑莓和安联的崛起。管理层必须自始至终都保持高价的品牌投入，这样才能建立并保持品牌的市场地位。不幸的是，短期缩减支出很具有诱惑力，特别是在经济形势不好的时候。为了品牌的生存，必须拒绝削减支出，这是因为它是股东权益的支柱之一。

表6-3 全球最有价值的20个品牌

	公 司	2010年品牌价值（10亿美元）	公司所在地	较2009年变动（%）
1	谷 歌	114.26	美 国	14
2	IBM	88.38	美 国	30
3	苹 果	83.15	美 国	32
4	微 软	76.34	美 国	0
5	可口可乐	67.98	美 国	1
6	麦当劳	66.00	美 国	-1
7	万宝路	57.05	美 国	15
8	中国移动	52.62	中 国	-14
9	通用电气	45.06	美 国	-25
10	沃达丰	44.04	英 国	-17
11	中国工商银行	43.93	中 国	15
12	惠 普	39.72	美 国	48
13	沃尔玛	39.42	美 国	44
14	黑 莓	30.71	加拿大	12
15	亚马逊	29.46	美 国	29
16	联合包裹	26.49	美 国	-5
17	乐 购	25.74	英 国	12
18	威士卡	24.88	美 国	52
19	甲骨文	24.82	美 国	16
20	威瑞森	24.66	美 国	39

资料来源：排名前100的品牌。

6.4.3 品牌定位

图6-3的分析框架可以用来剖析品牌当前的市场地位，以形成新的品牌定位战略。市场定位的强度建立在6个要素之上：品牌范围、品牌传统、品牌价值、品牌优势、品牌个性和品牌映像。第一个要素，品牌范围，对应着目标市场选择（品牌竞争的场所）；另外5个要素为创造清晰、有区别的优势提供了可能。下面对这些要素做简要拓展说明。

1.品牌范围：品牌的目标市场，也就是它在市场中竞争的区域。

2.品牌传统：品牌的背景和文化，说明它是如何成功（或失败）的。比如英国葡萄酒品牌荡恩教堂（Chapel Down），尽管英国没有酿葡萄酒的传统，但是依然很成功。

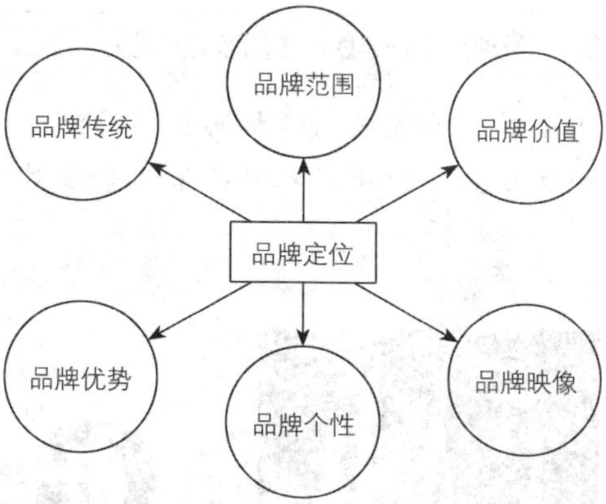

图6-3　品牌定位的结构解剖

3.品牌价值：品牌的核心价值和特征。

4.品牌优势：让品牌区别于其他竞争对手的特征（标识、特色、图案、关系等）。

5.品牌个性：品牌利用其他实体表现的特征，比如人、动物或物体。明星代言给品牌以个性。Michael Campbell穿着Kia Kaha的服装赢得美国高尔夫球公开赛之后，这家新西兰公司的产品获得大卖。

6.品牌映像：品牌与自我认知的联系；消费者购买并使用品牌之后如何认识自己（见插图6-4）。

插图6-4　芝华士威士忌品牌活动“带着骑士精神生活”意味着芝华士能给予他人回馈

市场营销行动6.3 盖普（Gap）标志的灾难

批判性思维：以下是对盖普失败的商标再设计的回顾。阅读并讨论何种程度的商标再设计对盖普问题是正确的反应。它应该采取哪些举措来应对？

之前　　之后

盖普是一个领先的美国休闲装品牌。盖普公司于1969年在旧金山成立，盖普针对男士、女士和孩子的休闲服及配饰已经在全世界变得十分受欢迎。然而，由于其快速的全球扩张、品牌管理中存在的问题以及竞争的加剧，盖普的销售额和利润在21世纪初开始下滑。其战略反应之一是在2010年为盖普品牌推出了一个新的商标。其标志性的蓝色方块标识被单词Gap所替代，在单词Gap中字母p后面有一个蓝色方框。

在更换商标的过程中，盖普采用了一个有趣的方法。它没有大张旗鼓而是悄悄地在其网站上发布了新商标，并等着看消费者和品牌的粉丝会有什么样的反应。几乎同时，新的标志很显然没有受到欢迎，并且被批评为平淡的、毫无新意的，而且更容易让人想起一个技术公司，而不是一个时尚零售商。一些尖锐的批评提出，这一评论最适合盖普——这一品牌已经迷失了方向，缺乏远见和创意！毁灭性的两个推特账户@Old Gap Logo和@Gap Logo彼此间开始了互相讽刺的"对话"，包括来自@Old Gap Logo的推特，说道"我被劫为人质了，请帮助我！"三天内，盖普已经在其网站上恢复了原来的商标，并声称它正在倾听并回应其粉丝的意见。然后，它提出了一个众包项目——邀请了盖普的Facebook粉丝和推特粉丝，让他们为其商标提供新的思路。但在另一个转折处，而且在短短七天内，盖普又宣布撤回其众包项目。

盖普新商标被推出然后被废弃的方式，令很多人声称这是公司的一个深思熟虑和聪明的策略，能够让工程师在新闻和社交媒体上宣传其品牌。然而，事后看来，很明显这是一个重大的标志重新设计的灾难。负责监督该项目的盖普北美区总裁马尔卡·汉森在2011年2月辞去了职务。

资料来源：Anonymous（2010）；Ritson（2010）；Sauer（2010）.

6.5 管理品牌

一旦品牌建立，就需要作出一些重要的管理决策。在这些管理决策中第一个是是否要延伸品牌。**品牌延伸**（brand extention）指在相同市场的新产品上利用已有的品牌名称。比如安乃定（Anadin）品牌名称延伸到相关品牌上：Anadin Extra，Ultra，Soluble，扑热息痛（Paracetamol）和布洛芬（Ibuprofen）。联合利华成功将多芬香皂品牌名称延伸到除臭剂（deodorants）、沐浴乳（shower gel）、液体香皂（liquid soap）和沐浴露（bodywash）。**品牌扩张**（brand stretching）指在不相关市场上利用已有品牌。在品牌延伸中最著名的例子是维珍品牌，其从维珍音乐（音乐发行）和大卖场（Megastores，唱片零售），发展成涵盖金融服务、模型制作及铁路旅行等200多个业务。

当一个组织进行国际化时，同一品牌是否可以跨越地理界限以同样的方式在市场上销售是品牌经理面临的一个重要的决定。经济联盟的扩大和业务的日益全球化是支持使用标准化或**全球品牌**（global branding）的战略力量，这有助于降低活动成本，并出现品牌的全球统一性。大型跨国企业采用不同的全球或本地策略。联合利华将跨越国际边界营销的品牌组合从1 600种减少到400种。同样地，奢侈品集团路易·威登从2000年的73种品牌削减到2006年的58种。其他公司则投入更多的精力在品牌更名上，比如玛氏将马拉松改成了士力架，宝洁将仙女牌洗衣液改成黎明牌，希望品牌名称在全球一致。

相比之下，德国消费品集团汉高则背道而驰。像联合利华一样，汉高也是通过兼并本地企业成长起来的，但是它并不集中兼并全球知名品牌，而是不断调整着本地和国际品牌。其主打的洗衣液品牌宝莹不适合美国市场，美国洗衣机一般都放更多的水，并且水温也比欧洲低，因此2003年它支付给Dial集团29亿美元，收购了美国洗衣粉品牌普雷克斯（Purex）。在个人护理产品系列Fa失败之后，它在美国花2.75亿美元收购了宝洁的除臭剂好保镳（Right Guard）、柔舒爽（Soft & Dri）和干爽梦（Dry Idea）。在它们看来，美国人倾向于抑制出汗，而欧洲大陆人却希望掩盖所有气味但不抑制出汗，这说明市场之间可能存在差异。

最后，两种品牌结合形成合作品牌是现在很流行的一种策略。合作品牌主要包括基于**产品的合作品牌**（product-based co-branding）和**基于传播的合作品牌**（communications-based co-branding）。基于产品的合作品牌涉及来自不同公司的两种或更多既有品牌所形成的一种商品，在该商品上消费者能看见各家公司的商标。它有两种变体，当两个独立品牌合力形成品牌时，称为**平行合作品牌**（parallel co-branding），比如惠普和苹果iPod形成惠普iPod。**部件合作品牌**（ingredient co-branding）是供应商提供产品的某个部件并在显著位置标示，比如U2发行专辑《如何拆除原子弹》时将其预装在了苹果iPod上面。英特尔是最有名的部件品牌，在全世界的个人电脑上都能看见那著名的标语“英特尔内核”。

基于产品的合作品牌有几个好处：第一，合作品牌联盟可以整合每个品牌的资源，提高价值，形成差异化。比如哈根-达斯冰淇淋与百利酒合作创造出的哈根-达斯百利酒香冰淇淋，通过独特口味增加价值，与竞争对手区别开来。第二，合作品牌可以针对某一目标市场推出产品。比如大众汽车与崔克山地车携手开发了大众捷达的特殊车型——捷达·崔克。车上装备了自行车架，顶上有一辆崔克（Trek）自行车，吸引了1 500万山地自行车爱好者。第三，合作品牌能减少产品推广成本，两个知名品牌结合缩短了消费者的认知、接受和适应的时间。

基于传播的合作品牌是指不同公司的两个或更多品牌为了合作宣传而结合在一起。比如一个品牌推荐另一个品牌，就像惠而浦推荐碧浪洗衣粉。联盟还能刺激兴趣，提供推广机会，比如麦当劳和迪士尼的合作，迪士尼给了麦当劳展示和推广新迪士尼电影的独家资格。传播同盟在赞助协议里非常普遍，比如壳牌商标出现在法拉利汽车上面。

无论在市场中用来差异化产品的基础是什么，产品管理的三个重要问题仍然存在，即管理大型的产品和品牌组合，随着时间推移对产品的管理以及开发新产品。现在我们来对每个问题进行分析。

6.6 管理产品与品牌组合

一些公司有很大的产品或品牌组合（见表6-4）。它们一般包含在公司产品线和产品组合之中。**产品线**是一组功能与其所产生的效益密切相关的产品的组合（比如戴尔的个人电脑或者三星的电视机系列）。产品线的深度是指在产品线中所提供的不同产品的数量。“产品组合”是公司品牌或产品的总和，它是产品线提供的所有东西。产品组合的广度是指一个企业提供的产品线数目。比如飞利浦提供了很多的产品组合，包括电视、视频设备、录像机、录音机、摄像机等产品线；在市场趋势变化面前，可口可乐与其竞争对手——百事可乐相比更为脆弱，因为它仅依赖于软饮料的销售，而百事却拥有很多的饮料和食品组合。

对品牌组合与产品线组合的管理过程称为**产品组合计划**（portfolio planning）。这是非常重要且复杂的工作。一些产品线可能很强，另一些很弱。一些需要投资帮助其增长，另一些能带来超额的现金收入。无论如何，企业必须决定如何分配有限的资源，以取得整体上的最佳效益。管理层特别需要决定哪些品牌要投资，哪些要维持，哪些要撤资。

波士顿集团（BCG）的增长-占有率矩阵是从战略管理中借鉴来的技术，它在产品组合与产品线决策中非常有效（见图6-4）。在矩阵中，产品组合被置于2×2矩阵中，两条轴线分别代表市场增长率和相对市场占有率。圆圈的大小反映了每条产品线带来的收入占比。纵轴代表市场增长率，它表示每条产品线所在市场的年增长率。比如图6-4中显示的是0%~15%，区间可以依据不同的经济状况而定。市场增长率被用来表示市场的吸引力。

横轴代表相对市场占有率，它是指每种产品相对于其最大的竞争者的市场占有率，它用来表示竞争力度。市场占有率的高低分界线为1。超过这个值，就表示该产品线的市场占有率要高于其最大的竞争对手。比如我公司产品拥有

表6-4　龙头企业的品牌组合样例

强　生	宝　洁	雀　巢	联合利华	欧莱雅	迪阿吉奥
邦迪	护舒宝	雀巢咖啡	奥妙	薇姿	健力士
露得清（Neutrogena）	Bounce	毕雷（Perrier）	Surf	加尼尔	百利
RoC	金霸王（Duracell）	维特尔（Vittel）	金纺（Comfort）	理肤泉	司木露
强生	潘婷（Pantene）	奇巧	家净（Domestos）	美宝莲	珍宝
碧碧（bebe）	帮宝适（Pampers）	花街（QualityStreet）	晶杰（Cif）	兰蔻	班德堡
可伶可俐（Clean & Clear）	丹碧丝（Tampax）	普瑞纳（Purina）	多芬（Dove）	拉夫·劳伦香水	摩根船长
阿伟诺（Aveeno）	佳洁士（Crest）	罗罗（Rolo）	蒂（Timotei）	赫莲娜（Helena Rubinstein）	酩悦香槟
娇生（Acuvue）	维克司（Vicks）	Nespresso	砍妮（Organics）	乔治阿玛尼香水	豪帅金快活
法莫替丁（Pepcid）	海飞丝	Carnation	家乐（Knorr）	卡夏尔	添加利金酒
泰勒诺（Tylenol）	吉列锋速（Gillette Fusion）	瘦身特餐（Lean Cuisine）	本杰瑞（Ben & Jerry's）	碧欧泉	Malibu
易蒙停（Imodium）	卡枚儿（Camay）	堡康利（Buitoni）	立顿（Lipton）	美体小铺	Archers
娇爽（Stayfree）	雨果（Hugo）	巧伴伴（Nesquik）	瑞谷（Ragu）	帝柔	Bells
皮兹布因（Piz Buin）	封面女郎（Cover Gril）	Libby's	Pot Noodle	丽得康	多尔红
贝尼科尔（Benecol）	古风（Old Spice）	Chef	好乐门（Hellmann's）		Bertrams VO
Reach 牙刷	品客（Pringles）	普瑞纳（Purina）	速瘦（SlimFast）		轩尼诗
	电动牙刷（Oral B）	喜悦（Friskies）	力士（Lux）		
	Naomi Campbell	醉尔斯（Dreyer's）	Impulse		
	鳄鱼（Lacoste）	波兰泉（Poland Spring）	百多利（Bertolli）		

40%的市场份额，而我们最大的竞争者拥有30%，那么在横轴上就表示为1.33。在矩阵中画出每种产品的位置，公司就可以开始考虑每条产品线合适的战略定位。

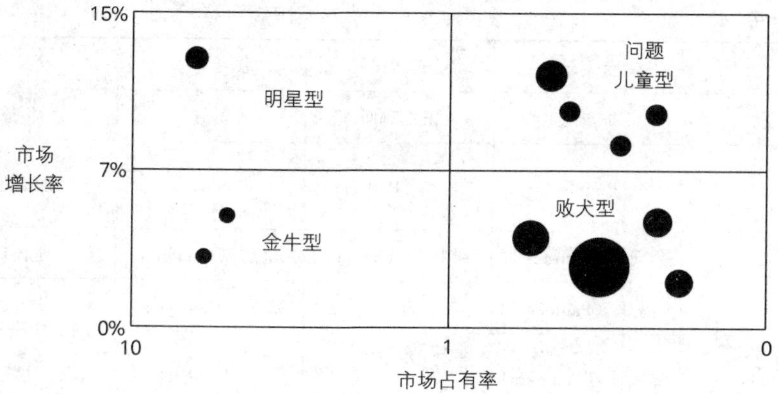

图6-4 波士顿集团（BCG）的增长-占有率矩阵

高增长市场上的领先品牌被称作明星型产品。它们已经取得成功，并且在未来的增长势头也不错。资源应当用于维持/提高其领先地位，击退竞争挑战。它们将是未来的金牛（见后文），应当予以保护。

问题儿童型（也称作问号）产品是现金消耗大户，因为它们的盈利能力低，而且需要资金投入来确保其赶上市场增长。它们被如此称呼，是因为管理者必须考虑是否继续投资。企业面临一个重大选择：追加投资将其变成明星型，或者通过收获（减少营销支出同时提价）或者放弃（撤资或出售）来撤出资金。有时，还有第3种选择：找到一个小的细分市场，获得市场领导地位。

在低增长的市场，高盈利、低投资、较高的市场占有率都意味着金牛型产品应当受到保护。因此，其战略目标是维持销售及市场占有率。产生的多余资金可以用于明星型、问题儿童型产品的建立和新产品的研发。比如C&C集团卖掉其软饮料业务（金牛型）得到2.49亿欧元，为其明星部门苹果酒融资。

败犬型产品是在低增长市场上处于弱势地位的产品。它们在增长阶段未能取得领先地位，如今在成熟阶段挣扎。那些在市场上处于第二或第三位置的品牌（金犬型产品）可能会产生小额的现金流，而对于另外一些，则可以把产品重新定位于利基市场。但对于大多数败犬型产品，其战略目标是收获暂时的正现金流，或者放弃以转移资源和管理的侧重点。

波士顿矩阵的优点在于简单易用。当所有的公司产品都被画在图上时，明星型、问题儿童型、金牛型和败犬型一目了然。资金配置在有需要的不同产品上，这样能维持产品组合的均衡。例如，帝亚吉欧（Diageo）全球最大的酒精饮料制造商为了专注于威士忌、伏特加和黑啤等全球知名品牌出售了诸如汉堡王等食品企业。但是波士顿矩阵也受到了众多批评，下面列举一些要点。

1.矩阵基于现金流来配置资源，但是盈利能力（如投资回报率）可能是更好的标准。

2.由于产品在矩阵中的位置取决于市场占有率，这可能导致企业恶性抢占市场份额。此外，市场的界定（进而决定市场份额）也非常困难。

3.矩阵忽略了产品的相互依赖性。比如，营销某贱狗型产品可能是为了补充某明星型或金牛型产品（比如零部件）。另外，顾客或经销商更愿意与能提供全套系列产品的企业做生意。因为他们陷入了一个特定的区域，所以基于这些原因而放弃产品是幼稚的。

4.让市场增长率代表市场吸引力，市场占有率代表竞争力度，这可能过于简化问题。

除了市场增长率和市场占有率之外，还有很多其他因素需要纳入考量，比如衡量市场吸引力时，要考虑市场规模、竞争者的强弱；衡量竞争强度的时候，要考虑可利用的营销资产、潜在成本优势。这些形成了更复杂的组合矩阵，比如麦肯锡/通用电气的市场吸引力/竞争地位矩阵，被应用于各类市场吸引力和竞争强度的衡量。

组合矩阵的主要贡献在于揭示一个道理：产品组合中的不同产品应该有不同的地位。比如要求明星型产品取得20%的投资回报率以达到盈利要求，只能导致投资不足。另外，要求金牛型产品取得20%的投资回报率可能就太低了。但是该模型只能作为管理决策的辅助工具，制定产品组合决策时需要考虑的其他重要因素并未全部纳入模型中（参见市场营销行动6.4）。

市场营销行动6.4　索尼的组合决策

批判性思维：下面是索尼公司产品组合中一些领先的产品线。阅读后将文中提到的产品线绘制在波士顿矩阵中，并对索尼公司的战略提出建议。

索尼是日本最著名的公司之一，它生产高质量小型电子消费品让世界拥有了随身听播放机和便携摄像机。但是过去几年里，公司一直在努力维持曾经的霸主地位，原因是索尼的太多产品不盈利，处于衰退期，也就是说产品组合里有太多贱狗型产品。

比如，索尼是顶尖级的显像管电视机制造商。2005年它卖掉了700万台电视机，该产品成为其最大的现金流来源之一。但是近年来，发达国家的显像管电视机需求大减，人们更喜欢平板电视，索尼将市场的领导地位拱手让给三星和松下等品牌。它现在已经进入家庭影院和平板电视领域，但是没有取得市场领导地位（问题儿童型）。它也通过Vaio品牌涉足个人电脑领域，但是又遇到了艰难选择。个人电脑领域价格竞争激烈，保持着低利润、低增长，索尼遇到了戴尔、惠普、联想等强势竞争者。由于Vaio品牌并不能与其他品牌严格区分，是否坚持这个业务成为问题。索尼经营的其他败犬型产品包括CD和迷你盘产品、车载音响和索尼化工——都是低增长或者夕阳产品。

公司也有一些具有广阔前景的部门。比如它的金牛产品——便携摄像机。虽然这个业务不再迅速增长，但是索尼是这个领域毫无争议的领导者，因为它生产绝大部分的产品部件，所以还能保持两位数增长。它近年的明星产品是电视游戏。PlayStation品牌是业内的知名品牌，2005年为索尼贡献了2/3的利润。随着业务的成熟，索尼需要保持控制地位，用PS3与Xbox、任天堂Wii竞争，使这个产品成为未来的金牛。索尼也有很多的问题儿童型产品，比如步行者MP3，尽管有较高的增长率，还是被iPod甩在后面。但是它的蓝光DVD很有可能成为新的明星产品。索尼成功说服许多好莱坞工作室用蓝光DVD替代东芝和微软开发的

HD-DVD之后，赢得了激烈的格式之战，在未来将驱动其高清DVD播放器和碟片的销量。

索尼展现出了企业产品组合的动态本质。往日的明星和金牛产品必须要有所舍弃，以便未来将资源集中在新的明星产品上面，因为消费者偏好和技术变革日新月异。

资料来源：Annonymous（2008）；Gapper（2006）；Nakamoto（2005）.

6.7 动态管理品牌与生产线：产品生命周期

产品线和单个品牌都需要长期管理。把一段时间内产品在市场上的变动情况概念化的有力工具就是产品生命周期理论。典型的**产品生命周期**（product life cycle）包括4个阶段（见图6-5）：导入期、成长期、成熟期和衰退期。

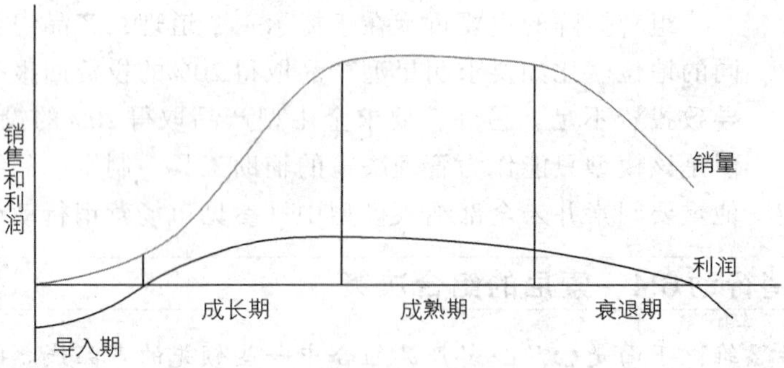

图6-5 产品生命周期

产品生命周期强调没有什么是一成不变的。比如对精致茶具需求的锐减导致瓷器和骨瓷产品制造企业的衰落，如皇家·伍斯特和皇家·道尔顿。那些以某种特定成功产品起家的企业，迷恋于某一种产品可能给企业管理带来风险。产品生命周期强调企业必须接受某些旧产品终止并被新产品替代的事实。否则，企业会发现自己置身于一堆处于生命周期衰退阶段的产品中。较好的产品组合既包括企业正在营销的处于成熟阶段的产品，也包括增长阶段的产品，还有计划在不久的将来推出的新产品。

产品生命周期强调将营销目标和战略看作产品经历各个阶段的过程。营销策略应当适应不同阶段的市场和竞争环境的变化。表6-5展示了每个阶段的典型营销策略响应方式。注意这是泛泛之谈，而非精确描述，但是它们确实强调了环境变化时营销目标和策略的要点。

6.7.1 导入期

当产品首次投放市场时，其销售额增长缓慢，并且由于巨大的开发和宣传成本，甚至会亏损。企业会监测产品的接受速度，如果不满意，就在这个阶段停止产品投放。

营销的战略目标是通过产品的市场扩张来促进销售。品牌目标是创造产品（品牌）意识，使消费者熟悉该类产品的一般功用。产品可能会很简单，它注

表6-5 产品生命周期内的营销目标及策略

	导入期	成长期	成熟期	衰退期
营销目标	建立	建立	保持	收获/设法变现
战略焦点	拓展市场	渗透	保护份额	效率
品牌目标	产品关注/试用	品牌偏好	品牌忠诚	品牌利用
产品	基本	差别化	差别化	理性
推广	建立关注/试用	建立关注/试用/重复购买	保持关注/重复购买	缩减/不再使用
价格	高	低	最低	提高
分销	零散	广泛	集中	有选择

重可靠性和性能，而非用各种特征来吸引不同顾客。促销会通过建立品牌与产品意识以及刺激试销等方式来支持品牌目标。广告在产品生命周期的初期会更有效一些（见插图6-5）。此阶段的典型特征是产品价格较高，因为开发成本大并且竞争水平低。由于新产品尚未在市场上取得成功，经销商对它会非常小心，所以销售也比较零散。

插图6-5 该广告是NGN针对电影下载的革新者和接受者

6.7.2 成长期

这个阶段的特征是销售额与利润迅速增长。销售额的增长是因为很快得到了市场认可，对于许多产品来讲，还会出现重复购买。在这个阶段的后期，竞争者瞄准快速的销售增长和有着巨额利润前景的双重利益而涌入市场，利润也随之降低。比如，网络搜索引擎业务曾经增长迅猛、利润丰厚，给谷歌这样的企业带来巨大回报。但是行业利润吸引了大量的进入者，比如Jeteye.com，Blinkx.com和Icerocket.com，它们提供了更新的搜索解决方案。类似的，在发达国家，饲养宠物的兴起带动宠物产品和宠物服务产业的飞速增长（见市场营销行动6.5）。成长期终结通常与“竞争出局”相关，弱势的供应商首先停止生产。

在此阶段，营销战略目标是提高销售额以及市场份额。战略重点应是通过建立品牌偏好进行市场渗透。为完成该任务，产品需要创新设计以求独特，宣传也应强调差异化所产生的功能上/和心理上的效用。关注与试用依然很重要，但促销重点应放在回头客上。由于开发成本降低，竞争加剧，产品价格会下跌，而消费者的需求增加和销售力度的加大将扩大销售。

6.7.3 成熟期

随着竞争饱和的出现，销售额将达到顶峰并日趋稳定，竞争出局加速。比如手机的接受率在一些西欧国家超过100%。竞争幸存者通过产品升级、广告、促销、打折等手段为市场份额而战，导致利润率下降，对市场跟随者而言尤其如此。在成熟期，有效品牌建立的需要很直观，品牌领导者处于最有利的地位，能够抵挡来自利润率的压力。在成熟市场里，谨慎的营销策略尤为重要。比如，星巴克在成熟市场里快速扩张（它在全球有30 000个零售店），导致市场饱和，咖啡店行业控制力下降，引致2007年盈利急剧下滑。

6.7.4 衰退期

在衰退阶段，由于新技术的出现和消费者偏好的改变降低了产品需求，销售额与利润也开始下滑。供应商会决定完全停产或是降低产量。促销和开发预算会大幅下跌，并且由于供应商试图维持（或增加）利润率，经销商会减少。消费者对平板电视的转向让显像管电视机不再受欢迎。比如迪克逊将显像管电视机的价格从2004年的1 300英镑降低到2005年的300英镑，但依然卖不出去。消费者通过网络安排旅行计划使英国旅行社的营业额大幅下滑。在2000年，英国旅行社协会（ABTA）拥有1 820名注册会员；但到2005年，已降至1 397名。

许多产品通过产品生命周期的速度是一个关键的伦理顾虑。例如，手机型号和计算机软件很快就会变得过时。快速时尚零售商Zara每两个星期即在其零售店变动服装的范围。对组织来说，当消费者需要重新购买更新的或者完全新的模型并放弃旧的产品时，这种“淘汰计划”是一个重要的发展前景。而批评者认为，基于消费者的立场，这种消费是昂贵的；而且基于社会立场，这种消费是明显的浪费。完全“符合目标”的衣服或计算机正在被淘汰，这仅仅是因为新的型号是可获得的。

像波士顿矩阵一样，产品生命周期也受到了诸多批评。第一，不是所有产品都服从经典的S形曲线，一些产品的销量骤涨骤跌。这对于像Rubik魔方一样的时尚产品是非常正常的，在20世纪80年代，销售量急剧增长，但随着年轻人的热情转向另一种产品，销售量迅速下降。轰动的电影市场有着相似的短暂生命周期。例如，《X战警：最后一战》在影院上映前4天总共赚得1.23亿美元，超过它后来持续上映4个月所赚得的钱。第二，产品生命周期的持续时间是不可预知的。产品生命周期给出了产品经历的4个阶段，但没有明确指出其持续时间。例如，电子书在产品生命周期的导入阶段就已经失去了活力，但在最终衰退前却超过了之前的预期。显然这限制了它的预测功能，它不可能预测到成熟期或者衰退期何时开始。第三，也可能是最令人担忧的，曾经有人讨论产品生命周期是市场营销活动的结果，而不是原因。显然，一种产品的销售量可能因为产品没有受到足够的市场注意或者已没有足够的产品设计或促销支持而裹足不前或者下降。批评它的人认为，利用产品生命周期理论，当正确的行动应该得到市场支持（例如产品的更换、定位加强或重新定位）时，它可能导致不恰当的行动（例如收购或撤销产品）。像很多市场营销工具一样，产品生命周期理论不该被看成是营销思维和决策的万能药，而应该看作管理决策的辅助手段。

虽然如此，品牌的动态本质和产品线仍将注意力聚焦在研发新产品和服务的关键营销战略上。这个问题我们将在下一节讲到。

市场营销行动6.5　宝路（Pedigree）狗粮

以下是对宝路狗粮营销的回顾。阅读它，并用表6-5作为指导，辨别宝路品牌处在产品生命周期阶段的哪个阶段并做出相应的营销策略建议。

宝路狗粮是玛氏集团宠物用品组合的一部分，玛氏集团的宠物用品还包括喵趣（Kitekat）、伟嘉（Wiskas）和希宝（Sheba）。这些品牌占玛氏集团近50%的营业额，另一个更出名的是其糖果产品的销售。宝路狗粮是世界上第一个狗粮品牌，之后一直扩展到如巴西、中国和俄罗斯这些由中产阶级增长推动的对宠物产品有着持续需求的新兴市场中。甚至在整个欧洲，狗粮也是一个每年以大约10%的速度增长的市场，某些细分市场如狗狗零食和零嘴等增长得更快。

为了充分利用这些不断增长的市场，宝路一直专注于提高其产品线的深度。其品牌延伸如宝路Dentastix帮助清理狗的牙齿，减少牙菌斑；宝路联合保健（Pedigree Joint Care）是一种含有omega 3、氨基葡萄糖和在其他产品中通常含有的成分的牛肉调味产品，该产品旨在减轻人的关节僵硬。产品包装都已经发生了变化，而且随着消费者对便利的日益寻求，一次性的袋包变得很受欢迎。

宝路一直以来将其狗粮定位于高质量狗粮，这是通过专注于其产品的质量和营养价值来实现的，其使用的口号“冠军是怎么来的”以及品牌的名字都体现出其质量定位。最近，该品牌已经转移到一个专注于口号“我们是狗狗本身”的全球定位方法，这旨在与业主建立情感上的联系，而不是仅仅谈论产品本身。因为考虑到由乐购和阿尔迪等大型超市售卖的自有狗粮品牌数量的增长，所以这种做法是十分重要的。它得到为狗狗收容所筹集资金的CSR活动以及防止虐待动物协会的支持。宝路收养行动于2006年在美国发起，该运动讲述一些世界各地数以百万计的狗狗收容所发生的独特故事，以进一步加强品牌和爱狗人之间的情感联系。

资料来源：Effie Worldwide（2010）；Skelly（2008）.

6.8 新产品开发

新产品的引入对于市场来说是公司蒸蒸日上的动力。顾客不断改变的偏好、技术上的进步和竞争的压力意味着公司不能依赖旧产品的成功。事实上，它们需要从事新产品开发项目和培养创新氛围来为新产品的成功创造基础。但是，新产品的开发本质上是有风险的。制药公司在推出一个适合市场的药品之前，需要研究数以百计的分子团；只有不到2%的电影能够获得80%的票房回报。然而，失败是可以容忍的，因为这是新产品开发的必经阶段。创新过程的结果之一是出现大量有趣的产品创意，这些创意从未获得商业成功以及被加入商品列表，例如排名前10位最无用的小玩意（见表6-6）。

表6-6 排名前10位最无用的小玩意

1.电动指甲锉
2.激光制导剪刀
3.电动蜡烛
4.苏打水机
5.足部水疗
6.奶酪火锅系列
7.卷发器
8.煮蛋器
9.电动除绒器
10.电雕刀

一些新产品与现有产品从根本上有很大的区别，甚至重塑了市场和竞争。然而，一款洗发水只有在它的品牌、香味、包装和颜色都全新时才能推陈出新。事实上，市场中有4大类新产品：

1.产品替代：这类产品大约占投放市场中的所有新产品的45%，包括现存产品的改进和改革（例如，福特蒙迪欧代替了塞拉）、重新定位（现有产品瞄准于新的细分市场，例如葡萄适）和成本缩减（现有产品被重新配置或重新设计以减少生产成本）。

2.对现有生产线的延伸：这类产品大约占投放市场的新产品的25%，新产品以增加公司现有产品线的形式出现，这样可以加大产品开发的深度。一个例子是维他麦将一个拓展品牌——Oatabix投放市场来抗衡其他的燕麦类谷物产品。

3.新产品线：这类产品大约占投放市场的新产品的20%，是进入新市场的一种新举措。例如，玛氏公司曾用一条新生产线把许多冰淇淋品牌投放到欧洲市场。这种战略扩宽了一个公司的产品结构。

4.世界性新产品：这类产品大约占投放市场的新产品的10%，创造了崭新的市场。例如电子游戏操纵手柄、MP3播放器和便携式摄像机，由于它们高度重视顾客的利益从而打开了新市场。

很明显，冒险和回报的程度因新产品的种类不同而不同。世界性新产品通常由于难以估测顾客的反应而要冒很大的风险。市场调查在预测顾客需求方面通常并不可信，因为只有产品进入市场，顾客有机会使用，才会了解产品的全部顾客利益。例如，红牛和雀巢咖啡机等产品最初的市场测试取得了非常负面的结果，但是后来其都成为全球的领导者。另外，在现有产品线上增加品牌变化不具有很大的冒险性，但也不会有很大的回报（见表6-7世界上最具创新性公司的名单）。

表6-7　世界最具创新性的公司

公　司	业　务
1.苹果	家用电子产品
2.谷歌	信息技术
3.丰田	汽车
4.通用电气	工业
5.微软	信息技术
6.塔塔集团	工业
7.任天堂	游戏
8.宝洁	家用产品
9.索尼	家用电器
10.诺基亚	通信

资料来源：《商业周刊》。

6.9　新产品开发过程的管理

新产品开发有3个不可逃避的事实：昂贵、冒险、费时。例如，吉列花了

1亿多英镑，用超过10年的时间研发Sensor剃须刀。这个新产品的概念是使用新技术开发一个非一次性剃须刀，沿着男士脸的轮廓线，只要刮几下，就能刮得很好（用两个安在弹簧上的白金加硬铬刀片）。这便催生了商业意识，因为这种剃须刀比一次性剃须刀更有利可图，有更多机会创造差别优势。如果这个品牌失败了，吉列在市场中将遭受不可挽回的损失。

图6-6展现了一个包括7个步骤的新产品开发过程，这个过程包括：产生构思、构思筛选、概念测试、商业分析、产品开发、市场试销和商品化。虽然新产品开发的现状比较混乱，但是每个阶段的活动对整个过程的限制使得更可能开发出既有效又有利于顾客的产品。但是我们应该指出，新产品的开发速度在每个阶段是不同的：有些产品在某一阶段滞留的时间可能很长，而有些则可能一晃而过。

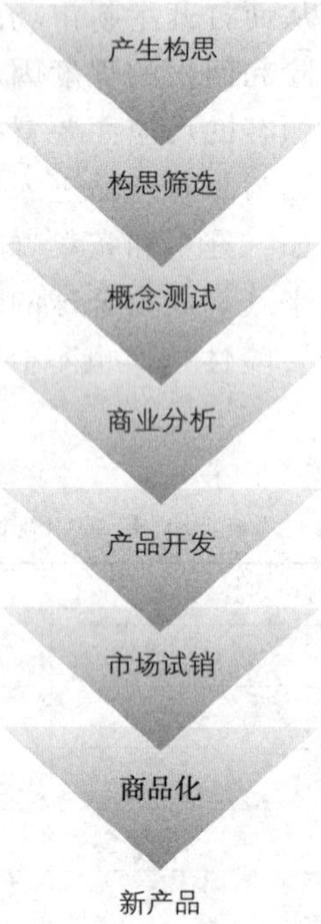

图6-6　新产品开发过程

6.9.1　产生构思

新产品构思可以来自企业内部，如科学家、工程师、市场人员、市场营销人员、设计师等。一些企业用**头脑风暴**（brainstorming）法刺激新构思的产生，用物质刺激法来鼓励员工提出自己的构思。3M公司的报事贴就是一项成功的产品，该产品来自一名员工的构思。这名员工本来只是想在赞美诗上标记要唱的歌词时防止纸片掉下来。由于3M公司内的创新文化，他想到了商业应用，便在公司做了一名产品推介人，结果这项产品上市后在全球市场获得了成功。

新产品构思还可以来自公司外部。宝洁的转变在很大程度上归因于其首席执行官（CEO）雷富礼（AG Lafley）设定的一个目标——公司50%的创新应该来自公司外部。考察竞争对手的产品可为产品的改进提供线索。经销商也可以是新产品构思的直接来源，因为他们与顾客打交道，乐于出售经过改进的新产品。新构思的另一个主要来源是顾客自己。现有产品可能满足不了他们的需要，但他们可能真的喜欢给出改进产品的新构思。例如，荷兰飞利浦电子集团，其雇用了人类学家和认知心理学家洞察来自各个国家的人们的欲望与需求，并将其收集起来，使之能够更有效地对抗亚洲的竞争对手（如以设计能力闻名的索尼）。网络社交是创新的一个有力来源，志趣相投的人将会为相同的商品分享新构思和新方法。像乐高和步行者等公司已经同消费者一起来进行新产品开发，开源软件运动是消费者主导创新的最有力的例子之一。

在组织市场中，有些顾客在他们自己的市场中是改革者和领导者，与他们保持密切联系很可能是一个富有成效的新产品构思的来源。这些“顾客领导者”会在其他顾客之前发现必须要改进的地方，因为他们有超前需求并且早于其他产品使用者遇到问题。最近的一些创新技术上，企业已经与领先客户进行合作，这些技术如通用电气光速VCT，它提供了一个跳动的心脏的三维图像；史泰博Wordlock，能够使用单词而不是数字挂锁。

IBM在2006年关于全球董事长的研究中发现，在所有人中，雇员是改革构思最重要的来源，其次是商业伙伴、顾客和咨询顾问。

6.9.2 构思筛选

有了新产品构思后，企业便要对它们进行筛选，评估它们的商业价值。一些企业采用正式的检查表帮助它们判断某个产品构思是应该摒弃还是需要做进一步评估，这能保证没有重要的标准被忽略。这些标准可以用来评估推荐的产品的市场吸引力，判断产品是否符合企业目标，是否与企业的生产及销售能力一致。另外的一些企业可能采用非系统的方法，在新产品开发委员会成员之间展开灵活的公开讨论，评估产品成功的可能性。

6.9.3 概念测试

一旦产品构思被认为值得进一步研究，就可以在潜在顾客中进行这种特殊产品的概念测试。这个概念可以进行口头或形象地描述，以便产品的主要功能能够被理解。在许多实例中，基本的产品构思会被扩展成很多个概念，通过在目标顾客中进行测试以比较每一个概念。这样，**概念测试**（concept testing）保证让顾客的观点一开始就进入新产品开发过程。潜在顾客的购买意向是判断是否值得进一步追求某个概念的关键因素。

6.9.4 商业分析

根据概念测试的结果和重要的管理决策，对销售、成本和收益进行评估，就是**商业分析**（business analysis）。为获得明确的价格，需要进行商业分析，这样可以确定目标市场、市场的大小，并反映产品在几年内的接受情况。此外，还应考虑多种定价及其对销售收入（和利润）的影响。通过确立一个暂定价格，商业分析还可以估计出销售收入。成本也需要估算，如果新产品与现有产品相似（例如品牌延伸），精确的成本估算就会很容易。而对全新的产品，成本估算则不会比猜测好多少。

在计算为抵消成本而需要销售的产品数量时，可以使用损益平衡分析确定项目在经济上是否切实可行。敏感度分析是假定不同的价格、成本和顾客接受程度，分析它们对销售额及利润的影响，它对商业分析也很有用。拟定“最乐观”“最可能”“最悲观”的情况来估计项目的风险程度。如果产品概念从商业角度看是可行的，那么就可以对市场营销费用和产品开发费用进行预算，产品开发的预算是根据让顾客关注并试用的费用和把概念转化成可售产品需要的工作而定的。

6.9.5 产品开发

这个阶段包含实物产品的开发。通常有必要把设计师、工程师、生产、财政和营销方面专家的技能结合起来，这样产品开发就会更快、成本更低，最后得到一个可以满足顾客要求的高质量产品。例如，营销在惠普的创新项目办公室中扮演着重要角色，该项目办公室中所有产品的设计都要求在头脑中牢记一个特定的“角色”，即被赋予名称、生活方式和个性的一个目标用户，进而确保在产品设计中保存产品相关的潜在用途。用目标成本计算法可以控制成本。目标成本根据市场中的目标价格计算，以工程/设计和生产目标的方式给出。

在许多行业中，一个关键的市场营销因素是通过缩短产品开发时间来缩短产品投放市场的时间。产品开发加速有两个原因：第一，诸如个人电脑、家用电子产品、汽车市场的变化太快，放慢速度就意味着要冒在产品投放市场之前就过时的风险。第二，缩短投放市场的时间可以创造竞争优势，虽然可能只是短期的，但它在持续期间还是非常有价值的。例如Zara缩短其产品投放市场的时间使它在时尚行业占有竞争优势（见插图6-6）。市场营销在产品开发阶段起着重要作用。研发和工程部门可能聚焦在产品的功能方面，但看上去微不足道的因素也可能对顾客的选择有重要影响。

产品测试集中在产品的功能方面和消费者的接受度上。功能测试在实验室和实际场景中进行，以确认产品的安全性、性能和贮藏时间。产品也需要在顾客中进行测试，以检查产品在使用中的可接受性。关注这一阶段可以避免随后昂贵的产品召回成本，例如我们之前讲过的丰田的例子。日用消费品采用内部产品安置的方式进行测试。“成对测试法”是测试时同时使用新产品与竞争对手的产品，让被调查者对新产品有一个评判的基准。此外，在两个（或更多）新产品的变体之间可进行测试。在测试的最后，给出一份调查问卷，搜集总体的偏好信息和具体特征的比较结果。例如两种汤可以在味道、颜色、气味和浓稠度方面进行比较。

6.9.6 市场试销

到目前为止，随着产品的开发，已经询问过潜在顾客的购买意向，但顾客还没有到真正付钱的时候。**市场测试**（market testing）比产品测试更进一步地

插图6-6 Zara产品投放市场的速度为其带来服装业的竞争优势

测试顾客的接受程度，这也是关键性的一步，可以说是迫使顾客付钱买商品。基本思路就是把有限的新产品投放到市场，以便评估市场中顾客的反应。有两种主要的方法：模拟市场测试和**市场试销**（test marketing）。

模拟市场测试可以采取多种形式，但原则是要建立一个现实的市场环境，抽样调查的消费者可以在公司（通常是市场调研公司）提供的一系列产品中选购。例如，可以让抽取的消费者，在一周去一次的移动超市中选购杂货。可以提供给他们一份刊登着新产品广告和促销活动的杂志，这种方法能测量关键的成功指标，例如渗透（至少购买一次新产品的顾客比例）和重复购买（再次购买者的比例）。如果渗透率高而重复购买率低，可以询问顾客为什么在试用之后拒绝购买。模拟市场测试作为市场测试的初步措施，可以发现一些问题，例如包装、产品配方等一些可在产品投入市场前被改正的问题，所以十分有用。这种测试也可以淘汰一些在市场中与对手产品相比表现十分糟糕的产品，对于这些产品就不再进行市场试销了。

市场试销是把新产品投放到一个或多个代表其目标市场的地理区域中。选择一些地区或电视台覆盖地区，把新产品卖给那里的分销商店，可以和竞争产品进行面对面的性能测试比较。市场试销是新产品开发的酸性试验，因为推销产品的方法与把产品投放到全国市场时一样，让顾客在新产品上市时愿意选择这个新产品而不选择竞争产品。这是比模拟市场测试更现实的测试，所以对销售渗透和重复购买的估计更准确。通过把市场试销的结果扩展到整个市场，就可以作出一份对新产品成功可能性的评估。然而，市场试销确实存在很多潜在问题。接受测试的城镇和地区也许不能代表全国市场，所做的销售预测也可能不准确。因此，当吉尼斯在市场试销它的延伸品牌吉尼斯健力士——一种低度的吉尼斯啤酒时，它选择了利默里克作为爱尔兰市场的代表地区。竞争对手可以通过激励经销商储存它们的产品，以此来拒绝给予新产品货架空间，从而使市场测试无效。市场试销也需要有足够长的时间测量新产品的重复购买比率，因为这是衡量许多成功产品的一项关键指标。市场试销最主要的优点之一是它所提供的信息有利于决策者作出“投放或不投放”的决定。

6.9.7 商品化

该严谨过程的最后阶段是在市场上推出产品。能够显示出该过程规模的例子是，惠普每年提出1 800个初始想法，而详细检查其中的200个，最后只有两个进行商品化。有效的商品化策略依赖于营销管理，企业可以根据目标市场（产品将要参与竞争的地方）做出清楚的选择，并能制定提供差别优势的市场营销策略（产品如何竞争）。这两个因素确定了新产品的定位策略，这在第5章已讨论过。

对**创新普及过程**（diffusion of innovation process）的理解是选择一个目标市场的有用起点。它解释了一种新产品如何随着时间被普及到整个市场。特别重要的一点是当产品被投放以后，不是所有市场中的人或组织都会愿意购买这种新产品。也就是说，市场中不同的要素会有不同程度的创新性，即人们愿意尝试新东西的程度不同。例如，有些消费者会比其他人更快地适应智能手机这样的新技术产品。企业在投放产品时，要瞄准创新者和早期采用者。例如，创新者通常是冒险者并喜欢与众不同，他们喜欢冒险尝试没用过的产品。在消费市场中，他们大多年轻、受过良好教育、比较自信、比较富裕，因此有钱冒险购买新产品。在组织市场中，如果创新比较昂贵，创新者多为一些规模大、获利多的企业以及有更先进的、受过良好教育的管理层的企业。它们可能自己就拥有生产新产品的优良业绩，可能在过去有过率先采用新产品的行为。通过这些特征，它们很容易被识别出。

总之，生产新产品和服务是确保企业长期成功的关键。这是一个有风险的活动，但也是一个很可能增加成功、提供新机会的系统性途径。

总　结

本章介绍了一系列有关产品和品牌营销的问题，解决了以下几个关键问题：

1.在市场营销方面，产品是任何能够为消费者带来效益和价值的东西，所有产品都包含一些有形和无形的元素。

2.产品和品牌的重要区别。产品是任何一种可以满足消费者需求的东西。品牌是公司与其他竞争者区分其产品的方式。

3.产品分为三个不同层次，即核心产品、实际产品和外延产品。搞清楚如何区分这三个层次的产品。

4.创建品牌的关键步骤包括品牌名字的决策、品牌发展和品牌定位。公司从家族、个体和混合品牌名称中挑选，发展品牌需要，对顾客的价值议题做出关键决策。

5.管理不同群体的产品和品牌的挑战以及在辅助管理过程中组合规划的作用。很多公司拥有自己有效的产品投资组合，需要确定其中哪一个应该投资，哪一个应该放弃。

6.随着时间的推移管理产品和品牌的挑战，以及产品生命周期的概念在这一进程中的作用。产品在不同的成长阶段需要不同的营销战略，尽管它也有弱点，但产品生命周期提供了一个有益的方法来思考这些决策。

7.新产品研发的重要性和产品从构思到商品化的过程。在整个主要阶段中都需要精细化管理，包括产生构思、构思筛选、概念测试、商业分析、产品开发、市场试销和商品化。

练习题

1.解释产品和品牌的区别。

2.列举出5个品牌名称。它们在多大程度上符合表6-1列出的良好品牌名称的标准？有没有一些名称打破了这些原则呢？

3.通过核心产品、实际产品和外延产品的视角来审视一个如瓶装水的产品。在该部分，什么类型的分化策略被应用在品牌中？你能否提出其他差异化的新来源？

4.产品生命周期理论是会更误导营销管理，还是会提供有益的思考？请予以讨论。

5.很多公司由复杂的商业部门群体组成，通常会有很宽的产品线。讨论营销人员应具备什么技术来管理这种复杂性。

6.概述新产品研发过程的主要阶段，识别导致每一阶段失败的可能原因。

7.访问 www.rdtrustedbrands.com。回顾在你所在的地区中，不同类别的品牌里最值得信赖的品牌。这些品牌是如何建立这种信任的？

课后阅读

Gerzema, J.and E.Lebar (2008) *The Brand Bubble: The Looming Crisis in Brand Value and How to Avoid it*, London: Jossey-Bass.

Gladwell, M. (2000) *The Tipping Point: How Little Things Can Make a Big Difference*, London: Abacus.

Hill, S., R.Ettenson and D.Tyson (2005) Achieving the IdealBrand Portfolio, *Sloan Management Review*, 46 (2), 85-91.

Holman, R., H.Kaas and D.Keeling (2003) The Future of Product Development, *McKinsey Quarterly*, 3, 28-40.

Kumar, N.and J.B.Steenkamp (2007) *Private Label Strategy: How to Meet the Store Brand Challenge*, Harvard Business School Press.

Moon, Y. (2005) Break Free From the Product Life Cycle, *Harvard Business Review*, 83 (5), 86-95.

在线学习中心

当你阅读本章之后，登录在线学习中心www.mcgraw-hill.co.uk/textbooks/fahy学习营销基础，在那儿你能找到链接和额外的有关在线营销的研究工具。

案例6 嘉士伯：一个标志性标语的变革

注：登录网站www.mcgraw-hill.co.uk/textbooks/fahy观看嘉士伯的“太空人”活动。

嘉士伯，世界高端啤酒品牌之一，成立于1847年，目前嘉士伯正在进行其最重要的改造。该公司已决定将标语定为“可能是世界上最好的淡啤酒”。嘉士伯集团对其旗舰品牌嘉士伯的新品牌定位得到一系列营销活动和创新的支持，同时在超过140个市场中推出，而且从包装到销售点以及其他营销传播皆可看到。全球活动将围绕标语“需要嘉士伯”进行开展。这次品牌重塑是全球淡啤酒改革的一部分，此次改革的目的是在当前和新兴市场中增加啤酒对年轻饮酒者的吸引力。

嘉士伯的历史

1835年，24岁的J.C.雅各布森（Jacobsen）在其父亲去世后全权接管了他父亲的啤酒厂。在1847年，为了应付不断增加的啤酒需求量，J.C.雅各布森建立嘉士伯。啤酒于1847年11月10日生产出来并第一次以嘉士伯的名字出售。嘉士伯淡啤酒无可争议是成功的，从第一次啤酒测试到1861年，产量从300桶增加到20 000桶以上。当嘉士伯的一个试验样品被送到苏格兰爱丁堡的一个杂货店之后，嘉士伯在1868年开始了首次出口。通过将技术引入酿酒业，雅各布森成为国际公认的酿酒先锋。在1873年，雅各布森被授予著名的酿造进步奖章。1878年在巴黎举办的世界贸易展览上，雅各布森重申了这一成功，在那里他获得了大奖。1875年，雅各布森成立了嘉士伯实验室研究麦芽、酿造和发酵过程，并且一年之后嘉士伯基金会对集团的组织结构仍然是重要的。今天，基金会是嘉士伯啤酒公司治理结构的重要组成部分。基金会必须持有至少51%的选票和25%以上的股份。

嘉士伯实验室一直处在酿造业突破的最前沿。在1883年，用于制造啤酒的酵母种类（卡氏酵母）是在嘉士伯实验室发现的。这一成果彻底改变了酿造业。雅各布森向遍布世界各地的啤酒厂提供新的纯酵母样品，而不是将这一发现作为维持竞争优势的源泉。这一点已经在嘉士伯的一些最新广告活动中进行了说明。实验室中其他引人注目的成就是发现了一个在食品和饲料中分析氮和蛋白质的方法、pH值概念的建立以及蛋白质动态特性的研究。实验室的最新成就之一是开发出一种新型的大麦。嘉士伯啤酒公司将新型Null-LOX大麦作为其竞争优势的来源，因为它能够长时间保持啤酒的新鲜，同时提供更好的泡沫。作为嘉士伯品牌全球重新推出活动的一部分，Null-LOX将首次应用在集团的嘉士伯品牌啤酒中，并且目前正在其市场中推出。

目前，嘉士伯是全球雇员超过43 000人的领先啤酒集团之一，拥有大的投资组合，包括500多个品牌。这些品牌在数量、价格、目标受众和地域渗透方面差异显著。该产品组合包括著名的国际高档品牌嘉士伯、杜柏（Tuborg）、巴尔蒂卡（Baltika）和克伦堡凯旋1664（Kronenbourg 1664），以及强大的本地啤酒，如Ringnes（挪威）、Feldschlösschen（瑞士）、拉芙（塞尔维亚）和乌苏（中国西部）。集团产品组合的力量被以下实际情况进一步突出了，巴尔蒂卡（Baltika）、嘉士伯和杜柏（Tuborg）位列欧洲六大品牌，其中巴尔蒂卡（Baltika）排名第一。克伦堡凯旋（Kronenbourg）也位列前10名。嘉士伯集团的品牌在150多个市场中销售产品。嘉士伯集团2010年销售超过1.35亿升啤酒（约400亿瓶啤酒），并在三个区域竞争：欧洲的北部和西部、东欧和亚洲（见表C6-1）。嘉士伯集团是欧洲北部和西部的第二大啤酒生产商，并在许多国家处于领先地位，在其他地区也处于重要地位。嘉士伯在东欧占据第一的位置，并指出其目标是成为全球增长速度最快的啤酒公司。

表C6-1 嘉士伯集团的金融信息

总价值（百万欧元）	2006年	2007年	2008年	2009年	2010年
销售量，总值（亿升）					
啤酒	100.7	115.2	126.8	137.0	136.5
其他饮料	20.2	20.8	22.3	22.2	22.5
销售量，比例（亿升）					
啤酒	72.6	82.0	109.3	116.0	114.2
其他饮料	17.5	17.8	19.8	19.8	19.3
利润表					
净收入	41 083	44 750	59 944	59 382	60 054
特别费支出前营业利润	4 046	5 262	7 978	9 390	10 249
净特别费支出	−160	−427	−1 641	−695	−249
净财务支出	−857	−1 201	−3 456	−2 990	−2 155
税前利润	3 029	3 634	2 881	5 705	7 845
公司所得税	−858	−1 038	312	−1 538	−1 885
合并利润	2.171	2 596	3 193	4 167	5 960
应得部分：					
非控制权益	287	299	572	565	609
嘉士伯啤酒公司股东	1 884	2 297	2 621	3 602	5 351

目前的全球啤酒市场

全球啤酒市场的现状反映出了全球的金融危机。全球啤酒市场增长放缓，从2005年至2008年期间的平均4.5%的增长到2009年的0.8%的增长。相比于平均人均消费66升的西欧和平均人均消费75升的北美，全球人均消费量仍然很低，只有28.7升。然而，大多数亚洲市场很少受到扰乱，仍保持着卓越的增长模式。例如，中国的啤酒市场在2009年增长了7.1%，现在几乎是美国啤酒市场的两倍。

啤酒酿造商

在过去的10年间，全球啤酒行业进行了大幅合并。在2000年，前10名酿酒公司占全球市场的37%。到2010年，这一比例已上升到63%。为了扩大销售，行业内的兼并使得出现了四个全球酿酒巨头：百威英博（Anheuser-Busch InBev）、南非米勒酿酒公司（SABMiller）、喜力（Heineken）和嘉士伯（Carlsberg）。2010年，这4个公司全球啤酒总消费量约占48%。

品牌和细分

几乎在所有市场中，高档啤酒品牌是超越主流品牌的，即使在经济不景气的时候也是。在某种程度上，这是由于消费者追求更好的价值。并行发展使烈性啤酒（含量在5.6%以上）不断成长。许多品牌正在远离它们的低端市场形象开始更高端的专业定位。

全球啤酒行业整合的悖论之一便是品牌扩展和品牌延伸，而事实上，还没有真正的国际啤酒品牌。新兴市场的增长往往是由本土品牌带动的，然而这限制了真正的国际化品牌的发展。

分销

经济不景气的最大后果是加速了本地消费的衰退以及外地消费的增长。在2009年，西欧的本地消费下降了6%。一般来说，在南欧和英国市场，本地消费占到啤酒总消费量的一半以上；而在北欧和东欧国家的外地消费更加普遍，约占啤酒总消费量的80%或更多。在亚洲，消费模式则比较零散。

前景

在2010年，全球啤酒市场显示出早期的复苏迹象，虽然并没有达到2008年以前的水平。嘉士伯预测在2011年至2015年，全球啤酒市场将平均增长2.8%。这符合每年增长2%到3%的全球啤酒预期消费量。全球消费量预计到2013年达到200亿升。然而，对不同地区潜在增长的预估是存在显著差异的。与世界其他地区的市场相比，亚洲将继续快速增长，并且预计到2015年，这将比欧洲和北美市场的总和还要多，将占到全球所有啤酒消费量近40%的比例。虽然有这样的增长，但是到2015年至2016年全球人均消费并没有达到人均多于30升，这表明在更长的一段时期拥有相当大进一步增长的潜力。嘉士伯在其年度报告中规划了它的中期营业利润目标，即欧洲北部和西部占到15%到17%，东欧占到26%到29%，亚洲占到15%到20%。嘉士伯最大的战略风险是消费税、法律限制、价格上涨以及大宗商品价格的波动。

变革的原因

那么，为什么嘉士伯推出了这项新的活动呢？嘉士伯著名的标语“可能是世界上最好的淡啤酒”最早由萨奇（Saatchi）于1973年提出，并且萨奇的画外音最早来自奥森·威尔斯（Orson Welles）。这个口号至今仍然受到欢迎，容易得到消费者的认可。然而，尽管全球品牌认知度高，但是嘉士伯啤酒的销量令人担忧。《华尔街日报》报道，嘉士伯品牌收入仅占公司总收入的10%，大部分的收入来自个人市场中当地啤酒的销售。嘉士伯毫不掩饰其将品牌建立成全球品牌的愿望，统一的形象和营销信息被看作是赢得更加受欢迎地位的关键。另外，在“全球化”过程中也可能存在大大节约成本的情况。

提出新标语的另外一个重要的原因是，“可能是世界上最好的淡啤酒”这句话并不能很好地翻译。与新标语联系在一起的有趣的幽默没有被消费者所理解，在某些市场中与啤酒质量相关的“可能”一词造成了混乱。考虑到嘉士伯在东欧和亚洲寻求新的增长，所以一个新的统一标语似乎是恰当的。然而，这种新活动代表着很大的风险，因为公司考虑到目前英国市场利润占到嘉士伯品牌利润的40%。为了防止负面效应，嘉士伯指出原标语将继续出现在英国的啤酒包装上。然而，描绘理想化日常生活的活动“如果嘉士伯确实这样实施”将会被取消。

新活动

嘉士伯品牌的全球重启于2011年4月5日宣布开始，之后经过了为期两年的进程。它投资不断扩大其品牌，以吸引新一代的饮酒者。品牌的新定位颂扬了嘉士伯的传统和价值观，同时又连接了当今活跃的、爱冒险的喝啤酒的一代人。该主张鼓励消费者“舞出真我和做正确的事”，用嘉士伯来奖励他们的事迹，并且传递标语“需要嘉士伯”。

新创新

嘉士伯啤酒公司热衷于强调其在科学发现领域丰富的文化传统。作为新活动的一部分，Null-LOX已经被开发出来了并正在其市场中推出。

新现代化形象

嘉士伯品牌的视觉形象已被现代化，旨在增加其对今天年轻成年消费者的吸引力。嘉士伯的视觉形象以四个设计原则进行开发：大胆的、真实的、现代的、平易近人的。丹麦的罗亚·克朗（royal crown）已经变得更加简单和更具特色，这使嘉士伯继续告诉消费者其真实性和一流的品质。自1904年以来所使用的占主导地位的绿色更加充满活力，而传统的黄金已经被更复杂的金银合金所取代。除此之外，该品牌的商标目前第一次共同传递着三个元素：啤酒明星、跳动的叶子以及嘉士伯第一次酿酒的地点和时间“哥本哈根1847年”。嘉士伯认为，包含这三个要素重申了品牌的品质、自然性和真实性。

新包装

传递现代化视觉形象的新包装目前正在超过140多个市场推出。嘉士伯正在推出一个压花瓶，该压花瓶将新颈状的标签作为瓶子设计的关键，应用于所有尺寸的瓶子。大多数啤酒瓶的特征是品牌名称被打印在椭圆形或矩形的纸标签上。而嘉士伯选择用将品牌名称压花在玻璃瓶上的方法替代传统的纸质标签。该特征的目的是既从货架上也从消费者手中将嘉士伯与其他啤酒品牌区分开来。嘉士伯啤酒公司也推出了一种更简单和更独特版本的皇冠图标。总体来说，新瓶是为了显得更加现代和精致，从而吸引年轻的目标市场。然而，像喜力等竞争对手也用绿色作为商标的底色，所以嘉士伯不能仅仅依赖于视觉识别脱颖而出。

新市场传播

全球嘉士伯营销人员可以利用350种不同的营销创作材料，包括90秒电影点和销售点。更新包装图形和印花瓶子的引入已经导致全球55条生产线进行了专门的改造。嘉士伯也创建了自己的音乐，将在不同媒体渠道中应用不同的风格和节奏。该品牌可以支付高达250 000英镑仅仅在一个市场中使用一支歌曲，所以该举措将显著节约成本。新活动与嘉士伯的国际设计竞赛不谋而合，是为了将嘉士伯啤酒屋转变成一个品牌体验中心以希望每年可以吸引500 000名游客。嘉士伯集团也宣布赞助欧足联（UEFA）2012年欧洲足球锦标赛。它还推出了全球首个数字化的活动，该活动内容涉及YouTube和Facebook，所有这些活动均强化了新标语。新战略是由Fold7创意机构设计的。首席执行官约尔根·布尔·拉斯穆森（Jorgen Bulh Rass-mussen）指出，到2015年至少要实现嘉士伯品牌利润的翻倍。

总　结

一些评论家已经将嘉士伯的这种决定贴上了“可能不是世界上最好的品牌重塑”的标签。新活动代表了这样一个观点，即消费者可以在个人层面上联系。新标语旨在发出新的声音，即与喜欢梦想和奖励自己的一个更加年轻的市场产生共鸣。在其对新品牌定位的过程中，嘉士伯将不得不警惕以防疏远在其北欧大本营的品牌忠诚者，并确保新运动背后的思想符合品牌的核心形象。在试图用一个单一的定位吸引全球的消费者时，它可能面临着失去所有消费者青睐的风险。在全球性品牌战略的重大投资表明了嘉士伯实现其旗舰品牌标志性地位的雄心壮志。该品牌重塑能够达到至2015年其利润翻倍的目标吗?

问　题

1.识别嘉士伯当前阶段的产品生命周期。

2.嘉士伯集团拥有超过500个在数量、价格、目标受众和地域渗透显著不同的品牌组合。概括出利用波士顿咨询集团（Boston Consulting Group）增长份额矩阵来管理嘉士伯集团品牌组合的好处。你会把嘉士伯品牌放在矩阵的哪个象限中?

3.利用图6-3（品牌定位的结构解析）来讨论嘉士伯标语对其品牌定位的效用。

4.理性评估嘉士伯运用单一的全球品牌战略的优势和劣势，并解释何为“全球化”方法。

该案例是由利默里克大学的大卫·科斯格雷夫从大量的出版物中整理而成的，用于课堂讨论而不是为了说明有效或无效的管理。

参考资料

Millar, J.and K.Kashani(2000)Innovation and Renovation: The Nespresso Story, *International Institute for Management Development*, IMD-5-0543; Teather, D.(2010)Clooney's Nespresso Steams Ahead With 35.5% Sales Growth in UK, Guardian.co.uk, 9 April.

Keller, K.(2003)*Strategic Brand Management*, Upper Saddle River, NJ: Pearson.

O'Shaughnessy, H.(2007)Getting a Good Look, *Innovation*, June, 26-30.

Pope, C.(2007)New Labels Hit a Red Light, *Irish Times*, 15 January, 13.

Hegarty, S.(2003)You Are What You Think You Eat, *Irish Times*, Weekend Review, 19 July, 1.

Roberts, K.(2004)*The Future Beyond Brands: Lovemarks*, New York: Powerhouse Books.

Healy, A.(2004)Campaigners Appeal for Cafes to be Rescued, *Irish Times*, 25 November, 6.

Balwani, S.(2009)5 Elements of a Successful Facebook Fan Page, *Mashable.com*, 30 March.

Shayon, S.(2011)BMW, Clinique and Audi Top Facebook Luxury Brands Ranking, *Brandchannel.com*, 6 June.

Reyner, M.(1996)Is Advertising the Answer? *Admap*, *September*, 23-6.

Anonymous(2011)I've Got You Labelled, *The Economist*, 2 April, 74.

Waters, R.(2008)Microsoft Says 'We're human too', *Financial Times*, 9 September, 16; Anonymous(2008)Postmodern Wriggle, *The Economist*, 13 September, 72.

Clingham, R., G.P.Arnold, T.S.Drew, L.A.Cochrane and R.J.Abboud(2007)Do You Get Value for Money When You Buy an Expensive Pair of Running Shoes? *British Journal of Sports Medicine*, October, 1-5.

Adamson, A.(2006)*Brand Simple: How the Best Brands Keep it Simple and Succeed*, New York: Palgrave Macmillan.

Klein, N.(2000)*No Logo*, London: HarperCollins.

Palmer, M.(2007)What's in a Name? A Lot if it's Your Domain, *Financial Times*, 14 March, 24.

O'Connor, R.(2010)Question Marks over Trademarks, *Marketing Age*, 4(1), 49-51.

Brady, J.and I.Davis(1993)Marketing's Mid-life Crisis, *McKinsey Quarterly*, 2, 17-28.

Anonymous(2005)As Good As It Gets, *The Economist*, 15 January, 60-2.

Doyle, P.(2000)*Value-based Marketing*, Chichester: John Wiley & Sons.

Richards, H.(2005)A Clothing Hit-On the Back of a Golfing Hero, *Financial Times*, 13 July, 16.

Anonymous(2010)Is This Clever Crowdsourcing or a Genuine Brand Gaff? *MarketingWeek.co.uk*, 21 October.

Ritson, M.(2010)Is this Gap's Idea of 360 Degree Branding? *MarketingWeek.co.uk*, 13 October.

Sauer, A.(2010)Gap Rebrands Itself into Oblivion, *Brandchannel.com*, 6 October.

Pandya, N.(1999)Soft Selling Soap Brings Hard Profit, *Guardian.co.uk*, 2 October, 28.

Brech, P.(2002)Ford Focus Targets Women with *Elle* Tie, *Marketing*, 8 August, 7.

Keller, K.(2003)*Strategic Brand Management*, Upper Saddle River, NJ: Pearson.

Brown, J.M.(2007)Soft Drinks Sale to Britvic Enables C&C to Concentrate on High Margin Alcohol, *Financial Times*, 15 May, 22.

See, e.g., Day, G.S. and R.Wensley(1983) Marketing Theory with a Strategic Orientation, *Journal of Marketing*, Fall, 79–89; Haspslagh, P.(1982) Portfolio Planning: Uses and Limits, *Harvard Business Review*, January/February, 58–73; Wensley, R.(1981) Strategic Marketing: Boxes and Basics, *Journal of Marketing*, Summer, 173–83.

Anonymous(2008) Everything's Gone Blu, *The Economist*, 12 January, 53.

Gapper, J.(2006) Sony is Scoring Low at its Own Game, *Financial Times*, 6 November, 17.

Nakamoto, M.(2005) Screen Test: Stringer's Strategy Will Signal to What Extent Sony Can Stay in the Game, *Financial Times*, 21 September, 17.

Vakratsas, D.and T., Ambler(1999) How Advertising Works: What Do We Really Know? *Journal of Marketing*, 63, January, 26–43.

Doyle, P.(1989) Building Successful Brands: The Strategic Options, *Journal of Marketing Management*, 5(1), 77–95.

Anonymous(2008) Starbucks v McDonald's: Coffee Wars, *The Economist*, 12 January, 54–5.

Rigby, E. and A.Edgecliffe-Johnson(2006) Dixons to Pull the Plug on Old Fashioned TV Sets, *Financial Times*, 19 January, 4.

Garrahan, M.(2005) Is this Journey's End for the Travel Agent? *Financial Times: Global Traveller*, 14 November, 2.

Effie Worldwide(2010) Pedigree Adoption Drive, *Warc.com*

Skelly, B.(2008) Man About a Dog, *Marketing Age*, May-June, 34–8.

Anonymous(2007) Endless Summer, *The Economist*, 28 April, 69–70.

Anonymous(2011) Fail Often, Fail Well, *The Economist*, 16 April, 66.

Booz, Allen and Hamilton(1982) *New Product Management for the 1980s*, New York: Booz, Allen & Hamilton.

Cooper, R.G. and E.J.Kleinschmidt(1986) An Investigation into the New Product Process: Steps, Deficiencies and Impact, *Journal of Product Innovation Management*, June, 71–85.

O'Dea, A.(2008) Open for Innovation, *Marketing Age*, September/October, 22–6.

Tomkins, R.(2005) Products That Aim Straight For Your Heart, *Financial Times*, 29 April, 13.

Parkinson, S.T.(1982) The Role of the User in Successful New Product Development, *R&D Management*, 12, 123–31.

Anonymous(2007) The Love-In, *The Economist*, *Special Report on Innovation*, 13 October, 18.

Lillington, K.(2008) Taking Invention Out of the Lab, *Innovation*, May, 32–4.

Lillington, K.(2008) Taking Invention Out of the Lab, *Innovation*, May, 32–4.

Rogers, E.M.(1983) *Diffusion of Innovations*, New York: Free Press.

Rogers, E.M.(1983) *Diffusion of Innovations*, New York: Free Press.

第7章　服务、关系与体验的价值创造

本章框架

- 服务的特点
- 服务企业管理
- 关系营销
- 体验营销
- 非营利组织的市场营销

学习目标

在学习本章之后，你应该理解：

1. 服务的性质和特点。
2. 服务企业管理的主要问题。
3. 服务质量的性质。
4. 关系营销的性质。
5. 客户关系管理。
6. 客户体验管理。
7. 非营利性市场营销的性质和特点。

营销聚光灯

熊熊店（Build-a-Bear）

第一个熊熊店于1997年在美国圣路易斯成立，迄今为止已有400多家店分布在世界各地。其理念相对简单——不是购买预先制作的泰迪熊，孩子们可以选择根据自己独特的喜好来制作一个泰迪熊。该公司的创始人玛克辛·克拉克解释其方法是使用麦当劳的例子。麦当劳的创始人雷·克罗克没有发明汉堡包，而是以一种更好的方式把它卖掉。同样地，熊熊店从一个仅销售不起眼的泰迪熊的产品企业转变为一个强调客户体验的服务企业。

进入一家熊熊店，其过程从“选择我”工作站开始，在这里，顾客先从仓库中选择一个毛绒玩具外皮，比如一个抱抱熊或闪闪发光的雪豹。在“听我说”这一站，客户可以选择一系列预先录制的声音或录下他们自己的话语，这些将成为他们新熊的声音。然后他们移动到“塞满我”这一站，在这里，孩子们将在熊熊“助理”的帮助下操作一个脚踏板来对玩具进行填充，从而达到其所需的“理想的拥抱性”。当你挤压这个生物时，所跳动的塑料心脏也包括在内。从这开始，客户将通过剩下的五站，包括“缝合我”站，在这里，熊熊会被附上一个条形码以防止丢失；“梳理我的毛”站，在这里，孩子们可以梳理自己可爱新朋友的头发；“给我穿衣服”站，在这里，各种各样的衣服和配件可供选择；最后是“给我起名字”站和“带我回家”站，在这里，泰迪熊会收到一个名字和出生证明并完成眼睛颜色和重量的挑选与制作。

采用这种自助模式给公司带来了很多好处。泰迪熊不需要预先生产或存积在仓库，从而降低了因儿童的偏好可能会迅速变化而导致产品报废的风险。每一个额外的项目都包括在一个定制的泰迪熊里，从而增加其最终的价格，结果玩具往往是溢价出售。并且，熊熊店的体验和娱乐元素，意味着它已经在家庭出游、孩子聚会，甚至在成年人买玩具给对方中成为流行趋势。该公司在2010年报告的利润为1.62亿美元，销售额为4亿美元。

熊熊店正在世界各地迅速扩张，拥有400家全资及特许经营卖点，遍布欧洲、北美洲、东南亚和澳大利亚。2007年，公司组织建立起熊熊店网站，在这里，可以让孩子们与他们毛茸茸的新朋友玩游戏、赚取熊熊票据，这个票据可以用来购买衣服和其他物品或与其他老客户进行交易。

在前面的章节中，我们看到几乎所有被提供在市场上的产品都包含有形要素和无形要素（见图6-1）。对于那些高水平的有形要素，我们倾向于将其看作产品；而对于那些高水平的无形要素，我们倾向于将其看作服务。各种各样的活动，如外出度假，去看牙医，接受教育和获得法律意见，都普遍被视作由其高水平的无形性所引起的服务活动。纵观诸多发达国家，服务业活动在一些国家的国民生产总值中估计达到60%至70%，远远超出了制造业和农业。这一水平的重要性以及一些独特的特点意味着服务是一个重要的研究领域。

7.1 服务的特点

服务有4个突出的特点，即无形性、不可分离性、可变性和不可贮存性，见图7-1。

7.1.1 无形性

服务可以被看作是一种行为、表现或者努力，而不是物体、装置或东西，因而服务是无形的。无形性可能意味着客户在购买服务之前很难对服务进行评估。例如在度假之前，人们根本不可能判断它能带给人的愉悦程度，因为在消费之前度假不能展示在客户面前，这点不像手机等实物产品。说到实物产品，客户至少有机会拿起一个新的产品，例如智能手机，并检查它的外观和感觉实物产品。因此，产品的特点是搜索属性（它们可以被事先检查），而服务则表现出经验属性（它们只有在被体验过之后才可以被评估），其结果是服务的选择往往风险更高。有些服务，例如医疗操作或汽车服务，具有信任属性，也就是说，它是无法评估的，即使已经被消耗掉也很难评估，这意味着这些类型的选择对于消费者来说是特别困难的。

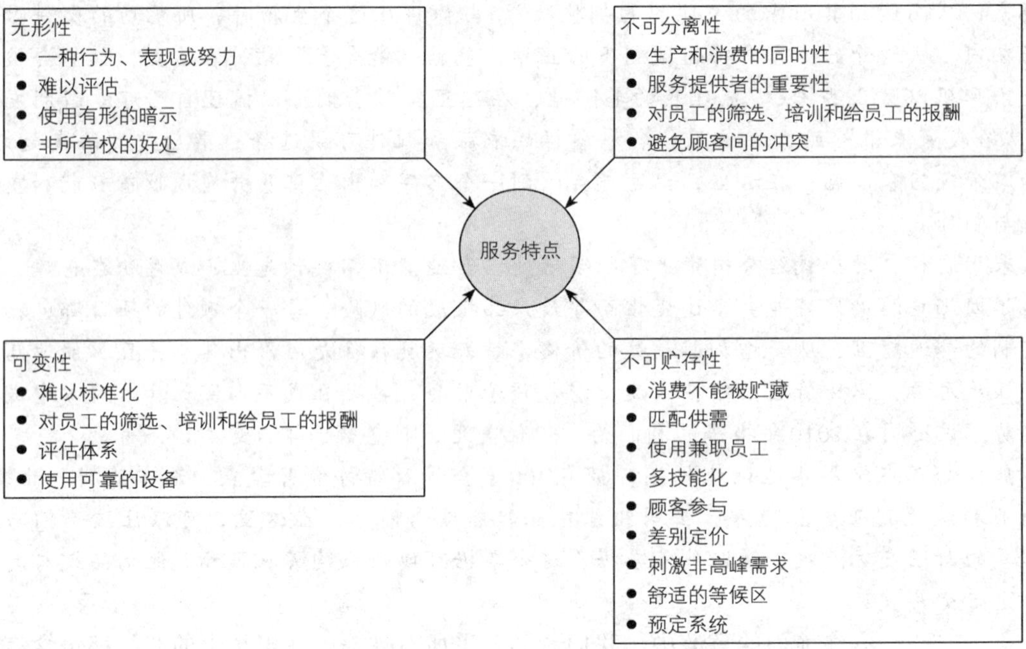

图 7-1 服务的特点

提供服务的人面临的挑战是使用有形的根据来暗示服务的质量。例如，度假公司可以给出度假地点的照片，出示满意度假者所提供的证据，提供宣传册中所包括的所有娱乐项目的详细情况（参见插图 7-1）。美国电脑服务公司 Geek Squad 的员工穿着短袖白衬衫、戴着黑色领带、徽章，开着颜色鲜艳的 Greek Mobiles 车，就很容易辨认。像酒店这样的服务公司则会在诸如房间的装修和员工的制服等有形方面做重大投资（参见市场营销行动 7.1）。

服务提供者的任务就是要提供判断服务质量的根据。麦当劳的做法是控制餐厅的实体环境，以及使用金色拱门作为品牌的标识。该公司提供始终如一的产品，有效地解决了客户在评估服务质量的过程中所遇到的困难。标准的菜单和订餐程序确保了顾客统一、简单的消费途径，同时还可以控制质量。

无形性也意味着顾客不能拥有一项服务。报酬是用来支付所体验服务或性能的。例如消费者可以租用汽车，可以进行手术。服务组织有时会强调非所有权的好处，如资金成本较低、费用支付的延后。

7.1.2 不可分离性

与商品不同，服务具有**不可分离性**（inseparability），即它具有生产和消费的同时性。例如理发、手术、心理分析、度假和流行音乐会等都是在生产的同时被消费的。而实体商品在被购买和消费之前还要进行生产、贮藏以及通过中间商分销。这就表明了服务提供者的重要性，其是客户所获得的满意度评价的一部分。服务提供者的行为对于重复业务具有决定性的意义，甚至超过了服务任务的技术效率。例如，服务提供者的礼貌程度和友好态度会大大影响客户对

插图7-1 这则来自nycvisit.com的广告是一系列“This Is”广告的第一个，旨在说明参观纽约市的景点。使用不同寻常的颜色和字体风格，使这些广告脱颖而出并展示了纽约的多样性

这项服务的感受。服务的提供不仅要在适当的时间和适当的地点，而且要以适当的方式进行。

通常，在客户眼中，复印机服务工程师或者保险业务员就是公司的代表。因此，这些员工就是前端服务人员，对他们的筛选、培训和所定报酬的多少，对于公司实现高标准的服务质量是至关重要的。生产和消费的不可分离性导致了另一概念——服务中关系营销的产生，我们将在后面的章节中作出阐述。在这种环境下，管理买者-卖者的关系对于有效的市场营销是很重要的，并且它只能在与顾客的关系中实现。

此外，服务消费肯定发生在其他消费者也在的场所，例如饭店、航空、铁路、公路和许多其他形式的娱乐场所。因此，享受服务不仅取决于所提供的服务本身，而且还取决于其他的消费者。所以服务提供者需要识别可能遇到的麻烦（如噪音、吸烟、插队），并且要采取适当的措施避免顾客间的冲突。比如在饭店的布局方面，餐桌间的空间应该合理，并提供禁烟区，这样发生冲突的可能性就可以降到最低。

市场营销经理不应该低估客户在其他客户的决策过程中所起的作用。在宜家商场进行的关于服务的相互影响的研究表明，几乎所有客户与店员之间的交流都与“地点”（如你能告诉我乘车点怎么走吗?）和“功能”（如这把椅子怎么用?）有关。然而客户间的交流还包括，对有关产品中所用材料的质量的看法，对床的大小的建议以及怎么找到店内餐厅，等等。很多顾客显示出具有一定的产品知识或专业知识，甚至可以和导购人员媲美。

7.1.3 可变性

服务质量会受到相当多的可变性的影响，可变性（variability）使得服务质量难以标准化（参见插图7-2）。由于同一连锁店的两家餐厅的经理和员工的能力不同，他们的服务也会不同。同一所大学的两门市场营销课程，由于讲师的水平不同，课程质量也会大不相同。实物产品的质量差异受控制措施的影响，包括生产集中度、自动化和出厂前的质检。然而，服务往往在多个地点展开，服务提供者在他们的态度（和疲劳程度）上也各有不同，而且服务受到生产和消费的同时性的影响。最后一个特征意味着服务错误（如粗鲁）不能在生产和消费之间被质检检查出来并改正，这与有形产品不同，例如汽车挡风玻璃雨刷的线向不正可以被检测并纠正。

插图7-2 The Kitchen Squad活动发现了宜家的改造厨房，并在设计和规划上提供建议，以帮助客户创建一个适合他们生活方式的厨房

服务质量上潜在的可变性强调了服务组织需要对员工进行严格的筛选、培训和制定员工的报酬。培训应重点放在增强员工对客户关系的处理上。应该建立一个评估体系，让顾客方便地反馈他们和员工在一起时的感受。一些服务组织，如著名的英国航空局，把报酬体系和顾客的满意度调查联系在一起，该调查的一部分是以员工所提供的服务质量为基础的。

服务的标准化是解决可变性问题的一种方法。例如大学的各个学院在开发课程时可以使用相同的软件平台。使用可靠的设备而不是人工服务，有助于标准化的实施，例如用自动贩售机提供饮料；用自动取款机来提供现金。然而，设备的可靠性和功效也需要特别的注意。例如，网上银行设备的安全性会影响消费者进行金融交易的意愿。

7.1.4　不可贮存性

服务的第4个特征是**不可贮存性**（perishability），即消费不能被贮存起来以备将来使用。今天没有被使用的酒店房间和飞机座位就意味着损失，这个损失是明天无法挽回的。如果一件实物商品没有卖出去，可以存起来以后再卖。所以，对于服务来说，协调供给和需求非常重要。例如，如果一家酒店平时具有较高的入住率，但周末基本上是空的，那么市场营销任务的关键就是提升酒店周末的入住率。这可能会涉及周末折扣，或者向入住酒店的人提供恰当的娱乐活动，如打高尔夫球、钓鱼或者徒步旅行等（参见插图7-3）。

服务提供者还可能面临这样的问题：在供给不足的情况下迎来需求高峰。实体商品提供者可在萧条时期增加存货以备需求高峰时期出售。服务提供者却没有这样的选择，因此需要相应的替代方法。例如可以通过在高峰时期使用兼职员工来增加供给弹性。多技能意味着可能要在多个任务中训练员工。超市员工应该既能爬货架，又能在高峰时期到收银台工作。服务提供者可以鼓励客户参与服务的生产过程（如酒店的自助早餐），通过差别定价鼓励客户在非高峰时期光顾以缓和需求（如下午场的低价电影和剧院门票）。如果不能避免延误，那么就让消费者更容易接受，如提供有效率的排队系统、有座位和免费点心的等待区。最后，可以像餐厅、美发厅和电影院那样，使用预定系统控制高峰需求和协调时间置换。

总体来说，无形性、不可分离性、可变性、不可贮存性共同将服务与产品区分开来。但必须记住的是它们之间没有严格的区分，在大多数情况下只是程度问题。例如市场调研需要提供调查报告（物品），调查报告中则包含了很多服务活动，诸如与客户的交谈、制定研究策略、访问调查对象、分析调查结果，等等。随着许多公司越来越难以区分以产品为基础的各家公司，服务组件提供了增加值。例如，在耐克专卖店的工作人员可能不仅仅帮助客户找到适合其的跑步鞋，他们还提供额外的服务，如步态分析及训练建议和跑步技巧——当然还有销售耐克其他产品！

插图7-3 来自西班牙的Vueling航空公司这样的广告体现了服务的不可贮存性

市场营销行动7.1 重塑假日酒店品牌

批判性思维：下面是对假日酒店品牌重塑的回顾，关注的焦点是对酒店有形设施的改变。阅读文章并联想另一个服务企业的例子。明确服务业中的有形资产并弄清楚它们是怎么升级的。

假日酒店是洲际酒店集团的一部分，而洲际酒店集团是世界上最大的酒店集团之一，在全球100多个国家拥有4 000多家酒店。假日酒店最初于1952年在美国创立，并且迅速在中产阶级中建立了良好的声誉。在持续为中产阶级服务的同时，它也瞄准了商务旅行者，并在这个拥挤的领域和其他许多知名品牌酒店竞争，例如Ramada Inn、Best Western、Quality Inn。它的姐妹品牌——假日快捷酒店则针对更有预算意识、更加节约的旅行者。

在2007年，洲际酒店集团决定利用与万豪酒店和希尔顿酒店等高端酒店之间的差距重塑假日酒店品牌。在这个项目中，洲际酒店集团共计耗资约10亿美元，并且每家加盟酒店的拥有者的最低投资为20万美元。这个工程预期每月改造150家酒店，并于2010年年底最终完成。整个重塑过程重点关注诸如酒店指示牌和大厅等硬件设施的升级改造，这些硬件对顾客进入酒店后的第一印象有着重要的影响。洲际酒店集团还花了两年的时间研发了专门的香水和专门的音乐来完善顾客对酒店的印象。假日酒店有柠檬香草等新鲜香味，并配有U2等乐队演奏的音乐。而假日快捷酒店则会有麝香、木香等，并配有Jack Johnson、John Mayer等人的舒缓的流行音乐。

重塑假日酒店的决定是在调查过18 000名顾客以后作出的，这个调查持续两年，耗资2 000万英镑。在有关酒店体验方面，硬件的有计划性投资说明了在提供服务上它们是多么重要。假日酒店期望投资会带来让人印象深刻的用户体验，同时增加客房收入。

7.2 服务企业管理

基于上面所描述的特点，服务企业管理涉及一些特殊的挑战。四个关键问题是实物证据、人、过程和服务品牌，我们现在来详细考察每一个细节。

7.2.1 实物证据

正如我们前面所见，客户通过检查实物证据（physical evidence）来确定一项服务可能达到的质量水平。例如潜在的客户可能通过从饭店的窗户向里看，来观察服务员的外观、饭店的装饰以及陈设品。零售店的环境在很大程度上取决于店内装饰，具有不同含义的颜色在培养顾客情绪方面也起着重要的作用。例如，美国宠物旅馆的接待区往往有植物色的柔软家具、扶手椅、宽频电视和装满狗食饼干的不锈钢碗。布置这些和它的标语“如家般舒适”都是为了使宠物的主人放心，使其认为当他们出门时他们的宠物狗能够得到很好的照顾。

服务环境的布置可能是效率和有效地为客户提供服务的市场营销这两者需要的折中。例如，试图在餐厅加一张桌子或在飞机上加一个座位，都可能导致其他客户不舒服。实物证据方面的改变往往是市场营销人员改变品牌形象的一部分。例如，麦当劳改变自身品牌形象的方法就是把灰绿色蛋形椅子和iPod置于它在欧洲的许多门店里以便顾客能够坐下来听歌。这使这家企业更像星巴克，而不是它的传统对手汉堡王。

7.2.2 人员

因为服务具有生产和消费的同时性，所以公司的员工在影响客户评估产品质量上占据了一个非常重要的地位。事实上，服务质量和服务提供者的质量是分不开的。航空公司SAS的领导John Cartzon将这种相互关系描述为真实瞬间。他解释说SAS每天面临65 000个真实瞬间，这决定了公司的成功。有关服务行业客户忠诚度的研究发现，在停止购买服务的客户中只有14%是因为他们对接受的服务感到不满，2/3的客户停止购买是因为他们发现提供服务的员工对他们漠不关心或者无益。

为了使服务提供者好好对待客户，这就需要他们的公司好好对待他们。这已经引发了有关服务利润链的想法，服务提供者有一个快乐的工作状态会使客户满意，并且最终会使企业拥有很强的盈利能力——这一格言已经被许多领先公司如维珍集团所采用。用以支持服务利润链存在的证据是复杂的，一些研究结果显示开心的员工和满意的客户之间存在相关性；而其他人发现，就盈利性而言，服务提供者有一个快乐的工作状态比客户满意更重要。因此，一个重要的营销任务是内部营销，也就是选择、培训和激励员工去提高客户满意度。如果没有这种类型的支持，员工的表现往往是可变的，从而导致可变的服务质量（正如插图7-4所示）。

插图7-4 像这样一个来自B&Q的服务企业广告会定期向公司职员展示。这种类型的广告针对的是员工（激励他们提供服务承诺）和客户（向他们保证，公司员工都在为他们服务）

选择合适的人是这个过程的起始点，这项工作产生的本质要求合适的个人品质。一旦选择好合适的人，就需要通过培训使招聘的员工适应工作要求和组织文化。接着通过社交活动使被招聘者感受到公司的文化和组织的任务。服务质量也受员工被授权程度和处理问题主动权多少的影响。例如，每位万豪酒店的员工能够主动使用最多不超过1 000英镑的资金来解决客户的问题。面临发怒的客户、有缺陷的供应系统和服务工作本身具有的枯燥性，员工要保持主动性是一项艰巨的任务。一些服务型公司会根据员工突出的服务表现颁发月度员工奖。奖金也是很重要的。例如，美国销售量最大的连锁会员制的仓储式量贩超市Costco和美国最大的连锁零售企业Wal-Mart竞争。它的工资报酬和工作条件远超主要竞争对手，它每年的员工流失率是17%，远低于这个领域70%的平均流失率。

7.2.3 过程

服务过程是指服务被获取的程序、机制和各种活动的流程。服务流程通常包含2个元素，即可见因素（产生于服务发生的地点，消费者可见）和不可见因素（消费者看不见，但对服务的完成至关重要）。例如，在餐馆里等待服务员是服务接触的关键部分，他们需要有良好的选择和培训。他们如何对待客户是服务体验的关键要素。但在厨房里发生了什么，即使它对于客户来说是不可见的，但也是关键的服务体验。服务流程的两个部分都需要认真管理。

服务过程决策通常涉及一些服务质量（有效性）和服务生产率（效率）的水平之间的权衡。生产率是衡量投入与产出间关系的一个指标。例如，如果用相同数量的员工（投入）来服务更多的人（产出），那么每名雇员的生产力已有所上升。例如，一个医生减少每个病人的咨询时间，或一所大学增加了辅导班的规模，这是冒着降低服务质量的风险提高了生产效率。显然，在生产力和服务质量之间必须有一个平衡点。有提高生产率而不影响质量的方法。正如我们前面所看到的，客户可以参与到服务提供的过程中，诸如自助餐厅和自助加油站，服务的供应和需求可以通过扩展接待能力或需求管理技术来平衡。

服务提供商对技术投资的态度也会对服务流程产生显著影响（见插图7-5）。由于上述人群提供的服务具有挑战性，因此公司已经开始寻找技术的解决方案。例如，银行已经使用自动取款机、电话银行和网上银行来提高每个周期交易的数量（生产力），同时减少了等待时间，提高银行设施的可用性（服务质量）。对于很多客户而言，这意味着服务不再是与银行代表，而是与一项技术进行接触。这可能在服务的一致性方面是有利的，但它也消除了与客户建立个人关系的机会，我们将在后面看到。技术所提供的潜力已经使一些服务供应商更专注于生产效率，而不是服务质量。企业投入巨资将客户服务外包给呼叫中心，其服务水平质量往往是可变的，从而使客户有挫折感和不满。

插图7-5 Xerox的这则广告展示了其技术在连锁酒店万豪的自动化发票流程中所起的作用

7.2.4 服务品牌

由于服务的无形性，品牌是至关重要的。正如我们在前面的章节中看到的，服务决策是很难作出，因为服务可能更注重于经验和信任属性。结果服务提供商的声誉变得更加重要，信任是促使客户作出购买决策的重要因素。服务供应商通过它们品牌资产的实力来进行区分。前面的章节曾提到品牌名称对有效的市场营销很重要。服务的品牌名称影响到人们对这项服务的感知。一项研究发现，成功的品牌名称有如下4个特点：

1.与众不同：马上能识别出服务提供者，并且使之与其他服务提供者区别开来。

2.相关性：传递服务的性质与服务的利益。

3.难忘：容易理解与记忆。

4.灵活性：不仅表达了服务组织目前的业务情况，而且具有一定的概括性，足以涵盖可预见的新投资。

成功的日本面食品牌——拉面道，字面翻译是淘气的野孩子，但是它与众不同的名字和服务证明它在外国市场具有吸引力。信用卡提供了有效的品牌名称的例子：Visa显示了国际化的观念，MasterCard则强调了顶级品质。很明显，品牌名称的成功主要依赖于服务组织许诺的服务能力。有时，服务品牌的名称也会发生变化，例如英国最大的保险公司Aviva放弃了存在200多年的Norwich Union brand；Eagle Star将它的名称变成了它母公司的名称Zurich（见市场营销行动7.2）。

服务品牌的维度可能很难传达。例如很难在广告上表明礼貌服务、工作努力和关心顾客。可以通过使用有形线索来解决这个问题，它可以帮助顾客了解和判断服务的好坏。例如酒店可以展示建筑、游泳池、友好的员工和幸福的客户；投资公司可以提供过去业务的有形证据；满意的顾客送来的推荐书也能暗示消费者将获得同样的服务。以丹麦为基地的连锁超市Netto，在广告上用来自6位顾客的推荐书来宣传在该店购物的好处。如果描述服务质量的外部交流涉及员工并且表现了员工怎样特别照顾客户的话，那么它也能影响内部员工。

由于服务的本质是从经验出发，口头传播就成了成功的关键。例如与去过某旅游胜地或酒店的人交谈比阅读《假日指南》要更具说服力。所以，促销必须承认选择过程中个人影响的主导作用，并且刺激口头交流。Cowell提出了4种方法：

1.说服对公司服务满意的客户向别人提供这一信息（如美国运通奖励客户为它们介绍更多的客户）。

2.制作材料，使客户能把它传递给其他人。

3.在广告活动中瞄准意见领导者。

4.鼓励潜在客户与正在接受服务的客户进行交谈（如大学里的开放日）。

7.2.5 服务质量管理

为客户提供价值的核心手段之一是把重点放在服务质量及如何提高服务质

量的问题上。各种组织都越来越多地利用对顾客满意度的研究来指导它们的营销活动。这种类型的研究范围可能从客户的评论卡到神秘的购物者，再到在线客户满意度的研究。在网络传播和社交网络的世界中，信誉服务较差的组织或没有有效地处理客户投诉的这些组织往往会被点名批评。相反，有研究表明，被评为服务质量较高的企业市场份额的增长和盈利性方面的表现会更好。然而对于许多公司高标准的服务质量仍然是难以捉摸的。感知质量差的原因有4个（见图7-2）。这4点障碍把对服务质量的期望值和感知水平与客户的期望值区分开来。

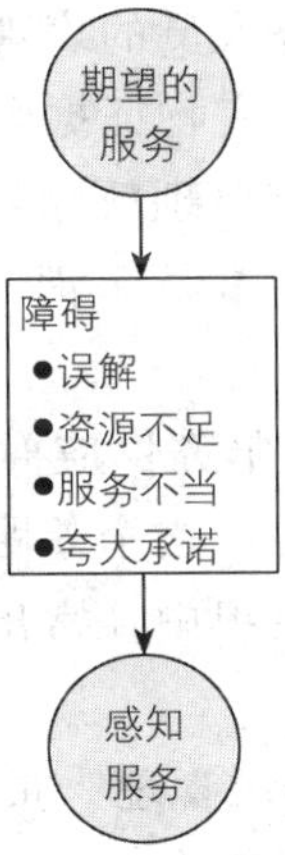

图7-2 服务质量的期望值和感知水平不一致的障碍

7.2.6 服务质量的期望值和感知水平不一致的障碍

误解障碍（misconceptions barrier）：这是源于管理者对客户期望的误解。缺乏市场营销调研，会使管理者误解客户在评估服务时使用的重要服务属性，以及顾客在评估时使用这些属性的方法。

资源不足障碍（inadequate resources barrier）：管理者可能明白客户的需求，但不愿意提供满足这些需求所需要的资源。降低成本、生产率集中都可能导致这种情况发生，或者仅是因为这样做不方便。

服务不当障碍（inadequate delivery barrier）：管理者也许明白客户的期望并且能够提供足够的资源，但是没有恰当地挑选、培养和回报员工，导致了服务质量差和服务的不一致性。这表现为交流技巧差、服装不合适和不愿意解决客户纠纷。

夸大承诺障碍（exaggerated promises barrier）：即便对客户的理解、资源和员工管理都恰当，承诺夸大同样会引起客户期望和感知间的差别。广告和买卖信息使顾客的期望达到一定高度，如果得不到完全满足，即使客户受到了较好的服务也会很失望。因而，在营销传播中，重要的不是过多的承诺。

7.2.7 满足客户的需求

提高服务质量的关键是了解和满足客户的期望。为此就需要对顾客形成这些期望的标准有清晰的认识，同时也要认识到顾客不仅评价服务的结果，而且还评价接受服务的过程。例如，对于理发的评价不仅涉及理发的质量，还涉及理发的过程。显然一名理发师不仅需要技术，而且需要能够与人进行礼貌的、让人感兴趣的沟通。因此，5个核心维度的服务质量已经确定。

1.可靠性：服务是否一致、可靠？

2.可信性：顾客是否信任提供服务的公司和它的员工？

3.反应性：服务人员对客户提出的问题、要求和疑问的反应有多迅速？

4.礼貌性：服务人员的表现是否友好？是否有礼貌？

5.实物：服务的实物证据管理得怎么样？如员工的外形、装饰和布局。

提高服务质量需要理解顾客的期望和上述障碍，这些障碍会导致预期和感知服务水平之间的差异。下面方法强调了4个差距，这是导致服务质量问题的主要原因。

差距1：客户对服务供应商的期望与服务组织中的高级管理团队所认为的客户期望之间的差距。这个差距是由高级管理者们过于远离客户造成的，这是一个特别是在大型组织中经常出现的问题。有效地研究客户的期望可以用来弥补这个差距。

差距2：这是高级管理人员的看法和他们为组织制定的服务水平标准之间的差距。所有的组织都有一些服务水平等方面的标准，例如电话应答的速度或应该在一天内修理的故障数量等。通过在规划期间确保客户服务目标是组织目标的重要组成部分，这个差距可以被弥补。

差距3：由本组织所设定的服务水平指标与一线员工所提供的实际服务水平之间的差距。这种差距可能是由于提供服务的资源不充分或选择、培训和激励员工不当。良好的内部营销实践可以协助弥补这一差距。

差距4：最后是公司在外部交流中告诉它们的客户所期望的服务与其实际上提供的服务之间的差距。因此，对于服务承诺要非常小心地进行管理。过度承诺会导致客户的期望上升，并且未能兑现这些承诺会导致不满。

总之，提高服务质量需要不断关注在服务传递系统中4个潜在的差距。这就是为什么提供持续高水平的服务是如此困难的原因，也是为什么只有极少数公司，像新加坡航空公司和万豪酒店这样的服务业领袖，才能设法实现这些目标的原因（参见插图7-6）。

7.2.8 服务补救

因为服务涉及人，即使在最好的管理服务系统中，错误也不可避免地会发生。服务补救策略的设计应该能解决问题和争端，使顾客对公司恢复信任，同时改进服务系统以保证类似问题不再发生。服务补救策略非常重要，因为如果不能补救服务中的失败和错误就会直接导致客户流失，同时对其他的客户和潜在的客户产生负面影响。这点在客户已经为服务支付了大量费用时显得特别重

插图7-6　新加坡航空公司”走遍全球”的宣传活动，展示了该公司优秀的服务质量

要，比如头等舱客户。

第一，服务补救策略应建立一个追踪系统来确认服务失败，因为不投诉的客户很可能就不再继续购买服务了，所以应该鼓励客户对服务中出现的问题进行投诉。

第二，应该培训员工以使他们能够应付顾客投诉。这很重要，因为研究发现成功地解决抱怨能使客户对公司的感觉比之前更好。例如，当P&O因为游轮Aurora号出现问题不得不取消一次环游世界的旅行时，它返还了客户的所有费用并且对于客户的下次预定给予折扣。许多乘客说他们计划将来还乘坐P&O公司的船只旅行。

第三，服务补救策略应该鼓励学习，以便服务补救中的问题能够被发现和解决。公司应该激励员工去发现问题和解决问题，这样经常出现的问题才能得以发现和解决。通过这种方法，服务补救策略才能改进对客户的服务，提高客户满意度和客户忠诚度。

市场营销行动7.2　安盛（AXA）：改变品牌主张

批判性思维：下面是安盛金融服务集团进行重新定位行动的回顾。阅读并批判性地评价品牌在服务企业中的作用。

安盛是一家总部设在法国巴黎的保险集团。它提供了生命、健康和其他形式的保险，以及投资管理，并进行整个西欧、北美洲和亚洲的运营。安盛最初成立于19世纪，公司通过收购新的业务而不断增长，并在1982年选择了AXA作为公司名称，因为它很容易发音和记忆，并且在其不断增长的全球市场上都可以使用。

在2005年，它试图成为首选供应商，无论是对于客户、商业合作伙伴，还是员工。它的主要任务是将其与所有提供类似产品和服务的竞争对手区别开来。它认为其口号"生命充满信心"不再是合适的。它对管理人员、员工和客户进行了详细的分析，并制定了新口号"重新定义/标准"，这将巩固其通过"可用"、"细心"和"可靠"而努力去赢得客户的信赖。新口号的另一个吸引力在于它的灵活性——它可以进行调整，读成"重新定义/汽车保险""重新定义/退休金"等。

然而，安盛很快发现，重新定位比简单地改变口号所涉及的东西更多。可用、细心、可靠的意思需要对员工在实践中加以阐明。同样员工就如何管理对待他们的期望值也发生了变化。因此，重新定位工作不仅涉及市场营销，而且还包括人力资源和传播管理。早期的证据表明，安盛努力成为首选的供应商获得成功，在2009年和2010年Interbrand保险公司排行榜中上升到第一的位置。

资料来源：Mitchell（2011）.

7.3 关系营销

服务的无形性意味着客户也可能与服务供应商有着密切的关系。例如，如果一个客户找到一个可以信任的组织，她可能想再找到这个供应商，这样就可以省去她每购买一次就进行一次新的信息搜索。这种关系也有利于服务提供商，因为人们普遍认为组织保持其现有的客户要比获得新的客户便宜。这些因素都支撑关系营销的发展，使关系营销近年来越来越受欢迎。

关系营销（relationship marketing）的概念能够运用到很多行业，但是在服务行业这种观念特别重要，因为在服务提供者和消费者之间经常发生直接接触，如医生和病人、酒店工作人员和房客。他们之间关系的质量常常会决定该关系持续时间的长短。但是并不是所有的服务都有维持长时间关系的可能。例如在国际机场需要公共交通工具的乘客可能永远也不会再遇到同一个出租车司机，而且对于出租车司机的选择也取决于该乘客在队伍中的位置，而不是自由选择。在这种情况下，交易——付给司机的现金——只是纯粹的商业交易，司机也知道重复购买的可能性极小。所以，服务组织需要判断什么时候最适合开展关系营销。下面给出了开展关系营销活动的条件：

1.客户对该服务具有持续的或周期性的欲望，如保险或电影院服务，殡葬服务不适用。

2.由客户选择服务提供者，而不是像在机场打出租车一样直接走进第一辆开过来的汽车。

3.客户有选择的余地，而不是像购买自来水一样，只能从社区内唯一一家公用事业公司购买自来水。

强有力的客户关系的存在对提供服务的组织和客户都有利。发展和维护强有力的客户关系对服务组织有6点好处。第一，增加购买。客户倾向于花得更多，因为随着关系的发展，信任在双方之间建立起来。第二，成本更低。有关吸引新客户的启动成本费用很可能会大大高于保留现有客户的成本。第三，终身价值。忠诚的客户产生终身价值。如果一位顾客每周在一家超市中消费80英镑，为超市贡献8英镑的利润，那么他30年内每年去超市45次，该客户的终身价值就是11 000英镑。第四，持续的竞争优势。关系的无形性不易被竞争对手效仿，这使得服务组织产生持续的竞争优势，参见市场营销行动7.3。第五，口头传播。对服务满意的客户能够带来额外的生意，因为在服务业中口头的传播推广具有重要作用。第六，员工满意度和保留率。满足的、忠诚的客户能够增加员工的满意度，进而减少员工流失率。

发展客户关系的这6点好处的最终结果是带来高额利润。一项对各种服务业的调查研究表明，如果一家公司降低顾客流失率，利润会直线上升。客户流失率仅仅降低5%，公司的利润就会增加25%到85%（取决于不同的行业）。原因是时间越长，忠诚的客户所产生的收益就越多，而维持现有顾客的费用要比赢得新客户的费用低。

形成一种长期的合作关系对于顾客也是有好处的。首先，因为服务的无形性使服务在购买之前难以评估，购买关系能够帮助顾客减少作决策时所承担的风险和压力。其次，强有力的关系能使服务提供者提供满足客户特殊需求的高质量服务，保持这样的关系能降低客户的转换成本。最后，客户能从这种关系中得到社会和地位收益。

关系营销策略取决于服务双方所建立的关系的程度。有一种框架，根据用来巩固关系的类型的不同，把保留策略分成了3个等级水平。

水平1：在这一水平上，关系的建立主要是通过经济刺激，例如对大量购买或者频繁乘坐飞机的人，在价格上给予较高的折扣，或者实行忠诚度积分的办法使其在将来享受到较低的价格。问题是使用这种方法获得可持续的竞争优势的可能性非常小，因为即使它们用频繁飞行或者忠诚度积分的形式加以掩盖，竞争者之间仍很容易彼此模仿这种价格上的刺激。

水平2：建立这一较高水平的关系，并非仅仅取决于价格刺激，因此提高了获得可持续的竞争优势的可能性。事实上，很多服务同时也是一种社会活动，本策略通过社会以及价格联系来建立长期的客户关系。客户成了委托人，使关系个性化，服务也是量身定制的。这种关系类型的特点是：与客户进行频繁的交流、寄送问候卡等个人服务、通过教育或娱乐活动（如研讨会或观看体育比赛）来提高核心服务。一些酒店保留客户个人喜好的记录，如最喜欢的报纸、酒水等。

水平3：这种高水平关系的建立是通过经济、社会和结构联合实现的。服务提供者为客户提供解决方案来应对他所面临的问题，结构联合把服务提供者和顾客连在一起。例如物流公司常向客户提供设备，而这些设备就把客户捆绑进了物流公司自己的系统。

7.3.1 客户忠诚度和保留率

关系营销策略将注意力集中在客户忠诚的重要问题上。在最基本的层面上，它已经表明忠诚度存在一个潜在阶梯，与客户的进展会向上或向下这一个阶梯（见图7-3）。基本上，公司的营销活动可能会围绕着试图将客户在这一个阶梯上向上移动，直到他们成为公司的倡导者或合作伙伴。倡导者是一个重要的群体，因为他们不仅购买一个组织的产品，而且他们积极将它推荐给他们的朋友和同事。在梯子的顶部是信任和支持该组织的合作伙伴，并积极地与它合作。

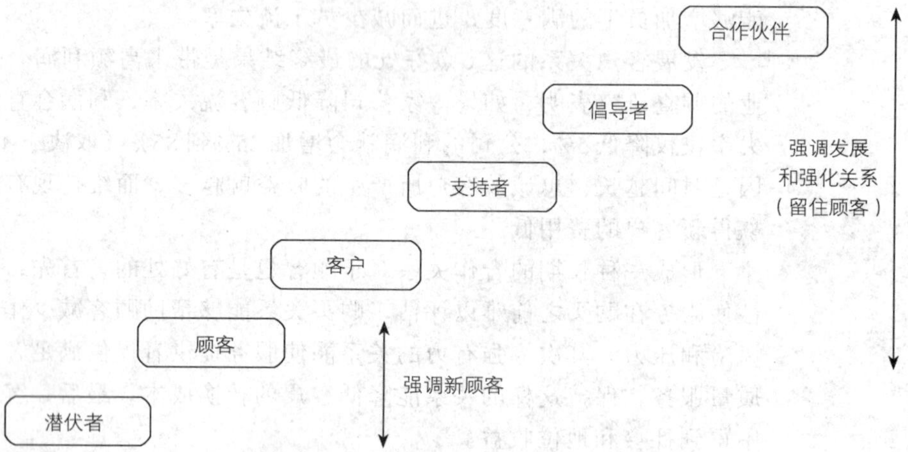

图7-3 忠诚度阶梯

资料来源：Christopher，M.C.，A.Payne and D.Ballantyne（1991）*Relationship Marketing*，Oxford：Butterworth-Heinemann，22.

忠诚度阶梯也有助于组织反映可能存在的不同类型的忠诚度。例如，一些客户可能会继续从事高层次的重复业务，但这可能会有惯性原因，而不是真正的忠诚原因。这已经发生在零售银行业务部门，消费者已经表现出不愿意变换。同样，许多组织运行忠诚度计划的目的是吸引和留住客户，基于纯粹的财务基础。再次，客户倾向于从事重复业务只是为了财务激励，这并不是真正的忠诚。构建真正的忠诚度需要深刻理解客户的需求，并愿意不断满足这些需求。

最后，客户忠诚度和盈利能力之间的联系在市场营销中是非常重要的。客户忠诚度的小幅增加与盈利能力的大幅增加之间的关系已经被证实。其原因是忠实客户会花更多的钱，而为这些客户服务的成本却较少。然而，其他的研究已经强调这种关系可能更复杂。例如，在某些情况下，长期的客户只是勉强有利可图，而一些短期的客户却非常有利可图。

7.4 体验营销

客户体验将提供服务质量和关系联系在一起，创造客户体验是组织为客户提供价值的另一个途径，正如我们在本章开始的营销聚光灯中看到的。它的目的是利用西方世界的消费趋势，许多人认为体验比所有权更重要。通过体验营销，组织要么参与现有活动，要么创建新的活动。

例如，体验营销的最流行的形式之一是增加品牌与事件的关联度，如摇滚音乐会和音乐节。这使营销人员可以使用此类事件的相关方式与观众沟通，如通过网络媒体和口碑营销。Guinness牌啤酒已与爱尔兰的Witnness音乐节相关联，“witness”这个单词的拼写改变也突出了爱尔兰啤酒协会。消费者和媒体加入寻找线索并且被邀请参加“发现Witnness”。这就催生了大型的宣传活动和将在那里的表演。鉴于以往目标受众会觉察出这是营销文化而对企业营销的努力有所怀疑，因此这种方法是更加隐蔽的，它给消费者一种拥有所有权和参与活动的感觉。以类似的方式，Guinness已经通过亚瑟节取得了巨大的成功(见市场营销行动7.3和插图7-7)。

市场营销行动7.3 亚瑟节

批判性思维： 下面是关于由爱尔兰啤酒品牌Guinness成功经营组织的亚瑟节庆祝活动的回顾总结。阅读并批判性地评估成功体验营销的关键成分。

销往全球150多个国家的标志性啤酒品牌Guinness面临着一个有趣的挑战，因为它考虑在2009年如何最好地庆祝250岁生日。怎样才能以既忠于其悠久的历史，又同时能与客户产生共鸣的方式来说生日快乐？答案是举办亚瑟节——一个有计划的大规模的品牌庆祝活动。

关于亚瑟节的最初想法有三个主要因素，即认识到品牌的标志性地位，就其目的作出积极声明，并让现有的和新的饮用者都加入到该品牌的饮用者行列中来。在筹备庆祝这一大日子的过程中，经典的平面和电视广告再次凸显了品牌的悠久历史。其目的是声明成立亚瑟Guinness基金会为公益事业提供慈善资金。每收集到一个签名，健力士就承诺捐赠2.5欧元，收集的签名数达100万时，就捐赠250万欧元。这一举动使客户更加关注此品牌。该品牌的第一次全球性的广告播出于2009年夏季，世界各地的人们为庆祝亚瑟的生日而举杯。然后在2009年9月9日星期四的17：59，亚瑟的生日“正式”开始，人们在爱尔兰各个酒吧庆祝。共有60个音乐表演，还包括许多神秘嘉宾。媒体在全世界对这一事件进行了报道，其价值数以百万欧元，并且在Facebook上有16 000名粉丝签名请愿使亚瑟节成为法定假日。

其成功体现在这一事件上：超过800支乐队申请在2010年的亚瑟节上表演，从而导致18 000张门票被售出，在Facebook上的粉丝数上升到170 000。通过举办一个发生在酒吧和俱乐部的国际性活动，Guinness不仅为客户提供了一次体验，而且也帮助其渠道合作伙伴增加收入，从而来实现它们的业务目标。

体验营销在零售业非常受欢迎，因为零售商店想要找到新的方法来吸引顾

插图7-7 Guinness为庆祝公司成立举办的“亚瑟节”活动取得了巨大的全球性成功

客。焦点已经从产品销售地点转移到消费者可以有购物体验的地点上，或者他们可以把购物作为其他活动的一部分。很多大商场附近现在有电影院，其他休闲设施，如健身房、游泳池，以及一些剧院和美术馆。纽约的普拉达奢侈品店拥有文化表演区，巴黎的路易·威登旗舰店有一个艺术画廊和一个书店，而在东京银座的Gucci店也有一个艺术画廊以及一个活动中心。奈斯派索已开设了多家专卖店去创造“终极咖啡体验”。

理想的体验营销是构建一个顾客可拥有的、感性的品牌体验，让客户觉得产品或服务是他们的。然后，这些积极的客户成为产品倡导者并影响家人、朋友和同事去尝试产品。例如，美国三角航空公司已经在纽约开发出了SKY360休息室创造客户体验。到休息室的旅客会被实际的航班服务员和机票代理商接待。他们品尝在航班上提供的食物，并体验安装在椅背上的新型娱乐系统。休息室为想要预定航班的人设有无线网络连接和电脑终端。

7.5 非营利组织的市场营销

非营利组织想要取得的是利润以外的其他目标，但这并不意味着它们对收入不感兴趣，因为它们还得用钱来维持存续。然而它们的主要目的不是经济上的，例如丰富文化生活（交响乐团）、保护鸟类等动物（皇家护鸟协会、皇家防止虐待动物协会）、减轻饥饿（施乐会）、提供教育（中小学校和大学）、促进社区活动（社区协会）、提供保健（医院）和公共服务（当地政府）。它们的价值和身份不取决于它们所产生的利润。这章讨论非营利组织是因为大多数非营利组织是在服务领域内运行的。事实上，在多数欧洲国家，非营利组织提供的服务量超过总服务量的一半。

因为很多非营利组织需要在一个竞争日益激烈的环境中募集资金，市场营销对它们的重要性日益增加。即使是那些依赖政府赞助的组织也需要表明它们的工作是如何使社会受益的，它们必须满足客户的需要。很多非营利组织依赖于会员的缴费和捐款，这就意味着要与个人和组织进行交流，并且说服其加入或者进行捐款。这就要求组织具有一定的市场营销技术，而这种技术正不断得到正确应用。正如在第1章中所见的，政党、学校、医院和救援机构都是市场营销的经常使用者。

7.5.1　非营利性市场营销的特点

非营利性市场营销有很多特点，使之区别于营利性组织所做的市场营销。

（1）教育和满足当前需求

一些非营利组织认为自己的作用不仅是要满足当前客户的需求，而且还要在新观点和新问题、文化发展和社会意识方面教育客户。社会营销这一术语被用来描述组织（尤其是公共部门组织）努力推动积极的社会变革，例如健康饮食、减少吸烟、安全性交、安全驾驶、人权和种族平等。一些商业营销技巧常被用来达成这类目标，如消费者调查、市场细分、营销组合发展等。

（2）多个公众群体

大多数非营利组织为多个团体或公众服务。两个主要团体是捐赠人和客户。捐赠人包括个人、信托人、公司以及政府部门；客户包括观众、病人和受益人。捐赠人和客户两者都必须获得满足，这一需要使得市场营销的任务变得更加复杂。例如一个社区协会的基金可能一部分来自于当地政府，一部分来自于使用该协会的建筑和设备的用户（客户）。社区协会为了取得成功，就需要使两个团体都得到满足。BBC不但要满足观众和听众的需要，而且还要满足政府的需要，因为政府决定了BBC活动资金的来源——许可费的多少。非营利组织要把市场营销作为一种一贯的哲学来管理多重公共关系。

（3）衡量成功和冲突的目标

对于营利组织来说，成功最终是以利润率来衡量的。而对于非营利组织来说，衡量成功就不那么容易了。例如大学的成功是由研究项目、学生人数、资格授权范围或教学质量衡量的吗？答案是这些因素的结合，而这可能会导致冲突：更多的学生和较广的科目范围可能会增加调查研究的时间。因此，非营利组织的决策制定是非常复杂的。

（4）公众监督

所有组织都必须接受公众监督，非营利组织也从来没有远离过公众的视线，原因是它们的资金来自于税收。这使它们更具新闻价值。这些组织必须特别小心，不要卷入是非。

7.5.2　非营利组织的市场营销步骤

尽管存在着这些差别，与营利组织有关的市场营销步骤也能应用于非营利组织。其市场营销步骤涉及目标营销、差别营销和营销组合决策。现在我们将参照非营利组织的特点来讨论这些问题。

（1）目标营销和差别优势

正如之前讨论过的，非营利组织能有效地把目标公众细分为捐款者和客户（顾客）。而在每个群体内部，又需要再细分成个人和组织，这些将是劝说性交流和服务发展的目标。一定要理解每一个群体的需求。例如捐款者决定把钱捐给某个慈善机构的依据是其个人意识和该机构的声誉、确信资金不会浪费在臃肿的行政机构上，以及认为该捐赠是有价值的。所以，慈善机构不仅要推销自己，而且还要为筹资做广泛宣传（参见市场营销行动7.4）。捐赠者提供的资金数额将取决于这两个因素。慈善机构的商标名同样非常重要。施乐会暗示了该组织主要涉及的工作类型是救济饥荒，所以马上可以识别出来。济贫活动也暗示了它的工作类型。

在政治党派的市场营销中，市场细分和选择目标市场是非常重要的组成部分。根据他们选举的倾向（可以从选民名册中得到）细分潜在的投票人，然后通过直邮广告或亲自登门拜访的方式，将资源分配到那些在即将来临的选举中最有可能改变选票的细分市场中。焦点小组提供一种反馈机制来测试政策选择的吸引力，评估投票人对关键领域的政策意见，如健康、教育和税收。通过密切关注公众意见，政党就可以占有一定的信息，在投票人看中的问题上使自己与其他竞争者有一定的差异。虽然这样的营销调查不可能影响一个政党根本的信念和原则，然而它是与变化不定的选民保持联系所要求的政策变动的基础。

（2）制定市场营销组合

很多非营利组织擅长活动营销。为筹集资金所组织的活动包括吃饭、跳舞、咖啡早茶会、卖书、赞助步行和剧院演出。然而不是所有的活动都能为发起者筹集资金。例如BBC组织“喜剧救济”和“需要帮助的孩子”等电视募集节目帮助那些有价值的事业筹集资金。

非营利组织的服务定价可能并不遵循于营利组织的定价指导原则。例如由社区组织的幼儿园，它的价格可能很低，以鼓励穷人来利用这一机会。一些非营利组织提供免费服务，例如英国的国家医疗服务。在其他情况下，由非营利组织提供的服务，其成本费用可能来自于成员的会费或许可权费。例如皇家护鸟协会每年要收取会员费，而会员可以得到一本季刊并且免费进入皇家护鸟协会的鸟类观赏区。BBC通过许可费获取收入。这一费用是由政府制定的，使得BBC把与政治人物的关系看成是营销的一个非常重要的考虑因素。

像很多服务一样，非营利组织的分销体系很小，并且生产和消费同时进行，如医院的手术、医生的会诊、教育、托儿所的服务、文化娱乐和很多由非营利组织提供的其他服务。这样的组织需要仔细考虑怎么按照顾客的要求方便地为顾客提供服务。例如施乐会在英国有750家店，这些店出售捐献的二手衣服、书籍、音乐和日常用品。它会与诸如abebooks.co.uk等网上零售商成为合作伙伴来展示和出售二手书籍，这样施乐会就能从中获利。

很多非营利组织擅长利用促销来满足自己的需求。印刷媒介非常受一些组织的欢迎，它们为某些有价值的事，如非洲的饥荒寻求捐款。直邮广告也被用来筹集资金，因此以前捐款者的邮寄名单非常有用。一些组织还依据生活方式来细分地理人口以确定哪种人更有可能对直邮广告做出反应。非营利组织还需要注意到它们的活动可能引发的宣传机会。很多编辑关心大众疾苦，因此对这种宣传活动持非常同情的态度。对很多非营利组织来说，主办人也是关键的收入来源。

在进行正面的口头传播交流和建立非营利组织（如慈善机构）的身份方面，公共关系起到了重要的作用。非营利组织可以作出有吸引力的筹资安排（如赞助午餐），以确保捐款人对这种交易感到满意。交流的一个最重要的目标是使人们对筹资活动有一个正面的评价，以减少捐款风险，这样捐款人才能对该组织产生信任和信心，以确保他的捐款是值得的。

市场营销行动7.4 Remember a Charity

批判性思维：下面是对Remember a Charity所使用的推广技巧的回顾。阅读这段文字并且思考其成功的原因。

Remember a Charity是英国的一家非营利组织，成立于1999年，以鼓励那些意志坚强的人。这是一项具有挑战性的职权，据估计，在任何一年中，只有8%的人将遗产留给了慈善机构，尽管这在慈善机构创造的收入占到1/3以上。它也是一个独特的业务，目前来说其营销努力的有效性（或其他）可能在几年甚至几十年内不会被人看出来。

传统的价值观与经济表现是紧密相连的，自从2008年全球金融危机以来，慈善机构从传统捐赠者那里得到的收入已经急剧下降。主要原因是人们普遍将他们的财产留给了子女，所以重要的是，任何市场营销的努力都不能试图把慈善事业放在高于家庭的地位。结果信息变成："在你的遗愿中，首先要照顾好你的家人，然后再为慈善事业作点贡献。"最后一点，遗产是个不太会被人提起的话题，因此Remember a Charity决定用一系列的日间电视节目和广播广告把这一问题公布于众。在处理诸如死亡和遗产等敏感话题时，它也通过幽默的创意去执行艰难的决定。

促销的方式是非常成功的。在一个月的活动中，据报道看过遗产广告的人数增加了一倍。冒险使用幽默的方法也被证明是成功的，有超过一半的受访者在报道中说，他们很喜欢广告。2009年，围绕"遗产意识周"的新闻报道和宣传活动估计已影响了2 000万个英国消费者。活动之后的研究结果也表明，人们对待遗产的态度变得更积极，并且有更多的消费者打算把自己的遗产留给慈善结构。

资料来源：Hill，Ringshall和Vass（2010）.

总 结

在这一章，我们通过研究那些在进行市场营销时出现的特别问题，解决了以下几个关键问题：

1.服务有4个独特性：无形性、不可分离性、可变性和不可贮存性。因此，市场营销人员必须找到使营销有形化的方法，必须注意服务品质，必须保证服务的一致性，同时必须平衡对服务的供给和需求。

2.服务企业管理的4个关键问题包括实物证据、人员、过程和服务品牌。

3.一线员工的内部营销对服务组织的成功非常重要，应该对他们的选聘、训练和工作积极性高度重视。对员工的放权是提高服务品质和进行服务补救的关键性因素。

4.服务质量是价值创造的重要来源。从本质上讲，它需要衡量服务感知如何与客户对服务供应商的预先期望相匹配，并且采取各种必要的补救行动来缩小服务与预期间的差距。

5.关系营销是价值创造的另一重要来源。组织可以从事能提高忠诚度水平的营销活动。

6.价值也可以通过提供客户经验来创造，客户经验可以被用来改善消费者与组织之间的关系。

7.非营利组织试图达到利润以外的一些其他的目标。它们的两个关键团体是捐赠者和客户，这两个团体的需求常常冲突。在解决这个复杂问题的过程中，非营利组织运用了服务业常用的市场营销技巧。

练习题

1.讨论服务企业的营销活动中服务的独特性内涵。

2.可以将预期与感知服务分离的障碍是什么？服务供应商必须如何做才能消除这些障碍？

3.讨论服务人员在创建优质服务中的作用。你可以从自己的经历中举出好与不好的服务接触体验的例子吗？

4.讨论发展和维护强大的客户关系对于组织和客户的好处。

5.选择在过去一年里你曾参加过的任意三种音乐、运动或文化活动。什么样的行业合作伙伴参与了活动并且它们在每一种活动中扮演什么角色？

6.在非营利组织中的营销活动与以利润为导向的公司有何不同？选择一个非营利组织，并讨论营销原则可以应用的程度。

7.访问 www.epinions.com 和 www.tripadvisor.com。讨论这些网站的存在对那些提供良好和差的服务的组织有何影响。

课后阅读

Ahmed，P.K.and R.Mohammed（2003）Internal Marketing：Issues and Challenges，*European Journal of Marketing*，37（9），1177-87.

Berry，L.L.，V.Shankar，J.Turner Parish，S.Cadwallader and T.Dotzel

(2006) Creating New Market Through Service Innovation, *Sloan Management Review*, 47 (2), 56-63.

Dixon, M., K.Freeman and N.Toman (2010) Stop Trying to Delight Your Customers, *Harvard Business Review*, 88 (7/8), 116-22.

Kumar, V., J.A.Petersen and R.P.Leone (2007) How Valuable is Word of Mouth? *Harvard Business Review*, 85 (10), 139-56.

McDermott, L., M.Steed and G.Hastings (2005) What is and What is Not Social Marketing: The Challenge of Reviewing the Evidence, *Journal of Marketing Management*, 21 (5/6), 545-53.

Moeller, S. (2010) Characteristics of Services—A New Approach Uncovers Their Value, *Journal of Services Marketing*, 24 (5), 359-68.

在线学习中心

当你阅读本章时，请登录www.mcgraw-hill.co.uk/textbooks/fahy的《市场营销基础》的在线学习中心。在这里，你可以找到营销的链接和额外的在线学习工具。

案例7 ShredBank：与众不同的文件销毁服务

ShredBank是位于北爱尔兰（NI）贝尔法斯特的一家移动文件碎纸业务公司。该公司由当地商人詹姆斯·卡森、集商务研究生和企业家身份于一身的菲利普·贝恩成立于2007年。贝恩专注于公司内部业务的发展，而卡森则主要关注物流管理和运作。据卡森讲，“公司立志通过技术创新、营销创新和卓越的客户服务成为爱尔兰领先的现场文件销毁公司”。

ShredBank运营6个月即获得ISO 9001：2008的认证，也被授予实践的细分标准代码BS EN 15713：2009。成立两年来，在全球经济开始衰退期间，ShredBank雇用了10名员工。公司在2010年4月获得了“人民投资者”的称号，并赢得了众多商业奖项，包括北爱尔兰商会“2009年最有前途的新业务”奖，而贝恩本人也被评为2010年度北爱尔兰企业家和2011年度年轻企业家。自成立以来，企业年平均增长率为30%，截至2010年末，已获得了北爱尔兰移动细分市场30%的份额。

文件处理市场

国际上对机密文件处理服务的市场正在不断增长，仅在美国，2005年其市场价值便为30亿美元，并以每年10%的速度不断增长。尽管在英国和爱尔兰与细分市场的规模相关的具体市场信息是有限的，但是其增长趋势是与国际市场相一致的。

在2006—2007年当地媒体报道了爆炸性新闻，“点名批评”丢失了包含机密信息文件的组织。这些信息往往涉及广大市民的个人资料（如可能涉及医疗或财务细节）。

在2007年底，杰姆斯·卡森和菲利普·贝恩感觉到围绕机密文件销毁这一问题情绪的转变，无论是在他们自己的业务联系网络之间，还是在更普遍的社会层面。在业务层面上，这种变化的特点在于改变了一种相对冷漠感，即有关文件如何被处置的方式越来越呈现出企业将政策落实到位以确保文件被安全处置。事实上，在公司层面上，这一态度转变的催化剂就是公司现在必须遵守英国的《数据保护法案》（1998年），而不遵守则意味着要受到由信息专员办公室所执行的高达500 000英镑的罚款。

因此，如果一家公司现在被发现在处理机密文件方面有所疏忽，那么它就会有真正的财务风险。从个人的角度来说，需要对更为环保友好的废物管理活动有一个总体的认识——这一运动在积极影响消费者和住户的回收行为方面受到了政府的鼓励。

ShredBank的业务

ShredBank成立于2007年，来开发这一已知的市场机遇。该公司试图提供一个高度安全的和以客户为中心的解决方案，以应对日益增长的安全文件处理问题。它的成立是为了创造以顾客为导向的产品并通过提供方便、放心、友好的服务来使自己与其他公司区别开来。贝恩说："我们想要创造和发展一个有意义的组织，并且可能对为我们工作的以及为享受我们服务的客户工作的那些人产生影响。在某种程度上，通过提供被视为功能性的服务，我们通过我们的品牌能够捕捉到'可爱和令人难忘'的方面。"

ShredBank解决方案旨在确保为企业客户提供一种内心的宁静，即使其能够完全放心地处理自己公司的机密废弃物，并确保该过程是符合法律和环保标准的。对于客户来说，这个过程是通过公司工作人员将其机密文件存放到存储单元来提供给他们的。这些封闭的"纸银行"（见插图C7-1）被打上ShredBank的品牌标记并且通常放在客户工作人员的办公室。一旦装满，ShredBank的员工就会上门收集、密封"纸银行"里的文件，并现场使用移动切碎卡车对内容进行销毁。

插图C7-1 ShredBank的纸银行

ShredBank旨在消除文件在运输途中丢失或被第三方所提供的细分现场有关人员看见的风险。因此，文件撕碎是在客户所在地使用移动切碎卡车进行的，并且司机在工作完成后立即向客户提供销毁证明。所有驾驶人员都穿着保安制服并佩戴着ShredBank的身份徽章。客户会获得一份年度环境证书，这表明通过回收他们的碎料，有多少树木得以被保存下来。该公司确保所有的切碎材料被回收并用于制作有关产品，如厨房纸巾。

ShredBank的品牌

在成立之初，ShredBank的主要竞争对手是那些在北爱尔兰商业界被广泛推崇的信誉卓越的大型跨国企业。当它于2007年10月开始交易时，它在相对较小的利基市场中是一个不知名的品牌。由于国际金融危机的爆发，全球经济衰退已经开始对NI经济产生影响，商业信心也随之动摇恶化。许多本土企业都在降低成本，并且不愿意从事新服务或与新供应商进行合作。在这样的背景下，ShredBank的品牌战略的关键战略目标为：

■创建和发展一个高质量的达到国际标准的品牌，使公司在便利性、保证性、友好的服务性等方面与其他公司区分开来。

这是通过满足以下目标来实现的：

■不断地与媒体进行合作，并将合伙人贝恩打造成一名行业专家和权威人物。

■打造一个相对于竞争对手的高水平的品牌知名度。

■通过企业社会责任来创建积极的品牌联想。

■始终提供优质、友好的客户服务。

■在经营活动中始终保持卓越。

ShredBank聘请了一家领先的设计公司来开发品牌标识和标志。设计的目的是创造一种“大的、国际化的、规模化的”印象，从而使刚刚起步的小公司可能被视为在一个更公平的竞争领域与其全球竞争对手一起运作。在国内和国际上，超过10%的初始启动成本被投资于品牌设计和注册名称（和标识）。品牌标志被用在所有的文本上，包括宣传册、广告邮件、信头、名片、宣传品、纸银行和移动切碎卡车。

为了在市场上打造知名度，公司与当地媒体联手，将自己定位成文件销毁行业相关领域的专家，这些领域包括数据保护立法、环境责任和虚假身份。

在媒体的报道中已经有一系列有关公共部门机构和私人企业的事件，其丢失了与公众有关的重要数据，ShredBank对这些事件进行评论，并对在公共领域不断提出的敏感数据问题提供解决方案。ShredBank在3年的时间里以平均每月两次的频率出现在媒体中。它通过积极主动地接近媒体、发展良好的人际关系，并且高度回应或对某个特定事件进行评论实现了这一目标。有一次，在与当地报纸通了电话之后，公司得以免费在报纸上获得整整一页版面来介绍公司的业务。

鉴于很少有人知道ShredBank，它有两个基本的挑战：（1）比竞争对手更多地出现在人们面前；（2）以只占竞争对手一小部分的预算实现这一可见度。因此，其策略是建立合理的预算并且将预算重点只放在有利于企业找到碎纸供应商的主要媒体上。因此，它侧重于利用强大的互联网，使用带有品牌标记的卡车投递具有高度影响力的邮递广告和针对目标企业的主动电话销售。ShredBank一开始就瞄准了能产生大量机密信息的组织（每年至少产生300千克的纸质文件），并且该组织需要定期处理此机密信息。它最初的目标包括金融、会计和法律公司。

通过企业社会责任活动创造积极联系

ShredBank想更广泛地在社会中树立该品牌的正面形象，而不仅仅停留在终端客户水平。贝恩认为有必要进行高调的企业社会责任活动。这些企业社会责任活动可以分为两个基本活动：

1.*Shredathon®*　在2009年，ShredBank向北爱尔兰市场推出了一项新服务，称为“Shredathon®”。Shredathon®在北爱尔兰是一个独特的创造。它允许公众带来他们可能要处理的机密文件，并且免费在一个公司的碎纸卡车里进行销毁。这一免费服务在北爱尔兰各地大型超市的停车场中提供。该服务突出了以安全和环保的方式安全处理个人机密信息的重要性。

2.*校园回收比赛*　ShredBank每年都会举办校园回收比赛。迄今为止，已经举行了3场比赛，收到了数以千计的报名，并且已颁发36个奖品——包括给3所学校3台iMac电脑以及给赢得比赛的学生3台iPod Nanos。获奖学校也是ShredBank的Shredathon®主办机构，这样孩子们可以意识到回收的重要性。

作为一个对当地地区和环境有着强烈承诺的公司，这些事件和随后的媒体曝光显著提高其在市场上的企业形象。

友好的客户服务

ShredBank认为，卓越的客户服务的核心是提供标准化的、统一的和高效的服务。为了支持这个方针，它开发了一系列健全的标准操作程序，并在整个组织内实施持续的培训。该公司在交易后的第6个月获得了ISO 9001：2008的认证，并且通过不断的内部审核和外部审核得以持续。

通过员工培训方案，确保客户服务是被优先考虑的，所有工作人员，从接听电话的人到卡车司机，都承诺能够提供一种友好的服务。

关系营销是其经营方针的一个关键支柱，在与客户关系管理系统中被大量使用。该系统具有所有客户要求的详细信息，公司监测客户文件切碎需求的发展趋势和在持续发展基础上的服务要求。许多收到“大碎片”的客户（正如大客户所知道的）会收到印有ShredBank标记的纸杯蛋糕，以便在接受服务后强化该品牌在客户心目中的印象。

这项服务创新是高度个人化的，并已证明非常受工作人员的欢迎。该计划旨在确保ShredBank的名称能够在工作人员的头脑中留下深刻印象，以使其努力创造友好和平易近人的形象。然后，这最初的印象是通过持续的直接邮件联系、礼貌的电话拜访和社交媒体活动保持和建立起来的。

虽然这种对关系管理和服务方面的投资被认为是至关重要的，但是对公司来说，重要的是在技术上的投资，即实际上能为客户提供核心利益的技术——移动破碎卡车本身也很重要。ShredBank已经高调地投资于购买和维护在同行业中最高品质的移动碎纸卡车。虽然重视卡车的外观在该领域中是不寻常的，但却是这家公司的一个与众不同的关键要素。

问　题

1.ShredBank以何种方式试图将其与现有竞争对手进行区分?

2.讨论ShredBank在其营销活动中是如何利用其有形资产的。这为什么是重要的?

3.检查ShredBank的客户服务计划。评论其优缺点。

这则案例是由阿尔斯特大学的Mark Durkin教授和ShredBank的Philip Bain所准备的。案例中的材料摘自各种公开的访谈、档案记录和研究报告，并经整理而成。

参考资料

DeMesa, A. (2005) Marketing and Tweens, Brandchannel.com, 10 October; Woods, J. (2009) Build-a-Bear: The Last Resort for the Middle Class, *Telegraph.co.uk*, 18 August.

Berry, L.L.(1980) Services Marketing is Different, *Business Horizons*, May-June, 24–9.

Zeithaml, V.(1984) How Consumer Evaluation Processes Differ Between Goods and Services, in C.H.Lovelock(ed.) *Services Marketing*, Engelwoods Cliffs, NJ.Prentice-Hall, 191–9.

Foster, L.(2004) The March of the Geek Squad, *Financial Times*, 24 November, 13.

Blitz, R.(2007) Holiday Inn in $1bn Makeover, *Financial Times*, 25 October, 21.

Ranson, K.(2007) Holiday Inn Gets a $1bn Rebrand, *Travelweekly.co.uk*, 24 October.

Sibun, J.(2007) £1bn Rebrand for Holiday Inn Chain, *Telegraph.co.uk*, 25 October.

Edgett, S.and S.Parkinson(1993) Marketing for Services Industries: A Review, *Service Industries Journal*, 13(3), 19–39.

Berry, L.L.(1980) Services Marketing is Different, *Business Horizons*, May–June, 24–9.

Aijo, T.S.(1996) The Theoretical and Philosophical Underpinnings of Relationship Marketing, *European Journal of Marketing*, 30(2), 8–18; Grönoos, C.(1990) *Services Management and Marketing: Managing the Moments of Truth in Service Competition*, Lexington, MA: Lexington Books.

Baron, S., K.Harris and B.J.Davies(1996) Oral Participation in Retail Service Delivery: A Comparison of the Roles of Contact Personnel and Customers, *European Journal of Marketing*, 30 (9), 75–90.

Birchall, J.(2005) Top Dogs Lead the Way as Pet Market Grooms and Booms, *Financial Times*, 3 August, 28.

Rafiq, M.and P.K.Ahmed(1992) The Marketing Mix Reconsidered, *Proceedings of the Annual Conference of the Marketing Education Group*, Salford, 439–51.

Schlesinger, L.A.and J.L.Heskett(1991) The Service–driven Service Company, *Harvard Business Review*, Sept-Oct, 71–81.

Anonymous(2007) Doing Well By Being Rather Nice, *The Economist*, 1 December, 74; Mitchell, A.(2007) In the Pursuit of Happiness, *Financial Times*, 14 June, 14.

Bowen, D.E.and L.L.Lawler(1992) Empowerment: Why, What, How and When, *Sloan Management Review*, Spring, 31–9.

Birchall, J.(2005) Pile High, Sell Cheap and Pay Well, *Financial Times*, 11 July, 12.

Berry, L.L., E.E.Lefkowith and T.Clark(1980) In Services: What's in a Name? *Harvard Business Review*, Sept-Oct, 28–30.

Michel, S.(2011) Axa's Rebranding, *Ft.com*, 9 March.

Cowell, D.(1995) *The Marketing of Services*, London: Heinemann, 35.

Buzzell, R.D.and B.T.Gale(1987) *The PIMS Principles: Linking Strategy to Performance*, New York: Free Press, 103–34.

Parasuraman, A., V.A.Zeithaml and L.L.Berry(1985) A Conceptual Model of Service Quality and its Implications for Future Research, *Journal of Marketing*, Fall, 41–50.

Parasuraman, A., V.A.Zeithaml and L.L.Berry(1985) A Conceptual Model of Service Quality and its Implications for Future Research, *Journal of Marketing*, Fall, 41–50.

Berry, L.L., A.Parsuraman and V.A.Zeithaml(1988) The Service– Quality Puzzle, *Business Horizons*, 31(5), 35–44.

Reichheld, F.F.and W.E.Sasser Jr(1990) Zero Defections: Quality Comes To Services, *Harvard Business Review*, September–October, 105–11.

Reinartz, W.J.and V.Kumar(2002) The Mismanagement of Customer Loyalty, *Harvard Business Review*, 80(7), 86–94.

Egan, C.(1997) Relationship Management, in Jobber, D.(ed.) *The CIM Handbook of Selling and Sales Strategy*, Oxford: Butterworth–Heinemann, 55–88.

Berry, L.L.(1995) Relationship Marketing, in Payne, A., M.Christopher, M.Clark and H.Peck(eds) *Relationship Marketing for Competitive Advantage*, Oxford: Butterworth–Heinemann, 65–74.

Zeithaml, V.A.and M.J.Bitner(2002) *Services Marketing*, New York: McGraw–Hill, 174–8.

Reichheld, F.F.and W.E.Sasser Jr(1990) Zero Defections: Quality Comes To Services, *Harvard Business Review*, Sept–Oct, 105–11.

Berry, L.L.and A.Parasuraman(1991) *Managing Services*, New York: Free Press, 136–42.

Kasper, H., P.van Helsdingen and W.de Vries Jr(1999) *Services Marketing Management*, Chichester: Wiley, 528.

Witzel, M.(2005) Keep your Relationship with Clients Afloat, *Financial Times*, 31 January, 13.

Borden, J.(2008) Experiential Marketing Takes the Industry by Storm in 2008, *Marketing Week*, 15 January, 23–6.

Bennett, P.D.(1988) *Marketing*, New York: McGraw-Hill, 690–2.

Shapiro, B.(1992) Marketing for Non–Profit Organisations, *Harvard Business Review*, September–October, 123–32.

Balabanis, G., R.E.Stables and H.C.Philips(1997) Market Orientation in the Top 200 British Charity Organisations and its Impact on their Performance, *European Journal of Marketing*, 31(8), 583–603.

Butler, P.and N.Collins(1994) Political Marketing: Structure and Process, *European Journal of Marketing*, 28(1), 19–34.

Hill, R., S.Ringshall and A.Vass(2010) Remember a Charity-Pennies from Heaven, Warc.com.

Hibbert, S.(1995) The Market Positioning of British Medical Charities, *European Journal of Marketing*, 29(10), 6–26.

第8章　定价的价值创造

本章框架

- 定价的基本方法
- 影响定价决策的主要因素
- 价格变动的管理
- 应对竞争者的价格变动
- 通过定价创造顾客价值

学习目标

在学习本章之后，你应该理解：

1. 三种基本的定价方法。
2. 在制定价格时，采用整合方法的重要性。
3. 影响定价决策的主要因素。
4. 随着时间的变化，定价决策管理过程中所涉及的主要问题。
5. 通过价格传递价值。

营销聚光灯

阿尔迪（Aldi）

一个组织可以提供的最持久的价值主张之一是保持其产品和服务的竞争力，这一主张的优势在经济衰退时期尤其明显。在折扣食品零售商中排名第一的是德国的阿尔迪集团。公司的名字Aldi，是Albrecht Discount的简称，它是德国两个有名的商人Karl和Theo Albrecht的心血结晶。它的两个主要子公司，即阿尔迪在北德地区的北店和南德地区的南店（据说是在兄弟间关于香烟是否应该在结账时被销售问题的争论后形成的）在德国经营了超过4 000家店，还有4 000家网点遍布欧洲、澳大利亚和北美，这使Aldi成为世界上最大的折扣零售商。

简单化是阿尔迪营销战略的一个关键因素。与有超过20 000种商品的许多竞争对手相比，该商店通常只经营1 000种商品。所以如果只经营一个品牌的牙膏，那么就很少需要千兆字节的库存控制数据或无尽的变更订单和店内展示。所有的高档商店的装饰如背景音乐、产品品尝和奢华的产品展示都被避免了，而只提供简单化的产品介绍。公司的促销活动同样有限。它没有口号，并且只将营业额的0.3%花费在广告上——一个简单的每周特价的通讯。效率的不断改进再加上一小部分供应商的认真管理形成了一个非常简单化的主张——以一贯的低价格销售并达到产品的高质量。虽然该公司是私人持有的并且是高度保密的，但在2008年，其全球销售额估计为45亿英镑。

然而，在折扣杂货业竞争意味着阿尔迪并非独占这一领域。它的主要竞争对手是德国的另一家公司Schwartz，它经营Kaufland和Lidl品牌，同时Edeka所拥有的Netto连锁已经变得非常强大，跃居第三位。特别是Schwartz更积极地将市场扩展到东欧，并且在这个不断增长的地区已经形成了比Aldi更加强烈的存在感。主要竞争对手之间通过迅速提供折扣和特别优惠来进行竞争是司空见惯的。此外，还有如家乐福和Tesco等主流零售商努力推销自己，为消费者提供折扣。这说明了低价格营销策略至少有这样一个缺点：很容易理解，公司想使自己区别于其他零售商，但如果竞争对手定价更低的话，那么其领导地位也会被替代。

随着时间推移来制定价格和管理价格是另一套必须由组织作出的重要决定。有几个因素可能会影响这些决定。如果投入成本如电力或油等的能源价格不断上涨，那么根据增长的价格，这些输入成本可能需要转嫁到客户身上。但是如果客户在经济低迷的情况下苦苦挣扎，他们可能不愿意接受这些价格上涨，因此往往会决定减少消费，从而使组织减少销售。再有就是竞争对手所扮演的角色。定价决策需要考虑竞争对手所提供的替代产品或潜在替代品的价格。这些公司中的一些公司可能也在寻求以低价格来使自己区别于其他竞争对手，因此它们倾向于对价格进行非常积极的保护和捍卫。

所有这些方面都需要考虑价格与企业最终目标之间的主要关系，即利润。这可以从长期以来最畅销的哈利·波特系列丛书的例子中清楚地看出。但是这一丛书的需求量太大了，每一个销售渠道都在激烈竞争，以期获得尽可能大的市场份额，无论是Tesco和KwikSave之类的主要连锁店，还是亚马逊之类的网上零售店，抑或是waterstone之类的专业书店都是如此。所使用的竞争方法主要是降低书籍的价格，其结果是，一些零售商在这个成功的系列销售中取得了非常小的整体利润。奔驰A级模型在德国推出也说明了价格-利润关系的重要性。最初，该公司选择了一个29 500马克的价格标签，是基于相信30 000马克是消费者重要的心理关口。然而，在进一步的市场调查即通过与竞争品牌例如宝马3系列和大众高尔夫的价格进行对比检验之后，公司将价格定在31 000马克。奔驰仍然完成了20万辆车的销售业绩，而比较高的价格使其每年增加了3亿马克的收入。

在许多企业中，巨大的价格竞争已成为无法改变的事实，科技的应用有助于降低成本，高度的全球化和零售业的竞争有助于压低价格水平，网络的发展和欧元的引入有助于把价格的透明度提高到更高的层次（见插图8-1）。经济衰退使人们更加关注于价格水平并增加了价格透明度的需要，这样消费者就可以了解真实的产品成本，如个人贷款或电话服务。因此，在最初制定价格和调整它们去适应改变的情况时，企业必须仔细考虑。

插图8-1　价格比较网站（如moneysupermarket.com）使消费者能够比较各种产品和服务的价格

市场营销行动8.1　Renault Logan的成功

批判性思维：以下是对Renault Logan推出的定价策略的一个回顾。阅读文章并考虑其基于成本定价的优势与劣势。

在1999年，为了利用欧洲中部和东部的日益繁荣的优势，法国汽车公司雷诺（Renault）买下了日益老化的罗马尼亚制造商达契亚（Dacia）。它的策略是生产现代、可靠和经济实惠的汽车，并在欧洲、亚洲和拉丁美洲开发的市场中进行销售。驾驶效率是这一战略的重要组成部分，每一次的努力都是为了使成本降到最低限度。在汽车设计中昂贵的曲线和折痕被淘汰，甚至重复使用其他车辆的部件。结果是生产出具有便宜外观的轿车。该模型定价较低，只期望它能弥补其投资成本，为利润作出微薄的贡献。

但此种汽车已经被证明是一个巨大的成功。自2005年6月在法国开始销售后，以7 500欧元的售价，在3个月内售出9 000辆，尽管没有得到广告的支持。在2005年，全球销售量达到160 000辆，远远超过原先计划的100 000辆。到2006年底，已售出超过450 000辆，这大幅度地超出了预期销售水平。品牌在罗马尼亚也大获成功，成功到公司提高了价格，甚至没有推出定价为5 000欧元的原计划最便宜的汽车。利润远远高于预期水平，此种汽车的成功也使它的罗马尼亚工厂需要努力才能跟上需求的增长。在2006年一个房车版的汽车被推出，在2007年Logan货车被推出，并且皮卡版汽车计划于2008年推出。

这个例子说明了以成本为基础定价的风险。幸运的是，该公司的销售超出预期，但获得更大利润的机会已经错过。这表明需要了解价值的潜在水平，消费者将其归因于新的创新。

资料来源：English（2004）；Mackintosh（2005）.

8.1 定价的基本方法

Shapiro和Jackson总结了管理者们常用的3种定价方法（见图8-1）。第一种定价方法是成本导向定价，反映的是一种强烈的内在导向。正如它的名字所表明的那样，是基于成本定价的（参见市场营销行动8.1）。第二种定价方法是竞争导向定价，重点是竞争对手设定的价格水平，以及我们的价格如何与其进行比较。最后一种定价方法是市场导向定价，之所以如此称呼是因为它关注消费者在市场中对一种产品认定的价值和用以支持产品的营销策略的评价。在本节中，我们将考察每一种定价方法，并指出它们的优点和局限性。

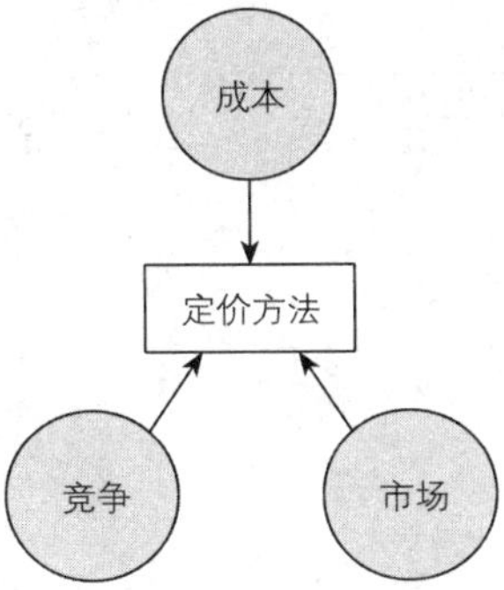

图8-1　定价方法

8.1.1　成本导向定价

成本导向定价是一种有效的价格设定方法，可以为最低价格提供指示，这样可以保证不赚不赔。成本导向定价可以用一个很简单的例子来很好地解释（见表8-1）。假设你接受了一个给新产品定价的任务，成本数据如表8-1所示。直接成本——例如劳动和物资，计算出来为每单位2英镑。随着产出的增加，更多的人力和物资将被投入到生产中，因此总成本增加。不变成本（或者企业的日常管理费用）为每年200 000英镑。这些成本（例如办公和制造设施）在产出增加时是不变的。不论生产了1件还是200 000件产品，这些成本都是必须支付的。

一旦我们计算了相关成本，下一步是估计我们能够售出多少产品。我们相信我们生产的是高质量的产品，并在第一年预期销量应该能够达到100 000件。因此每单位的总成本是4英镑，采用公司传统的10%的价格加成，价格应该被设定为4.4英镑。

表8-1 成本导向定价

第一年	
直接成本（每单位）	2英镑
不变成本	200 000英镑
预期销量	100 000件
每单位产品成本	
直接成本	2英镑
不变成本（200 000/100 000）	2英镑
总成本	4英镑
价格加成（10%）	0.4英镑
价格（成本加上价格加成）	4.4英镑
第二年	
预期销量	50 000件
每单位产品成本	
直接成本	2英镑
不变成本（200 000/50 000）	4英镑
总成本	6英镑
价格加成（10%）	0.6英镑
价格（成本加上价格加成）	6.6英镑

这样，我们就可以理解我们在使用**完全成本定价**（full cost pricing）时所遇到的问题。我们应该假定由于经济不景气或者定价过高，预计的100 000件的销量在年底没有完成，只卖出了50 000件。如果公司相信这个销售水平明年一定能够达到，那么价格会如何呢？表8-1给了我们答案：由于每单位成本的增加，所以价格上涨。这是因为不变成本（200 000英镑）被一个更小的期望销量（50 000件）所除。对较小销量的响应是价格上升，这显然是没有道理的，除非盲从完全成本定价。一个重要的英国工程公司用这种方法对它的一个主要产品进行定价，结果遭受了销量螺旋式下降、价格逐年上升的灾难性的后果。

因此，成本导向定价面临的第一个问题是它会导致价格上升，销量下降。第二个问题是对销量的预测是在价格设定之前，这个过程是不合逻辑的。第三个问题是它关注的是内部成本，而不是消费者的购买意愿。第四个问题是在生产多样化产品的企业里分配日常管理费用时会存在技术问题。尽管如此，成本导向定价方法在实践中很流行。例如，苹果公司的目的是对其上市的全部新产品收回成本并获得40%的利润。

这种定价方法的真正价值在于它能帮助企业确定能够获利的最低价格。一旦直接成本和不变成本确定之后，“损益平衡分析”就可以用来估计不同价格水平下能够使收入和成本平衡的销量。因此，由于总成本的约束，在使用其他定价方法时，计算这个过程的总成本是有用的。如果价格低于成本，那么新产品就不值得推出。事实上，某些公司会设定低于总成本的价格（被称为直接成本定价或者边际成本定价（marginal cost pricing））。正如我们在前面的章节中所看到的，这是一种很受欢迎的服务公司的策略。例如，如果一架飞机的座位或酒店的房间在任何时候都不使用，那么收入就损失掉了。在这种情况下，只要定价能够赚回直接成本和部分管理费用就是合理的，可以消耗多余产能，虽然这种方法从长远看来是不可持久的。

8.1.2　竞争导向定价

竞争导向定价可以采取以下3种形式中的任意一种：

（1）企业追随主要竞争对手定价。

（2）生产者采用随行就市定价法。

（3）合同是通过投标定价法（competitive bidding）过程取得的。

某些公司倾向于用简单的基准问题测试它们自身与其主要竞争对手的不同，设定价格水平高于、等于或者低于对手的价格（见插图8-2）。在金融服务领域里，这种方法是很流行的。例如贷款价格（这里指利率）在大量的竞争对手那里是非常相似的。这可能是个冒险的定价手段，尤其是当该公司的成本高于其竞争对手时（见上文“成本导向定价”）。

插图8-2　2011年，相对于竞争对手的平板电脑，iPad 2的广告过于注重低价格水平

注：iPad 2011年官方广告以一种典型的简约风格展示了其广泛的应用。参见www.mcgraw-hill.co.uk/textbooks/fahy.

在其他情况下，所有的竞争者接受相同的价格，是因为产品有现行的价格。在大部分情况下**随行就市定价法**（going-rate prices）通常被应用于无差异商品，例如咖啡、豆类或者牛肉。这种情况对于商人的最大挑战是找到有创造性的方法来差异化产品，以便索要不同的价格。

此外，很多合同就是通过竞标签署的。最常见的过程是为产品起草详细的说明书并且把合同拿去投标。潜在的供应商会进行报价，这个价格只有他们自己和买方知道，买家（被称为“密封投标”）或者是招标方可以通过公开拍卖进行，这样所有的竞争者都可以看到报价。其他条件一样的时候，买家会选择报价最低的供应商。因此，供应商关注的焦点在于其他竞争者的投标价格。不断增加的价格压力、欧洲的竞争立法和更多科技的使用导致越来越多的供货合同选用投标定价法。例如，传统上来说，很多医院的供应商直接在医院把产品销售给医院的医生和护士，这意味着供应商投资发展销售技能并与这些客户建立人际关系。现在的规则是供应合同被拿出来投标，中标人能够争取到3到5年的合同期。因此，供货公司不得不在不同的领域发展技能，例如投标准备和定价。在线拍卖为供应商呈现了一个全新的需求形式（见第3章）。

竞争导向定价法的主要优点在于简单且方便使用（竞争性招标的情况除外，因为很难猜到竞争性投标的价格会是多少）。随着欧元的引入和互联网被越来越广泛地用于比较价格，欧洲价格透明度增加了，这可能会使人们对使用竞争导向定价法更加关注。但无论如何，它将遭受自身两大缺陷的困扰。首先，它没有考虑到公司可能拥有差异化优势，而差异化优势是定价高于竞争价格的正当理由。正如我们所看到的，创造差别利益是一个基本的市场活动，公司应该寻求这些投资的回报。其次，如上面看到的那样，当一个公司的成本比它的竞争对手高的时候，采取竞争导向定价法就是冒险的。

8.1.3 市场导向定价

在定价时，一个关键的营销考虑是推测产品对于消费者的价值。简单地说，在竞争中产品价值越高，它的要价就越高（见插图8-3）。但一个产品在制造时的花费比其他产品少，并不意味着它的价格就应该低于其他产品。这个观点的逻辑性被葛立索在推出雷尼替丁——一种治疗溃疡的药物时所采取的方法证明了。虽然这个药物的定价要比史莱克·施恩宝公司的西咪替丁的价格高50%，但却成为了当时的畅销药。由于具有较少的副作用，雷尼替丁赶上了西咪替丁，随之而来的高收入使得葛兰素从一个中等规模的英国企业变成了一个国际强企。

在本节，我们将继续为消费者探索一些估价方法。市场营销人员对于未覆盖的消费者价值有3种有用的感知技巧：权衡分析、实验法和顾客经济价值分析。

（1）权衡分析

对价格和其他的产品特性进行度量——权衡分析或者结合分析——使它们能够对产品偏好的建立产生影响。受访者并不直接被问及有关价格方面的问题，而是被问及一些产品外形方面的问题，包括对产品的特性和价格的描述，

插图8-3　诸如路易·威登等奢侈品牌公司的产品保持溢价，是由于它们与高价值相关联

受访者要说出他们喜欢的外形。从他们的答案中可以看到，价格的影响和其他产品的特性都可以用计算机模型来衡量。例如，受访者的回答展示了不同组合的特性，例如速度、汽油消耗量、汽车的品牌和价格，并指出了哪种组合是他们所偏爱的。这种做法可以使一个人去衡量产品涨价或者降价对偏好的影响。像3M这样的公司，因它们的产品以创新而著名，它们在新产品的测试标记阶段就用了均衡分析。3M公司通过测试不同的变量组合，例如品牌、包装、产品特性和价格，来制定消费者准备支付的价格水平。

（2）实验法

均衡分析的局限性在于受访者不需要用现金支付来证明他们的偏好。因此，这里会有一些质疑，在实际购买中，当需要他们支付现金时，他们所说的自己的偏好能否被反映出来呢？“实验法”试图通过在不同的地点用不同的价格出售同一产品来克服权衡分析存在的弊端。测试营销（见第6章）经常被用来比较不同价格的效力。例如同一产品可以通过完全相同的促销活动在两个地区进行出售，但不同地区间采取不同的价格。显然，依据目标顾客的档案，地区需要与其相匹配（或者允许存在差异），以便结果是可比的。测试期需要足够长以便在每一价格下的实验和重复购置是可以度量的。对于购买周期超过数周的产品，测试期可能在6和12个月之间。

（3）顾客经济价值分析

在对消费产品进行定价时，实验法是更常用的。然而，工业市场在对产品定价时有一个强大的工具供它们使用：**顾客经济价值**（EVC）分析。很多组织作出购买决策是出于对经济价值的考虑，因为降低成本、增加收入是很多企业的主要目标。如果一个企业能够生产一种具有高EVC的产品，那么它就可以设定一个高的价格。一个高的EVC可能是因为与其他竞争对手的产品相比本产品可以给买家带来更高的收入，或者因为它的运作成本（例如维护、经营或者启动成本）是比较低的。当EVC分析被用来分析占消费者生命周期成本很小比例的产品的购买价格时，尤其能说明问题。

例如，假定一个厂商正在购买一个可以在它的产品生产线上使用的机器人，机器人花费100 000欧元，但是这只代表了消费者生命周期成本的1/3。另外需要50 000欧元用来支付启动成本，比如安装费和员工培训费，此外还需要150 000欧元作为售后的成本预算，比如维修、能源的费用等。同时可以假定一个新产品投入到市场中，由于科技的进步，启动成本减少20 000欧元，售后成本减少50 000欧元。这时总成本就已经减少了70 000欧元，并且EVC对新产品提议的价格为170 000欧元（300 000~130 000欧元）。因此，EVC价格就是消费者为新产品或原有机器人必须支付的生命周期总成本。如果新的机器人要价170 000欧元，将会出现这种情况——任何低于这个水平的价格都将创造一种经济诱因使买家购置新的机器人。

市场导向定价的主要优势在于它帮助人们在制定定价决策时，时刻了解消费者的感知和需要。然而，在实践中公司采取整合的方法进行定价是明智的，不仅要集中注意力在顾客的需要上，还要注意成本水平（成本导向定价）和竞争者的价格（竞争导向定价）。

8.2　影响定价决策的主要因素

除了成本、竞争价格和消费者价值这些基本方面以外，公司营销策略的各个方面也将会影响定价决策。尤其是营销决策，例如定位策略、新产品发行策略、产品线策略、竞争性营销策略、渠道管理策略和国际营销策略，都将对价格水平产生影响。

8.2.1　定位策略

正如我们在第5章中看到的那样，市场营销经理面对的一个重要决策是定位决策，包含目标市场的选择和差别利益的创造。这些因素中的每一个都会对价格产生巨大的作用。价格可以用来传达差别利益和吸引某些细分市场（见插图8-4）。欧洲主要的零售连锁店像阿尔迪和利德尔，把节约成本的食品杂货购物者作为目标，对人们经常购买的家庭用品实行最低价格的策略。另一个极端是很多厂商索要很高的价格，目的是吸引净资产多的个人，像游艇、豪华轿车、奢华假日等产品便用这种方式出售。价格是强有力的定位工具，因为对很多人来说它是质量的保证。尤其适用于以下的情况：对产品质量做客观的测量是不可能的——例如饮品和香水，以及消费之前不能对其质量进行评估。

插图8-4　Rimmel化妆品传统上被定位为“在预算之内的美丽”，但是却转移到更高端的市场定位“在伦敦造就的美丽”，这涉及在两年内涨价近30％

由于价格感知对消费者来说如此重要，很多厂商致力于所谓的心理定价(psychological pricing)，即根据价格水平对消费者的心理冲击程度来制定价格。大部分食品杂货的价格以“××.99”结束，因为在2.99英镑和3英镑之间心理上的差别要比实际的差别大很多。

8.2.2　新产品发行策略

当发行新产品时，应通过促销策略对价格做仔细的校正。图8-2展示了4个基于价格和促销组合的营销策略。类似的模型也可以用来研究产品和配送，但是为了便于说明，这里可使用促销。高价格和高促销费用的组合被称为“快速撇脂战略”。高价格为投资提供高利润回报，重磅促销创造深层次的产品认知和了解。微软游戏机和苹果平板电脑的发行就是应用“快速撇脂战略”的例子（参见市场营销行动8.2）。一个“缓慢撇脂战略”是把高价格和低促销费用相结合。高价格意味着丰富的利润空间，但是大规模的促销是不必要的，或许是因为口头宣传更重要，而且产品已经众所周知（如Rolls-Royce），或者因为重磅促销被认为与产品形象不相容——正如风靡大众的产品。德国汽车组件供应商——博世公司就是一家有效地使用掠取定价政策的公司。它应用一种极其有利可图的掠取战略，包括专利支持及其推出的燃油喷射和防止刹车锁死系统。那些结合低价位和重磅促销的公司是在实践一种“快速渗透战略”，目的是快速获得市场份额，或许是以快速掠取为代价。在突破其快速撇脂的传统政策时，由于与竞争对手的平板电脑制造商的激烈竞争，苹果改变了对其iPad推出所采取的快速渗透策略（见图8-2）。最后，一种“缓慢渗透战略”把低价格和低促销费用相结合。自有品牌使用此策略：促销对于获得分销是没有必要的，并且低促销费用有助于保持这些品牌的高利润。当考虑推出市场营销策略时，此价格/促销框架是有用的。

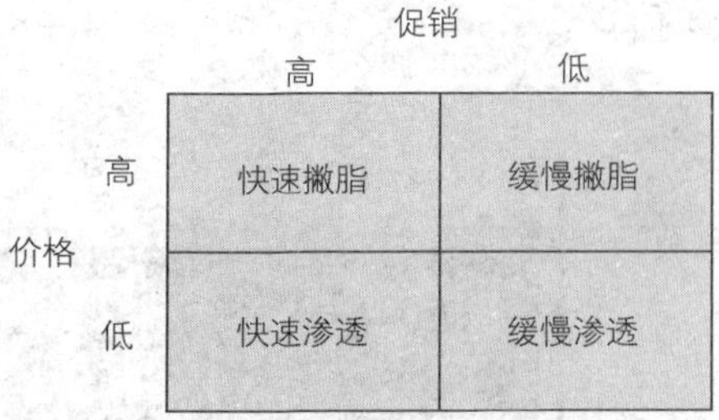

图8-2 新产品投放策略

市场营销行动8.2 市场撇脂定价法

批判性思维：下面是对撇脂定价法在一些热门产品中应用的回顾。阅读文章并从企业和客户的角度对撇脂定价法的优点和缺点进行批判性的评价。

在一些产品市场，如手机、MP3播放器和游戏机市场，撇脂定价法变得越来越普遍。一个典型的例子就是苹果的iPhone，一部8 GB版本的iPhone在2007年7月推出时标价599美元。但就在当年的9月，它的价格就已经降至200美元，并且一部新的16 GB的版本以499美元的价格开始在市场上推出。那些最初以原价购买产品的顾客被激怒了，苹果公司最终为他们提供了一张100美元的礼品券。

iPhone是撇脂定价法的一个经典例子。它大量使用口碑营销来创造对该产品的需求，并承诺这部手机将包括iPod中的MP3播放器的所有功能。博客和各种评论中充斥着对它操作简单、功能强大及其苹果"酷"的赞美。对于苹果公司的这种低成本推广，制定较高初始价格的营销战略意味着高利润。截至2011年，根据销售情况方面的统计显示，苹果公司仍然只占全球移动电话市场份额的4%，但是其所获利润却在该行业中达到50%以上。

对于撇脂定价法的广泛使用有几种解释：一是生产成本。像iPhone这样的产品代表着多种技术（如音乐播放器、计算机和电信）的融合。把所有这些功能集中到一个产品中的成本是相当高昂的。二是被竞争对手模仿的速度。现在的创新设计非常容易被模仿，并能够迅速以低成本的新版本投入生产。撇脂定价法是在竞争者研制出相似产品来挤占利润空间之前尽快收回研发成本的最好方法。三是消费者的行为也起着重要的作用。有关新手机、游戏机和时尚产品这一系列产品的市场营销行动表明，渴望成为拥有某种新款产品的第一人是当今消费者群体的显著特征。对于这些早期的购买者，价格似乎不是一个主要的因素，技术公司正是利用了这一点。

然而，撇脂定价法的管理说起来容易，做起来难。价格下调太快，可能面临客户愤怒的风险，就像苹果一样；价格下调速度过慢，像索尼的PlayStation 3，可能致使销售量和市场渗透力下降。在PlayStation 2获得全球性成功的基础上，相比微软公司的Xbox售价349美元和任天堂的Wii游戏机售价249美元，索尼在2006年以600美元的价格推出PlayStation 3。当索尼最终在一年后将PlayStation 3的零售价格定为399美元时，它已经看到其在全球游戏机市场的主导地位受到侵蚀，并下降到微软和任天堂之后，位居第三。因此，把握定价的时机对于新产品的成功是至关重要的。

资料来源：Anonymous（2011）；Sanchanta（2007）；Stern（2008）.

TiVo在英国的失败说明了选择正确战略的重要性。TiVo生产的个人视频录像机（PVRs）是一款能够存储40小时电视节目的高科技刻录机，例如可以重播电视节目，并有记忆存储功能，使用者可选择最喜爱的节目刻录下来。但这一产品却未能得到推广，并且TiVo也已经退出了英国市场。失败的部分原因是：这一地区的消费者没有充分了解个人录像机的功能，因此不能确信要不要为一个录像机支付300英镑再加上其每月的月租费。一些分析师认为该产品在这一地区的推行价格应该为100英镑，并且相对于撇脂定价法（price skimming），市场渗透策略可能更适合它。

高价格（撇脂定价）策略和适当的低价格（渗透定价）策略可能适用于不同的情况。撇脂定价法最适于客户对价格不敏感的情形。但是，设定过高的价格可能会影响销量。例如，尼桑推出350Z跑车时，它的价格水平接近于顶级跑车保时捷Boxster和宝马Z4等。然而，可怜的销量使其被迫将它的零售价削减至10 000英镑，这一举动让它的价格水平接近于类似马自达RX-8这样较低级别跑车的价格。如果公司正寻求在市场上占领主导地位，或是公司正准备初步进入市场，亦或是它试图防止竞争对手进入市场，那么这样的企业环境更能够推动市场渗透策略的实施。

8.2.3 产品线策略

市场导向型的企业还需要考虑一个新产品的价格应该如何融入现有的产品线。产品在多元市场具有吸引力，那么就应该设计优化版的产品，但价格的制定不应该根据成本差异，而应采取差别定价，使它与目标市场赋予它的实际价值保持一致。所有的主要汽车制造商都根据不同的细分市场，对经济型轿车、家庭轿车、行政车等制定不同的具有吸引力的价格。2009年，iTunes放弃了每首歌曲下载需支付99美分的长期战略，转而支持歌曲售价69美分、99美分和1.29美元的三层结构策略，以吸引不同的细分市场。

一些公司希望扩展它们的产品线，而不是降低价格。它们发动削价“战斗机品牌”的竞争来对付低价竞争对手。这样做的好处是保持现有品牌的形象和利润率。例如，乐购推出“折扣品牌在乐购”来应对像Aldi和Lidl之类折扣店市场份额的下降。此折扣包括的是主食，如意大利面、面包和茶叶袋等。企业通过推出一系列具有不同价格的品牌来覆盖具有不同价格敏感性的客户，并鼓励他们购买对企业来讲价格和利润较高的品牌的产品。

8.2.4 竞争营销策略

产品定价方案需要限定在公司竞争策略的大背景下。4个战略目标与产品定价相关：市场构建、市场保持、市场收获、重新定位。

（1）市场构建

对于价格敏感的市场，一种产品的市场建立意味着其价格要低于竞争对手。当竞争对手提高价格时，我们也试着慢慢提高价格。对于价格不敏感的市场，并没有明确的最佳定价方案。在这种情况下，价格取决于与产品对应的整体市场的战略定位。

（2）市场保持

当企业的战略目标是保持市场份额时，最恰当的定价方案是保持与竞争对手相似的价格。这意味着价格变化规则为：如果对手降低价格，我们也相应地降低价格。

（3）市场收获

盈利目标意味着企业需要保持或是增加利润。因此，在这种情况下，需要制定较高的价格。正在获利的产品比刚建立市场的产品更能承受价格削减。同样，当价格上升时，企业也要迅速作出调整。

（4）重新定位

不断变化的市场环境和产品命运可能促使我们对现有产品进行重新定位。这可能涉及价格变动的方向和幅度，而这又依赖于厂商对该产品的重新定位。

上面的例子说明了如何制定明确的战略目标以帮助厂商制定价格，并明确了当竞争对手的价格发生变化时应如何相应地作出调整。价格的制定并不是简单的一句“这个产品可以获利多少”，这个过程首先要考虑许多根本的问题，比如“这个产品的市场定位如何”和“这个产品恰当的战略目标是什么”。回答这些问题，是有效进行价格管理的一个重要方面。

8.2.5 渠道管理策略

当产品通过分销商或零售商等中介机构出售时，其针对顾客的产品标价必须反映它们所要求的利润水平。有些产品如汽车所携带的利润率通常小于10%，因此，汽车经销商必须依靠配件的销售和对新车的售后服务来获得利润。其他产品，如珠宝首饰，可能会有100%的利润。当穆勒酸奶在英国首次推出时，它能在一个成熟的市场中吸引分销商的一个主要原因是，它高昂的价格能为连锁超市带来可观的利润。相反，如果经销商拒绝进货，渗透定价策略此时可能就行不通，因为相对于有市场竞争力的产品，这样的产品利润率较低。

这意味着实施定价策略不仅需要了解终端客户，而且要满足连接终端客户与生产商的分销商、零售商的需求。如果无法满足它们的需求，产品推出可能是不可行的，这时可能需要制定不同的分销系统（如直接销售）。

8.2.6 国际营销策略

公司的国际营销策略也对其定价决策有着显著的影响。部门经理面临的第一个挑战就是价格附加（price escalation）。这意味着多方因素迫使公司需要提高其商品在其他国家市场中的价格。这些价格附加包括额外的运输成本、支付给当地经销商的利润、进口关税、各种销售税以及根据汇率和通货膨胀率进行的价格调整。所有这些结合起来说明产品的价格在国外市场和国内市场往往是不同的。在国外市场一般会高一些，但如果情况特殊，如在居民可支配收入水平低的国家，为实现其销量目标，售价也有可能低于国内市场。在这种情况下，公司一定要注意防止平行进口（parallel importing）——进入国际市场的产品被重新进口到国内市场，并通过授权非正规的分销商，以低于厂商的国内正常价格水平进行销售。例如，英国在线音乐公司CD Wow由于被指控廉价销售从中国香港重新进口到国内的CD，被罚款4 100万英镑。但在欧盟范围内跨国商品交易是合法的，所以像Chemilines这样的公司已经成功建立了一种商业模式——从欧盟成员国家进口药品然后在英国销售，价格可提高30%以上。

尽管大多数企业试图尽可能多地规范国际化市场的营销组合元素，但定价却基于上述原因而成为最难以规范的问题之一。有时，成本差异导致价格差异，但有时它们也由于缺乏竞争对手或缺乏对不同客户价值的感知，导致被指控欺诈顾客。现在，由于欧元的出现，国际市场价格更容易进行比较，市场中的价格差异也变得更加具有争议（见伦理之争8.1）。

伦理之争8.1　什么是公平价格？

价格是市场营销中最有争议的话题之一。新闻经常报道有关欧洲市场产品价格变化的事件。价格差异导致一些消费者声称厂商欺诈顾客，索取虚高的价格。例如，一项研究发现，在爱尔兰，消费者购买4个吉列Mach-3刀片需要支付10.99欧元，但在伦敦仅需要6.84欧元；购买一包帮宝适新生儿尿布需要9.39欧元，而在荷兰仅需要4.79欧元；而且对于其他名牌，他们在有些地区也需要支付更高的价格。由于现代消费市场的性质，这些价格差异很难证明。全球制药公司被指控对一些关键药物收费过高，特别是在世界上艾滋病猖獗的较贫穷的国家。电信公司对国际漫游通话和短信收取较高的价格。国际旅客多年来一直在抱怨当他们在新的国家旅行时，总是被出租车公司、汽车租赁公司、酒店及其他服务机构欺诈。

有几种方式可以使这些机构通过对商品和服务滥收费用来剥削消费者。最普遍的一种方式就是价格合谋，这在欧洲被认为是非法的并被严格禁止。企业不采取价格竞争，而通过相互串通来确保收取相同或相似的价格。例如，2010年，在德国的14家零售商，包括像Metro、Edeka和Rewe这样的龙头连锁店被进行了调查，因为人们怀疑其就糖果、宠物食品和咖啡等产品进行制造商价格合谋。对此，政府需要设立监管机构——如爱尔兰竞争委员会和英国公平调查局，识别和调查疑似串通涨价的行为。例如，在2008年，英国公平调查局对British超市与它的供货商之间的疑似价格合谋的行为进行了调查。四大零售超市——特斯科、阿斯达、塞恩斯伯里、莫里森和它们的供货商如碧玉、可口可乐、马尔斯、雀巢、宝洁、利洁时、联合利华等，都被要求上交文件。价格合谋最可能发生在品牌识别困难的行业，如原油、纸、玻璃、日化等。

同样具有争议的是欺诈定价的做法。低成本航空公司是采用欺诈定价方法的典型商家。例如，尽管低价可能低至99美分，但所有其他项目——如税收、行李费、燃油附加费、座位费和信用卡费，全部加进来后票价最终可能会超过70欧元。除非顾客特别提出取消某些额外项目，如旅行保险，否则它们通常都会收取这些费用。而且，许多大力宣传的低价票是非常有限的，往往仅限于几个席位。欧盟监管机构针对这些行业的定价行为进行了清理，指出现在必须标明总费用，额外的费用必须在预订之前说明。

所有这些说明顾客在判断一个商品或服务的价格时需要非常警惕。这场辩论最终落在价格和价值的议题上。消费者可以根据他们的感觉投票。如果他们觉得价格过高，大多数情况下他们会寻求替代产品或其他供应商。消费者需要使自己获得足够的信息，同时企业也需要采取非常谨慎的定价策略。就如本章所讲，定价是公司营销战略的一个重要组成部分。

反思：根据上面的要点进行考虑，讨论“除非被迫降价，否则公司将尽可能定高价”这一论点。

8.3 价格变动的管理

目前为止，我们讨论的焦点主要集中在那些影响定价策略的因素上，但在一个竞争激烈的市场中，价格往往是动态变化的，部门经理应该明白何时降价，何时涨价，是否需要针对竞争对手的价格变化作出相应调整。许多大公司，如沃尔玛、家乐福、戴尔，就根据价格策略来制定市场营销策略。在分析如何应对竞争者的价格变化之前，我们首先来讨论初始价格的变动。

关乎初始价格变动的3个重要问题是：导致公司降价或涨价的市场环境、可以采取的策略、对竞争者反应的推测。表8-2对这3个问题的主要观点作出了解释。

表8-2 初始价格变动

	提　价	降　价
环　境	价值高于价格 成本上升 需求过剩 目标在于收获	价值低于价格 供应过剩 目标在于创立 不可能打价格战 在竞争中抢占先机
策　略	价格跳涨 分阶段提价 自动调整条款 分项定价 降低折扣	价格下降 分阶段降价 供给品牌 价格捆绑 提高折扣
预测竞争者的反应	战略目标 自身利益 竞争环境 以往经验	

8.3.1 环　境

市场营销调研（如权衡分析（trade-off analysis）或实验法）表明如果消费者认为产品价值大于产品价格，那么这意味着涨价是合理的。成本上升导致利润下降同样会刺激价格上涨。导致价格上升的另一个因素是需求过度。经常会出现这样的情况，如在房地产市场，通常由于需求快速增加，导致房价持续上涨。如果一个企业不能满足顾客对其产品的需求，其通常会选择提高价格，以实现供需平衡。这是一个具有吸引力的选择，因为这意味着利润的增加。最后一个涨价的理由是，当企业的目标能盈利时，产品可能会涨价。尽管价格上升会导致销售量的下降，但仍能带来利润的增加。

同理，引起价格下调的原因主要是消费者认为产品价格大于产品价值、成本下降以及供给过量导致产量过剩。另一个可能导致价格下调的因素是建立新市场的目标。当顾客为价格敏感型客户时，尽管降低价格可能面临“价格战”的风险，但这还是有利于扩大销量和增加市场份额。

8.3.2　策　略

调整价格可以采取多种手段。最直接的方式就是“价格跳涨”或“价格急降”，即将价格一次性上调或下调一定数额。价格跳涨能够避免一段时期价格持续上涨带来的痛苦，但会使顾客明显感到价格的上升。这样的案例曾经在印度出现过。联合利华在印度的子公司Hindustan Lever，在原材料价格下降的情况下，一度利用它的市场力量提高其主要品牌产品的价格。尽管随后由于宝洁和当地品牌Nirma的竞争以及顾客的不满，销量急剧下降，但它的营运利润率还是由1999年的13%上升到2003年的21%。使用价格阶段性上涨策略可能使价格更容易让人接受，但会使它招致“总涨价”的指责。

一步降价法可能产生很明显的效果，但也会对利润产生直接影响。2001年，在纽约恐怖袭击事件发生后，全球范围内对酒店床位的需求量下降，该行业的反应是通过大幅降低酒店的房价来创造业务。由此所产生的一个影响是，当经济开始复苏时，事实证明难以重新提高房价。因此，在全球经济低迷的情形下，酒店业经常不愿意进行大幅度的降价。分段降价法对销量的影响可能并不明显，但当需要不断降价时就可以采取这种方式。价格小幅度下调可以作为一个缓慢的过程一直进行，直到它实现对销量的预期影响。

“伸缩条款”同样可以应用于价格上调。一些组织的订单合同可以在产品制造前签署。建造这些项目，如防卫系统、高速公路，可能要花很多年。合同中的“伸缩条款” 允许供应商根据特定的价格指数（如行业工资水平或生活费）规定价格上涨。

另外一个有效的提价策略是分项定价（price unbundling）。许多产品是产品组合的形式（如计算机硬件和软件），厂商通常将它们作为一个整体设定一个价格。分项定价允许对所提供的产品的每一个要素分别定价以提高其整体定价。这个过程的一个变相做法是向之前包含在产品价格内的服务收取额外的费用。例如，大型计算机生产商选择对设备和培训费分项定价，并分别收取费用；而低票价的航空公司也会另行收取行李、办理登机手续等费用。阿里巴巴是世界上最大的企业间在线交易平台，从一个统一的会员包变为一个新结构，它涉及基本的会员费和对如工厂审核和关键词搜索等额外服务的收费，此举显著提高了公司的利润。

还有一种方式就是先保持标价不变，然后向消费者提供较低的折扣。例如，在汽车需求量很大的时期，经销商会减少对客户的现金折扣。同理，当需求不足时，可以给客户提供较多的折扣进行促销。然而，这一策略的使用时间持续过长也存在风险。例如，由于汽车销路不佳，通用汽车公司在美国市场上推行了一项为期4年的价格折扣策略，结果造成了灾难性的后果。

其中一个被称为“人人可享员工优惠”的互动项目，对购买者提供每辆车平均优惠400~500美元的折扣。这个项目可使客户总共享受超过7 000美元或是建议零售价20%的优惠。这致使福特和克莱斯勒也采取了同样的策略，继而引发了价格竞争，导致利润受挫。但更令人担心的是，这场营销大战的结果是通用的客户仅是简单地为了使用自己的折扣而购买新车，顾客的注意力转移到了价格而不是产品的实际价值上。

数量折扣也可以用来提高对顾客的交易价格。可降低单位数量的折扣比例，或者增加针对某一折扣率所要求的购买量。

那些考虑降价的公司除直接降价外还有3种选择方案：

1.一个公司的高端品牌受到竞争对手的降价攻击时，可以选择在维持其原来价格的同时引入战斗品牌。现有品牌保持高端产品的定位，战斗品牌在价格敏感型的顾客那里与对手抗衡。

2.当一些商品和服务总是被一起购买但被分开定价时，可以采取捆绑销售的方式来有效地降低价格。例如对电视提供3年的保修服务或对汽车提供2年的免费售后服务。

3.通过提高折扣或者降低产品打折的资格条件使打折条件更加诱人。

8.4 应对竞争者的价格变动

当竞争对手发起价格变化时，企业需要分析自身合理的反应。相关的问题主要有3个：何时跟进，何时忽略，跟进策略是什么。表8-3总结了需要考虑的主要问题。

8.4.1 何时跟进？

首先，当竞争者由于成本的普遍上涨或者整个行业出现产品的超额需求而提高价格时，企业很可能也跟着提高价格。在这种情况下，各方提高价格的初始压力都是一样的。其次，当客户对价格比较不敏感时，即企业即使不跟随行业提价也不会有任何优势时，企业就很可能跟着提价。再者，如果品牌形象与高价格一致，那么企业很有可能追随竞争对手进行提价，因为这样做符合品牌定位策略。最后，如果一个企业追求盈利或者把握目标，它很可能也跟随竞争者涨价，因为这两种情况的重点都在于利润率而不是市场份额。

成本普遍下降或供给过量导致价格下降。在这种情况下，企业也会随之降价。成本下降使得所有企业都能在保持利润率的同时降低价格。供应过剩意味着企业不可能牺牲自己而让对手获利。在价格敏感的市场中，一家企业降价，其他企业也会随之降价，因为如果一家企业削减价格时没有遭到反击就意味着

表8-3 对竞争者价格变动的反应

	提 价	降 价
何时跟进	成本上升 超额需求 顾客对价格不敏感 价格随品牌形象上升 盈利或把握目标	成本下降 超额供给 顾客对价格敏感 价格随品牌形象下降 建立或把握目标
何时忽略	成本稳定或下降 超额供给 价格敏感型顾客 价格随品牌形象上升 目标是创立市场	成本下降 超额需求 价格非敏感型顾客 价格随品牌形象下降 盈利目标
跟进策略 快速反应 缓慢反应	亟待提高利润 通过成为顾客的朋友增加收益	抵制竞争威胁 提高顾客忠诚度

能获得很高的销售额。曾经发生在英国的化妆品市场上一个例子——Boots没有跟随Tesco对洗发水、护肤霜等类型的产品进行积极的降价。Boots的利润和股价一直在下降，而Tesco却在持续增长。企业的形象也会影响到它对降价的反应。有些企业把自己定位成低价产品的生产商或零售商，那么在这种情况下，企业就不太可能对竞争对手的降价漠然置之，如果对手的价格最低，那就致使企业与自己的品牌形象不一致。最后，当企业以创立或维持产品为战略目标时，就会降价。在这种情况下，企业就会追随竞争对手采取积极的价格措施，以此来防止其销售额或市场占有率的降低（参见插图8-5）。例如，亚马逊的Kindle电子阅读器的价格已经从2009年的350美元下降至2011年的150美元以下，以此来应对其他电子阅读器如Barnes & Noble的Nook的价格竞争。在目标创立时，反应可能会更加强烈，降价的幅度也会大大超过最初为竞争目的而降价的幅度。例如，沃达丰为了增加它在移动数据服务业的市场份额，将其移动数据卡的月租费从30英镑降为15英镑，使它位居行业前三甲。

8.4.2 何时忽略?

通常，企业对竞争对手的价格变动不做任何反应的情况基本和上述情况相反。成本稳定或下降时，企业可能忽略提价，也就是说没有成本压力迫使价格普遍上升。超额供给的企业认为提价会使发起者的竞争力减弱，于是保持价格不变，特别是在顾客对价格非常敏感的时候。保持低价位的企业认为由竞争对手提价而引起的价格上升与它们的品牌形象是不一致的。最后，以创立市场为目标的企业会允许对手把价格提到无以匹敌的程度，这样企业就可以获得较大的销售额和市场占有率。

插图8-5 亚马逊Kindle一直奉行积极的降价策略以应对其他电子阅读器的竞争

当成本上升，需求超额，而且为价格不敏感的顾客服务时，企业有可能对降价置之不理。提供优势价位的企业可能不愿意随竞争对手降价，那是与其品牌形象不一致的。一些奢侈品牌，如鳄鱼，由于在产能过剩时采取打折策略，受到了重创。最后，以营利为目的的企业也会拒绝降价。

8.4.3 跟进策略是什么

一个企业决定遵循价格的调整，可以快也可以慢。如果企业急需提高利润率，它就会迅速作出反应，这时竞争者的提价就会受到欢迎，因为它为企业实现上述目标提供了机会。

相反，如果企业希望以顾客朋友的身份出现，那么企业就不会急于作出反应。首先提价的企业经常被认为是高价供应商。一些企业已经掌握了一定的技巧，从来不首先提价，总是追随竞争者慢慢地提高价格，从而扮演了低成本供应商的角色。这种策略的关键在于调整反应速度：过快，顾客没有注意到；过慢，利润就会损失。只有利用经验才能找出最佳的时机，但是在这一阶段中，销售人员要向顾客强调企业在尽力维持原价不变。

对竞争者的降价行为迅速作出反应是为了避免竞争威胁。面对不尽人意的销售额或市场占有率，企业就要迅速采取措施，阻止竞争者获利。然而，如果企业有忠诚的顾客，只要他们能在较长的时间内接受高价，企业就不必急于作出反应。

8.5 通过定价创造顾客价值

价格领导已经成为企业在各种各样的行业中的核心价值主张。正如我们在本章开始的营销聚光灯中所看到的，在百货零售业，德国的平价超市Aldi和

Lidl已经在此种方法的应用上一马当先。再比如，在服装零售业中像Penneys和TK Maxx等服装店正在进行连锁，像航空公司easyJet和Ryanair正对于空中旅行实施低票价，在个人计算机上应向戴尔学习，等等。因为这些公司的目标是在市场上不断提供最优惠的价格，所以本章所描述的各种问题就显得特别重要。提供低价格意味着盈利空间可能会很紧张，除非企业能找到方法去压低成本或找到更多的产品/服务的元素，从而可以收取一笔可观的费用。企业拥有三种工具来应对这一挑战，即成本管理、收益管理和动态定价。

8.5.1 成本管理

成本管理是企业在试图领导控制成本上能否成功的关键，它对利润率有直接影响。例如，像沃尔玛一样的零售商和像瑞安航空一样的航空公司都有可以狂热地不断寻找降低成本的方法。部分航空公司取消的第一个成本是通过旅行代理商销售座位的做法而产生的成本，这种做法需向代理商支付高达10%的利润，并且这部分费用被纳入价格。大多数航班座位现在已由客户直接网上预订。像餐饮和登机服务都是外包的，航班在小区域机场着陆的收费低，如果瑞安航空在这种极端情况下，则飞行人员需要自己购买制服和支付培训费用，总部工作人员需要由他们自己来买笔，甚至电源插座也被更换了以防止员工在工作时为他们的私人手机充电。

8.5.2 收益管理

低价格竞争对手所使用的另一个工具是收益管理，主要是对需求或潜在需求模式的监测。它在旅行和酒店住宿等服务企业中非常受欢迎。需求水平是在日常基础上以电子方式进行跟踪的。因此，在一年的时间里，这些信息可以被存储和用于设定每天都会有变化的客房或航班下一年的价格。另外，也有可能进行跟踪查询，并运用这些信息作出有关潜在需求水平的决定。

8.5.3 动态定价

许多低价格公司的一个有趣的方面是它们的盈利水平。例如，尽管瑞安航空以低价格著称，但它是欧洲最赚钱的航空公司。除了对成本的关注，其成功的关键原因是灵活的定价方法，即动态定价。这意味着，价格需要根据需求和潜在需求进行不断的调整。因此，虽然某些航班的价格可能会便宜，但如果遇到度假高峰期或重大体育事件，这些航班的价格可能会很高。此外，如果对特定航班的需求以任何理由迅速增加，那么价格也要迅速向上调整。通过技术的应用和对需求模式的密切监测，许多“低价格”的运营商以一个非常灵活的方式来定价!

市场营销行动8.3 TK Maxx：低价奢侈品

批判性思维：以下是对奢侈品牌折扣店TK Maxx的回顾。阅读一下，批判性地评价其方法的优点和缺点。

TK Maxx是一家专业以极低的折扣价出售品牌商品的折扣连锁店。它的第一家商店于1994年在英国开设，到2010年，该公司已经发展到拥有遍布英国、爱尔兰、德国和波兰的

250多家连锁店。该公司主要从事服装业务，但也有家居用品、礼品及配件业务。

TK Maxx对顾客的主要吸引力在于它承诺客户可以享受折扣——传统高价的品牌商品最高折扣可达6折。商店的市场营销将它描绘成一种类似于寻宝的活动。多达50 000种商品都通过这一典型的方式进行销售，并且每星期会有10 000种新商品送达。新库存每天都放在商店里并且数量往往是有限的。这是为了确保客户定期光顾，并且也鼓励他们抢购便宜货，因为他们不可能在那里退货。

TK Maxx的运作是使用许多成功的低价运营的关键环节来进行的。它进行平价运营并且在储藏室没有多余的库存；运来的所有商品会被立即送到商店。它从品牌所有者和设计师那里直接采购，既有当季商品，也有过季商品。近年来，公司已把重心从在整个欧洲的增长转变为升级和扩大其现有的商店，以提高其“高质量低价格”的形象。然而，如何应对许多其他折扣竞争对手如Primark、Matalan和拥有强大品牌的大型连锁店如乐购和家乐福，仍将是其面临的主要挑战之一。

资料来源：Anonymous（2007）；Chesters（2011）.

总 结

价格是企业营销战略的一个重要方面，也是一些企业的核心价值主张。本章解决了以下几个关键问题：

1.定价策略是建立在名义成本、竞争和市场价值基础上的，为产品定价时要同时考虑这3个基本要素。成本代表建立一个可行商业方案的价格底线，而竞争和顾客则影响整体价格水平。

2.定价水平也会受到许多其他的市场战略的影响，即定位策略、新产品推出计划、竞争策略、渠道管理策略和国际营销策略，定价决策必须将这些营销组合的所有元素整合起来。

3.市场营销人员需要面对有关初始价格变化的决策或者对竞争者的价格调整作出回应。无论是提价还是降价，都需要考虑多种因素。这些决策很重要，因为它们影响到公司的整体盈利水平。

4.定价策略涉及一些道德方面的关键问题。价格合谋是违法的，其他不道德的手段如欺诈定价、倾销等都是监管机构需要注意的问题。较高的价格透明度可以帮助消费者避免被不择手段的商家利用。

5.价格可能是一些企业所提出的核心价值主张。在这些情况下，组织采用成本管理、收益管理和动态定价相结合的策略，以产生高盈利水平。

练习题

1.会计人员会对利润率感兴趣；销售经理则希望以低价推动销售；市场营销经理更热衷于以高价来确定企业在市场中的优势地位。你是否同意有关定价的这些说法？

2.为什么依据产品对顾客的价值来定价，比依据生产成本来定价更合理？成本在定价中起什么作用？

3.如果你在一家当地的咖啡店和一家顶级的酒店购买咖啡，对于可能遇到的价格差异，你是如何理解的？

4.讨论一个追求建立目标的企业是如何应对竞争对手的降价或提价的。

5.讨论为国际市场产品定价需要注意的特殊问题。

6.访问 www.vodafone.co.uk，www.o2.uk，www.orange.co.uk 和 www.easymobile.co.uk，比较这些企业对其产品的定价。精确比较一个移动电话套餐的成本，难度如何？你为什么这么看？

课后阅读

Anderson，E.and D.Simester（2003）Mind Your Pricing Cues，*Harvard Business Review*，81（9），96-103.

Baker，W.，M.Marn and C.Zawada（2010）Do You Have a Long-Term Pricing Strategy？*McKinsey Quarterly*，October，1-7.

Bertini，M.and L.Wathieu（2010）How to Stop Customers from Fixating on Price，*Harvard Business Review*，88（5），84-91.

Davis，G.and E.Brito（2004）Price and Quality Competition between Brands and Own Brands：A Value Systems Perspective，*European Journal of Marketing*，38（1/2），30-56.

Mohammed，R.（2005）*The Art of Pricing：How to Find the Hidden Profits to Grow Your Business*，London：Crown Business.

Sahay，A.（2007）How Dynamic Pricing Leads To Higher Profits，*Sloan Management Review*，48（4），53-60.

在线学习中心

当你阅读本章时，请登录 www.mcgraw-hill.co.uk/textbooks/fahy 的市场营销基础的在线学习中心。在这里，你可以找到营销的链接和额外的在线学习工具。

案例8 糖豆工厂（Aran Candy）：国际市场定价

Aran Candy的使命宣言：

生产和销售世界上最味美价廉的糖豆并提供可靠和高效的服务，以及长期的客户服务。

Aran Candy专门从事高品质美食糖豆的制作，97%的产量出口到50多个市场。该公司在都柏林布兰察斯镇最先进的工厂中生产"糖豆工厂®"牌的糖豆，供应欧洲、中东、远东、澳大利亚、新西兰和加拿大。公司在英国和巴林设有销售办事处，其产品仅在英国的超过35 000家商店中提供，包括Tesco、Debenhams和ASDA。

简介

早在2009年1月初，彼得·卡伦（"老豆"）和他的儿子理查德·卡伦（"新豆"），Aran Candy的联合董事总经理，坐在自己公司的会议室审查新一年的第一次会议议程。重点项目是考虑到英镑相对于欧元的严重弱势，对作为公司最大出口市场之一的英国市场中的糖果产品的战略定价方法的审查。相对于欧元，英镑在过去的12个月内已经削弱了将近30%，迫使Aran Candy的成本也同比例增加。2008年开始实行€1=￡0.74130的汇率，到年末它的汇率达到€1=￡0.95250（见图C8-1）。彼得和理查德都知道，即使有好的产品，如果该产品定价不合理，那么恰当的宣传促销和通过适当的渠道进行推广和分布这一努力是注定要失败的。两人都意识到，英国央行继续采取行动使英镑贬值，有可能会对其出口业务造成严重损害。在英国市场上，对于损失的价格竞争力的战略应对是迫切需要的。对于今天的会议，他们希望能够提供一个或多个可以优先考虑的战略对策。

背景和历史

Aran Candy是由彼得和理查德在20世纪90年代末成立的。彼得拥有糖果行业的宝贵经验。在1973年，他接任营销经理一职，并成为Shannon Confectionery少数10%的股权所有者之一，在这个公司，他后来被任命为董事总经理。在1985年，他离开公司，开始职业生涯的下一步，与他的姐夫合伙从接收方那里收购了Cleeves太妃糖的制造商Clara Candy。他们很快把它带回到盈

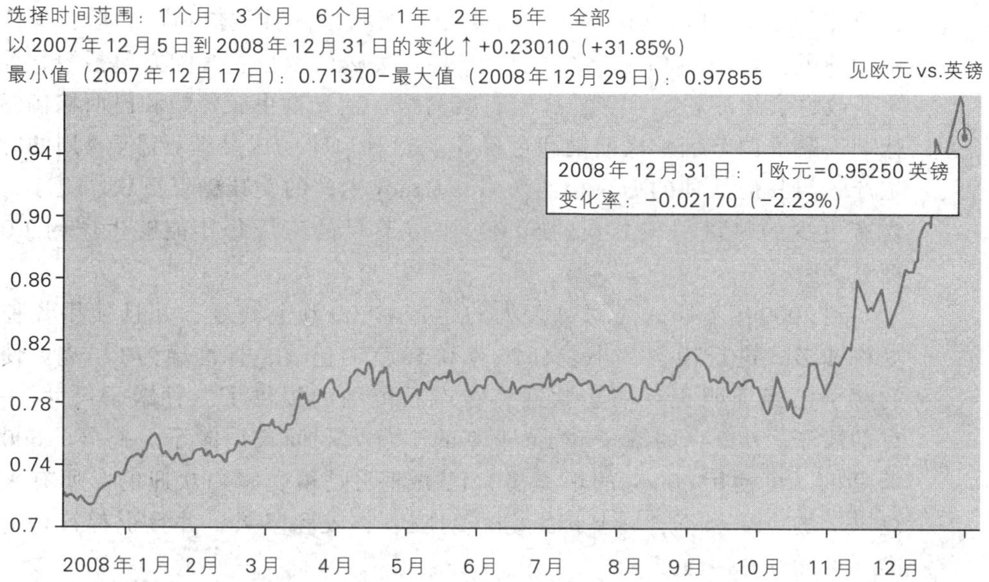

图C8-1　欧元/英镑（GBP）汇率（2008年1月—2008年12月）

资料来源：www.ecb.int/stats/exchange/eurofxref/html/eurofxref-graph-gbp.en.htm.

利的状态。尽管在其最好的几年中，它产生了高达9%的净利润，然而在1994年由于过度暴露于脆弱的英国市场，导致该公司陷入资金周转困难并最终在1996年遭受损失。1997年12月23日，由于工厂在圣诞节关闭，巴黎国民银行派出接收方。然后52岁的卡伦是最大的债权方，并且个人损失了350 000英镑（444 000欧元）。不久之后，德国糖果公司Haribo的子公司Dunhills Plc购买了Clara Candy的大楼和机器设备，并且接收了105名前公司雇员的大部分。

在1998年，Aran Candy建立在有限的预算基础上，并且最初是在卡伦位于都柏林基利尼的家里的一个房间开始运营的。鉴于他在Clara Candy的经验，卡伦曾发誓永不再从事制造生产。所有的生产外包给了西班牙、比利时和荷兰的前对手，并以佣金为基础进行销售。卡伦·西尼尔回忆说："我们有一个电脑、电话和传真。在至少6个月的时间里，我们保持零成本并且什么都不投入。"然而，在这种情形下，2004年他们强迫使用替代采购策略，他们决定结束与在荷兰的主要供应商的合作。在英国东北部的一个工厂生产看起来是一个可能的解决方案，然而，在签订合同之前，业主将其卖给了它们的竞购对手——一个房地产开发商。但卡伦并没有失去一切。卡伦以低价购买了所抛售工厂内部的制造设备。现在所需要的是安置机器设备的房屋。在疯狂的寻找后，在都柏林布兰察斯镇IDA商业科技园中的一个单位是可以用的。房屋装修后，被雇用的工作人员包括一些前Clara和Haribo的员工，他们在生产、安全和卫生标准方面已经进行了充分的培训，公司于2005年8月开始生产。

生产和产品范围

糖豆被认为是土耳其软糖的一种当代变体，其本身可以追溯到圣经时代。

糖豆盛行于18世纪的法国，并与复活节相联系，其类似鸡蛋的形状象征着新生命的诞生。Aran Candy致力于生产各种美味的糖豆，其配方包括糖、葡萄糖浆、改性食物淀粉、水、柠檬酸、富马酸、上光剂虫胶蜂蜡和巴西棕榈蜡、风味剂、酸度调节剂柠檬酸钠和色素等。38种口味的成品糖豆需要2周的时间来生产。与其他品种的糖豆相比，Aran Candy生产的美味糖豆更软、更小，并且含有更少的热量。该公司的50 000平方英尺的工厂每年能够生产约2 000吨糖豆。

到2009年1月，公司每天大约生产1 000万个糖豆，并且使用各种包装规格和形式进行销售。小袋有25克和50克的包装，标准罐为125克。使用过的罐子已经证明很受顾客欢迎，在产品范围内提供了三种罐子尺寸——600克的罐子、900克的罐子和1.5千克的“意大利面条”罐子。此外，600克的糖豆机（可使用600克的填充袋）已被证明是很受客户欢迎的。所有来自糖豆工厂的产品都不含转基因成分、明胶、谷胶和坚果，并且也都符合清真标准（见插图C8-1）。

插图C8-1 糖豆工厂的产品选择

资料来源：www.jellybeanfactory.com/products.

英国糖果市场

在2008年，英国糖果市场销售额增长了2个百分点，按当前价值计算，约16亿英镑。吉百利Trebor巴塞特有限公司2007年在英国的销售额达到3.77亿英镑，以23.5 %的市场份额占据主导地位。雀巢、Haribo和玛氏（Mars）是其他主要的竞争对手，2007年的市场份额分别达到10.8%、10.4%和7.2%（见表C8-1）。

表C8-1 2005—2007年糖果公司股价

	2005年	2006年	2007年
Cadbury Trebor Bassett Ltd	24.99	24.85	23.54
Nestlé UK Ltd	11.38	11.12	10.86
Haribo Dunhills（Pontefract）Plc	9.38	10.31	10.41
Masterfoods UK Ltd	6.97	6.52	7.23
Swizzels Matlow Ltd	3.25	3.16	3.35
Ernest Jackson Ltd	3.54	3.38	3.08
Bendicks（Mayfair）Ltd	3.35	3.13	3.00
Chupa Chups UK Ltd	2.54	2.64	2.66
Tesco Plc	2.46	2.44	2.42
Asda Group Ltd	2.13	2.23	2.23
Mr Lucky Bags Ltd	2.08	2.04	1.99
Leaf United Kingdom Ltd	1.60	1.62	1.62

资料来源：Euromonitor International（2008）.

2008年，糖果业的单位价格上涨。在此期间，市场的一个特点是越来越多地使用天然成分和转向更健康的无糖糖果。无糖是糖果市场的一个不断增长的区域，在2008年增长了2个百分点，并且到年底占据了总销售额的9%。吉百利Trebor巴塞特公司利用这一趋势引入澳大利亚的健康糖果，产品不含人工色素或香料。其还推出了低糖糖果。

雀巢已经宣布将推出一系列含有真正果汁的糖果产品，不含人工色素或香料，被定位为“更适合你的”可替代的糖果产品。其还推出了雀巢免费推广活动，利用这一发展趋势使消费者向更健康、更积极的生活方式迈进。

2007年在英国全境引入的封闭式公共场所的禁烟令，被视为对糖果业产生了积极的影响，许多成年人都食用薄荷糖等糖果来代替香烟。

方案选择

理查德·卡伦在会议一开始就概述了一系列的战略定价方案，用来抵消因汇率的不利变动而导致的竞争力丧失。会议现在要做的是考虑每个方案的利弊，并在这些方案中进行慎重的选择。第一种方案是暂时退出英国市场，并优先出口到货币相对强大的国家。当英镑汇率恢复到更为有利的水平时，就可以重新进入英国市场了。第二种方案是降低利润率，并使用边际成本定价，直到问题得到改善。理查德意识到，如果英国央行在量化宽松政策的过程中继续降低英镑的估值，那么这个方案选择的代价可能会很高。第三种方案是提高生产率和大幅度降低成本，虽然理查德已经意识到在已经称得上是精益生产的设备上做这件事情要面对的挑战。将采购和生产转移到海外，以利用更具吸引力的货币汇率和要素价格是第四种方案，特别是当人们预料到英镑将继续疲软时。Aran Candy还可以通过提高产品质量和推出新产品来进行非价格竞争。推出只有天然颜色和不含人工香料的产品，不仅可以利用天然成分这一趋势，而且还有助于提高利润率。还有一种方案，依靠的是差别阈限值（JND）理论，需要在保持价格不变时减少所提供的产品净重量。根据这一战略，Aran Candy可能会更新包装或介绍包装的创新之处，或许是容量为100克的罐子或更大容量的罐子。最后一个方案将是在英国寻求价格上涨，尽管理查德意识到，这种战略可能会受到强大的渠道合作伙伴的抵制。在目睹了英镑贬值所导致的重大不利影响之后，理查德明白Aran Candy的工作绩效取决于是否能够及时和适当地作出战略反应。

*JND是指对刺激的最小可检测的变化。在定价中的JND指的是在被消费者注意之前的价格变动幅度。在一些情况下，与同等价格的增加相比，产品重量的减少可能更不会被消费者注意到。

参考文献

1.www.aimawards.ie/2009/finalists/finalists.asp? ID=11 （accessed 16 May 2011）.

2.Costello，R.（2006）How I Made It：Success at Second Bite Tastes Sweet，*Sunday Times*，4 June，business.timesonline.co.uk/tol/business/article671302.ece? print=yes&randum=12（accessed 16 May 2011）.

3.Costello，R.（2006）How I Made It：Success at Second Bite Tastes Sweet，*Sunday Times*，4 June，business.timesonline.co.uk/tol/business/article671302.ece? print=yes&randum=12（accessed 16 May 2011）.

4.Daly，G.（2008）The Jelly Bean Giants，*Sunday Business Post*，27 April.

5.Adapted from eHow Careers & Work Editor，How to Make Jelly Beans，www.ehow.com/how_2084964_make-jelly-beans.html（accessed 16 May 2011）.

6.This section relies heavily on data from *Euromonitor International*（2008）.

问　题

1.讨论一下宏观环境的变化影响糖果市场的方式。

2.讨论一个拥有强大的本国货币的出口公司所面临的风险。

3.列出Aran Candy在考虑到英镑相对于欧元的严重弱点的情形下，可能在英国采用的不同定价策略。

4.Aran Candy是否可以采用非价格策略来应对英镑贬值？

5.你会向Aran Candy推荐哪种策略？对你的选择作出解释。

视频见：www.arancandy.com/video.asp（来自2010年度Ernst & Young企业家奖的视频）。

此案例是由爱尔兰都柏林城市大学商学院营销组的Michael Gannon博士准备的，将各种公开发表的资料来源作为课堂讨论的基础，而不是展示有效或无效管理。

参考资料

Baker, R.(2011) Discounters Enjoy Record Market Share, MarketingWeek.co.uk, 27 April; Scally, D.(2008) The Art of Simplicity, *Innovation*, September, 24-5; Wood, Z.(2010) Aldi Founder Theo Albrecht Dies, *Guardian.co.uk*, 28 July.

Lester, T.(2002) How to Ensure that the Price is Exactly Right, *Financial Times*, 30 January, 15.

Shapiro, B.P. and B.B.Jackson (1978) Industrial Pricing to Meet Customer Needs, *Harvard Business Review*, November-December, 119-27.

English, A.(2004) Renault to Sell 3 200 Car in Romania, *Telegraph.co.uk*, 3 June.

Mackintosh, J.(2005) Renault's Surprise Romanian Success, *Financial Times*, 29 September, 30.

London, S.(2003) The Real Value in Setting the Right Price, *Financial Times*, 11 September, 15.

Kucher, E. and H.Simon (1987) Durchbruch bei der Preisentscheidung: Conjoint-Measurement, eine neue Technik zur Gewinnoptimierung, *Harvard Manager*, 3, 36-60.

Lester, T.(2002) How to Ensure that the Price is Exactly Right, *Financial Times*, 30 January, 15.

Forbis, J.L. and N.T.Mehta (1979) Economic Value to the Customer, *McKinsey Staff Paper*, Chicago: McKinsey and Co., February, 1-10.

Simon, H.(1992) Pricing Opportunities and How to Exploit Them, *Sloan Management Review*, Winter, 55-65.

Cane, A.(2003) TiVo, Barely Used..., *Financial Times*, Creative Business, 25 February, 12.

Anonymous (2011) Blazing Platforms, *The Economist*, 12 February, 63-4.

Sanchanta, M.(2007) A Price Cut Too Late for PlayStation 3, *Financial Times*, 6 December, 25.

Stern, S.(2008) Keep the Focus on Value or You Will Pay the Price, *Financial Times*, 27 May, 12.

Pope, C.(2009) Has Music Had its Day? *Irish Times*, 27 April, 15.

Rigby, E.(2008) Tesco Targets Aldi and Lidl with Discount Brand Range, *Financial Times*, 17 September, 22.

Jack, A.(2005) Drugs Groups Seek Cure for Irritation of Parallel Trading, *Financial Times*, 10 August, 18.

Cullen, P.(2007) Cheated at the Checkout, Irish Times, *Weekend Review*, 28 July, 1.

Anonymous (2004) Slow Moving: Can Unilever's Indian Arm Recover From Some Self-Inflicted Wounds? *The Economist*, 6 November, 67-8.

Blitz, R.(2008) Hotels Keep Door Shut to Big Rate Cuts, *Financial Times*, 27 November, 28.

Hille, K.(2010) Alibaba Marketing Push Brings Results, *Financial Times*, 11 August, 18.

Simon, B.(2005) GM's Price Cuts Drive Record Sales, *Financial Times*, 5 July, 28.

Simon, B.(2005) Detroit Giants Count Cost of Four-year Price War, *Financial Times*, 19 March, 29.

Buckley, C.(2005) Boots Bears Brunt of Slump, *Sunday Business Post*, Money & Markets, 3 April, 2.

Dowdy, C.(2003) Wealth, Taste and Cachet at Bargain Prices, *Financial Times*, 9 October, 17.

Ross, E.B.(1984) Making Money with Proactive Pricing, *Harvard Business Review*, November-December, 145-55.

Anonymous(2007)Lax Maxx, *Economist.com*, 30 March.

Chesters, L.(2011)TK Maxx Back with Haymarket Deal after Picadilly Rejection, *Independent.com*, 6 March.

第三部分

顾客价值的传递与管理

第9章 整合营销传播1：大众传播技术

本章框架

- 整合营销传播
- 开展整合传播活动的流程
- 广　告
- 促　销
- 公共关系及公共宣传
- 赞　助
- 其他促销工具

学习目标

在学习本章之后，你应该理解：

1. 整合营销传播的概念。
2. 7种主要的促销工具的特点。
3. 如何开展整合传播活动——目标客户分析、目标制定、预算、信息和媒体决策以及活动评价。
4. 广告在促销组合中的性质和作用。
5. 促销、公共关系/公共宣传、赞助在促销组合中的作用。

营销聚光灯

Barclaycard

Barclaycard是一家拥有超过2 300万个客户、横跨五大洲的全球支付公司。在不断发展壮大的过程中，该品牌开展了一些著名的广告活动——其中最著名的一个广告活动展示的是喜剧演员Rowan Atkinson作为一个笨拙的特工陷入各种各样的困境，只能被Barclaycard救出。上述活动使公众加深了对该品牌的认识，但这势头并没有保持下去，其品牌效益和经营业绩双双下降。前几年，Barclaycard进一步受到市场新进入者的挑战并导致交易量下降，同时，其市场份额已经从1995年的超过30%下降至2007年的16%。

面对这种竞争形势，Barclaycard继续采用其所青睐的方法，即在其广告中使用名人。像Jennifer Aniston和Jennifer Saunders这样的名人在广告活动中起主要作用，这些广告活动旨在正面应对诸如Egg和Capital One等新进入者的挑战，这些新进入者试图通过有竞争力的利率来吸引客户。然而，这种方法并没有见效，Barclaycard越来越被新一代的信用卡持有人视为过时、不合时宜。市场研究表明，这些新的客户是年轻的、生活在城市里的和受过良好教育的，他们拥有乐观的态度、积极的生活方式，并想要简单的、现代的解决方案。Barclaycard的承诺——能够使你安全地生活在一个充满不确定性的世界里——显得不那么相关。

Barclaycard决定放弃单纯利用名人效应和价格驱动的方法，而是围绕简单支付的概念作了一个新的定位。其广告在适合目标市场的频道和节目中播出，并且广告制作的幕后花絮被呈现在YouTube上以增强吸引力。上述改变带来了巨大的成功。YouTube上的相关视频被观看了超过700万次，iPhone应用程序被下载了超过1 200万次。在有关后期活动的调查中，超过一半的受访者不再将此品牌看作是过时的了。上述广告在10年内在ITV观众的民意调查中均排名前10，最终Barclaycard的市场份额和盈利能力都恢复了。

除了决定一个组织为客户提供何种形式的价值之外，关于价值如何在市场中传播的一系列决定也是重要的。特别是第3章和第5章，正如我们所看到的，这些决定之所以重要，是因为当前面向消费者的营销信息的数量庞大，其中一些营销消息被注意到的可能性很小，更不用说以可能被预期的方式来影响接受者了。这使得营销传播研究成为营销最迷人的一个方面，因为我们寻求回答关于我们应该创造什么样的信息和我们应该如何沟通的问题。有两大类工具可用于营销。如电视广告或赞助等大众传播技术可以被使用，并且这些类型的技术将是本章的重点。此外，许多组织使用如移动营销和社交网络的直接通信技术，而这些直接技术和在线技术会在第10章进行论述。

整体营销的技术范围通常被称为“促销组合”，它包括7种主要的促销工具。

1.广告：在主要媒体（电视、出版物、海报、电影和广播）上以付款方式进行的创意和产品的非人员展示以及促销活动。

2.促销：用于激励顾客购买或刺激贸易（竞争、特别优惠）的手段。

3.公众宣传：在媒体上发布有关产品或组织的新闻，而不用直接为时间和空间付费的传播方式（媒体采访、博客）。

4.赞助：将公司或者其产品与某个人、某件事或某个组织结合在一起。

5.直复营销：通过使用在某种程度上可以衡量消费者反应的互动传播方式，向目标消费者销售产品、提供信息和开展促销活动。

6.数字营销：通过网络技术告诉消费者和企业关于产品、信息和促销收益的分布。数字营销增长迅速，将在第10章进行详细论述。

7.人员推销：对潜在购买者进行的为促成交易的口头沟通。

除了这些主要的促销工具，市场营销人员还可以使用其他的一些技术，比如在展览、电影、歌曲或视频游戏中的产品布局和新兴技术，如环境营销、游击营销和口碑营销。鉴于组织具有潜在的广泛的传播策略选择，为了确保在市场中的一致定位，这些决定与市场营销的所有其他元素如品牌、定价和分销相一致是十分重要的。如果几个不同的传播工具被使用，它们相互之间一致和互补也是很重要的。这就是整合营销传播（IMC）的含义。

9.1　整合营销传播

在表9-1中，我们总结了7种促销组合工具的主要特点。市场营销人员需要结合营销目标仔细权衡其利弊，以决定应该对每种方式投入多少资源。

通常，以下5个因素对于促销组合的选择有着重大的影响：

1.资源的数量和促销工具的成本：推出一个全国性的广告需花费几百万英镑。如果资源有限，那就必须借助一些更廉价的营销工具，如直复营销或公众宣传。

2.市场规模和市场集中度：如果是一个小而集中的市场，那么人员推销是可行的。但是，对于一个大而分散的市场来说，个人销售是不符合成本效益原则的。在这种情况下，广告或直复营销可能是更好的选择。

3.客户的信息需求：如果客户需要复杂的技术说明，那么人员推销是首选。如果需要的是合适的品牌形象，那么广告可能更适合。

4.产品特点：根据上述论点，生产工业品的企业往往更多地使用人员推销，而消费品公司倾向于使用更多的广告。

5.推动与拉引策略：**分销推动策略**（distribution push）是把产品出售给渠道中间商（如零售商），它依赖于人员推销和贸易推广。**消费者拉动策略**（comsumer pull）则绕过了中间商直接向消费者传达信息。消费者的需求将帮助我们说服中间商大量购进该产品，广告和促销更适用于这种情形。

随着促销技术的扩张，越来越需要协调信息及其执行。这一问题正成为一个越来越严重的挑战，例如，广告由广告部门控制，然而人员推销策略由销售部门控制，导致这两种方式间缺乏协调的过程。这也导致越来越多的公司采用整合营销传播的策略。**整合营销传播**（integrated marketing communications）是指公司通过协调各种营销传播手段，传递关于组织和产品的清晰的、连贯的、可信的、具有竞争力的信息。例如，2008年圣诞节，横跨电视、电影、户外、报刊、广播、网络、社交、公关、店内和路边的爱尔兰的驯鹿竞赛被推出。目前正在设计的相当一部分电视广告中也有社交媒体应用。整合营销传播概念的应用能提高传播的一致性，并使企业及其产品在消费者的脑海中定位更清晰。

表 9-1 7种主要促销组合工具的主要特点

广告：

■ 因为能迅速传播给很多受众，所以能很好地构建产品形象

■ 重复意味着品牌的定位概念可以被有效地传达，电视广告在这方面的效果尤为明显

■ 可以用来帮助销售：使观众接受公司和它的产品

■ 非个人的：缺乏灵活性，不能解答问题

■ 完成销售的能力有限

促销：

■ 激励机制能快速提高销售量

■ 影响可能只是短期的

■ 过度使用一些激励措施（如打折）可能会有损品牌的形象

公众宣传：

■ 由于消息来自第三方，所以可信度高

■ 与贸易和技术出版物上的广告相比，读者更多

■ 无法掌控：一则新闻也许有用也许没有用，而且内容容易被曲解

赞助：

■ 对塑造品牌和产生公众宣传效果非常有用

■ 提供了一个娱乐合作伙伴的机会

■ 一般用来展示公司在当地社区或社会的商誉

■ 由于传统媒体，碎片化正变得越来越流行

直复营销：

■ 直接瞄准单个消费者最有可能促使他们产生购买欲望

■ 可以实现个性化沟通

■ 容易衡量短期效果

■ 通过定期接触可以与消费者建立持久的关系

■ 其行为不易被竞争对手觉察

■ 回应率通常很低

■ 针对性不强的直复营销活动易引起消费者的反感

数字营销：

■ 低成本，却可覆盖全球

■ 网站的访问量可以被测量

■ 可以建立公司与其客户和供应商之间的对话

■ 可以快速廉价地改变产品的目录和价格信息

■ 搜索和购买商品很便捷

人员推销：

■ 互动：可以回答客户的问题以及解决异议

■ 适应性强：可以根据客户的需求更改演示方式

■ 可以进行更复杂的说明

■ 其私人性质有利于跟客户建立良好的关系

■ 提供了完成销售的机会

■ 成本高昂

关于整合营销传播过程的一个简单模型如图9-1所示。信息源（或传播者）把要传播的观念翻译成由文字、图片和数字组成的象征物——例如广告——来编码信息。这个信息通过电视或网络等媒介来传递给目标受众，选择这些媒体是因为通过它们可以用期望的方法将信息传送到预定的目标受众那里。“噪音”——传播过程中的干扰和扭曲——可能阻止信息向某些目标受众传递。消费者每天接收到大量的促销信息，这导致营销人员削减“噪音”变成了一种挑战。当接收者看到或听到这个消息时，该信息就被解码了。解码是接收者解释发送者所传递的信息符号所具有的含义的过程。为使信息可信，传播者在编码信息前需要了解他们的目标，否则，目标受众的回应可能是怀疑或排斥。在**人员推销**（personal selling）的情况下，销售人员能在异议提出之际或购买结束之时立即得到来自购买者的反馈。相对其他的促销方式（像广告或促销）来说，反馈依赖于对广告效果进行估计的营销研究或依赖于激励措施带来的销售增加。

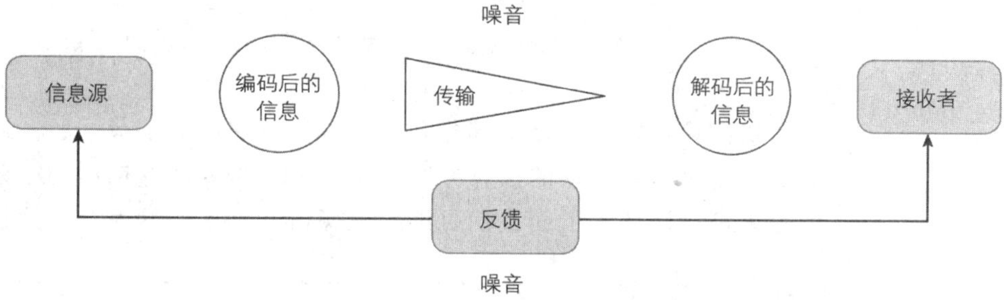

图9-1　整合营销传播过程

9.2　开展整合传播活动的流程

对于许多中小型公司来说，整合营销传播计划涉及的内容多一些，它需要评估公司所能负担的成本，不同媒体资源的分配，在适当的时候还需要看看销售量是否真的增加了。为避免浪费宝贵的企业资源，对整合营销传播应该仔细地加以计划和评估。图9-2列出了这个过程中所涉及的阶段。

这个过程首先审视公司的整体营销策略以及它的定位策略和预期的目标受众。公司在市场中试图实现什么?营销传播扮演什么样的角色?比如，如果公司试图重新定位品牌或试图改变消费者的态度，那么广告可能在营销策略中扮演一个更重要的角色，当然它必须和其他的营销工具整合在一起使用。整合营销传播活动的目标应该事先设定，而且这个目标必须能被量化。比如营销目标是增加一定量的销售额，或者在针对年轻人的市场中增加几个百分点的市场认可度。只有当这些步骤都完成以后，企业才可以考虑它们应该传播什么信息（信息决策）以及如何传播这些信息（促销组合决策）。这些都是比较复杂的决

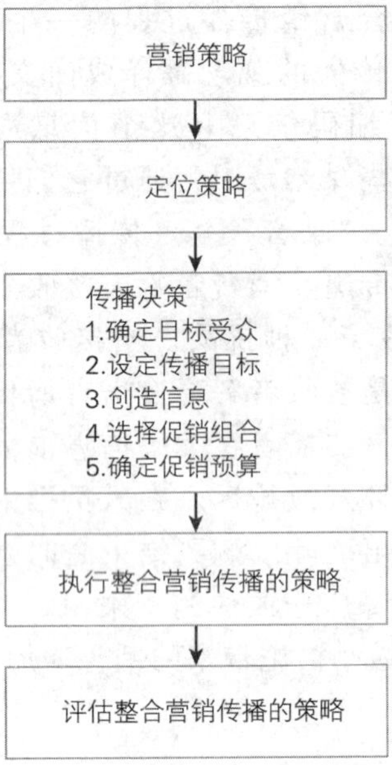

图9-2　实施整合营销传播的框架

策，我们将在本章的余下部分和下一章讨论它们的细节问题。通常需要在董事会层面通过营销活动的预算方案。接下来，需要在营销活动结束后对营销活动的效果进行评估。下面我们更细致地探讨几种主要的大众传播技术。

9.3　广　告

广告市场是一个非常大的市场。在2011年，全球广告支出达到4 430亿美元，其中2/3的开支发生在欧洲和北美。长期以来，对于广告一直有一个很大的争议，那就是广告是如何发挥作用的。一个共识是因为广告有多种不同的目标，因此没有一个无所不包的理论来解释所有的广告是如何起作用的。例如，通过提供返还券促成立即购买的广告和旨在加强消费者对企业形象认同的广告就不同。一种观点认为，广告是一种强大的力量，强大到它能促使消费者实现从对于某件商品仅仅有意识（awareness）到有兴趣（interest）再到有欲望（desire）购买，最后到实际购买（action）的转变（通常简写为AIDA）。这就是所谓的强势广告理论，它意味着广告是针对基本上处于被动状态的消费者的，并且能够以一种近似线性的方式通过一系列阶段来移动他们。另一种观点是——意识（awareness）、实验（trail）、加强（reinforcement）模型（ATR模型）——认为广告通过加强信念而保留了现有的客户，达到维护品牌的关键作用。这被称为弱势广告理论。它意味着大多数的购买选择都是以习惯为基础的，并且广告的目的在很大程度上是带有防御性的。根据产品的性质和消费者参与的程度不同，广告可能扮演了很多不同的角色

（见第3章）。

消费文化理论中近来的一些观点（见第3章）更多的是根据意义的转化来解释消费者广告的。换句话说，广告作为意义的一种来源，通过它，我们来表达自己和与其他人进行沟通。例如，营销传播可能具有社会意义，消费者通过消费特定的产品（见插图9-1）来将他们自己与其他人区分开来。有研究发现，人们所穿的服装品牌对与他人合作、工作建议，甚至在为慈善事业募捐时都会产生影响。例如，德鲁·巴里摩尔作为封面女郎的睫毛膏广告的宣传使该公司产生了高于预期70%的销售额。

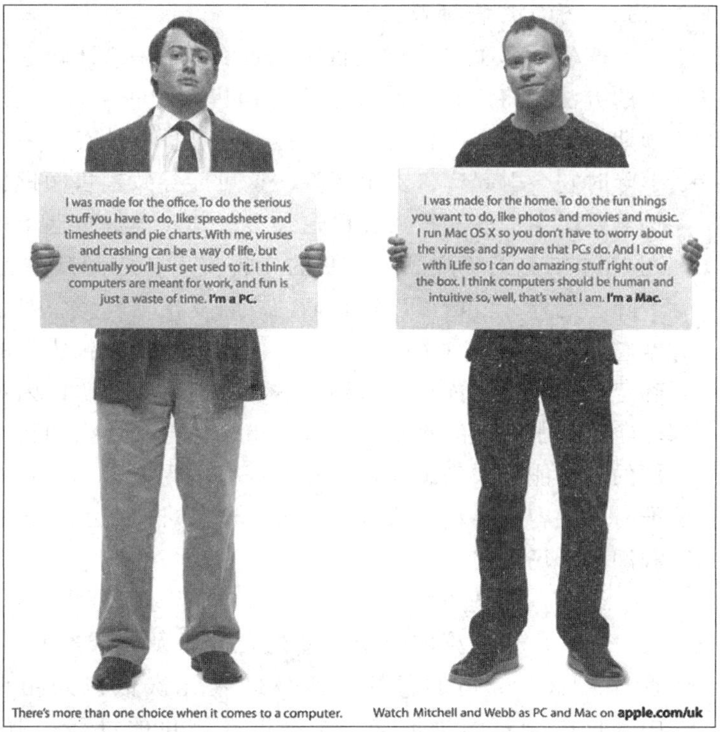

插图9-1　这个著名的广告将左边的个人电脑所有者与右边的苹果Mac系列笔记本电脑所有者进行对比，说明了营销传播的力量

9.3.1　制定广告策略

无论公司是否正进行一项广告活动，图9-2所确定的步骤都是恰当的。**直复营销**（direct marketing）或促销（sales promotion）设计的变化只是细节问题。在这里，我们研究一些具体的广告问题。

9.3.2　确定广告目标

广告最终是一种刺激销售、提高利润的手段，但如果你理解了它的传播目标，你会发现广告有更大的经营价值。广告可以有一系列的传播目标。首先，它可以用来建立一个品牌的知名度或者作为一个针对公司问题的解决方案。当一个新产品推出或者公司进入一个新的市场时，建立知名度很关键。例如，主要针对富有的管理人员的《经济学家》杂志，举行了一次题为“经济学家——让你的心灵漫步”的电影活动，以便使年轻的读者创建对其的认识。其次，广告可以用来刺激对商品的试用，比如汽车广告鼓励驾驶者参与驾车。最后，如我们在第5章中所看到的，广告能帮助提升产品在消费者心目中的地位，比如欧莱雅重复使用的口号是“Because I'm worth it”；又比如英国皇室（Ronseal）的广告语“It does exactly what it says on the tin”。广告还包括诸如纠正人们对产品或服务的误解、提醒客户销售或优惠的信息、为销售人员提供支持等一些其他目标。

9.3.3 确定广告预算

广告预算决定着传达目标能否实现。有2种确定广告预算的方法。一个简单的方法是将广告预算设定为“销售额的一定百分比”，这种方法根据当前或预期的收入确定广告的预算。然而，这种方法存在一个缺陷，那就是在销售额下降时它会引起广告支出下降，这可能导致销售额螺旋式下降。此外，有时市场需要增加广告的投入，而这种方法却对市场机遇不理不睬。比如，通用汽车在2007年上半年削减了27%的广告支出，因为其在美国市场的销售额一直在下降。此外，公司可以将它们的广告支出与其竞争对手的支出相匹配，或者根据它们主要竞争对手的广告支出使用类似于“销售额的一定百分比”的方法来确定自己的广告预算。这种方法也存在一些缺陷，因为它假设广告支出的竞争已经达到了最优的水平，忽视了市场机会和传播的目标。有些时候公司根据它们的支付能力来确定广告预算。当将承受能力作为企业广告预算支出的唯一标准时，就容易导致传播目标与公司产品难以统一，错失许多可以增长销售量与利润的市场机遇。

设定广告预算最有效的方法是“目标和任务”法。这种方法是合乎逻辑的，因为广告预算依赖于传播的目标以及完成这些目标任务的成本。它迫使管理层思考传播的目标、媒体的曝光次数以及由此产生的费用。在实践中，广告预算的决策是一个高度政治化的过程。财务人员出于谨慎的考虑可能希望广告费用少一些，但是营销人员将广告视为长期品牌建设的方法，他们会支持更多的广告预算。虽然广告支出可能是最有效的支出，但是在经济放缓时期，广告费用通常是第一个被削减的。然而，研究表明，在经济衰退期间保持或增加促销支出可能会对销售、市场份额和盈利能力产生积极的影响。

9.3.4 信息决策

广告信息（advertising message）是将公司的基本销售主张或广告平台（advertising platform）转换成对于目标受众有吸引力和实际意义的文字、符号和图案。在20世纪80年代，IBM意识到，许多客户购买其电脑是因为他们觉得跟一个知名的供应商交易更放心。于是IBM在确定/低风险的广告平台上开展了一次广告活动。这个平台被转换成广告信息“No one ever got the sack for buying IBM”。正如我们将在下文看到的，可供广告客户选择的媒体众多，因此，制定广告信息的一个挑战就是要保持信息的简洁，并且保证信息可应用于不同媒体。比如，易趣最近的一个广告活动关注“It”这个单词。这个单词的意象不断出现在海报、平面媒体和电视上，并且像病毒一样在互联网上迅速传播。“It”最后成为易趣广告语“Whatever it is，you can get it on eBay”的一部分。

大多数人只是浏览一下印刷广告的标题而很少去看它的内容。正基于此，一些广告商建议公司或品牌的名称应该出现在广告的标题中，以免读者不知道广告的来源。像“Good food costs less at Sainsbury’s”和“United Colors of Benetton”这样的广告标题就做得比较好，因为它们很好地将顾客的利益或属性与公司的名字统一在一句话中。即使尚未了解广告的具体内容，客户依然能通过强有力的标题获取信息（见插图9-2）。

插图9-2　这个Asics跑鞋的广告是一个带有强大的视觉冲击力和简单标题的典型例子

广播电视的消息也必须建立在一个强大的广告平台之上（参见市场营销行动9.1）。因为电视广告通常持续的时间只有30秒左右甚至更少，因此大多数的电视广告只有一个主要的卖点诉求，有时候也将这个诉求称为“专心主题”，它是该品牌最具有激励性和差异性的方面。可以使用从生活方式到幽默再到显著广告等各种创造性方式来处理这个问题。像雅诗兰黛等一些化妆品品牌虽然在现在的广告中使用了很多顶级模特和名人（推荐），但是它们也有用表现生活方式的方法（将品牌作为有吸引力的生活方式的一部分进行展示）来做广告的传统。即使最近有研究表明它获得关注的能力正在减弱，但是在很多广告中依然频繁使用性感图片这个有冲击力或令人瞩目的广告策略。诸如低成本航空公司、超市和银行等公司频繁使用比较的广告策略来揭示它们的相对价格优势。这是一个比较危险的策略，因为它可能会导致法律纠纷。比如，阿斯达和乐购之间的法律纠纷，之所以产生纠纷，是因为阿斯达公司宣称它是“真正”价格最低的超市。

电视广告通常被用来构建品牌个性。品牌个性就是广告试图传达的信息。兰顿认为，品牌个性有不同的用途，可以是进行自我表达与打消疑虑的一种方式，也可以作为传达品牌功能的工具和诚信可靠的符号。产品类别不同，品牌个性对于消费者的价值也不相同，这取决于他们使用品牌的目的。在诸如香水、香烟、酒精饮品和服装等“自我表达”类的产品中，品牌是消费者用来展示给公众其人格特性的一个“徽章”（我选择这个品牌来讲述我自己（Tommy Hilfiger的例子））。

电视广告长期以来一直是推动消费品牌的主要方法，虽然现在面临着许多挑战。如数字录像机等技术使观众能够避免看到插播广告和多渠道的可用手段，这对于广告商来说，使其很难接触到大量观众。多任务技术日益增长的趋势可能意味着消费者在看电视的同时也在上网，从而进一步降低了关注度。广告主用多种方式对这些趋势作出了响应。首先是创造活广告。例如，2008年本田和第4频道联合推出了第一个直播的电视广告。它们直播了一个高空跳伞的场景，其中有19个特技阐述了这个汽车制造商的品牌名称和广告口号“Difficult is worth doing”。直播之前和之后的主动宣传都使本田获益。其次，由消费者所参与的广告处于增长趋势，品牌方会举办竞赛邀请消费者提交广告或参与广告的创作（见市场营销行动9.1）。采用这种方法的风险是，一些用户提交的内容可能是负面的，但许多组织认为这值得放弃一些控制，以强化消费者与品牌的关系。服装品牌Diesel的“Be Stupid”宣传活动是为了激励消费者在线上传自己的搞笑视频。用户所生成的成功广告作为病毒运动的一部分往往会被迅速迁移到网上。最后，考虑到消费者多任务的趋势，一些电视广告邀请消费者到网站上以利用特殊优惠。

9.3.5 媒体决策

因为可供广告商选择的媒体形式繁多，比如有数百个电视频道和广播电台，因此媒体选择的决策已经成为一个很重要的问题。**媒体类型**（media class，例如电视和平面媒体）的决策和**媒体形式**（media vehicle，例如某种特定的报纸和杂志）的选择是两个关键的决策。我们将在下文中讨论这两个决策。

市场营销行动9.1　意大利喜力啤酒——你仍然和我们在一起吗?

批判性思维：下面是对于喜力啤酒在意大利的促销活动的回顾。以开展一个促销活动各主要阶段的模型（见图9–2）作为指导进行批判性的评估。

喜力是意大利最大的啤酒品牌，但由于受到2008年全球金融危机所引起的经济衰退的影响，其销量下降，这次金融危机导致更少的意大利人出去吃饭，和朋友一起喝酒。虽然降低价格或削减促销活动是很有诱惑力的，但是它还是决定继续用创新性的宣传活动来积极地推动这个品牌。其目标消费者是年长的喝酒者——那些在他们二三十岁的时候更倾向于购买高档啤酒的人——并且这次宣传运动的目的是在这个市场上建立品牌忠诚度。这个创造性的方法是围绕着“你仍然和我们在一起吗?”进行的。这个宣传标语的设计用意是触动这个团体的神经，由于这个团体身肩成年人的责任，他们开始想要留住自己充满乐趣的日子。

这个消息是以许多关键且相对低成本的方式被传递的。首先，喜力用200位女同伴对一群人进行优先权的关键测试——错过AC米兰和皇马之间的欧冠比赛而和他们的女朋友去参加一场古典音乐会。进入音乐会15分钟后，在音乐家身后的大屏幕上出现了下面一句话——“你曾经想过会错过这场比赛吗? 你仍然和我们在一起吗?”这场音乐会让给了电视直播的比赛。一个类似的电影院恶作剧，通过直接邮件邀请喜力啤酒的爱好者及其女朋友去参加一个浪漫电影“Violet夫人的日记”的开幕式。在几分钟之内，电影就被“你仍然和我们在一起吗?”的消息打断了，影迷们就会拿着免费的喜力啤酒去看动作电影。伴随着2009年电视广告活动的宣传，它营造了一种对啤酒的背叛感，而这一刻的罪魁祸首就是现在有女朋友的人!

该活动取得了巨大的成功。假演唱会在Sky Sports上进行了现场直播，有150万观众观看了此次播出，并且800多万名观众第二天在新闻频道进行了观看。此次宣传活动对品牌的认知有明显的影响，并且与竞争品牌相比，它增加了消费者报告中“这是一个值得付出的品牌”和“与朋友饮酒”的比例。作为此次宣传的结果，显著的改善情况也见于品牌偏好和销售额。

资料来源：Emap Limited（2011）.

表9–2列出了一些主要的可供选择的媒体类型（媒体组合）。媒体策划人可以在电视、出版物、电影、海报、电台等媒体中选择一种媒体形式或者选择这些媒体形式的组合。广告的传播目标对媒体的选择有重大的影响。例如，如果广告的目标是将品牌定位为追求高品位、追求个性，那么电视是比广告牌更好的选择。但是，如果传播的目标是提醒目标受众品牌的存在，那么广告牌就足够了。

表9-2 媒体选择

媒体类型	媒体工具
电视	第4新闻频道、欧洲体育频道
广播	经典调频、卢森堡广播电台
报纸	*The Euopean*、《卫报》
杂志——消费者	*Hello*、*Glamour*
——企业	*Marketing Week*、*Construction News*
户外	广告牌、公交候车亭、伦敦地铁
网络	谷歌Adwords、YouTube视频
电影	特别电影
展览	汽车展览会、理想家居
植入式广告	电视节目、歌曲、视频游戏
环境	街头人行道、建筑物

每一种媒体都拥有自己的创造性品质和局限。电视广告可以通过动作来展示产品，也可以使用颜色和声音来打造围绕产品的气氛，从而提升它的形象。虽然电视是传统上最强大的广告媒介之一，但是考虑到电视观众的碎片化，还是有许多较大的广告商远离它。此外，最近的研究再次质疑当广告播放时观众是不是真的看了它们，研究发现消费者观看广告的时间只有广告播放时间的23%左右，这个时候他们一般在说话、阅读或者在不同的频道之间切换，或是做一些像清洁、熨烫和公务之类的事情。联合利华已对这一质疑作出回应，它减少了其在电视上的广告投放量而增加了在户外和网络上的广告投放量。尽管其他的媒体形式都取得了发展，但电视依然是最大的广告媒介（见图9-3），而且有一些研究表明电视在品牌塑造过程中扮演了一个重要的角色。

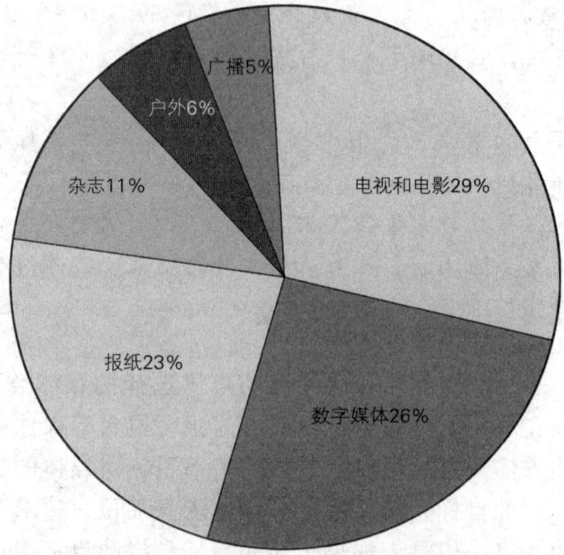

图9-3 西欧2011年媒体广告支出

资料来源：GroupM.

报刊广告对提供真实的信息是有用的，并且在后一阶段为消费者提供了一个重新审视广告的机会。为保证它们的品牌突出，越来越多的广告商使用彩色印刷的广告。这一领域的领导者有Orange公司和易捷航空公司以及玛莎连锁百货。相对于单色广告8%的增长率，报纸上的彩色广告已经增长了53%。杂志可以针对特定的市场，而且“客户杂志”也是一个正在成长的行业，知名品牌如宝马和梅赛德斯出版了由它们的产品的彩色图片组成的杂志。广告牌是一个很好的补充媒介，因为它们的信息简单明了，像司机这样的消费者都能有时间来浏览一下它的内容（见插图9-3）。意大利的著名咖啡品牌——乐维萨(Lavazza)，在机场和大都会区域投放了大量的广告海报，它那光鲜亮丽、时尚杂志风格的广告海报被用于塑造品牌的知名度和形象。尽管日益受到监管，户外广告还是由于城市的扩大、地铁的延伸和上下班时间的增加而继续作为一种有吸引力的媒介。由于广播只能使用声音来传达信息，因此广播通常用来传达实际的信息而鲜用于塑造形象。而电影能通过颜色、运动和声音以及一批被“俘虏”的观众来传达广告信息。如果一个品牌试图将信息传达给年轻观众，那么电影是一个特别好的媒介。

插图9-3　3M公司的户外广告——它的便利贴展示了户外广告的视觉力量和其利用热点问题（如英国在2011年举办的皇家婚礼）的能力

一些其他因素也会影响公司对媒体类型的选择。首先，一个重要的因素是广告预算的多少。媒体之间有昂贵与便宜的区别，这很自然。例如，500 000英镑足够在全国开展一项广告牌的推广活动，而不幸的是，如果用来做电视广告却是远远不够的。用一种媒体传达广告信息给目标受众可能比另一种媒体更便宜。然而，由于媒体类型不同，接触机会（OTS）的计算也不同，这使得不同媒体类型之间的比较变得困难。例如，在英国，报刊的一个OTS被定义为“对某出版物的任何一期都至少阅读或观看两分钟”，对于广告牌来说，它正好是“车辆通过站点的时间”。其次，进一步需要考虑的是竞争性活动。公司可能会决定利用同一种媒体来跟竞争对手进行竞争，也可能会利用另外一种媒体来寻求主导地位。例如，如果公司的一个主要竞争对手使用电视来做广告，那么这个公司可能会选择利用广告牌来做广告，在这里它能处于主导地位，能达到更好的效果。最后，对于许多消费品生产商来说，零售商（如超市采购商）的意见可能会影响其对媒体类型的选择。促销商往往花钱做广告，以说服零售商更多地买进原先就有的产品以及购入新的产品。例如，如果超市选择某个产品时看重它的电视广告，那么在电视广告上投入3 000 000英镑就会比将这3 000 000英镑均分给电视广告和平面媒体广告更有利于扩大销售。

对特定的报纸、杂志、电视广告、广告牌等媒体的位置、表现形式的选择，我们称之为媒体形式决策。虽然有些创造性的想法也起到一定的作用，但是每千人次成本仍然是主要的影响因素。该成本的确立依据两个数字：读者数和观众数。在英国，读者数由“全国读者调查”（National Readership Survey）根据每年调查36 000位受访者确定。电视观众数量的数据由“广播公司观众研究委员会”（Broadcasters' Audience Research Board，BARB）测算，并且每周发布一次。它们通过在5 100户家庭的电视机上安装测量装置测量观众的观看情况。通过海报地点的车辆数量由“户外站点分类和观众调查”（Outdoor Site Classification and Audience Research，OSCAR）测量，这个研究将130 000个海报位置按照知名度、竞争力（一个海报位有几张海报）、视野角度、离地面的高度、照明和每周的车流量进行分类并测量。电影观众数量的数据由“电影和视频行业观众调查”（Cinema and Video Industry Audience Research，CAVIAR）提供，而广播观众数量的数据由“听众收听调查组织”（Radio Joint Audience Research，RAJAR）提供。Adwords在网上拍卖出售，其中词的价格是根据它的受欢迎程度来定的。

媒体购买是一个专业领域，强大的媒体买家可以帮你在广告价目牌的基础上再节省一大笔钱。媒体购买一般是由全方位服务代理机构或传播集团的一部分所拥有的专业媒体购买机构所完成的。专业媒体购买机构拥有强大的购买力，并且与媒体建立了关系。

9.3.6 执行推广活动

当一个广告已经制作好而且媒体类型的选择也已经完毕时，它将被送到合适的媒体那里出版或播放。一个涉及组织结构的关键问题是必须确保正确的广告在正确的时间到达正确的媒体。每个媒体工具都有自己的期限，超过这个期限，广告可能就无法出版或播放。

9.3.7 评估广告效果

效果评估在活动前、活动时、活动后均可以进行。预测试是在广告活动开始之前进行的，属于创造性过程的一部分。在电视广告中，首先制作出来的是广告草稿，这些草稿需要拿到目标消费者那里进行测试。这通常通过焦点小组的方法来完成，一般给消费者提供3个可以相互替代的广告方案，要求焦点小组的成员发表他们的意见，说出喜欢的、不喜欢的广告内容以及他们对每则广告的理解。最终的结果往往是吸收了一些重要的消费者意见，而不是仅仅依赖于广告公司（advertising agents）的观点。但是，也有人对预测试提出批评意见。批评者认为一个重复多次的电视广告造成的影响不可能通过一次两个小时的谈话就能确定。他们援引喜力的广告为证。喜力的广告“Refreshes the parts other beers cannot reach”在预测试中不被目标消费者认可，但最终广告却非常成功。尽管存在这种批评，但由于诸如电视这样的传统媒体的效果的不确定性以及诸如网络和手机广告等这类新兴媒体的增长，广告研究还是获得了蓬勃发展。

广告一旦启动，广告的后测试就可以用来评估广告效果，但由于疏忽、恐惧或资金匮乏等原因，正式的后测试常被忽略。但是，检查一次广告活动的执行效果如何，可以为以后的广告提供必要的借鉴。虽然现金流、股东价值等一些财务度量方法的使用越来越多，但是在电视广告的后测试研究中最常使用的3种度量方法依然是：印象/态度的改变、实际销售数据的分析和关于使用情况的调查。印象/态度的改变是一种敏感的度量方法，它是购买行为改变的先兆。那些偏爱以实际销售额作为度量方式的广告代理指出，尽管在确立因果关系方面有一些困难，但销售额的变化才是广告的最终目的，因此它才是唯一有意义的测试方法（见插图9-4）。回忆也是很流行的方法。尽管有证据表明回忆并不是一个度量广告效果的有效方法，但是那些偏爱它的人争辩道，如果一个广告能让消费者清楚地回忆起某些事，那么它就是有效的。

9.3.8　广告运作的组织

当一个广告客户在组织广告运作时，其有4个选择。第一，小公司可以通过与媒体的工作人员分工合作来开展广告活动。例如，广告文案可以由公司撰写，图片设计与最后的编排则可以由报纸或杂志来完成。第二，广告功能可以通过一个由文案写作人、媒体购买人和制作人员组成的内部广告部门来执行。这种组织方式置广告功能于公司的完全控制之下，但是由于媒体购买时只代表一家公司，因此它的购买力很低。如像瑞安航空公司这样成本意识较强的公司，其广告的大部分都是在内部完成的。第三，因为开展一项广告活动需要拥有专业的技术，许多广告客户都倾向于选择与广告公司合作。大的广告公司会提供全方位的广告服务，包括创意、媒体策划、总体设计和战略实施、市场调查和广告制作。由于它们对广告的运作有丰富的经验，对广告中什么是必需的，怎样解决碰到的问题，它们都能站在局外人的角度提出客观的意见。4个大型跨国企业——奥姆尼康（Omnicom）、WPP、埃培智（Interpublic，IPG）、阳狮（Publics）在广告行业中处于领先地位。这些公司跟随像三星（Samsung）和雀巢（Nestlé）这样的跨国企业一起成长，因为这些公司希望它们在全球的广告业务都由一家广告公司来处理。第四，让公司内部的广告人员（或

插图9-4 维珍航空在2009年的“Still Red Hot”活动已带动20％的整体收入

由他们组成的广告服务机构）负责一部分广告功能，剩下的一些广告功能则选择专业的广告公司来处理。专业代理吸引人的地方是每一个专业代理都掌握着大量的广告业务。这就意味着，比如说，它们在进行媒体价格谈判时，拥有强大的购买力。或者，广告客户可以雇用“点子公司”（Creative hot-shop）来完善本公司人员或全方位代理商的工作。

代理付费的传统方式是由媒体所有者向代理支付佣金。在佣金体系下，媒体所有者按照传统，付全部广告价目牌（表）金额的15%左右给广告公司。例如，如果一则电视广告的花费是100万英镑，那么代理从媒介那里收到的费用将是100万英镑减去其中的85%（85万英镑）。广告公司给客户的发票是广告价目牌的全部金额（100万英镑）。广告公司的佣金总共是15万英镑。

大型的广告客户可以通过打折的形式要求不高于15%的佣金。例如，像联合利华（Unilever）和宝洁（P&G）这样的大型公司，就可以降低为其服务的广告公司的佣金比例。例如，宝洁公司在2009年的广告费用为87亿美元，因此它完全能够要求给广告公司很低的佣金。但是，公司认为佣金比率太低最终会降低广告的质量，因此公司并没有选择最大限度地降低佣金比率。第二种付费方式是支付酬金。对于一些小型客户来说，他们支付的佣金可能不足以弥补广告的制作成本。有些大客户也提倡使用酬金支付而非佣金支付的方法。因为他们认为这样可以消除代理机构和那些支付佣金，而不是像直邮或网上那样没有支付佣金的媒介之间的矛盾。

根据广告效果进行支付是第3种付费方法，指的是运用市场营销调研的方式评估广告活动的效果，以是否实现了传播目标为基础确定应付的费用。例如可以根据意识水平的提高、品牌形象的改善以及购买意向增强了多少来决定费用。另一个依据广告效果进行支付的领域是媒体购买。比如，正常来说，年龄为30~40岁的男性消费者的每千人次的成本是4.5英镑，那么当广告公司节省10%的成本时，这10%就要分成两部分，8%归客户，2%归广告公司。宝洁公司使用这种方法对它的广告公司进行支付，这些广告公司包括盛世长城、李奥·贝纳（Leo Burnett）、精信（Grey）和达美高（D' Arcy Masius Benton & Bowles）。酬金是和品牌的全球销售额紧密联系在一起的，这样广告公司的收入与它们的广告效果密切相关。

伦理之争9.1 告知或误导？

广告几乎无处不在。这句话的含义是：广告是企业与潜在顾客进行沟通的一种方式。但许多反对者认为：广告是浪费的最好方式，拥有彻头彻尾的最坏的误导性、攻击性和危险性。然而另一方面，支持者认为，在现代社会，顾客都是很精明的，他们能正确评估广告所宣传商品的价值。

误导性的广告通常有两种表现形式：夸大其辞和隐瞒事实。例如，可口可乐公司由于举行了一个“打破神话”的活动而遭遇了澳大利亚其他饮料公司的竞争和消费者委员会的抵制，在这次活动中，可口可乐使用了“神话——使你发胖；神话——腐蚀你的牙齿；神话——其中含有咖啡因”等词语。委员会迫使软饮料生产商在7个国家级报纸上刊登纠正广告，说明其声称是具有误导性的。同样，由于广告承诺的下载速度在现实中没有实现，宽带运营商已经受到批评。

广告也可以通过在其传达的信息中隐瞒重要事实来欺骗观众。这些隐瞒的事实会误导消费者。早餐、谷物食品等食品类的广告会因为忽略糖和盐的含量或者宣称不实的健康益处而成为具有误导性的广告。一些公司，如凯洛格公司（Kellogg），利用名人（例如，Philippa Forrester，“明日世界”的主持人）主持的节目来保证它们产品的益处，这样的节目给观众一种其所宣传的产品确实对身体有好处的错觉。许多工业化国家制定专门的业务规范来保护消费者免受欺骗性广告的误导。例如，在英国，ASA管理英国的广告从业准则，ASA强调广告应该“合法、得体、诚实和真实”。像帕迪·鲍尔（Paddy Power）、贝纳通（Benetton）和FCUK（French Connection United Kingdom）等公司过去所追求的那种具有震撼效果的广告就经常被投诉到ASA那里。

批评者认为，广告对于社会有深刻的影响。他们声称，广告促进了物质主义的横行，是利用人性的弱点来赚钱。广告被指责过分强调了物质财富——比如拥有一辆汽车或者最新款式的家用电子产品——对人的重要性。批评者指出，广告促进了社会中这种错误价值观的发展。与之相关的另一种批评意见认为广告利用了人性的弱点——比如人有归属的需要以及对取得更高社会地位的欲望。例如，英国政府白皮书制定了一份在特定时间禁止垃圾食品广告的禁令，香烟和酒类的广告也以同样的方式被限制。

广告的争议一直存在，而且在今后的一段时间内，它的争议会继续存在。

思考：想想你对广告的看法。你认为它主要是信息性的、娱乐性的，还是烦人的和误导性的？

9.4 促 销

正如我们已经看到的，促销是旨在刺激消费者或贸易商进行购买的手段，包括优惠促销和赠送免费礼物（消费者促销）、折扣和销售队伍竞争（贸易促销）等形式。越来越多的公司开始进行促销活动，而且在这上面花费了大量的金钱。促销越来越流行的几个关键原因如下：

1. 冲动性购买的增加：冲动性购买的兴起有利于在购买时采取促销手段。

2. 广告成本的上升和广告混战的出现：这些因素都削弱了广告原有的成本效益。

3. 缩短时间跨度：更激烈的竞争和缩短产品生命周期都增强了能带来快速销售增长的促销的吸引力。

4. 竞争对手的参与：在一些市场由于促销活动使用频繁，这导致所有的竞争对手都被迫跟风。

5. 可度量性：相比较广告来说，促销的短期影响更直接，因此促销的销售影响更容易度量。

促销经常被用来实现“短期的、快速的”销售增长目标。从这个意义上来说，它是一种有效的短期营销策略。它对销售的长期影响可能是正的，也可能是中性的，甚至可能是负的。如果促销活动吸引了喜欢本品牌的新购买者，那么他们的重复购买行为就可能导致一个正的长期影响。相反，如果促销活动（如优惠促销）使得消费者心目中的品牌形象贬值，那么它带来的长期影响可能就是负的。如果消费者购买某品牌只是因为它的促销，而对他的潜在偏好没有影响，那么促销的长期影响可能就是中性的。一项针对一流食品品牌的国际研究表明，促销的长期影响最有可能是中性的。在促销时期，这种促销活动往往会吸引现有的购买者而不是新的购买者。

9.4.1 促销策略

与广告一样，应该采用一种系统化的方法来管理促销活动，这种方法应该包括以下内容：促销目标的说明，决定最合适的技术工具，评估促销的效果。

促销可以有很多目标，最常见的目标是在短期内增加销售。增加短期销售的原因是多样的，包括降低库存的需要、在会计年度结束之前平衡预算的需要、旧产品在被取代前清空存货的需要以及在竞争对手的新产品推出前尽可能增加消费者和经销商手中的产品持有量的需要。在鼓励试用方面，促销十分有用。家庭样品和家庭优惠券对鼓励试用十分有效。这些促销活动的本质是在一段时间内鼓励消费者进行重复购买。任何需要收集包装袋或标签（例如，免费赠品或如宾果游戏那样的促销活动）的促销方式都企图在促销期间提高重复购买率。一些促销活动旨在鼓励消费者购买大包装的产品。最后，贸易促销通常是为了获得更多的货架和分布空间。折扣、免费礼品以及联合促销都是鼓励分销商进货的手段。

9.4.2 选择促销形式

供营销人员使用的促销技术有很多种（见图9-4）。消费者促销的主要形式有：优惠促销（money-off promotions）、附赠包装（bonus packs）、赠品（premiums）、免费样品（free samples）、优惠券（coupons）、有奖促销（prize promotions）和会员卡（loyalty cards）。相当大的一部分促销活动是针对贸易的，这些促销活动的形式包括价格折扣（price discount）、免费商品（free goods）、竞赛（competitions）以及津贴（allowances）等。

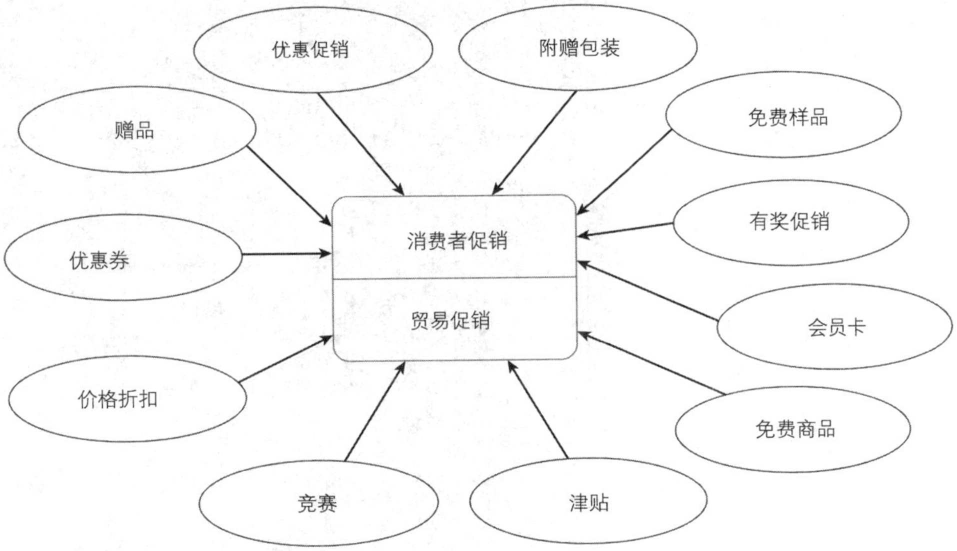

图9-4 消费者促销和贸易促销

9.4.3 消费者促销技术

优惠促销（money-off promotions）给予消费者直接价值，因此对于购买有明显的刺激作用。以往这种记录表明，这种方法能短期内促使销售的增长。然而，降价也很容易引起竞争对手模仿，而且，经常使用这种方法的话，还可能使品牌形象贬值。**附赠包装**（bonus packs）是指消费者不需要额外付费即可获得额外数量的产品，这种方法经常用在饮料、糖果和洗涤剂产品的促销上。这种促销的形式可能是“买10赠2”。因为产品的价格没有降低，这种促销方法导致品牌形象贬值的可能性较小。把两件或两件以上的商品打包在一起进行销售的促销活动称为多重购买（multi-buy）。这种方法通过激励消费者增加对打包在一起的同一个品牌的两个或两个以上的商品的购买来维持其市场占有率。多重购买也能够鼓励消费者更多地尝试购买，例如，可以将一罐咖啡与拿铁和摩卡之类的其他咖啡品种的样品一起售卖。赠品是为了刺激消费者购买，提供免费或价格低廉的产品有3种形式：即时赠送的附包装赠品、免费邮寄赠品和自我清偿性赠品。自我清偿性赠品要求消费者支付一笔仅能弥补成本的费用

（见插图9-5）。赠品的主要作用是鼓励大量采购和维护市场份额。早餐谷物生产商已经大量地使用了附包装赠品和自我清偿性赠品这两种促销形式。比如，凯洛格公司最近为其迷你包装谷物棒产品实行了“Big Breakfast”的促销计划，这个促销计划包括赠品、刮刮卡、购买奖励和广泛的购买点支持等促销工具。

插图9-5　免费的内包装礼品已被许多杂志出版商使用，以应对销量下滑

一个品牌的免费样品可被直接送货上门，也可以在商店派送，它们可以用来鼓励消费者试用。对于一个新的品牌或者同品牌的新商品来说，这是一种昂贵的但很有效的促销方式。优惠券是直接提供给家庭的，它一般刊登在杂志和报纸上，也可以附在包装上，它通常用来鼓励消费者试用和重复购买。越来越多的在线优惠券被使用（见社交媒体营销9.1）。尽管在提升销量方面，其效果不如优惠促销，但免费样品和优惠券都是流行的促销形式。它们提升销量的效果不如优惠促销的主要原因是这些形式对于消费者来说没有直接省钱，而对于现有的消费者来说，省钱几乎是唯一的吸引力。有奖促销有3种主要的形式：竞赛、抽奖和游戏。这些往往用来吸引消费者的目光和激发他们对这个品牌的兴趣。竞赛通常要求参与者有一定程度的技能和判断力，而且这些参赛者至少是商品的购买者。例如，为了使茶叶品牌PG Tips走出困境，联合利华把

“mind game”的题目放在包装的背面，消费者可以直接访问PG Tips的网站提供解决问题的方案。抽奖不需要专门的技能和判断力，其结果完全取决于运气。

最后，正如我们在第4章和第7章所见，会员卡是服务企业的一种流行的促销手段。顾客每次购买的时候都可以获得一定的积分，在未来购买时，积分可以用来抵付一部分价款。发放会员卡的目的在于招揽回头客，但正如我们下一章将看到的，会员卡是客户信息的一个极好来源，可以根据会员卡的客户信息来实行直复营销。在英国，会员卡十分流行，超过90%的人至少拥有一张会员卡，有78%的人拥有两张及两张以上的会员卡。会员卡可以是针对一个公司的，如乐购（Tesco）会员卡；也可以由几个公司联合推出，比如Nectar会员卡，这个会员卡由赫兹（Hertz）公司、塞恩斯伯里超市、英国石油公司（BP）、必富达（Beefeater）和福特等公司联合推出，其拥有超过1 100万个客户。类似地，像MyPoints这样的在线零售商也使用客户忠诚计划来奖励阅读邮件、访问网站、完成调查和购买商品的顾客。

尽管如此，客户忠诚计划仍然招致了不少批评。批评者指出，这样的计划只是提高了商业活动的成本，而且，如果竞争对手采取类似的方法，最终这可能仅仅是一个很小的战术优势。举例来说，据报道，壳牌石油（Shell）在推出它的智能卡时，在硬件和软件上花了2 000万英镑，这种智能卡能让司机在购买汽油时积分。针对客户忠诚计划的第二个批评是，它的扩散导致消费者的忠诚度下降。来自国际市场研究公司MORI的证据表明，如果有更好的益处，25%的会员卡持有者随时会变成竞争对手的会员。客户忠诚计划远非我们所认为的那样，它不是一个消费者对某个品牌忠诚的象征，它可能只是消费者转换品牌消费的一个标准。正如我们在第7章中所看到的，有效的忠诚卡计划是整体关系营销战略的一个组成部分。

社交媒体营销9.1 Groupon

批判性思维：下面是对在线优惠券公司Groupon首创的业务模型的回顾。阅读并批判性地评估社交媒体在其商业模式中的作用。

由于许多促销活动都是为了促成交易，对于技术和社交媒体将通过它们的创建和交付成为流行的手段，这也许是不可避免的。在这一领域中，一个世界领先的企业是Groupon，一个在2008年创立于美国的快速增长的全球性公司。

顾名思义，Groupon被翻译为团购。它的工作方式如下所示。如一家餐厅与Groupon合作提供午餐，午餐通常需要花费12英镑，在特定的一天仅需花费6英镑。然后Groupon会联系其在特定城市的注册成员，通知他们这个优惠，如果有足够多的客户订购，那么这笔交易将达成。如果没有，或者如果在给定的时间中这笔交易没有达成，那么该要约失效。这种方法有几个优点。如果客户想达成这笔交易，他们会积极主动地告诉他们的朋友该优惠的详情。社交媒体如Twitter和Facebook是促使信息迅速传播的理想工具。交易的即时性促使消费者乐于接受来自Groupon的定期电子邮件。由供应商提供交易可以确保需求量，并且可以期望其使用它，即将积蓄花在所提供的其他商品和服务上。设定一个上限也可能是很重要的，以避免需求大于供应的情况发生。对于提供任何交易所产生的收入，Groupon与供应商之间是五五分成。

这家公司已经成长得极为迅速。截至2010年底，它已经在全球565个城市拥有超过5 100万的注册用户，其收入达到7.6亿美元，并且雇用的人数超过4 000人。它发送了超过7 000万封交易日电子邮件给用户。虽然是一家私人控股公司，但它被誉为第一年内盈利（这在在线业务中是不寻常的）的企业，并获得了谷歌2010年被拒绝的60亿美元的要约。这可能并不是它所做的最好的决定，像其他一些主要的公司，如Amazon和Facebook已经进入了这个有无数的小运营商的领域。一个有趣的未来摆在面前。

资料来源：Anonymous（2011）；Shayon（2011）；Steiner（2010）.

9.4.4 交易促销技术

制造商在分销商购买时可提供（或被要求）折扣优惠，这可能是联合促销方案的一部分。根据这个折扣，零售商同意增加额外的货架、大量购买产品、参加一个联合的比赛和（或）允许在店内展示该公司的产品。价格折扣这一促销手段的一个替代方式是以相同的价格提供更多的商品（或免费的商品）。比如说，名为“面包师的一打”（baker’ s dozen）的促销技术就是以12个商品的价格提供13个商品。制造商可能会使用竞赛的方法来进行促销，比如，在对实现本公司产品的销售目标所提供的回报中，制造商给予经销商的奖励就属于这个范畴。最后，为回报零售商在商店内给产品提供的宣传设施，制造商会给零售商提供一笔津贴（一笔钱）作为补偿。例如，如果说服一个超市在它的货架上展示某产品且其正在以特别低的价格销售，那么此时就需要补贴。

采用交易促销最多的行业之一是制药业。举例来说，2004年，美国的医药公司在向医疗保健专业人士进行营销的活动中，花费了147亿美元，而直接面对消费者的广告活动的花费仅为36亿美元。交易促销包括礼品、样品和行业发起的培训课程。这是一个具有竞争性的商业活动，因为有大约102 000个医药零售商或销售人员都试图与美国870 000名医生中的顶尖医生会面。

促销活动的最后阶段是评估这个促销活动。与广告一样，预测试与后测试都是可行的。预测试的技术包括**小组讨论**（group discussion，测试一群潜在目标的想法）、**室内测试**（hall tests，将消费者的一个样本带到一个房间内，对供选择的促销方法进行测试）和**实验**（experimentation）（例如，选择两个不同的商品，分别测试两种不同的促销方法的效果）。当促销活动实施以后，必须仔细监测其效果。在检查促销期间和之后的销售额时，必须仔细认真，以确保考虑到了促销结束后会致使销售下降的因素（滞后效应）。在某些情况下，在促销活动实施以前，销量就可能下滑（前置效应）。如果消费者认为一项促销活动会很快开展，那么他们可能会延迟购买直到促销活动开始实施。另外，如果一项耐用消费品（如煤气取暖炉、冰箱、电视）的销售给予营销人员的佣金较高，那么营销人员也可能推迟销售直到促销活动开始。如果有可能产生前置效应，则应对促销前的销售也进行监测。

9.5 公共关系及公共宣传

所有组织都有不同的利益相关者（如员工、股东、当地社区、媒体、政府），其需求是组织必须考虑的（见图9-5）。公共关系（public relations）关注以上所有团体的利益，公共关系活动（简称公关活动）包括公共宣传（publicity）、企业广告、研讨会、出版物、游说以及慈善捐款等。公关可以实现许多目标：它可以提高企业的威望和声誉，可以帮助企业销售产品，吸引和留住优秀的员工，并能与社区和政府建立友好的关系；在人们阅读或观看报刊、广播或电视时，它可以通过不显眼的材料激发人们对某产品的购买欲望；它能够激发观众对公司产品的认知和兴趣；它可以用来解决问题或者处理机遇，也能用来纠正不良公共宣传造成的对于公司的错误认识；它在培养对客户、员工、供应商、分销商和政府的商誉时扮演了一个很重要的角色。例如，北爱尔兰的贝尔法斯特动物园用一头罕见的巴巴里狮子莉莉作为其宣传活动的核心，以增加到动物园的游客人数。巴巴里狮子在野外几乎灭绝了，当时，莉莉一出生就被母亲抛弃：它是在动物管理员的家中养大的。贝尔法斯特动物园为莉莉建立了一个电子邮箱，孩子们可以发送邮件和新闻稿，并且可以通过电子邮件收看幼崽成长的视频。该活动发掘了公众的好奇心和同情心，使其产生了140万英镑的收入，并且增加了近1/3的游客（见插图9-6）。

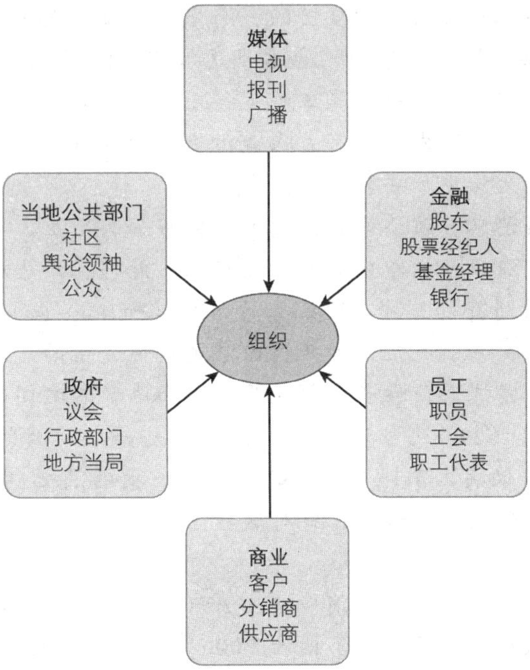

图9-5　一个组织和它的公共关系

插图9-6 莉莉，一只罕见的巴巴里狮子，成为贝尔法斯特动物园的公共关系活动的中心

公共关系活动增长的3个主要原因是：营销团队对公共关系影响力和价值的认识；广告成本的增加导致对有着更高成本效益的传播方法的探求；对于公共关系作用的进一步理解。社交媒体的急剧增长，进一步改变了公共关系事业(参见市场营销行动9.2)。

市场营销行动9.2 AEG-Electrolux：足够喧嚣的世界

批判性思维：下面是对由AEG-Electrolux举行的宣传活动的回顾。阅读文章并认真评估与广告相比，宣传是否是一种更有效的促销方法，例如促销静音洗衣系列。

噪声的无处不在是现代城市生活的一个重要特征，而对国内家电消费者的研究表明，消费者对洗衣机、烘干机等产品的噪音水平是敏感的。对此，AEG-Electrolux，瑞典一家家电公司，推出了它的静音洗衣机，其工作运行几乎是悄无声息的。为了宣传这一优势，公司力求不直接谈品牌，而是激发人们有关噪音污染问题的讨论，借此表明静音洗衣机为消费者提供了一种使他们的生活更加安静的选择。

为了传递这条消息，该公司在欧洲主要城市如马德里、布鲁塞尔和伦敦选择地点，并且通过将这些城市的海报网站与分贝仪连接起来，能够在广告牌上显示这些位置的实时噪声水平。该数据被传输到有着五种不同语言的网站（如noise awareness.co.uk）去催生一种噪声污染的意识以及让人们知晓在几天和几周内它是如何变化的。海报的创新性和精心策划的宣传以及博客宣传策略意味着使噪音问题成为媒体和消费者之间的一个话题。公关活动特别集中在铅和噪声认识日（2008年4月15日）上，这是一个欧洲范围内的倡议。处于关键地点的消费者也针对分贝仪搞出了许多有趣的活动，当地的酒吧/餐厅的顾客在海报上留下建立的记录后开始尝试创造最高的读数，针对这种情形，米兰当局要求在每天晚上后半夜以后仪表被关掉。

屡获殊荣的活动显著增加了消费者对AEG-Electrolux的品牌偏好，使得消费者产生了对噪声问题的重要认识，并且产生了估计7 000万英镑的公关价值。

资料来源：Burrows（2011）；Warc（2008）.

公共关系的一个主要组成部分是宣传（publicity）。它可定义为在媒体发布不直接按时间或空间支付费用的有关产品或公司新闻的活动。宣传部门的3个主要任务是满足媒体要求、为媒体提供与公司有关的活动信息以及试图让媒体传递公司的信息和观念。信息的发布可通过新闻报道、新闻发布会、采访、专题报道、可视电话采访或公开演讲（例如在会议或研讨会的演讲）进行。不管采用哪种方式传递信息，宣传都有3个重要的特点。

1.信息的可信度高：信息可信度较广告高，因为读者认为它是由独立作者（媒体工作者）而不是广告商撰写的。由于可信度高，不少人认为它的说服力较广告中的类似信息高。

2.无直接媒体费用：由于不用购买媒体的使用时间或空间，因此无直接媒体费用，但这并不意味着免费。因为总要有人写新闻报道、参与采访或组织新闻发布会，这可由内部的媒体官员或宣传部门组织，或交由外界公共关系机构承办。

3.无法控制发表：与广告不同，新闻报道不一定会发布。决定权不在企业而在编辑手中。决定新闻发布与否的关键因素是看它是否具有新闻价值。新闻必须在新闻价值方面有独特性，比如是新产品或有新的研究突破、有新员工或公司的扩张、赞助等。表9-3列出了一些有潜在新闻价值的主题。同样，用新闻提供者计划好的方式或者用公司进行宣传的方式也不能保证新闻发布的内容将被刊登出来。

表9-3 有潜在新闻价值的主题

最先做某事	
与市场有关的话题	与财务有关的话题
新产品	财务报表
研究突破：未来新产品	收购
大订单/合同	销售额/盈利
赞助	与人员有关的话题
价格改变	培训奖励
服务改变	公司竞赛获胜者
新商标	晋升/新的职务指派
出口成功	成功故事
	著名人物的造访
与生产有关的话题	采访报道
生产力提高	一般话题
雇用改变	会议/研讨会/展览
投资	重要活动纪念

9.6 赞　助

Sleight将**赞助**（sponsorship）定义为：

一种资金、能源或服务的提供者与个人或组织间的商业关系，个人或组织作为回报，提供一些可作为商业优势的权利或关系。

供潜在的赞助商挑选的实体活动，包括体育、艺术、社区活动、团队比赛、名人和重大事件、竞赛、展览会和表演。体育赞助是迄今最受欢迎的赞助方式，因为它能通过广泛的电视媒体报道，引起人们的高度关注；它能吸引社区的各种人群并满足各种不同的需求；它还能消除文化壁垒（见插图9-7）。举个例子，作为全球最大的体育盛会——2004年的雅典奥运会吸引了超过14亿美元的赞助，这相当于奥运会所产生的收入的1/3。赞助机会被火热争夺，甚至一个足球队的季前巡回赛也可以得到赞助，比如西班牙俱乐部皇家马德里进行中国之旅时，当地烟草公司红塔山赞助了它的季前巡回赛。

插图9-7　Specsavers巧妙地赞助裁判并且围绕重大的体育争议迅速创建广告

赞助费用可能非常高昂。例如，成为2010年南非世界杯的6个全球合作伙伴之一，估计得花费1.25亿美元。因此组织机构需要一份经过深思熟虑和精心策划的赞助方案。赞助的5个主要目标分别是获得宣传机会、创造娱乐的机会、促进良好的品牌与企业之间的联系、改善社区关系以及创造促销机会。

9.6.1　获得宣传机会

赞助创造了许多在新闻媒体获得宣传的机会。像年度高尔夫、足球和网球比赛这样的国际赛事，提供了全球媒体报道的平台。赞助这样的赛事将带来数以百万计的曝光次数。德国快递公司DHL签署了一项协议赞助美国职业棒球大联盟。这只是DHL公司的一项关于提高其在美国市场认知度的战略的一部分，DHL公司在美国拥有较小的市场份额且它的全球两大主要竞争对手UPS快递和联邦快递的总部都在美国。赞助所获得的宣传机会能很大程度上提升公司的知名度。例如，佳能通过在英国赞助足球赛事使得该品牌在男性中的知名度从40%提升到85%。类似地，由于赞助摩托车大赛，德士古（Texaco）公司的知名度由18%提升到60%。

9.6.2　创造娱乐的机会

大多数赞助的一个主要目标就是为客户和经销商创造娱乐的机会。赞助音乐、艺术表演和体育活动效果十分明显。举个例子，巴克莱资本为它的450个客户赞助了一场在伦敦自然历史博物馆展出的时装秀，这些客户都将出席一个全球性的借款者和投资者论坛。通常，重要客户还被邀请作为嘉宾来进一步增加事件的吸引力。同样地，全球帆船挑战赛的赞助商们如诺威治联合、英国石油和英国电信等利用它们所赞助的船只在波士顿和开普敦招待其最重要的客户。

9.6.3　促进良好的品牌与企业之间的联系

赞助的第3个目标是创建良好的品牌与企业之间的联系。比如史克·必成（SmithKline Beecham）公司为它的Lucozade体饮品牌赞助的运动竞技赛，加深了其产品市场定位和对能量的联想。在赞助商和被赞助的活动之间，价值从活动转向赞助商。观众在整个赛事过程中看到赞助商的名字、商标及其他的商家符号，就会很自然地将赞助商与该活动联系起来。例如，德国的休闲服装公司彪马在著名的沃尔沃帆船赛中作为参赛队出场，其船只的形状像一只鞋，且船身印有彪马的商标。镜头展示出帆船运动员和妇女所面临的危险和刺激，这很好地反映在彪马的品牌上，但作为参与成本，其也付出了3 000万美元的高昂代价。

9.6.4　改善社区关系

对学校的赞助可以为企业树立具有社会责任感和爱心的声誉，赞助方式可以是像乐购那样提供廉价的个人电脑，也可以是支持社区活动。很多跨国公司都参与到当地市场的社区活动中。例如，加拿大电信公司——北电网络（Nortel Networks）就非常成功地与爱尔兰共和国的一个传统节日——戈尔韦艺术节（Galway Arts Festival）活动建立起了联系。瑞士联合银行（UBS）与泰特（Tate）美术馆、伦敦交响乐团（London Symphony Orchestra）和伦敦市中心的一些学校如桥梁学院（Bridge Academy）都有赞助关系。

9.6.5　创造促销机会

赞助活动为宣传公司的品牌创造了理想的机会。印有赞助商商标和活动名称的运动衫、包、笔等都可以向活动中的观众销售。英国的O2公司与以前的千禧穹顶（Millennium Dome，现在以O2闻名）有赞助关系，该赞助的亮点之一就是通过展示部分最新的移动技术和无线服务来提升所有造访者在圆顶的体验。比如O2公司的顾客不需要门票而只需要通过他们的手机获得参与活动的条形码即可。通过这种方式，O2公司希望既可以赢得新的顾客又可以促使老顾客购买新的产品。同样，英国Orange公司提供给格拉斯顿伯里音乐节的观众每人一台“Text Me Home”的帐篷查找设备以及一个以风力发电的手机充电器，其可以连接到帐篷。

9.6.6 赞助的新发展

赞助在过去的20年中经历了一个快速的发展过程。驱动赞助支出增加的因素包括媒体广告的成本不断攀升、政府对烟酒广告的限制性政策、传统大众媒体广告有效性的降低、已被证明的以往良好的赞助记录。伴随着**事件赞助**（event sponsorship）的增加，**埋伏营销**（ambush marketing）现象出现。最初这个词是指公司尝试在不付给活动主办方任何费用的情况下将自身和事件联系起来的活动。耐克就是一个在各种奥运会上都特别成功的埋伏营销者，虽然它并不是雅典奥运会的官方赞助者，但它确实成为了亚洲观众眼中与雅典奥运会最密切相关的名字。只要没有使用事件的符号、标志或者吉祥物，这种活动就是合法的。例如，百事可乐在2010年进行了一次广告宣传，其特色是让一些世界上著名的足球运动员，如梅西与塞伦盖蒂平原的本地男孩一起踢球。这对于作为南非世界杯主要赞助商之一的可口可乐公司来说是一个挑战。规则也随着埋伏营销不断改进，比如《伦敦奥运会法案》就规定禁止在非2012年伦敦奥运会赞助商的广告中涉及“金牌”“夏季”“2012”这类词。

选择一个事件或一个人作为赞助对象时需要考虑大量的关键问题。这些问题包括该公司的沟通目标、目标市场、促销机会、涉及的成本和赞助所带来的风险。最后一点在市场营销行动9.3中进行了研究。对所有的沟通活动而言，都应该通过初始目标对赞助进行评估以评定这个赞助是否成功。例如，与2009年同期相比，百威啤酒2010年第二季度在英国的销售额增长了18.6%，这主要是由于其赞助了南非世界杯。在“man-of-the-match”投票后，在64场比赛中每场比赛产生了150万球迷投票，270万名球迷参加了百威在Facebook上的“彩绘你的脸”的促销活动。同样，据英国电信估计，其赞助的全球挑战帆船赛的媒体报道花费了3倍的费用，其官方网站吸引了每场比赛超过3000万的点击量。然而，最近的研究显示，只有35%的受访者“总是或几乎总是”衡量他们的赞助和事件的营销回报。

市场营销行动9.3 赞助风险

批判性思维：下面是对赞助给企业带来负面宣传的回顾。阅读文章并认真评估赞助的优点和缺点。

赞助是一个强大的促销工具，但是它也存在风险，特别是当赞助与名人或体育明星联系起来时。近年来最著名的一个例子是英国顶尖时尚模特之一的凯特·摩丝。她成功代言了大量的著名时装和化妆品品牌，但是有关她吸食可卡因的视频图像流出，给她带来了巨大的负面影响。由于担心和她有关联会破坏品牌的形象，很多品牌都取消了她的代言，包括

H&M、香奈儿和巴宝莉。讽刺的是，在吸食可卡因的丑闻发生之前她靠名气每年能赚取450万英镑。但是丑闻发生后，她签约了全新的广告，其广告代言费从CK香水的50万英镑上升到尼康相机的150万英镑。2006年她的收入飙升到1 100万英镑，这个结果显示丑闻并没有破坏她的品牌价值。

为了避免赞助个体所带来的风险，很多企业选择与团队建立赞助关系。但是这种方式也被证明是有问题的，近些年环法自行车赛带来的负面宣传就是个例子。环法自行车赛是世界上难度最大、最著名的职业自行车赛之一，也是举办国的一个标志性体育盛会。但是一段时间以来，该赛事由于车手被指控使用药物乃至整队策划使用兴奋剂而受到影响。赛事中的每个主要车队都有商业赞助商。比如，德国电信赞助的电信车队即后来的电信移动车队，在车队队长乌尔里希夺得1997年的冠军之后在德国掀起了骑自行车的热潮。但是当2006年乌尔里希没有通过药物检测且以前的队友和车队医生也承认他使用兴奋剂时，这种赞助关系就变味了。

即使赞助一个电视节目也是有风险的。近年来最成功的电视节目之一就是第4频道的真人秀节目——老大哥。但是该节目在2007年因为印度演员希尔帕·谢蒂与某些其他选手特别是杰德·古迪的争论而陷入了种族主义的争议中。媒体监管机构Ofcom收到了创纪录的33 000封电子邮件和电话，以抗议谢蒂涉嫌种族歧视。尽管市场调查显示大部分观众不会因为该争议去责怪赞助商，但该节目的赞助商卡冯-维尔豪斯公司还是暂停了对该节目300万英镑的赞助费。显然卡冯·维尔豪斯公司不愿意承担有损自身品牌的风险，讽刺的是这种争议却显著地提高了这类节目的收视率。

资料来源：Anonymous（2007）；Grande（2007）；Vernon（2006）.

9.7　其他促销工具

由于出版社和电视等传统媒体的观众呈现碎片化，大量的其他促销工具变得越来越普遍。4种流行的大众传播工具是展览、产品植入，以及异型广告和游击营销，这4种大众传播工具将在下文进行详述。

9.7.1　展　览

展览（exhibitions）之所以独特，是因为在所有促销方式中，只有它能将购买方、销售方和竞争者都聚集在一个商业环境中。在欧洲，科隆（Cologne）贸易展览会将来自100个国家的28 000个参展商和来自150个国家的180万个买家聚在一起。展览是产业促销组合的一个组成部分，也是买方获取他所需求和喜好的信息的一个重要来源。

展览不管是在数量上还是种类上都在增加。除了像摩托车展这样的工业展览外，更专注于生活方式的展览也逐渐出现在相应市场中。比如以化妆品为特色并以年轻女士为目标的丽悦秀（Cosmo show）吸引了55 000名参观者。1999年，该展览会成为Olay Colour（以前的Oil of Ulay）展示新品牌的发布平台以及加信氏（Gussons）推出其新款乳液Aqua Source的平台。

通过展览可以达成很多目标，包括识别发展前景及确定前景需求，建立关系，提供产品展示、销售，收集竞争者的情报和树立公司形象。为了确定展览的效果，展览过后的评估是必需的。幸运的是，我们能轻松地用很多变量来测度展览是否成功。这些变量包括到场观众的人数、产生的潜在客户的数目、收到的订单数量以及订单额等。通过联系潜在客户和顾客来对贸易进展进行跟进也是很重要的。

9.7.2 产品植入

产品植入（product placement）就是企业通过向制片方付费有意将其产品或者标志植入电影、电视节目、歌曲或视频游戏中。尽管产品植入在某些国家如某段时期的美国是笔很大的交易，但在欧洲有关禁止产品植入的限制到最近才放宽。举个例子：斯蒂芬·斯皮尔伯格的科幻电影《未来报告》就植入了超过15个主要品牌的广告，包括盖普、诺基亚、百事、健力士黑啤、雷克萨斯和美国证券交易所等。上述品牌的标志在整个电影的屏幕中均得以出现。这些产品植入使得电影从梦工厂和21世纪福克斯那里就赚取了2 500万美元，它又以某种方式使得电影的道具成本减少了1.02亿美元。类似地，当嘻哈歌手布斯塔·莱姆斯（Busta Rhymes）以其单曲*Pass the Courvoisier*轰动一时时，美国市场中的法国白兰地的销售量增加了14%，销售额增加了11%。虽然麦当劳品牌的拥有者道麦克（Allied Domecq）公司声明不会对歌曲植入支付费用，但是麦当劳每次都爽快地向在歌曲中提及巨无霸的嘻哈歌手支付5美元的费用。美国产品植入的交易额从1974年的1.74亿美元增加到2009年的76亿美元。

造成近些年产品植入显著增加的原因有下面几点：媒体的分散化意味着相对来说接触大众市场更加困难；通过将产品植入一部电影或电视节目，该品牌可以因为相关联想而获益；很多顾客并没有意识到该品牌被植入了；电影或电视节目的重播意味着该品牌会被反复看到；对电影或电视节目的慎重选择表明可以锁定某些领域作为目标；在节目的网站上可以创造很多宣传和促销的机会。例如，观众们对热播电视剧——如《欲望都市》和《绝望主妇》中女演员们所穿戴的衣服和饰品有很大的需求，结果它们很快就会被售光。节目制作方很快就能观察到其节目能够带来的推销机会。网络游戏行业的技术发展允许在游戏中的不同时间段或不同地理位置植入不同的产品，以增加提供给公司的促销可能性。尽管欧盟在2007年通过的《视听媒体服务指令》允许在除了新闻、时事、运动和儿童节目以外的电视节目中进行更频繁的植入，但是产品植入在欧盟受到的限制仍比在美国要严格许多。

虽然产品植入变得越来越受欢迎，但需记住它仍然存在风险。如果电影或电视节目没能上演，它可能损坏这个品牌的形象以及减少该品牌可能的曝光率。观众对明显的产品植入可能会很恼火从而损坏品牌形象，而且品牌商可能不知道如何去描述它们的品牌。产品植入的流行也很快导致了由于欺骗性广告而引起的索赔。美国游说团体强调产品植入的缺点之一就是消费者不能对其进行控制，消费者不能像传统广告那样可以通过转换频道的方式跳过，其希望对它进行限制。

产品植入受到同一种类型的分析，正如在本章中所描述的所有其他的促销技巧那样。例如，在詹姆斯·邦德的电影*Die Another Day*中，出现了福特汽车公司的3个汽车品牌：阿斯顿·马丁“征服”、雷鸟和美洲豹XKR。电影观众在进场之前和观看电影之后都接受了采访，以说明他们对品牌的观点有没有变化。另外，产品植入只是产品综合活动中的一部分，还包括公共关系和广告，以确保即使没有看过电影的人也会意识到福特公司和该电影的关系。在该电影在美国和英国热映期间，福特公司进行了调查，结果表明该公司在媒体上出现的次数增加了34%，而且在有关邦德的报道中有29%都出现了福特公司的信息。

9.7.3　异型广告和游击营销

两种越来越流行的大众传播技术是**异型广告**（ambient advertising）和**游击营销**（guerrilla marketing）。异型广告一般指在户外媒体上做的广告，不属于既定的如广告牌和公共汽车标志等户外广告种类。因此，广告出现在购物袋、汽油泵喷嘴、气球或飞机拉着的横幅、街道、飞机上的行李柜等上都属于异型广告。其媒体受广告商想象力的限制。

与异型广告密切相关的是游击营销。从本质上说，后者是通过意想不到的方式传递广告信息，并以近乎“埋伏”的方式来获得消费者的关注。最有效的游击营销活动之一是嘉士伯在英国所做的，它也采用了著名的定位口号“嘉士伯不做则已…但如果它们做，将可能是世界上最好的……”。公司在整个伦敦在价值50 000英镑的5英镑和10英镑的纸币上都贴了标贴，上面写着口号“嘉士伯不做垃圾，即使它们做了，也会是世界上最好的垃圾”。相对于一个小广告的投入，品牌获得了巨大的宣传。

异型广告和游击战术往往被广告商用于广告预算有限，或补充更大的预算活动的情形。这些技术的主要优势在于其能够捕捉观众注意力。但是其也面临着各种批评，因为它们加剧了社会上广告信息的泛滥。

总　结

本章对促销组合进行了概述，并且讨论了一些重要的大众传播技术，解决了以下几个关键问题。

1.促销组合是很宽泛的，包括7个元素，分别是广告、促销、公共宣传、赞助、直复营销、互联网和在线营销、人员推销。决定使用哪种组合取决于产品的特性、资源的可用性、市场的性质和公司使用的战略。

2.由于促销技巧的广泛使用，有必要采取一种综合的方法来进行营销传播。这意味着公司需要精心协调这些促销组合的元素，提供给市场一个清晰的、连贯的、可信赖的、具有竞争力的信息。

3.采用一个系统化的方法来实施传播计划十分重要。所涉及的步骤包括：考虑公司的市场策略和定位策略、识别目标受众、设定传播目标、创造信息、选择促销组合、确定促销预算、执行整合营销传播的策略和评估整合营销传播的策略。

4.广告是市场营销的一个十分明显的组成部分，但它只是促销组合的一个元素。一个广告策略包括对目标受众的分析、设定广告目标、预算决策、信息和媒体决策以及评估广告效果等环节。由于技术的发展，围绕着广告产生的重大伦理问题也发生了许多变化。

5.促销是一个短期内刺激销售或鼓励试用的强大技术。流行的促销技术包括赠品、优惠券、会员卡和优惠活动等，而折扣和津贴是流行的贸易促销技术。

6.公共宣传在促销组合中扮演了一个很重要的角色。它是一种组织与不同的公众进行沟通的机制。它比广告更可信，而且不存在直接的媒体成本。但是，公司无法控制宣传的推出时间和内容。

7.赞助是促销的一种流行形式。最常见的赞助类型包括体育赞助、艺术赞助、社区活动赞助和名人赞助等。其主要目标是为赞助商进行宣传、创造娱乐的机会并树立良好的企业和品牌形象。

8.其他重要的大众传播技术包括展览、产品植入，以及异型广告和游击营销，这些大众传播技术在促销组合中扮演不同的角色。

练习题

1.何谓整合营销传播？解释采用综合的方法进行营销传播的优势。

2.选择最近以来你所熟悉的3个广告活动。分别讨论每一个广告的目标受众、广告目标和信息执行的结果。

3.经常有人认为，过多的促销费用是一种浪费。讨论可以测量本章中所描述的各种促销手段有效性的方法。

4.讨论在促销组合中赞助所起的作用。

5.永远不会出现不良宣传。试对此句话进行分析。

6.讨论为什么异型广告和游击营销对于某些产品类别来说已经成为常用的促销技巧。什么是围绕这些大众传播技术的发展所存在的伦理问题？

7.访问 www.youbute.com 网站，从中选择一个组织或品牌的一些广告研究一下。讨论它们试图传达的信息以及所采用的创意处理。

课后阅读

Cornwell，B.（2008）State of the Art and Science in Sponsorship-Linked Marketing，Journal of Advertising，37（3），41-55.

Hackley，C.（2010）Advertising and Promotion：An Integrated Marketing Communications Approach，London：Sage.

Kitchen，P.，I. Kim and D. Schultz（2008）Integrated Marketing Communications：Practice Leads Theory，Journal of Advertising Research 48（4），531-46.

Kohli，C.，L. Leuthesser and R. Suri（2007）Get Slogan? Guidelines for Creating Effective Slogans，Business Horizons，50（5），415-22.

Nunes，P.F. and J. Merrihue（2007）The Continuing Power of Mass Advertising，Sloan Management Review，48（2），63-9.

Raghubir，P.，J. Inman and H. Grande（2004）The Three Faces of Consumer Promotions，California Management Review，46（4），23-43.

Robinson，D.（2006）Public Relations comes of Age，Business Horizons，49（3），247-56.

Tellis，G. and K. Tellis（2009）Research on Advertising in a Recession：A Critical Review and Synthesis，Journal of Advertising Research，39（3），304-27

在线学习中心

当你阅读本章时，请登录www.mcgraw-hill.co.uk/textbooks/jobber的市场营销在线学习中心。在这里，你可以找到一些多项选择题、友情链接和额外的市场营销方面的在线学习工具。

案例9 Bavaria NV：埋伏营销

公司背景

Bavaria NV是荷兰一家业务遍及全球120个国家的独立的啤酒厂。它由Laurentius Moorees创立于1719年，19世纪中叶，Jan Swinkels接手了啤酒厂并扩大了生产和销售。Bavaria NV在荷兰是最大的家族酿酒厂，而斯温克尔斯（Swinkels）家族始终是Bavaria NV的拥有者。除了在利斯豪特拥有自己的啤酒厂之外，公司还有多家子公司，包括：

■ 荷兰特拉普啤酒厂De koningshoeven，生产La Trappe啤酒

■ 巴伐利亚餐饮公司（Bavaria Horeca），它为巴伐利亚的餐饮机构提供产

品和服务

■巴伐利亚事件公司（Bavaria Events），负责支持Bavaria NV所赞助的活动，包括主办城市赛跑（Bavaria City Racing）等活动

在2007年期间，Peter Swinkels卸任Bavaria NV的主席并委任Jan-Renier Swinkels。Peter Swinkels自从1972年以来就一直工作在Bavaria，并担任董事长十多年。家族的六名成员延续Bavaria NV的世袭管理，其中的五名成员是第七代Swinkels。Bavaria英国的营销经理Sarah Swainson说：Bavaria是一个沉浸在传统和继承中的啤酒制造者，因生产带有真正的、独特味道的高品质啤酒而享有盛名……Jan-Renier将延续Peter的做法，增加Bavaria在国际啤酒市场中的存在感，并且继续酿造真正而独特的带有Swinkels“风格”的Bavaria。Bavaria NV在荷兰和国际市场中生产酿造了几种不同的带有Bavaria商标的啤酒，也生产了自有品牌的啤酒。不含酒精的啤酒，像Bavaria 0.0%、Bavaria 0.0%白啤酒也被酿造出来。在2007年，公司在荷兰推出了一种以Swinckels' Volmaakt为名字的啤酒，一种纯生啤酒，只能通过选定的渠道得到。公司拥有两家啤酒厂，因此整个酿造过程都是在内部进行的。在2009年10月，Bavaria NV改变了其企业标识并将它推广到所经营的所有国家。其发明了一个新的标志：一个以Swinkels的“S”为南点的指南针。新房子的风格涉及商标，该商标重点突出了蓝色。

战略方向

Bavaria NV公司的经营理念是始终如一地保持其啤酒的高品质。这是通过控制其内部的酿造过程而完成的，且其拥有天然矿泉水水源和在荷兰的两个啤酒厂。除了其质量关注点，该公司还将重点放在主题营销活动上，如在2010年世界杯期间积极地进行促销努力。展望未来，独特的营销活动和质量的双重焦点将会让Bavaria NV在荷兰啤酒业保持竞争力。

竞争定位

Bavaria NV在荷兰专注于啤酒产品，并且提供多种产品，包括黑啤酒、国内标准的啤酒和不含酒精的啤酒（见表C9-1、表C9-2、表C9-3）。

Bavaria NV采用高调的营销活动，特别是通过赞助，将该公司与其他啤酒制造商进行区分。它的一些关键促销活动包括以下几个方面。

表C9-1 Bavaria NV：2010年竞争地位

产品类型	总容量	排名
啤酒	8.7	4
黑啤酒	1.6	6
小麦啤酒	2.1	5
淡啤酒	8.7	4
国内标准啤酒	15.3	2
不含酒精啤酒	51.3	1

资料来源：Euromonitor International estimates，2011.

表 C9-2　　2006年10月民族品牌所有者的公司股份

	2006年	2007年	2008年	2009年	2010年
Heineken NV	43.1	42.5	41.2	39.9	39.1
Grolsch,Koninklijke NV	17.6	18.4	18.0	17.2	16.5
Interbrew Nederland NV	13.0	13.3	13.3	14.1	13.6
Bavaria NV	8.5	8.6	8.5	8.8	8.7
Royal Ahold NV	1.9	1.9	1.9	2.1	2.2
Palm BV	1.9	1.9	1.9	2.0	2.0
Aldi Nederland BV	1.2	1.3	1.4	1.5	1.8
其他私人品牌	1.3	1.3	1.3	1.3	1.3
Warsteiner Brauerei Haus Cramer GmbH & Co KG	1.3	1.3	1.3	1.2	1.1
Brasseries Kronenbourg SA	0.6	0.6	0.6	0.7	0.7
Dortmunder Actie Brauerei AG	0.5	0.5	0.5	0.5	0.5
Gulpener Bierbrouwerij BV	0.5	0.5	0.5	0.5	0.5
Leeuw (De)Onafhankelijk-Brouwerij	0.5	0.5	0.5	0.5	0.5
Modelo SA de CV,Grupo	0.5	0.6	0.6	0.5	0.5
Carlsberg Importers NV SA	0.5	0.5	0.5	0.5	0.4
De Leckere BV	0.2	0.2	0.2	0.3	0.3
Alfa Brouwerij BV	0.2	0.2	0.2	0.3	0.3
Super de Boer NV	0.1	0.1	0.1	0.2	0.2
其他	6.7	5.8	7.5	7.9	9.8
合计	100.0	100.0	100.0	100.0	100.0

资料来源：欧睿国际的官方统计、行业协会、行业媒体、公司调研、店面检查、贸易采访和贸易来源数据。

表 C9-3　　2006年10月世界品牌所有者的公司股份

	2006年	2007年	2008年	2009年	2010年
Heineken NV	43.1	42.5	41.2	39.9	39.1
SABMiller Plc	—	—	18.0	17.2	16.5
Anheuser-Busch InBev NV	—	—	13.3	14.2	13.6
Bavaria NV	8.5	8.6	8.5	8.8	8.7
Palm NV,Brouwerij	1.9	1.9	1.9	2.0	2.0
Carlsberg A/S	0.5	0.5	1.1	1.1	1.1
Warsteiner Brauerei Haus Cramer GmbH & Co KG	1.3	1.3	1.3	1.2	1.1
Oetker-Gruppe	0.5	0.5	0.5	0.5	0.5
Gulpener Bierbrouwerij BV	0.5	0.5	0.5	0.5	0.5
Leeuw(De)Onafhankelijk-Brouwerij	0.5	0.5	0.5	0.5	0.5
Modelo SA de CV,Grupo	0.5	0.6	0.6	0.5	0.5
De Leckere BV	0.2	0.2	0.2	0.3	0.3
Alfa Brouwerij BV	0.2	0.2	0.2	0.3	0.3
Grolsch,Koninklijke NV	17.6	18.4	—	—	—
InBev NV SA	13.0	13.3	—	—	—
Scottish & Newcastle Plc	0.6	0.6	—	—	—
Interbrew NV SA	—	—	—	—	—
私人品牌	4.5	4.7	4.7	5.2	5.5
其他	6.7	5.8	7.4	7.9	9.8
合计	100.0	100.0	100.0	100.0	100.0

资料来源：欧睿国际的官方统计、行业协会、行业媒体、公司调研、店面检查、贸易采访和贸易来源数据。

红牛飞行比赛和Bavaria

在2008年，红牛飞行比赛和Bavaria达成了为期两年的合作伙伴关系。Bavaria成为红牛飞行比赛的全球官方啤酒供应商。总的说来，全世界的9个城市将欣赏到这一壮观的空中比赛。“在鹿特丹的红牛飞行比赛是开展良好合作伙伴关系的开始”，红牛的首席执行官Bernd Loidl说。Peter Swinkels，Bavaria董事会的成员说：“能够加强我们这次红牛飞行大赛的长期合作伙伴关系，我们感到非常自豪。红牛的专业性和国际性与Bavaria和我们组织的顶级赛事是一次完美的结合。”Bavaria和红牛在巴伐利亚市的莫斯科竞赛中合作过。红牛车队的车手代表Mikhail Aleshin在比赛中穿过莫斯科市中心的街道。

电视广告

该品牌的英国广告宣传活动以“真正的男人”为主题，就是那些对生活有激情和喜好极限运动的男人。电影、电视试验表明，当男人们为得到一杯Bavaria啤酒而战斗时，他们会展示出自己的实力和毅力。有关研究发现，真正的男人在早晨做准备的时间不到半个小时，在“蓝领”行业中工作，如建筑或农业，并且喜欢足球和橄榄球。办公室“白领”的工作被认为是最怯懦的职业。“这种活动构成了更大的市场推广计划的一部分，并且其开始寻找真正男人的特征”，Bavaria的发言人Sarah Swainson说：“我们的研究表明，虽然‘都市型男’不再在男性和女性中受欢迎，但真正的男人正卷土重来。当我们继续投资于Bavaria品牌时，这个主题也将出现在未来的营销活动中，Bavaria Premium是进口的、好喝的啤酒，采用优质麦芽、最好的啤酒花和最好最纯净的矿泉水酿制而成。它是一种值得所有真正的男人享用的啤酒。”

埋伏营销

主办大型国际活动，特别是在体育领域活动的成本日益增加，促使组织委员会通过提供一系列的经济或物质的赞助机会来寻求企业部门的援助。为了避免通过直接竞争对手的参与来削弱赞助的利益，类别排他性在重大活动中是常见的，例如，只有一家酒精饮料公司成为赞助商。然而，这给想要用该活动来达到其营销目的的竞争对手创造了一种进退两难的境地。一种解决方案是以这种方式赞助一个较低的类别并保护结社权。或者，公司可以开展一种营销活动，把它与事件联系在一起，而无须支付任何费用。这些方法可以将注意力从主要的或重要的赞助商那里转移，并有可能使公众混淆。这代表了一种不断增长的趋势，被称为“埋伏营销”(有时称为寄生或游击营销)。

埋伏策略

埋伏营销的例子不胜枚举，通常在体育方面，而且往往涉及全球性公司。几个示例如下所示。

■当美国运通（Amex）停止对奥运会的赞助时，维萨接手了。维萨通过公开事实做出回应：美国运通不是一个官方赞助商。这引来了美国运通的反驳——没有必要非有签证才能参加奥运会。

■广告牌上显示了耐克的名字以及“swoosh”的品牌标识，其被描绘在亚特兰大奥林匹克公园附近的一栋特别的建筑上。而锐步是官方体育用品类的赞助商。

■美国男子篮球队，被称为“梦之队”，是由联邦快递公司赞助的，并经该协会大力宣传，虽然UPS快递在快递邮件类别中是奥运赞助商。

■奥运会短跑选手林福德·克里斯蒂（Linford Christie）在接受采访时，戴着有着彪马标志的隐形眼镜，但是这家公司并不是赞助商。

■富勒啤酒在这6个国家橄榄球比赛中放置了广告——“支持英式橄榄球”，并展示了一张橄榄球的图片。由于没有支付费用，橄榄球联盟认为这是埋伏营销，并向广告标准管理局投诉。

2010年南非世界杯百威啤酒和Bavaria NV啤酒

英式足球（Soccer）是世界上最受欢迎的体育运动之一，它的旗舰级比赛里每4年举行一次的世界杯。2010年的世界杯在南非举行，吸引了全球累计约260亿位观众，其遍布200个国家。啤酒制造商安海斯-布希公司通过其百威品牌进行赞助，其是此次世界杯的一个主要赞助商。在荷兰和丹麦的比赛中，一组36岁的年轻女子身穿丹麦队传统的有着红色和白色两种颜色的服装，进入了在约翰内斯堡索韦托地区Nasrec的足球城体育场。随着比赛的进行，她们脱掉外套，露出了与荷兰有关的颜色——橙色的迷你裙。这个情节吸引了观众、教练和球员的注意力，并为电视和印刷记者提供了一个媒体机会，他们会抓住时机向全世界发表报道。

这些女性被逐出会场并被警方逮捕。一位发言人说，根据《商品商标法》和《特殊措施法》，这些女性已经被指控。大多数女性被释放得比较快，尽管有两名女性，据称是组织者，被拘留了较长时间。国际足联代表暗示说，荷兰啤酒公司Bavaria将钱支付给这些参与此次事件的女性，她们是埋伏营销噱头的一部分。有人强调，穿着从竞争对手到赞助商的品牌服装是可以接受的，因为它不是一个精心策划的活动的一部分。这一事件引起了全世界的关注，荷兰外交部长表示：“如果南非或国际足联想让一家公司来做非法营销活动的话，它们就应该对该公司启动司法程序。”这两名女性最终被无罪释放，随后公司之间进行了庭外和解。

实际上Bavaria已经在国际足联的名单上了，由于4年前他们已经使用了类似的噱头。多达1 000名的球迷不得不穿着橙色Bavaria品牌的短裤观看荷兰对阵科特迪瓦的比赛。如果他们去除违规物品的话，就可以被允许入场。

Bavaria啤酒公司的发言人否认这些女性与他们的竞争活动有任何联系，并且发言人暗示带有荷兰队国家颜色的衣服很吸引人，女性应该被允许穿自己喜欢的衣服。衣服不带有明显的品牌，除了一个很小的“Bavaria”标签。然而，在比赛前，该公司安排由一流的荷兰模特Sylvie van der Vaart，Tottenham Hotspur球员的妻子穿着该服饰，从而确保其在荷兰能被立即认出来。作为礼品包装的一部分，啤酒厂制作了带有Bavaria品牌的迷你裙，并估计有200 000件在世界杯的筹备阶段出售。

据估计，该噱头的免费媒体报道的价值加起来将达到数十万欧元。在世界杯之后，Bavaria的网站流量明显增加。根据互联网分析公司Experian，在英国的Bavaria的网站（以前拥有的流量较少，如果有的话）一夜之间成为该国第五大受欢迎的啤酒网站。随着这个故事在世界各地广为流传，维基百科和谷歌的大部分流量被重新定向。Bavaria的英国市场营销经理Sean Durkan说："品牌的知名度肯定已经增加了。在微博和社交媒体上将有更多的活动。"

随着赞助成本的增加，一些组织可能会寻求一个低成本的替代方案，这并不奇怪。反过来，权力拥有者将会最大限度地增加他们的投资来证明支出的合理性。如果官方赞助商不鼓励并且取消他们的赞助投资，该活动的组织者也将对埋伏营销活动所造成的伤害进行警告。目前主要的活动很大程度上依赖于赞助收入，如果没有这些赞助收入，活动的可行性可能会受到质疑。

参考文献

Bavaria Company Website，http：//int.bavaria.com/

Euromonitor（2011），Bavaria NV in Alcoholic Drinks（Netherlands）

www.marketingmagazine. co.uk

BBC News

YouTube segments

问　题

1.评估Bavaria NV所使用的营销策略。在公司的整合营销计划中，埋伏营销（伏击营销）的作用是什么？Bavaria通过埋伏营销想要实现的目标是什么？埋伏营销是违法的、不道德的，还是合法的商业行为？

2.想象一下你是一个重要事件的商品类别赞助商：

（1）你希望组织委员会将何种保障措施落实到位，以避免伏击营销？

（2）你会做些什么来保护你自己的投资？

该案例是由利兹大学商学院博士Des Thwaites和伯恩茅斯大学博士Yue Meng提供的，各种公开发表的资料用作课堂讨论的基础，而不是用于显示有效或无效的管理。

参考资料

Turner, C. (2006) Barclaycard Appoints Communications Chief, *MarketingWeek.co.uk*, 19 January; Vita, N. and H. Probert(2010) Barclaycard – Sliding our Way into a Greater Share of the Future, *Warc.com*.

Anonymous(2011), I've Got You Labelled, *The Economist*, 2 April, 74.

Piercy, N. (1987) The Marketing Budgeting Process: Marketing Management Implications, *Journal of Marketing*, 51(4), 45–59.

Tellis, G.and K. Tellis(2009) Research on Advertising in a Recession: A Critical Review and Synthesis, *Journal of Advertising Research*, 39(3), 304–27.

Silverman, G.(2006) Is 'it' the Future of Advertising? *Financial Times*, 24 January, 11.

Anonymous(2004) Sex Doesn't Sell, *The Economist*, 30 October, 46–7.

Rigby, E.(2005) Tesco's Victory over Asda Advert Ends Year–Long Row, *Financial Times*, 18 August, 5.

Lannon, J.(1991) Developing Brand Strategies across Borders, *Marketing and Research Today*, August, 160–7.

Emap Limited(2011) Heineken Italia: Are You Still With Us? *Warc.com*.

Ritson, M.(2003) It's the Ad Break ...and the Viewers are Talking, Reading and Snogging, *Financial Times Creative Business*, 4 February, 8–9; Silverman, G.(2005) Advertisers are Starting to Find Television a Turn–off, *Financial Times*, 26 July, 20.

Terazono, E.(2005) TV Fights for its 30 Seconds of Fame, *Financial Times*, 20 September, 13.

Grimshaw, C.(2003) Standing Out in the Crowd, *Financial Times*, *Creative Business*, 6 May, 7.

Bell, E.(1992) Lies, Damned Lies and Research, *Observer*, 28 June, 46.

Anonymous(2005) Consumer Republic, *The Economist*, 19 March, 63, 66.

Smith, P.R. (1993) Marketing Communications: *An Integrated Approach*, London: Kogan Page, 116.

See Tomkins, R.(1999) Getting a Bigger Bang for the Advertising Buck, *Financial Times*, 24 September, 17; and Waters, R.(1999) P&G Ties Advertising Agency Fees to Sales, *Marketing Week*, 16 September, 1.

Rothschild, M.L. and W.C. Gaidis(1981) Behavioural Learning Theory: Its Relevance to Marketing and Promotions, *Journal of Marketing*, 45(Spring), 70–8.

Tuck, R.T.J. and W.G.B. Harvey(1972) Do Promotions Undermine the Brand? *Admap*, *January*, 30–3.

Brown, R.G. (1974) Sales Response to Promotions and Advertising, *Journal of Advertising Research*, 14(4), 33–9.

Ehrenberg, A.S.C., K. Hammond and G.J. Goodhardt(1994) The After–effects of Price–related Consumer Promotions, *Journal of Advertising Research*, 34(4), 1–10.

Davidson, J.H.(1998) *Offensive Marketing*, Harmondsworth: Penguin, 249–71.

Anonymous(2011) Groupon Anxiety, *Economist.com*, 17 March.

Shayon, S. (2011) Groupon Regroups on Mobile, Agency, IPO Strategy, *Brandchannel.com*, 21

March.

Steiner, C. (2010) Meet the Fastest Growing Company Ever, *Forbes.com*, 30 August.

Dowling, G.R. and M. Uncles (1997) Do Loyalty Programs Really Work? Sloan *Management Review*, 38(4), 71-82.

Burnside, A. (1995) A Never Ending Search for the New, *Marketing*, 25 May, 31-5.

Murphy, C. (1999) Addressing the Data Issue, *Marketing*, 28 January, 31.

Anonymous (2005) An Overdose of Bad News, *The Economist*, 19 March, 69-71.

Doyle, P. and J. Saunders (1985) The Lead Effect of Marketing Decisions, *Journal of Marketing Research*, 22(1), 54-65.

Lesly, P. (1991) *The Handbook of Public Relations and Communications*, Maidenhead: McGraw-Hill, 13-19.

Burrows, D. (2011) Why Blogs and Tweets Give PR Machine Bite, *MarketingWeek.co.uk*, 24 March.

Warc (2008) AEG-Electrolux Silent Laundry Campaign: The World is Noisy Enough, *Warc.com*.

Lesly, P. (1991) *The Handbook of Public Relations and Communications*, Maidenhead: McGraw-Hill, 13-19.

Sleight, S. (1989) *Sponsorship: What it is and How to Use it*, Maidenhead, McGraw-Hill, 4.

Ward, A. (2005) DHL Goes For Home Run in Rival's Back Yard, *Financial Times*, 6 April, 31.

Mintel (1991) Sponsorship: *Special Report*, London: Mintel International Group.

Friedman, V. (2003) Banks Step on to the Catwalk, *Financial Times*, 3 July, 12.

Mallet, V. (2008) Retail Brands See Oceans of Opportunity at the Helm, *Financial Times*, 19 December, 12.

Carter, M. (2007) Sponsorship Branding Takes on New Name, *Financial Times*, 13 March, 12.

O'Daly, K. (2008) Main Event, *Marketing Age*, November/December, 46-9.

Miles, L. (1995) Sporting Chancers, *Marketing Director International*, 6(2), 50-2.

Bowman, J. (2004) Swoosh Rules Over Official Olympic Brands, *Media Asia*, 10 September, 22.

Farrell, G. (2010) Sponsors Score with World Cup as Football Promotions Lift Sales, *Financial Times*, 16 August, 15.

Meenaghan, T. (2011) Mind the Gap in Sponsorship Measurement, *Admap*, February (available online).

Anonymous (2007) The Cartel of Silence, *The Economist*, 9 June, 71.

Grande, C. (2007) Big Brother Sponsor Injects New Reality, *Financial Times*, 19 January, 3.

Vernon, P. (2006) The Fall and Rise of Kate Moss, *Guardian.co.uk*, 14 May.

O'Hara, B., F. Palumbo and P. Herbig (1993) Industrial Trade Shows Abroad, *Industrial Marketing Management*, 22, 233-7.

Anonymous (2002) The Top Ten Product Placements in Features, *Campaign*, 17 December, 36.

Tomkins, R. (2003) The Hidden Message: Life's a Pitch, and Then You Die, *Financial Times*, 24 October, 14; Armstrong, S. (2005) How to Put Some Bling into Your Brand, Irish Times, Weekend, 30 July, 7.

Silverman, G.(2005) After the Break: The 'Wild West' Quest to Bring the Consumers to the Advertising, *Financial Times*, 18 May, 17.

Dowdy, C.(2003) Thunderbirds Are Go, *Financial Times*, Creative Business, 24 June, 10.

第10章　整合营销传播2：直接传播技术和数字化营销

本章框架

- 数据库营销
- 客户关系管理
- 直复营销
- 数字化营销
- 销售管理

学习目标

在学习本章之后，你应该理解：

1.作为直复营销的基础，数据库管理的重要性。

2.客户关系管理发展的原因有哪些？

3.直复营销的概念，如何管理直复营销活动？

4.互联网技术的发展所带来的市场营销机会有哪些?作为直复营销的媒介，互联网的作用有哪些？

5.蜂鸣营销作为一种创新的促销技术已被普及。

6.在促销组合中，人员推销的作用及推销和销售管理所涉及的主要问题。

营销聚光灯

德国电信国际公司

德国电信国际公司是德国国有的德意志联邦共和国电信有限公司的子公司之一，其是德国在国外的分公司。2011年，德国电信公司这个品牌出现在欧洲的10个国家中，包括英国、奥地利、克罗地亚、匈牙利、波兰、荷兰、捷克共和国、斯洛伐克、马其顿、黑山共和国。在电信行业激烈的竞争中，2009年，德国电信找到了符合自身的定位“生命在于分享”。这个定位不仅仅是德国电信的口号，也是其品牌座右铭，同时也是公司的精神所在。

对于德国电信的挑战是为自己在各个市场中完成自身新的定位找到有效的方式。尽管德国电信已经成为克罗地亚市场和匈牙利市场中的领头羊，但是其在奥地利市场中排名第二，在英国市场排名第四。全新的市场定位的优势在于其能够吸引各个不同年龄层的消费者，同时还能够“辐射”到不同市场的消费者，刺激到不同的消费动机。其关键在于找到有效的方式传递企业理念。企业决定并不仅仅选择传统的营销方式进行宣传，而是让消费者参与其中共同倡导企业理念，这就规避了传统营销方式仅仅向消费者单向传递展示信息的问题，而是通过营销活动与消费者进行交流。企业希望通过营销活动向消费者呈现企业理念，从而达到有效传播与沟通的效果。

企业通过在Facebook、SMS和广播中发布预告片的形式向消费者宣传营销活动的时间和地点。目的是结合蜂鸣营销的特点，激发消费者足够的兴趣。在英国伦敦的宣传活动是举办一场歌唱比赛并邀请明星Pink到场助阵，营销活动参与的人数多达1.35万。每一次营销活动都会在电视、广播、海报视频和脸书中呈现出来，以达到更好的营销效果。企业鼓励消费者将自己参与的活动上传到网上或者发布微博来记录自己的参与经历。

这个创新式的营销活动在各个方面都是可圈可点的。伦敦的视频点击量达到500万次，一个精心策划的“一起唱歌”活动的参与者达到1.7万人，这样的有效宣传收到了比报纸和电视宣传更为显著的效果。并且，同样的成功还出现在其他市场中。例如，在英国的“边走边买”活动的消费者超过了42%，在奥地利的线上音乐下载量超过50%。自从利物浦街车站的动画营销活动和希思罗机场的网上营销取得显著成功后，以创新性的方式迅速传达给消费者的品牌定位仍在沿用。

多年来，大众通信技术都是市场营销人员所热衷的。像广告和销售促销方式都是测量营销组合的主要指标工具。但是在当今时代，直接通讯技术越来越受到青睐。出现这种现象的原因有很多。如我们在之前章节中所述，消费者和媒体均非常分散，例如，企业想要在仅仅30秒的广告中向消费者进行宣传越来越难。基于此，以解决方式为依托的新技术的出现，如客户关系管理（CRM）和电子营销方式保证了更为直接和交互式的消费者关系。对于营销人员更为常见的挑战一直是对促销预算的估计判断，同时能够使企业得到应有的回报。直接通讯技术，如直接反应营销是对促销投资行为最为有效的测量方式。

本章将对直复营销传播和迅速变化的数字营销进行分析阐述。大多数直复营销传播技术依赖于顾客数据库的可获得性，这也成为营销活动的基础。首先，我们将考察数据库营销，它已经演变为营销中增长最大的领域之一，也就是客户关系管理（CRM）。其次，我们将继续关注直复营销本身，它的前身是传统邮购业务。更为详尽地，我们将考察数字化营销，这也是贯穿本书前后的主题。最后，由于营销活动的核心目标就是如何完成一项销售订单，我们将分析讨论个性化营销和销售管理中所涉及的主要活动。

10.1 数据库营销

营销数据库是一个“电子文件夹”，它包含一长串的名字、地址、电话号码、生活方式、现有顾客和潜在顾客的相关信息（参见插图10-1）。营销数据库包含了客户购物类型、购物频率、购物交易额和对促销产品的反应情况。

插图10-1 许多组织如服装零售商、体育馆和教育机构将“推荐一个朋友”作为其增加潜在客户群体的营销方式

数据库营销被定义为：

采用个人可寻址的营销媒介和渠道（如邮件、电话和销售人员）的交互作用的营销方式，用这种方式：

- 为目标消费群体提供信息。
- 刺激需求。
- 通过记录和储存顾客、潜在客户以及全部通信和交易信息的电子数据，以此与消费者保持密切联系。

数据库营销有一些重要特点。第一，它通过各种各样的媒介传播途径，包括**直接邮寄**（direct mail)、**电话营销**（telemarketing）和**直接促销宣传**（direct response advertising）等方式直接将信息传播给消费者。第二，数据库营销通常需要客户对营销作出直接反应，从而使企业可根据消费者的回应采取措施(如通过电话联系、发送宣传单或直接上门宣传)。第三，它必须能够追溯到原始的联系内容。数据库营销的潜力非常巨大。例如，一个超级市场通过分析超市销售额从而发现某一品牌的奶酪正在亏损。在完全切断这条渠道线之前，超市对过去一直购买此品牌产品的顾客信息进行相关性分析，发现他们购买了其他高价商品而且这些顾客在奢侈品上平均花费得更多。因此，超市得出结论：继续出售这种奶酪以满足这些有价值的消费者的需求是有意义的。

计算机能够存储和分析大量不同来源的信息，同时它能够以更加方便、易获得和有用的方式呈现信息。建立一个数据库依赖于对顾客信息的收集，信息的收集来源如下：

- 公司记录
- 对促销的反应情况记录
- 保修和质保卡
- 免费发放试用装的同时需要消费者提供姓名、地址、电话号码等信息。例如，一些乐队以获得大量邮箱地址为交换条件免费发放音乐会门票
- 询问
- 同其他公司交换数据
- 促销人员的记录
- 申请表（如申请信用卡或会员卡）
- 投诉
- 对之前直复营销活动的反应
- 组织活动（如品尝葡萄酒）
- 网络注册

然而，现在对于公司来说一个关键的挑战是：如何处理大规模且复杂的海量数据。Winter公司的调查数据显示，与2001年仅25%的占比相比，它研究的数据中超过90%都包含超过1T字节（1 000千兆字节）的数据。凯马特，美国大型零售商之一，有12.6T字节的数据，数据信息覆盖存货、销售额、消费者和供应商，但是这些并不足以使它免于破产。

整理数据信息对那些与消费者有直接联系的公司来说是容易的，如那些金融服务公司和零售公司。然而，即使那些销售合同是间接的，建立一个数据库通常也是可能的。例如，Seagram，一家著名的饮料公司，通过电话营销和问卷询问方式建立了一个欧式数据库，数据库信息来源于顾客、营销反馈、店内品尝、公司参观、（通过展览和促销的方式）与顾客相关的朋友或者同事。

图10-1显示了数据库中记录的信息类型。顾客和和潜在顾客信息通常包括姓名、地址、电话号码、DMUs中关键决策者的名字以及习惯性行为偏好信息。交易信息是指以往交易记录信息。交易数据必须充分详细，允许FRAC（频率、时效、数量和范畴）为每个顾客提取信息。频率指的是消费者多长时间购买一次产品。时效是测量消费者上一次购买产品的时间。如果消费者再次购买之前等待的时间很长的话（即时效是递减的），其原因（例如缺乏具有吸引力的优惠或服务问题）需要探索。数量衡量的是一个消费者购买多少商品，

通常按价值记录。最后，范畴定义的是购买产品的类型。

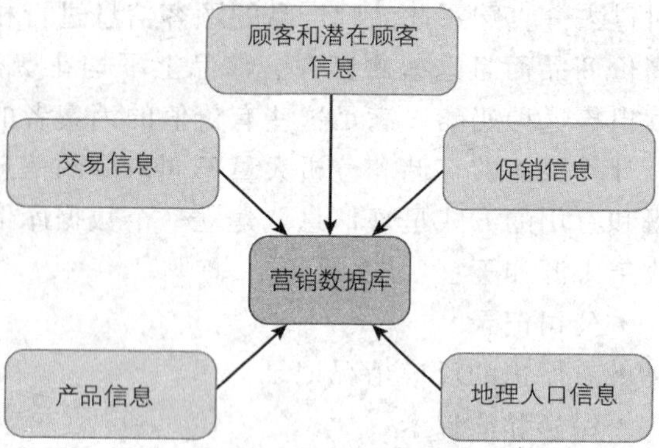

图10-1　市场营销数据库

促销信息包括开展什么样的促销活动，谁来响应它们，以及联系方式、销量和利润的整体结果。产品信息包括决定对哪种产品进行促销，受众群体在何时何地进行响应。最后，地理人口信息包括有关消费者和潜在客户的预期地理位置信息，以及社会、生活方式和商业类别的归属。用交叉制表来表示这些交易信息的细节可以揭示客户最可能购买的某特定产品的概况。由于拥有有关消费者的信息，数据保密成为主要的问题，如同在伦理之争10.1中讨论的问题一样。

数据库营销的主要应用如下所示：

1.直接邮寄：可以在一个数据库中选择邮件的收件人。

2.电话营销：一个数据库可以存储电话号码，以便消费者和预期可以被联系起来。

3.经销商管理系统：一个可以为经销商提供基础信息的数据库。

4.忠诚市场营销：可以从数据库中挑选出忠实的顾客来给予特别对待，以作为对他们忠诚的回报（见第7章）。

5.目标市场营销：个人或企业团体可以作为分析数据库结果的目标。

伦理之争10.1　企业与国民

数据追踪和数据存储技术的进步意味着公司和国家掌握着国人大量的个人信息。我们越多地使用信息技术，就会在我们身后留下越多的可追踪信息。我们拨打的每一个移动电话、我们发的短信和邮件都会被记录下来。现在某些政府出于安全目的，要求经营者对所有信息都存储至少3年的时间。当我们上网时，有关网络会分析并保存我们浏览了什么网站和关注了什么信息。一些软件被开发出来用以拦截网页请求，以建立有关用户兴趣的文档。Facebook对应用者的兴趣、浏览的图片和作出的评论等进行记录和追踪。每当我们使用一个商店的会员卡时，我们就使商店对我们是何种顾客有了大概了解。关键问题是这些组织对我们的了解有多少，它们将如何处理和对待这些信息，我们的信息是否安全。

第一个问题的答案是，它们对我们的了解越来越多。数据库信息允许组织建立顾客档案。当组织分享信息时，消费者档案就能日趋精细。因为杂货店购物（英国塞恩斯伯里超市）、在线购物（亚马逊网站）和银行业（Barclaycard）的详细交易信息都能够用于交叉制表和比较。加入忠诚卡计划通常需要提交非常有价值的信息，像就业状况、孩子的数目、拥有的汽车数目等。当所有这些数据被开发时，关于顾客的详细资料便产生了。2008年，谷歌接管DoubleClick后发生了严重的隐私安全问题。DoubleClick曾是谷歌最大的使用者之一，它在计算机上安装了一个小的数字化文件以追踪用户访问的网站。当这个信息与谷歌的搜索记录相结合时，它能够呈现一个非常详细的网民兴趣信息。

为使企业利润最大化，这种类型的信息可以用不同的方式加以利用。第一，可以给消费者提供消费积分，这样消费者就可以兑换消费积分来购买高价商品。第二，提升了针对性。例如扫描Gmail信息可以获得关键词，所以如果你浏览网页时应用了词语“假期”，就会发现你会接收到很多关于旅游的广告宣传。第三，提供低利润的产品并不是可持续的，这有时意味着注重成本节省的顾客会发现他们喜爱的品牌不再进行促销了，他们就可能会去其他地方购物，这实际上是差别定价的一种形式。第四，价格变化可以通过观察消费者的反应来测试。例如，一系列产品的价格可能在短期内上涨，如果消费者对此没有产生不良反应，那么这些高水平的价格将会保持。随着时间推移，商店会增加其高价商品的份额。在激烈的竞争性市场中，并不可能总是这样。但是，在食品杂货的零售市场中，少量的大企业却成为了主导者。第五，在一些行业，像保险业，数据能够被用来识别和淘汰高风险的消费者。

一旦消费者的资料变得很精确，那么对这种信息的安全管理就变得极为重要。例如，在美国，Facebook中的个人信息和会员卡信息已经出现在法律案例中，就像离婚显示了一方有责任支付更多的赡养费。在2011年，索尼公司与其7 000万个网络用户进行沟通并告知黑客已经实施了大规模的数据偷窃，这些信息包括客户姓名、住址、生日、密码、安全问题及回答，在某些状况中还包括一些信用卡信息。像索尼的这种安全信息泄露在当今社会中是非常常见的。Facebook也同样受到频繁更改其隐私设置或使设置复杂化来保护客户隐私等谴责。例如，《纽约时报》报道Facebook用户需要更改50种设置，进行多于150种选择以确保自己的隐私安全。HSBC，英国最大的银行，在过去丢失了370 000个顾客的个人信息，然而，在2008年2月，在易趣上出售的一台笔记本电脑上却发现了一个有编码信息的英国内政部的磁盘。

以上所述概括为一种情况：消费者需要知道他们提供给了企业什么信息，关于这些信息他们提供给了这些企业什么许可。消费者的权益通过数据立法得到保护。消费者有权知道企业掌握他们的什么信息以及这些信息可以传递给谁。他们有权利决定退出营销数据库。但是，在一个信息化社会，拥有真正的私人生活实际上是不可能的！

推荐阅读：Turow（2008）.

思考：企业为顾客建立非常精确的个人信息是否是可行的？统一和反对的观点各是什么？

数据库也能用来设法建立或者加强企业同消费者的关系。例如，Highland Distillers把其所有对Macallan威士忌品牌的推广预算从广告转到直复营销。它建立了一个由100 000个最频繁饮酒者（那些一年至少购买5瓶酒的顾客）组成的数据库，每隔几个月给他们发邮件，内容是关于这个威士忌品牌的轶事和大事记。正是这些改善顾客关系的努力，使得数据库营销演变成了现在的客户关系管理（CRM）。

10.2 客户关系管理

客户关系管理（CRM）是企业为了管理客户关系而建立的一个有关方法论、技术和电子商务能力的术语。需要特别指出，CRM软件包对企业和客户之间的互动关系进行协调和帮助，使企业能够协调其所有的沟通技能从而为客户提供全面的信息和图像资料。CRM提供给企业一系列的信息技术服务，如客户服务中心、数据分析和网站管理。CRM的基本原则是公司员工以单一客户的观点来看待客户。客户现在更加频繁地运用多种渠道来购买产品，他们可能从一个售货员那里购买一个产品，同时又从公司网站购买另外的产品。客户和企业间的互动可以通过多种方式呈现出来——如通过推销人员、客户服务中心、邮件、分销商、网站等来体现（见图10-2）。例如，爱尔兰喜力在爱尔兰通过8 000家酒吧或者饭店和超过1 300家商店或无执照经营者来分销它的产品。向所有营销组织的员工包括某一领域的销售人员，呈现单一的、最新的所有顾客的偏好和意见，是一个好的CRM系统应该做到的。

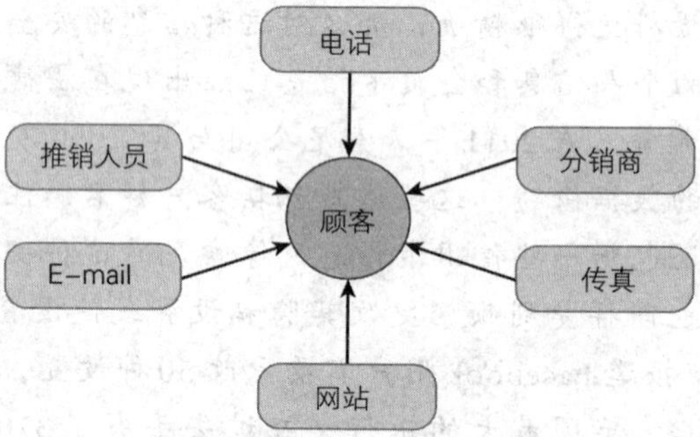

图10-2 客户与企业间的联系节点

因此，不管一个客户如何联系这个公司，一线员工都可立即获得与该客户相关的最新数据信息，如他/她的详细信息和过去的购买情况，这是至关重要的。这通常意味着在一个公司中，单个部门的很多数据库必须整合成一个在所有相关员工的计算机屏幕上都可以使用的集中的数据库。然而，CRM不仅仅是技术，正如我们在第7章学习的一样，为了使CRM能够更有效，它必须与公司的所有营销策略相结合，必须训练员工学会如何去使用这个系统，并不断地鼓励和监测他们准确地使用这一系统。主要的客户管理活动包括以下内容：

1. 针对性——明确目标受众和潜在客户。

2. 咨询管理——这一行为从客户个人表达其兴趣开始，一直持续到资格审查、明确客户责任和报告结果为止。

3.欢迎——这一行为涉及新客户和升级的老客户；它采用简单的“谢谢你”这类信息覆盖复杂的接触策略。

4.了解并认知——客户必须提供他们的信息；这些信息需要存储、更新和使用；有价值信息包含客户态度、客户满意度和客户关系“健康体检”。

5.客户拓展——通过高层次的关系管理活动，决定拓展哪类客户，并决定保持或者终止哪些客户关系。

6.管理问题——这包括早期的问题识别、投诉处理和“根本原因”分析，也就是对能够给客户带来困扰的基本问题的准确分析。

7.挽回活动——这一行为包括清楚亏损的原因、决定找回哪种客户，及优化挽回方案，其能够给消费者提供一个回来的机会和一个好的回来的理由。

对一个计划做绩效衡量能够细化未来，计划能持续改进CRM方案；衡量的内容包括参与人、过程、活动、传达主题和渠道绩效。

迄今为止，CRM计划有一个非常复杂的成功比率。与成功相关的一些因素是：

- 以顾客为导向，组织关于顾客的CRM系统
- 各部门都采用一个单一的视角看待客户，设计一个综合的系统，以便所有面向顾客的员工都能够从普通的数据库中提取信息
- 能够管理文化变化问题，这些问题来源于系统升级和完善
- 在CRM设计过程中涉及用户需求
- 以满足未来变化需求为导向来设计CRM系统
- 开展广泛的CRM项目，同时每个受影响的部门都承诺采用单一的视角来看待客户的利益
- 建立“快速实现”方案为营销计划提供积极的反馈

10.3　直复营销

直复营销是指通过产品、信息的分发以及福利促销的方式定位客户，这种交互式传播对目标客户产生的影响能够准确地测量。直复营销的起源是直邮广告和邮购的目录，结果，直复营销有时被看作“垃圾邮件”。然而，当今的直复营销与人们联系的方式通常使用了一系列广泛的媒体——如电话营销、直接反应广告和邮件。同时，直复营销不像其他形式的传播，它通常会收到及时的反应，很多直复营销活动的效果可以被准确地评估。

一场直复营销活动不是一个驱动短期反应的活动。越来越多的企业使用直复营销来发展正在进行的同顾客间的直接关系（参见市场营销行动10.1）。一些评估者认为吸引新客户的成本是维持现有客户所需要的成本的5倍。直复营销活动可以是市场营销人员保持现有客户满意和让他们消费的手段。一旦获得一个客户，他们便有机会将公司其他产品出售给这个客户。Direct Line，一个英国的保险公司，在英国机动车保险行业成为市场的领导者，它通过绕开保险

经纪人直接接触客户，用免费的电话号码和金融服务吸引对电视广告给予直接回应的汽车驾驶员，以鼓励汽车驾驶员联系它们。一旦它们将车险出售给消费者，受过训练的电话销售人员就会在其他保险产品，如房子和内容保险上给他们提供实质性的折扣。Direct Line用这种方法，并且通过结合使用直复营销的方法扩大了自己的经营规模。

市场营销行动10.1　Mothercare：宝贝和我

批判性思维：以下是对Mothercare对客户数据管理的评论，其营销测量帮助其建立了客户关系，阅读以下文段并思考其优势和劣势。

Mothercare是英国一家具有多年历史的母婴产品零售商。其第一家商店成立于1961年，当今阶段，其在英国通过零售商店和网上销售进行经营活动，同时通过特许经营在欧洲、中东、非洲和东南亚开展业务。2007年，Mothercare集团并购Early Learning Centre——一家经营6岁以下儿童游戏和玩具的公司。

对于新晋父母，宝宝1岁前是最令他们懊恼和最具挑战的时期。Mothercare投资建立了一家"宝贝和我"俱乐部为新晋妈咪带来更多便利。它们的调查显示这些客户有对相关信息的渴望——他们寻求在购买母婴产品方面值得信赖且专业的指导。俱乐部名字的选择非常关键，因为它强调了这个俱乐部不仅仅是为了宝宝准备的，同时它也能够满足宝宝的爸爸和妈妈的需求。这个公司的目标是第一年招揽20 000名准爸爸和准妈妈以及新晋爸妈。顾客可以在线注册或者直接到店内注册，作为注册会员的回报他们会收到一个小册子，这个小册子中是为他们准备的建议、信息、抵值券。抵值券可以用作今后购买产品的兑换券，也可以在日后的不断沟通和促销活动中使用。以上这些是专门定制的并且针对宝宝出生第一年划分成五个不同的阶段——这五个阶段都具有不同的挑战和问题。

这个俱乐部非常成功，它吸引了36万个俱乐部会员并且产生1 250万美元的销售额。当其他零售店如Amazon（亚马逊）、Kiddicare正在市场挑战中不断挣扎时，Mothercare俱乐部已与其顾客建立了完善的客户关系。例如，在2011年，Mothercare关闭了其1/3的店面而将注意力投向村镇店面和国际市场。

资料来源：直复营销组织（2010）；Mortimer（2011）.

直复营销包括一系列的方法，主要包括：

- 直接邮寄
- 电话营销（既有拨入，也有拨出）
- 直接反应广告（赠券回馈或者"直接电话"）
- 产品目录营销
- 电子媒体（网络、邮件、交互式有线电视）
- 插页（杂志里的广告单）
- 上门传单

通过国际直复营销网络，对整个欧洲的大型消费品公司进行的一个调查估量了这些技术的使用（包括目录营销和在线渠道）。调查发现84%的公司使用某一形式的直复营销，但是国家间存在巨大的差异。例如，在德国，40%的被调查公司使用的是电话营销，然而在法国却使用得很少。总体上说，直接邮寄是最常用的方式（52%），接下来便是正在出版的赠券广告（41%）。电话营销没有被广泛采用，尽管它经常与企业间的电子商务营销联系在一起。在英国，投入到直复营销中的促销预算的比例已经稳定增加，一项研究发现企业打算以超过20%的比例不断增加这项预算。该领域的增长潜力可以通过用在直复营销上的人均花费这一事实来反映，在英国是71美元，而荷兰是152美元，美国则为428美元。在过去20年里，直复营销活动的显著增长在5个方面得以证明。

1.媒介和市场的细分。专业杂志和电视频道的发展意味着传统的大众广告已不太有效。类似地，大众市场正在消失，越来越多的企业以顾客要求为导向对不同目标群体提供有针对性的产品（见第5章）。

2.科学技术的发展。如数据库和软件等产生的个性化信件，减轻了直销人员的任务。最新研究成果如可变数据印刷（VDP）使得直接邮寄的文件中包含文本、定价、促销、图片和图表等不同元素，具有独特的个性。

3.可供邮寄的产品名录显著增加。名录中产品的销售代理人在产品供应者（通常是通过顾客购买交易而建立的产品清单，或者是那些特定为了租赁而进行整理的产品名录）之间作为产品的供货媒介，产品代理人因此便有助于为特定的目标找到适合的名录。

4.精准分析技术，如区域人口统计特征分析（见第5章）可以用来定位邮寄目标。

5.其他技术的高成本，如人员推销，导致越来越多的企业利用直复营销技术；比如电话营销，使得销售人员获得成本效益。

直复营销活动，包括直接邮寄、电话营销和电话银行业务，它由欧洲委员会指令规定于1994年底开始生效。它的主要条款有：

- 供应商不能坚持要求预付费用。
- 必须告诉客户供应商的身份、产品价格和质量以及任何形式的运费、付款方式和配送方式，以及询价的有效期。
- 除非另外指明，订单必须在30天之内送达。
- 30天的稳定期是强制的，除非接受者事先同意，否则通过电话、传真或者电子邮件的无事先告知的访问是被禁止的。

10.3.1　管理直复营销活动

同其他促销活动一样，直复营销完全整合从而达到整合营销策略的程度。直复营销人员需要充分了解产品是如何在市场中定位的，这是因为作为直复营销活动的一部分被发出的信息，与那些由其他渠道（如广告销售和人员销售）发出的信息并不冲突。

直复营销活动所包含的各个阶段（见图10-3）与前一章描述的大众性传播技术相类似。第一步是识别目标群体，直接邮寄的优势之一是目标群体定位非常精确（见插图10-2）。例如，当IBM计划扩展其数据存储业务时，IBM意识到其面临的挑战是与首席信息官（CIOs）合作，其认为企业是巨大的、复杂的，同时也是成本高昂的。但是，这能够使IBM定位到其对手惠普的客户并同时使IBM专注于投资回报（ROI）——这些经理人的一个重要特质。这个项目基于无公司特征Roi Rapido直接邮寄宣传，Roi Rapido能够传播节省开支的小妙招，同时在两天内通过远程电话散布IBM宣传册。

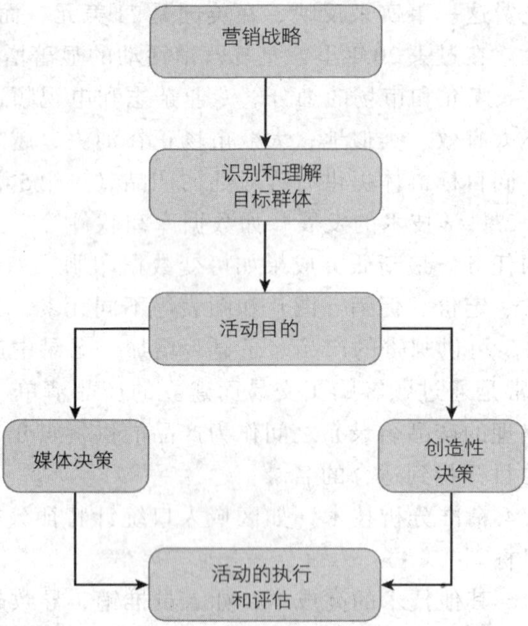

图10-3 管理直接市场营销活动

直复营销活动的目的可以与其他形式的促销活动目的相同：改善销量和利润，获得或者保留顾客。然而，直复营销的一个好处是它总是可以针对当前绩效进行分析而后设立短期目标，这使得对效率的评估变得相对容易。例如，西班牙汽车制造商Seat，将英国一系列汽车公司作为目标以努力进入高端汽车业务领域。直复营销和媒体大众营销组合能够刺激44%的新车销售增长。

下一个决定性因素是进行直复营销活动使用的媒体。下面讨论对市场营销人员有效的每个重要决策项。一旦营销活动媒体被选择，就必须做出创造性决策。创造性决策主要包括传播目标的细节、产品利益、目标市场分析、客户订单、消息传递和行动计划（例如活动将如何进行）。当直复营销逐渐趋向于快速反应而不是进行广告传播时，受众就需要在反应之前看到显而易见的利益。例如，Direct Line在汽车保险行业的成功就建立在它提供给消费者显而易见的好处的基础之上，也就是实质性的成本节约。

最后，营销活动需要执行和评估。执行营销活动可以在室内进行或者通过专业的代理来进行。正如我们前面所提到的，直复营销适用于大规模测定。一些最常使用的测量方法有响应率（接触反应的比例）、总销量、销售率（接触购买的百分比）、咨询率、咨询或者销售单位成本和重复购买率。

插图10-2　英国博姿2009年圣诞节直复营销宣传活动（见第4章）

10.3.2　直接邮寄

材料通过邮政服务邮寄到接收者的家中或者办公地点，目的是促销一种产品或者保持现有的购销关系，这被称为直接邮寄。例如，亨氏食品公司采用直接邮寄的方式定位其目标客户和潜在客户。通过建立有关促销反馈数据库、生活方式调查问卷和出租列表反馈的信息，亨氏食品公司建立了一个包含460万户家庭的数据库。现在，每一户家庭都会收到一个季度性的“足不出户”便能收到的邮包，其进一步细分客户至可以反映客户忠诚度和购买频率的程度。产品与价值性信息和优惠券相结合以促使顾客试用此商品。直接邮寄的一个主要优点是它的成本较低。例如，在B2B的电子商务营销中，可能需要花费50英镑来访问潜在客户，5英镑用于给他们打电话，但是发送一个邮件的花费却不到1英镑。

影响直接邮寄活动效力的一个关键因素是邮寄名单的质量。邮寄名单的质量大相径庭。例如在英国，一年的时间内就有1亿个包裹被退还，并标记着“退还寄件人”。所以，直接邮寄的效力严重依赖于用来瞄准潜在客户的名单的质量。因此，从主要名单中租用名录比购买名录效果更好。

直接邮寄促使企业把指定的个体作为特定目标。例如，通过使用园艺目录订阅者的名单邮寄宣传材料，能够把一个特定的人群作为目标，而不是把所有人都作为目标，因为他们更可能对推广的优惠价感兴趣。这种细致的个性化的直接邮寄方式是可能实现的，并且其结果可以直接测量。由于直接邮寄的目的是直接的——通常是销售额或者询价——其成效就能容易地测量。一些杂志，像《读者文摘》，在着手进行大规模邮寄之前，常常会花钱调查可供选择的创造性方法。像促销订单类型、大标题、图形和副本等要素都会以系统的方式发生变化，同时通过对优惠券使用验证码，客户反馈能够与更加新颖的途径相结合。

10.3.3 电话营销

电话营销是指在营销活动中使用远程交流工具。电话营销是一种合算的、灵活的和可靠的营销方式。电话允许双方沟通对话，沟通是即时的、个人的和灵活的。

技术的进步显著地促进了电话营销的发展。例如，整合的电话系统能够轻松识别呼叫者。呼叫者的电话号码被传送到计算机数据库且他或者她的详细信息和账户信息会出现在屏幕上。技术也极大地提高了电话营销的效力和效率。例如，预测性拨号使得多重拨出电话能够从一个呼叫中心形成。当消费者回答时，电话只能传送给代理商，从而减少了在调用电话应答机、占线信号、传真机和未接电话上的浪费。另外，原稿可以被创造和保存在计算机上以便话务员迅速和便利地访问屏幕上的消费者。

电话营销可以用在许多场合中，而且这种多功能也促进了它的发展。第一，它可以被用作直接销售。当潜在销售顾客对上门销售比较抵触时，我们可以选择应用电话营销方式来促成销售订单，这种方式是直复营销或者电视购物营销的方式之一（参见市场营销行动 10.2)。第二，它可以用于支持或促进该领域的销售力。例如，鉴于销售人员的职责本质，销售人员会发现与客户沟通比较困难，此时电话营销是一个不错的选择。第三，电话营销可获取销售线索，可与潜在客户建立联系并且安排销售走访。第四，电话营销之外的角色是维持和更新公司的营销数据库。

电话营销有许多优势。

1.它比面对面的销售人员拜访的成本低。这就是电话营销的成功之处，它使来电洽谈业务显著增加，很多企业将客服中心的运作转移到低成本国家。

2.与个人拜访相比，它花费时间较少。

3.日趋精密的远程通信技术鼓励企业采用电话营销技术。例如，数字化网络允许电话在组织间的无缝传递。

4.不仅成本降低了，而且比起个人访问，电话访问保持了双向交流的优势。

然而，电话销售经常被认为是骚扰，导致消费者反感未经请求的电话呼叫。例如，在2004年英国引入立法禁止营销公司的未经允许电话业务，违反法律则会被处以高达5 000英镑的罚款，但这只适用于英国的呼叫中心。

10.3.4　直接反应广告

尽管直接反应广告出现在主要的媒体上，诸如电视、报纸和杂志，但是它不同于标准的广告，它被设计用于引起直接反应，如一个订单、询问或者一个拜访请求。经常地，一个免费电话号码能够在广告宣传中找到，或者在纸质营销宣传中，优惠券反馈被广泛应用。这种方式具有新闻传播的特点，其代表潜在顾客及其伙伴，从而使这种传播方式能够最大程度地得到顾客最快的反馈，并对反馈作出及时反应。例如，直接反应式广告被广泛应用于非营利性组织中，例如美国防止虐待儿童协会（NSPCC）使用直接反应式广告，目的是召集更多的志愿者和社会捐赠。麦克米伦癌症援助中心使用直接反应式广告以获得物质或者精神上的援助。其通过所开展的“Good Day，Bad day”活动获得了更多人的帮助（见插图10-3）。

插图10-3　麦克米伦癌症援助中心的“Good Day，Bod Day”活动通过鼓励人们多提供社区服务而使其学会与癌症抗争

直接反应电视（DRTV）经历了快速发展。它是一个全球价值达30亿英镑的产业并且有多种形式，但是也并非没有争议，见市场营销行动10.2。最基本的是有电话号码的标准广告；60秒、90秒或者120秒的广告有时用来提供必要的信息来说服电视观众使用免费号码进行订货。其他不同的版本是25分钟的产品示范（这些通常称为“信息商业”）和企业的居家购物程序员广播，如

QVC。居家购物非常重视消费者基础。例如，Shoppingtelly.com，一个提供关于居家购物产品的居家购物新闻和信息的网站，一天收到20 000到35 000次点击，而且有一些领头的居家购物推荐者，比如Paul Lavers和Julia Roberts，其有他们自己非常喜欢的网站。关于直接反应电视的一个普遍误解是它只适用于像音乐编译和廉价珠宝这类的产品。在欧洲，许多不同类型的产品，诸如休闲健身产品、驾驶汽车、书籍和美容护理产品，通过泛欧渠道如欧洲体育台、超级频道和NBC进行销售。

正如很多其他形式的直复营销一样，营销活动的效果是能够测量的，这对广告客户来说是很有吸引力的。为了更精确地瞄准目标，多样性的数字频道也可以被应用。

市场营销行动10.2 昂贵的电话

批判性思维：以下是一些关于电视真人秀竞争问题的实例。阅读案例并批判性思考这些互动式电视节目的道德标准。

为了提高消费者的记忆周期水平，互动性电视节目越来越多并且总是寻找新奇的方式与潜在观众接触。当代最流行的技术之一是对受邀请的参与竞争计划的观众进行筛选，或者是对比赛的参加者进行投票，正如现实中的电视真人秀。参与这样的比赛或者投票通常要打电话。尽管越来越多的法规要求将拨打电话的费用列明，然而电视观众常常忽略呼叫费用。就像GMTV中出现的问题一样，当今电视节目宣传中出现的主要问题是观众为自己参加的电视节目中的比赛付钱，但是他们却没有赢得比赛的机会。

GMTV的观众热线电话直播节目比赛是由一个远程通信企业组织的歌剧互动节目。然而，Panorama调查发现，这个企业经常在热线电话结束之前就选出比赛胜利者，并且向继续进入比赛的呼叫者索要参与费。据估计，在2003年至2007年，1 800万名呼叫者支付了2 000万英镑进入比赛，但他们没有机会取胜。Ofcom，电视节目管理制约局，以其提前选出比赛获奖者为由对Opera Interactive处以250 000英镑的罚款。尽管GMTV辩解其并不了解相关法律条例，但是它依然被处以200万英镑的罚款，因为它被监管者描述为广泛并系统地欺骗观众。两个GMTV主管被迫辞职，终止了与歌剧直播互动节目的联系并且补偿相关观众的超额款项。

电视台利用拨打电话热线赚取额外收益而陷入有关部门调查已经不是第一次。例如，BBC广播电视以技术原因而使观众不能进行正常投票，而后说服一个小朋友为Blue Peter投票使其成为冠军，这个事件使得BBC被罚款50 000英镑。第4频道所属公司，由于已经事先选出优胜者却继续鼓励观众进行竞赛，被处以150 000英镑罚款。由于技术问题，像“冰上舞蹈”和“比赛马拉松”等节目中，数以万计的投票无法得到正常统计。

资料来源：Anonymous (2007); Martin (2007).

10.3.5 目录营销

产品的出售通过目录分配给代理商和消费者，通常是通过邮件或商店，如果目录市场营销人员是一个店主，就被称作**目录营销**（catalogue marketing）。对于德国的Otto-Versand，英国的the Next Directory，法国的La Redoute和瑞典的IKEA之类的组织，这种方法很流行。这些企业中的很多在其他国家也经营，例如La Redoute，在法国、比利时、挪威、西班牙和葡萄牙都有业务。目录营销在一些国家很受欢迎，例如，在那些立法限制零售开放时间的国家。目录营销的一个普遍形式是邮购订单，目录是配送的，并且传统上订单通过邮寄方式收到。一些有进取心的企业，尤其是Next，把目录营销看成是一个创建新的目标市场的机会，忙碌的、富裕的、中产阶级的人们，重视在家选择产品的方便性。

有效地使用目录营销能给消费者提供选择产品的一种方便的途径，使其在一个轻松的气氛下远离拥挤的商店和主要街道，允许家庭成员间的讨论。通常，信贷措施也是有效的。对于偏远的农村地区，这种方法提供了有价值的服务，避免了长途跋涉前往城镇的购物中心。分配可以是集中的，以降低成本。然而，目录生产是昂贵的，并且它们要求有规律的更新，尤其是在销售时装时。在购买之前，它们不允许商品被试用（例如真空吸尘器）或者试穿（例如服饰）。尽管产品可以从目录中看到，但是彩色打印的变化意味着窗帘或者家具能够被递送，与打印页面上的色调不一定完全一致。

目录营销是大生意。宜家在36个国家采用28种语言，把它的目录做成46个版本，其花费占它总促销预算的50%。目录越来越多地被公布于网上，这减少了生产和分配的成本，也意味着它们可以很容易地被更新。现在，Next Directory业务的45%在网上管理。

10.3.6　数字化营销

正如我们在之前的章节阅读到的一样，像捐赠和产品定位这些营销方式的发展能够迅速将营销群体包含进来。所以互联网和手机营销为销售人员带来无比兴奋的春天是无需惊奇的。在这本书的各个关键点处，都对营销发展进行了评估，在这里我们将对数字化营销作更为详尽的说明。

过去15年的数字化发展是非常显著的（见表10-1）。世界网民数量在不断增长，特别是在发达国家，消费者能够接触到各种各样的电子设备。网民上网时间更是以指数形式猛增。像脸书和推特一样的社交网络占据了上网时间的大部分，其他网络活动为22.7%，上网游戏时间为10.2%。脸书是于2004年成立的，但是它声称大约6亿个成员使其成为世界第四大企业。1.9亿网民注册了推特，同时在2010年4月至7月的时间内，1.5亿推特用户发布信息。2010年，TNS调查显示最为数字化的消费者主要分布在埃及、沙特阿拉伯和中国。软件或者手机应用的下载增长量惊人。在2011年，苹果手机应用商店仅仅“3岁”却能够提供30万种手机应用。

由于数字化科技的迅猛发展，电子商务营销的发展也与日俱增。例如，在早些年前，企业或其他组织对互联网的应用方式与使用电视或者报纸等传统媒介大体一致。公司网站就如同企业的电子宣传册，主要就是介绍企业的经营宗旨以及企业在市场竞争中的地位。除此之外，企业在网络上的宣传方式主要是单向的，从企业到消费者，且主要是交易的方式，而不是客户关系导向的方式。但是，网站的快速发展以及消费者对网络的频繁使用，意味着这种现象开始迅速改变。图10-4描述了数字化发展时代的电子商务契机。

表10-1 2010年世界互联网使用情况

地区	互联网使用者	占有率	增长率（2000—2010年）（%）	全部使用者占比
非　洲	110 931 700	10.9	2 357.3	5.6
亚　洲	825 094 396	21.5	621.8	42.0
欧　洲	475 069 448	58.4	352.0	24.2
中　东	63 240 926	29.8	1 825.3	3.2
北　美	266 224 500	77.4	146.3	13.5
拉丁美洲/加勒比海	204 689 836	34.5	1 032.8	10.4
大洋洲/澳大利亚	21 263 900	61.3	179.0	1.1
合　计	1 966 514 816	28.7	444.8	100.0

资料来源：Internetworldstats.com.

正如我们在第3章看到的一样，B2B占据了当今世界商业发展的大部分，同时许多B2B的交易方式已经成功融入数字化科技浪潮中。企业和政府代理人通过垂直的和水平的交换来系统地管理它们的采购，就像covisint.com对各种行业来说就是水平市场一样。它们也通过内部专用站点来管理销售。B2C营销方式由于已经建立的零售商而壮大起来，如Tesco创立了居家购物设备；许多成功的互联网公司，如亚马逊、雅虎和谷歌，已经出现并占领市场。

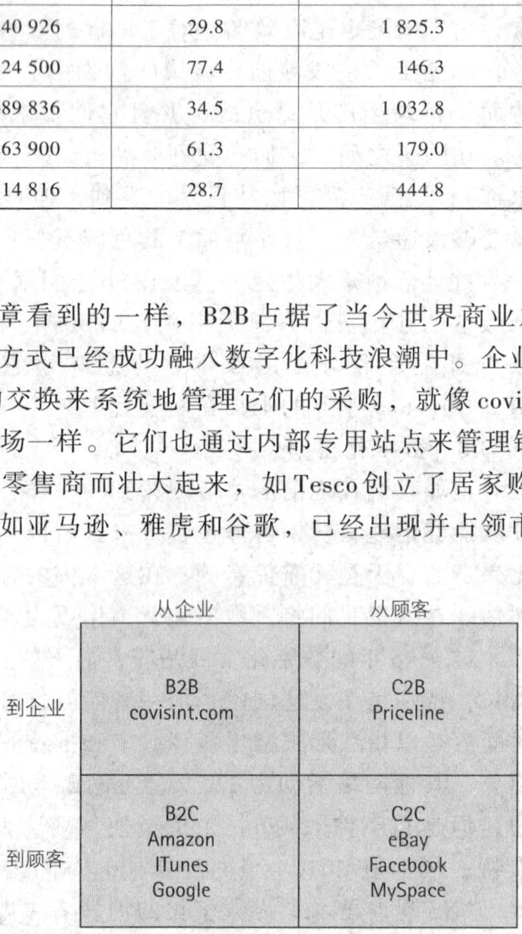

图10-4 数字化营销商业机遇

数字化营销最新奇的一个应用就是C2B营销活动的不断发展。其中一个案例就是Priceline.com提供的便利，在其网站上，旅行者们可以预订飞机票、旅店和租赁交通工具，重点是它可以让卖家决定是否接受消费者提出的订单价格。最后，数字化营销进行更新换代的变化是人们如何与他人进行交流并且互相联系从而发展了C2C营销方式。人们在eBay上开展彼此间的贸易，并且有些人还将全职交易作为生计。其他人在网上以打扑克谋生。互联网已经成为一个伟大的民主性工具。消费者不再只是企业所提供物品的接受者。创新不局限于组织者对投资新产品的选择和服务的发展。有一个商业观点是，只要一个消遣有利可图或者只要有人在论坛上说话，那么就有人去做这个。

数字化营销有几个比较特殊的特征，这些特征对营销活动的互动性进行革命，这些在图10-5中已经总结出来了。这些特征使得数字化媒介成为营销的主要工具。

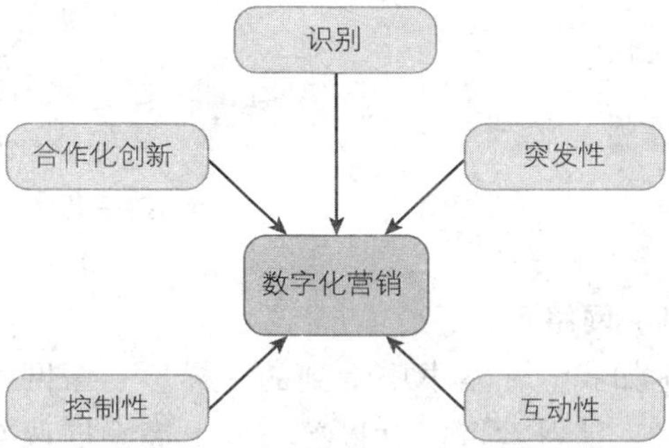

图10-5　数字化营销的特征

1.可识别：数字化媒介用户通常会通过网站注册、社交媒介档案等方式进行认证识别。

2.突发性：通过无线网络设备如手机端或者电脑端，交流变得更为便捷，且内容更新换代速度非常快。

3.互动性：正如第9章的线性模型所述，当互动的一方发出信息时，一个积极的接收者会对信息进行解码。在数字化环境中，接收者可能是积极的，就像在推特上，一个接收者可能会加入很多的交流群。

4.控制性：具有控制意识在营销互动活动中非常有必要。数字化媒介在与消费者进行沟通过程中应该具有控制意识。数字化媒介所控制的消费者具有自身独立决定权，同时可以通过设备进行意见反馈。

5.合作化创新：由于互动的本质，通过营销人员和消费者的共同努力，数字化营销的内容是合作化的创新。正如我们在第9章看到的一样，消费者刺激下的广告营销是增长速度最快的部分。消费者在营销活动中比被动的接收者更为主动，其成为营销活动的参与者。

10.4　数字化营销

通过数字化设备等技术性媒介，数字化营销被定义为营销目标的产物。它可以呈现出图10-6所示的多种形式。

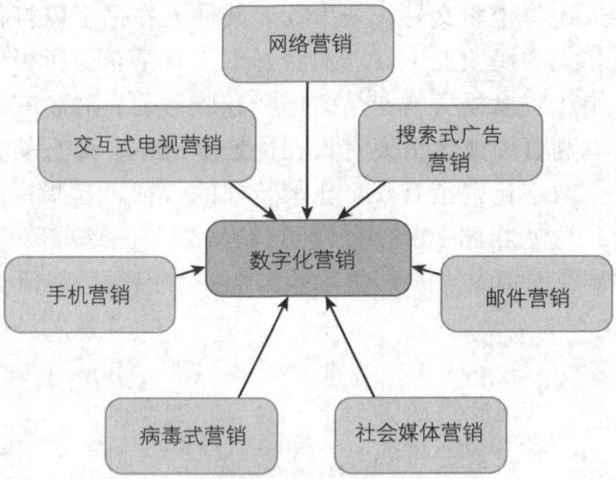

图10-6 数字化营销的形式

10.4.1 网络营销

正如我们在本书中看到的一样，互联网营销或者说是网络营销呈现出很多种形式。消费者可能直接参与网上满意度调查并进行反馈，或者直接在亚马逊和Hotels.com上寻求服务。互联网同样在销售互动中具备很大的影响力。企业网站的地位很重要，那些以消费者为导向的企业通过它们自身的营销设计、营销内容和规章更新，寻求更多的客户参与。线上营销具有多种不同的形式，如广告展示板、多媒体广告（如跳出型广告或是拦截型广告）、广告邮件、搜索型广告以及在线视频邮件（如YouTube）（见插图10-4）。在线视频邮件一直有着较高的广告收入。在美国，网络广告市值2.3亿美元，同时其占据美国广告市场20%的份额，领先于户外广告、广播广告和电影广告。

插图10-4 一个极其感人的潘婷洗发水广告，产于泰国，在YouTube上引起轰动

网络在线广告具有成本低、灵活（其兼具文字、声音、视频和动画的特点）的优势，同时它能够精准定位不同客户群体。由于消费者对条幅式广告和

跳出式广告的抵触，网络广告在不断进行细化。互联网广告的效果可以通过点击率进行评估（如对某视频或者节目的点击量进行分析评估），也可以通过访问量进行评估（如一个网站的注册人数）。然而，对于标题式广告的点击率为0.002%，产生这种低点击率的原因为互联网新型广告营销的出现。在受欢迎的门户网站中简单地放入标题广告正逐渐被新式广告所替代，这种形式才能真正抓住用户的眼球。

10.4.2　搜索式广告营销

首先吸引大多数互联网用户的是搜索引擎，像谷歌（Google）、雅虎（Yahoo!）和MSN这样的公司利用门户网站帮助浏览者定位更加细分的网站。这些公司主要的收入来源是关键词赞助，这也是其增长最快的收入之一。其利用关键词，凭借搜索引擎获利，如“假期”或者“酒店”这些关键词，将在网上拍卖给出价最高的客户。买方获得相应关键词，这样，当一个互联网用户搜索某个关键词时，浏览者浏览的网站顶部就会出现相应的关键词广告。

“付费搜索”广告是笔大生意。因此，虽然网络用户通常只会花费上网时间的5%进行网络搜索，但是付费搜索收入已经占整体广告收入的40%。人们使用搜索引擎通常是寻找某些具体的网站，付费广告的点击率比普通的横幅广告的点击率高。这是一种相对有效的促销形式，客户是以点击次数计费结算的。每当用户通过引导式搜索链接点击时，广告客户将进行小额付款，付款金额为几便士，当然付款的多少取决于被投放广告价值的大小。

然而，增加网站的点击率并不意味着一定要购买相应关键词。搜索引擎优化是优化网络结构与搜索内容的应用，其能够提升投放的关键词广告在搜索引擎中的排名情况。通常情况下，网络用户只会注意看搜索页面的第一页，所以搜索结果在搜索网页中的排序是至关重要的。搜索引擎的主要搜索标准是关键词搜索和外部链接搜索，但是随着搜索引擎的不断优化，关键词和外部链接是不断发生变化的，搜索引擎优化已经成为一个主要趋势。搜索式广告的效率是由点击率来衡量的，而且同其他在线营销相比（如弹出式广告），搜索式营销对于浏览者来说更为人性化，更容易被浏览者接受。

10.4.3　邮件营销

电子邮件与纸质邮件具有许多共同特点。电子邮件应用简单、成本较低，且可以免费传播。然而，它和垃圾邮件有同样的属性问题。大量垃圾邮件将用户收件箱填满，降低了邮件营销的效率。这种现象催生了特许营销的概念，即消费者会倾向于接受来自企业或组织的邮件。当邮件是基于许可和个人定制化时，邮件营销才发挥出其特有的效用。邮件营销可以用来传播信息、通过电子杂志传播的信息建立客户关系、盈利和信息推广。邮件传播方式包括召唤行为（例如采取有限订购的方式），从而使邮件传播的效率得到有效测量。

10.4.4　社交媒体营销

如上文所述，社交媒体是组成社交网络（Facebook、Linkdin）、视频分享网站（Youtube、Vimeo）、图片共享网站（Flickr）以及微博等互联网元素中发展最为迅猛的元素之一。社交媒体营销是利用社交媒体与消费者交流，并使消费者参与其中的营销手段。一直以来，微博受到广泛欢迎，且能够使相关群体持续地参与到各种活动中。如IBM，鼓励其员工在微博上畅谈工作经历，这种手段强化了产品背后的人力投入。脸书在与用户分享产品特点及功能链接的同时，为消费者提供产品更新推介，使其成为一个有价值的交流论坛。例如，Dell建立的社交平台IdeaStorm能够为消费者提供帮助，同时能够获得对企业发展有利的建议。

社交媒体是营销中最常用的工具。例如，脸谱网中的广告能够准确定位到用户年龄、性别、婚姻状况、教育、地点以及兴趣（几乎所有在用户个人资料中获得的信息，在脸谱网中都能获得）。投放广告的企业可以以1 000人次的浏览量或者单次点击率支付结算费用。相似地，推特正在完善其定位技术，这种更新后的效果是使企业将推文传递给用户，针对用户群体和用户所推崇的品牌。其中一个比较有趣的案例是三星能够将推文推送给苹果手机的使用者。广告有效性能够通过点击率进行判定。

许多品牌迅速采取社交媒体营销策略，但得到的结果却复杂多变（见社交媒体营销10.1）。当进行社交媒体营销时，一些重要的特点需要铭记于心。第一点就是控制。传统营销方式有关营销信息的产生与传播，社会营销方式是双向的。消费者能够对品牌进行评价、上传视频和微博，还能够推送自己的生活经历（见插图10-5）。品牌管理者不再完全操控消费者对品牌的评价。第二点是参与。促销创意需要以消费者的需要为基础并重视消费者参与。例如，Gary Vaynerchuck的视频微博，Wine Library TV，自2006年起，已经发布了1 000段有趣视频，在2008年，每个视频的浏览次数平均为80 000次，产生销售订单5 000万美元。第三点是信任和授权。为了保证消费者的参与，信任是社交媒体营销的重要因素。

插图10-5　Dave Carroll的歌曲和他的YouTube视频被浏览1 000万次，这也反映了评论传播速度之快

社交媒体营销10.1 将粉丝变成消费者

思考：下文是一些不太成功的社交媒体营销案例。评论并思考社交媒体营销活动中的必因素。

社交媒体在综合营销传播模块还是一个新生事物。世界各地的企业都在寻找最好的操作方式使其自身对像脸书、推特和YouTube这样网站的应用达到极致，从而吸引消费者，刺激销售增长。实践不断告诉它们，如果它们希望与客户保持密切关系，它们就必须致力于社交网站，否则将会被淘汰。

然而，许多突击性使用社交媒体的公司在使用了社交媒体后得到的结果与其初衷相去甚远。本书中提到了一些成功案例，当然也有很多著名的失败案例。例如，在2010年，百事决定将其50%的营销预算转入社交媒体营销中。这个策略的核心是“百事唤醒计划”，这个计划鼓励消费者利用社交媒体网站和苹果应用参与名为“唤醒世界”的社会活动。消费者可以为最好的社会活动投票，同时百事集团会捐赠数百万美元作为资金。消费者的参与投票数量达到8 000万，其中包含脸书400万的支持票和6万推特使用者的支持票。然而，伴随百事社交媒体营销的成功，随之而来的是销售额低于竞争对手可口可乐，可口可乐推出了均衡营养系列，推翻了百事原有的市场地位，使其第一次在可乐市场占据最畅销榜单的第二位。

类似的案例还出现在Cadbury用其“点对线”营销计划突然进军世界社交媒体营销。这个营销计划发布于2010年，花费了5 000万美元，同时作为伦敦奥林匹克运动会的赞助商，这个计划仅仅获得20万个脸书用户的支持。只有4 000名推特用户注册支持这项计划。使用户一直保持对2012年奥运会的兴趣是困难的。显而易见地，所有新的媒体，有成功就会有失败。但是社交媒体成为了其大肆宣传的牺牲品。它不是取代了传统的营销手段，而是成为传统营销的一部分。同时在纷繁复杂的社交传播中，社交媒体的地位需要在投资之前仔细考虑。

资料来源：Parsons（2011）；Ritson（2011a）；Ritson（2011b）；Taylor，Lewin和Strutton（2011）.

10.4.5 病毒式营销

这是一种常用的网络营销方法，常用于进行网站推广、品牌推广等。病毒式营销利用的是用户口碑传播的原理，在互联网上，这种“口碑传播”更为方便，其可以像病毒一样迅速蔓延，因此病毒式营销成为一种高效的信息传播方式。很多公司试图通过在消费者和公司之间建立起一个互动的平台，以影响病毒式营销的效果，但这需要建立在相互理解的基础之上，而且需要一定的创新精神。例如，多芬为了给“真正的美丽活动”做宣传，就曾拍过一个名为“演变”的短片，这个短片在YouTube上的点击率已经超过了1 000万次。病毒式营销价格划算且效率非常高，原因是它是一代一代进行传播，所以其很难像其他营销手段一样被消费者拒绝（见插图10-6）。

病毒式营销的另一个附带效应就是“不劳而获”，即在不经意间利用附带的信息达到宣传的效果。Hotmail在其用户使用的每封邮件末尾都注上了这么一句话“点击www.hotmail.com，您可以注册免费的邮箱账户”，通过此法，它

插图10-6 病毒式营销向社交网站提出了新的挑战

的用户在短短的12个月内就从0个增加到1 800万个。而Hotmail的用户在使用免费邮件的过程中，不经意间，实际上充当了Hotmail公司的市场营销员，为其做了宣传。类似的例子还有Skype，自2003年成立以来，其免费的全球语音软件已经被下载过数百万次。5pm.co.uk公司在旅馆业的淡季发送宣传邮件，仅仅提供获得邮件中标注的特殊链接，目的是将其传播给新的客户。

10.4.6 手机营销

手机营销就是指通过手机设备达到营销信息的发布和传播的过程。早期的手机营销形式主要是对接受者提供营销产品的相关信息，这种方式在现阶段还是很流行的。然而，现代试听设备和互联网设备如笔记本电脑、电子阅读器和游戏设备使手机营销更新换代的速度加快。发展速度最快的要数手机应用软件。例如，主要定位于年轻男性的沐浴清洁品牌力士研发了自己的手机客户端应用，作为其“实现”营销方案的一部分，这项手机应用帮助年轻的男孩子赢得喜欢女生的芳心。这项应用软件的下载次数达到35万余次。

手机营销有几个优点。第一，它的成本效益非常高。每条信息的成本在15便士到25便士之间，与直接邮寄每单位成本在50便士到75便士之间（包括印刷制作费和邮费）相比是很低的。第二，它可以做到有的放矢和个性化。例如，像沃达丰、维珍移动和Blyk之类的经营者给消费者提供免费的文本和语音呼叫，如果他们签约接受一些广告。在签约时，消费者必须填写有关他们爱好和兴趣的调查问卷。第三，它可以与接收者互动。接收者可以响应文本信息，建立双向对话和人际关系发展的机会。第四，它是一个有时间弹性的媒介。文本信息可以在任何时间发送，具有更大的灵活性。第五，它允许市场营销人员从事临时营销。信息能够从夜总会、购物中心和大学等地被发送至手机用户。第六，像其他直复营销技术一样，它是直接的、可测量的和能够帮助数据库发展的。

10.4.7 交互式电视营销

电视的发展促进了交互式电视营销的快速发展，交互式电视营销能够邀请消费者通过按压遥控器上的红色按钮从而对广告产品信息了解更多。交互式广告营销有许多优点。第一，营销效果可测量度极高。广告人员能够追踪在不同频道上发布的广告信息效果。第二，它能够细分客户群体，针对不同频道的消费者进行精准营销，特别是一些娱乐频道如运动、音乐和赛车频道。第三，它胜过单一电视营销或者报纸类广告营销。第四，它的便捷性使客户无须用电话或者电脑就可以接收到广告传播的信息。

总体来说，数字化营销由于其与生俱来的优势变得越来越受消费者欢迎。第一，它是便捷的，允许每天24小时、每周7天随时访问一个网站，而且比线下分销渠道（可能涉及驾驶、排队等）更方便。第二，互联网是一个全球性的媒体。与其他渠道相比，消费者可以更轻松地访问来自世界各地的产品信息。第三，它可以提供卓越的价值。价格对比更容易让消费者找到便宜的品牌，并且它能够实时地提供由不同的供应商即时提供的价格对比。第四，由于互联网是一个信息资源库，它能够帮助客户对不同品牌的商品进行比较，从而做出购买决策。第五，也是最有趣的，就是互联网改变了许多产业，如音乐、出版、旅游业等。这种趋势会一直持续下去。Zipcar，美国一家汽车共享公司，有40万名会员，这些会员更乐于按小时租车，而不仅仅是拥有一台私家车。

10.4.8 蜂鸣营销

最近又出现了一种新的直复营销模式，就是已被众所周知的蜂鸣营销(buzz marketing)，它通过语音或电子方式传播产品或服务信息，是一种人对人的非正式营销方式。例如，在美国，任天堂（Nintendo）招募乡下的妇女对Wii产品信息（Wii是一种家庭共享型游戏）进行宣传。长期以来，蜂鸣营销类似于口碑营销，被公认为最强大的营销形式之一。随着科技的发展，如电子邮件、网站和移动电话的不断创新，蜂鸣营销也正经历着变革。

识别和定位“alphas”——也就是，潮流引领者创立新思想和技术——以及“bees”，它是跟随者。品牌意识从客户传递到其他人，他们是潮流的效仿者。在许多情况下，alphas是名人，他们直接或者间接地推动某些品牌。例如，当像西耶娜·米勒和卡梅隆·迪亚兹这样的女演员穿着UGG产品的照片出现在媒体上时，澳大利亚鞋类及配件品牌UGG雪地靴在美国和欧洲市场就会随之流行。名人可能会进行付费代言或者根据自己的喜好购买产品，从而对产品进行有意识或无意识的宣传。

蜂鸣营销成功的关键是每一个社会团体都是蜂鸣营销成功的关键，不论是线上还是线下都有潮流引领者。环球唱片公司通过潮流引领者定位，成功地宣传了男士品牌Busted和McFly。它招募了“校园引领者”，任务是在校园内对品牌进行宣传，宣传工作包括发传单、张贴海报标语，然后就宣传成果进行汇报。作为回报，“校园引领者”——通常是12到15岁的女学生——会得到免费产品和与乐队成员见面的机会。

科学技术的发展允许蜂鸣营销迅速传播。正如我们前面提到的，病毒式营销受欢迎，是由于广告通过电子邮件被迅速传播。苹果手机的推出是一个典型的蜂鸣营销成功的例子。调查机构尼尔森的蜂鸣指标显示，通过对英文博客进行调研发现，产品被关注的程度甚至高于在2007年1月进行的美国总统选举，并且产品被展示不久就登上了维基百科。

一旦目标群体确定，像所有其他形式的信息和媒体宣传一样，下一个关键步骤就是选择信息和传播媒介。信息传播可以采用多种形式，如一个欢快的视频剪辑或者电子邮件附件，一个博客或者故事，一个事件如一个一次性的音乐会等。例如，帝亚吉欧（Diageo）在美国推出皇冠原茶，以一种恶搞嘻哈歌曲的视频形式进行宣传。视频剪辑，题为“皇冠茶大餐”，成为视频网站上最流行的视频，有超过350万的点击量。用于传播信息的媒介通常是线上媒介，但也可通过线下的方式（如海报或传单）进行宣传。但是，蜂鸣营销的唯一限制就是想象。例如，更多人都选择用自己的服饰或者私家车来传播商业信息。

最后，考虑到蜂鸣营销的创新性，无法对其效果进行评估。视频的播放量是能够统计的，但是视频观看者的定位却无法获取。

10.4.9 人员推销

促销组合的最后一个主要因素是人员推销。它包括面对面客户沟通，与广告、促销和其他形式的非人员宣传不同，人员推销允许买家和卖家直接地相互沟通。这种双向沟通意味着卖方能够确定用户需求，根据购买者需求制订营销方案。基于一对一的需求理解，对购买者需求进行处理。

然而，人员营销的灵活性也存在劣势。差旅费和人员办公成本意味着一个实地销售人员的工资水平是当地平均工资水平的两倍。一个行业内的营销费用中，超过70%的预算为销售人员成本。其主要原因是出售产品的技术性，以及买卖双方关系不断维护的必要性。

但是人员推销的方式正在发生改变。随着购买者特点的趋同化，组织正在减少其销售人员的规模，转变为采用集中购买和集中采购模式。例如，由于利润率下降和非专利药物的更大竞争，辉瑞公司（Pfizer）正在削减其38 000个强大的全球销售力量。购买力集中到少数人手中也有助于走向关系管理，这往往通过重点客户销售实现。这涉及一小部分专业销售人员的使用，他们服务于主要买家，与采用大量销售人员截然相反。很多公司现在通过直复营销技术，如通过电话或互联网进行营销，而不是把销售人员发配到路上。

三个主要类型的销售人员是接受命令型、发布命令型和遵从命令型。接受命令型销售人员对接的是忠诚客户（如在便利店的销售助理或者递送人员）。发布命令型销售人员通常存在于如医疗保健之类的行业里，销售任务并不局限于销量指标，而是需要销售人员说服医药代表开处方或者认可产品。遵从命令型销售人员的主要目的是说服客户直接购买产品。直接销售人员，如保险销售人员，此类销售人员所处团队的标准通常较高，谈判需求也较高。

人员推销技巧

尽管销售人员的主要责任是增加销售量，但很多销售人员开展了一些额外活动，包括发掘客户、维护客户记录、提供服务、处理投诉、关系管理和自我管理。发掘客户包括发掘、寻找和拜访潜在客户群体。潜在客户可以从很多来源获得，包括利用交易主体和商业媒体寻找。对所有重复拜访的销售人员来说，客户记录是一项重要活动，因为客户信息是提高服务和产生忠诚度的关键之一。对于那些发送消费者和市场信息给总部的销售人员应当受到鼓励和奖励。向客户提供服务——包括如何提升产品使用效力和处理客户投诉——也是一个关键的销售活动。现实案例中，销售不是一次性活动。一般来说，对于较大的企业客户群来说，参与客户关系管理成为越来越多销售人员的必备技能。信任是关系发展的一个重要部分，是通过频繁沟通获得的，保证信任一直存在，并能够反应迅速和有效解决问题（见营销案例10.3）。最后，考虑到销售人员工作的灵活性，销售人员必须实行自我管理，例如包括决定沟通次数和拜访频率。很多人认为销售人员是圆滑的、口齿伶俐的骗子，专门强迫易受骗的客户购买多余的产品。事实上，成功的销售来自于当跟客户面对面时，实施营销的观念。销售面试提供了无与伦比的机会来确定个别客户的需求并匹配遇到特定客户应作出的行为。为了提升个人销售能力，区分销售过程的7个步骤是必要的（见图10-7）。现在我们来讨论这七个步骤。

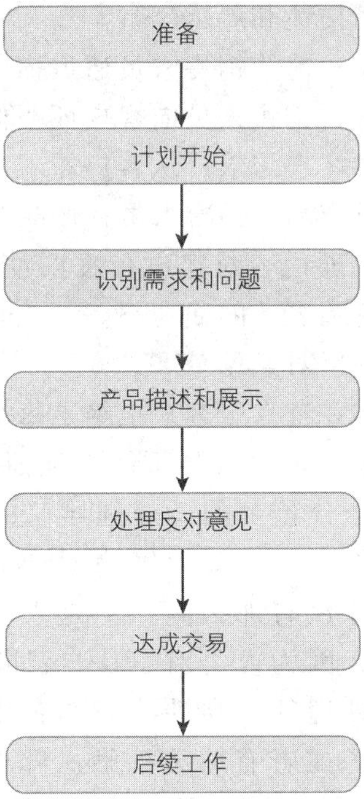

图10-7　销售过程

（1）准备

销售前的准备工作能够增强销售人员信心，从而在与客户面对面交谈时更好地表现自己，提高回报率。一些特殊情况下会出现始料未及的问题：如意料之外的问题或拒绝。但是大多数情况下，与客户交谈时面对的是某些类似的问题和客户回绝的情况。访谈准备可以帮助销售人员自如应对这些状况。销售人员将从自身的知识积累和对竞争对手产品的了解中获益，从而更加了解消费者需求、更加明确销售目标和对销售计划做好充足准备。这是由于成功的销售访谈是客户至上的。其目的只有一个，就是使顾客信服，销售人员的所有努力都只是为了实现这个目标。

（2）计划开始

考虑如何建立一个对自己有利的客户印象对销售人员来说是至关重要的，这往往会影响客户未来对产品和销售人员的看法。良好的初步印象可通过比较务实的方法得到，友善但不过度客套，注意细节，保持商务礼节，像等待被邀请坐下和对客户愿意抽时间见面表示感激。

（3）识别需求和问题

消费者将购买一个产品当消费者对自身的问题产生需求时，他们会决定购买所需产品。因此，销售的首要任务是确定消费者的需求和问题。只有了解需求，销售人员才能与客户进行良好沟通。准确的需求和问题识别需要有效提问和良好的倾听技巧。无效的销售活动是销售人员的单向沟通；成功的销售活动中，销售人员掌握主导客户分享需求信息的主动权。

（4）产品描述和展示

陈述以及示范给销售人员通过描述和展示产品，更进一步为销售人员说服客户提供机会，销售人员向客户证明他们的产品能够解决客户的问题。产品描述和展示关注客户需求，从客户需求角度有针对性介绍产品，而不是从产品特征出发来介绍产品。销售人员在产品展示过程应不断沟通，确保顾客理解产品信息并验证沟通内容对客户有效。通过向客户询问“这是您所需要的吗?”来提升产品描述和展示的成功率。

（5）处理反对意见

接近顾客并且克服客户拒绝是每个销售人员必然经历的过程。虽然异议可能会造成问题，销售人员不能消极面对产品问题，因为客户提出的问题对于产品改进是十分重要的。处理异议的秘诀是处理客观情况和主观情绪。实质是处理异议本身。如果客户对产品价格产生异议，销售人员需要用证据来说明价格并没有那么高。但是人类的本性是持有大量论证依据的一方不一定会胜利，因为人类对承认自己错误抱有抵触情绪。因此，销售人员重点关注意见处理的主观性，而非客观性。在这个过程中，可不能让顾客感觉自己丢面子或者有情绪抵触。降低这种风险的两种方法是不中断地听取异议和采用“同意和反对”方法，销售人员应表示同意买方观点，但同时提出另一种观点。

（6）达成交易

没有经验的或经验不足的销售人员认为在处理好客户异议后，一个成功的产品展示是买方而不是销售人员提出购买产品的要求。这种情况的发生是偶然的，但是更经常的是，销售人员应主动提出诉求。这是因为很多买家还是有疑问的，这可能导致他们推迟购买决定。达成交易包括询问购买诉求、总结关键点以及询问购买意愿，或提供特殊条件达成购买交易（让步/特许条款）。

（7）后续工作

一旦拿到订单，销售人员就会期望向另一个顾客推销，忽视后续的客户关系维护。然而，大多数公司都需要回头客来维持销售效益，忽视后续的客户关系维护会造成很大损失。如果出现问题，顾客会认为销售人员只对产品订单感兴趣，而不是从客户需求出发。销售人员应该通过客户随访（检查交付、安装、产品使用和培训（如适用体验））表明企业是从客户利益出发、关注客户需求的。

市场营销行动10.3　思科公司的勇敢新世界

思科公司，是互联网的巨人，其在中东庞大的建筑项目中看到了可观的发展前景。其中一个典型的例子就是在沙特阿拉伯（以下简称“沙特”）KAEC的发明。到2020年，在资金支持下发展的科技成果预计会使沙特200万人口达到大城市的生活水平。据了解，KAEC打算建立品牌化的城市，同时更新城市基础设施，预计未来几年将花费6 000万美元。

为了实现这一计划，思科聘请了一位人脉很广的当地人来主导这项计划。相应地，这个人雇用了销售人员和工程师，同时让思科有幸参与到当地政府的项目中。为了KAEC这个项目，思科的首席执行官主持了思科科技的展示会，并授予一个非思科人代表思科面对公众并成为思科的代言人。人们意识到思科并不是仅仅在销售它的科技（一个产品理念）。真正的好处是它能够帮助像沙特这样的国家实现现代化，同时使自己成为互联网时代的领导者。思科公司认为，通过投资思科公司自己销售的互联网框架，政府可以为它的人民提供更好的教育、提高他们的医疗水平并提高国民生产力。

为了实现这个计划，思科公司为政府官员提供咨询服务帮助他们了解如何应用互联网，同时花钱建立培训中心培养技术人员帮助完成计划。思科正在帮助像沙特等国家的领导人设计他们国家的将来，构想出“国家间信息交流”等好点子。例如，政府邀请思科来帮助Sudair城建立宽带网络系统，但是思科的一个高管发现这个城市的低用电率导致这个城市具有发展成为大型计算机数据中心的潜质。电费通常是运营数据中心最大的开支，对于像亚马逊和谷歌这样的互联网公司尤为明显。思科的这个创新被广泛接受并使其签订了价值2.8亿美元的合同，来为Sudair城建立地下光导纤维网络。

资料来源：Burrows（2008）.

10.5 销售管理

由于销售工作的独特性质，销售管理是一个具有挑战性的工作。例如，许多销售人员花费他们大量的时间在这个领域，脱离他们的管理者，而其在试图达成销售时可能遭到多次拒绝，使他们失去信心。因此，销售经理工作的两大主要方面是设计和管理销售人员。

10.5.1 设计销售人员分工

分工关键是确定销售人员的规模和组织销售人员。决定所需销售人员数量的最实用的方法被称为“工作负荷法”。该计算方法是用年度要求拜访的总次数除以每年一个销售人员平均拜访的次数。

对销售人员分工有3种方案。第一种是地理结构方式，基于工作量和潜力，销售区域被分解成地区，一个销售人员被分配到特定地区去销售所有种类的产品。这对每个销售人员的销售区域提供了一个简单的且明确的规定，有利于销售人员建立自己的客户关系网并进行有效维护。第二种是产品结构方式，适用于拥有多样化产品的公司，产品需要销售给不同的客户群体（或至少是一个特定组织中的不同的人）。第三种是客户产品结构方式，针对市场细分、客户规模、现有客户或新生产线对销售人员进行细分。这种结构使销售人员深入了解特定客户群体。

越来越多的基于客户群体的销售形式是重点客户管理（key account management），这反映了购买力越来越多地集中到少数但规模较大的客户手中。这些客户是由重点客户销售人员维护的，包括那些与客户个人关系发展密切的高级销售人员、可以处理复杂的销售争议和拥有较强谈判技巧的销售人员。重点客户管理方法的优势是在工作中与客户保持密切沟通、改善交流和良好地协调售后服务，确保更加深入的DMU渗透、较高的销量以及为职业销售经理人提供更好的发展机会。

10.5.2 有效销售人员管理

销售人员管理包括以下因素：制定具体销售目标、招聘和选拔、培训、销售人员激励（salesforce motivation）和补偿、销售人员评估（salesforce evaluation）。研究表明，这些因素能够改善销售人员业绩，销售管理者的协调作用发挥着重要作用，他们协助销售人员更好地完成目标。销售目标通常被设定在销售条款中（销售额），但是，利润指标越来越多地被设定为衡量指标，它主要反映消费者需要防范由于商品廉价而购买过度。高级销售人员招聘的重要性不能被忽视。一项针对销售人员实践的研究中对销售经理的提问如下：“如果将成功的销售人员放到一般的销售人员中，并且不做其他改变，你期望在两年后销售类指标增长多少？”最常见的是增加16%至20%，并且1/5的销售经理说，他们希望增长超过30%。根据广泛研究，迈尔（Mayer）和格林伯格（Greenberg）对销售人员品质进行排序，认为同理心和自我激励是重要的。这两种品质是销售新人最需要的。

很多销售经理相信销售人员能够通过工作本身提升自身技能。这种方法忽略了培训项目所带来的好处，培训能为销售人员提供更多工作方法。培训不仅应该包括产品知识，还应包括技能发展。如同网球运动员和足球运动员的成功一样，当销售人员学会相应销售技能时，成功销售案例便会出现。

深入了解销售人员个性和价值观是有效激励的基础。销售经理通过了解销售人员的价值观和追求，对他们进行激励，给销售人员平凡的工作赋予越来越多的责任，使其找到可以实现的并具有挑战性的目标，使他们认识到奖励可以是物质和非物质（例如赞扬）双向的。在物质奖励方面，销售人员可以得到固定工资加提成或者是薪水提成。薪水为销售人员带来安全感，而提成激励销售人员销售更多产品，因为其直接与销售人员薪酬水平相关。在设计提成和奖金结构时要非常谨慎。例如，在美国，克莱斯勒汽车经销商发现，4月的月销售额显著下降，因为销售人员知道他们不能完成这个月的目标，因此他们鼓励客户将购买计划推迟到5月，其希望得到5月的奖金。

销售人员评估内容包括确定是否完成销售目标，并为销售人员培训和激励提供依据和方向。通过确定每个销售人员的优势和弱势，销售培训应该着重关注需要重点提升的技能方面，同时销售激励要针对销售人员的弱势，如较低的潜在客户发掘能力。通常，人员绩效可以通过定量指标来测量，如销售收入、利润或者回访数量。然而，定性指标也同样重要，可用于如销售技能、客户关系、产品知识和自我管理等方面的能力测评。

总　结

本章提供了一个给销售商的直接传播技术，其解决了以下几个关键问题：

1.营销数据库是基础，在这个基础上建立直复营销活动。数据库可以包含客户和前景信息、交易信息、产品信息、促销信息和人口统计信息。技术发展已经极大地促进了数据库的进步。

2.客户关系管理（CRM）是数据库营销的副产品，其介绍了如何使用技术以建立和促进客户关系。

3.直复营销是一个发展的领域，通过各种不同的技术精确瞄准消费者，包括直接邮寄、电话营销、手机营销、直接反应广告和目录营销。直复营销给企业带来很多优势，如直接瞄准目标消费者的能力，运行具有成本效益的活动，且使活动的有效性可以容易地衡量。

4.互联网的发展有利于提高新企业增长的可能性，如C2C企业。互联网企业有超过它们线下对手的四大潜在的优势，即低成本和价格、优质的客户服务、产品多样性和产品定制。

5.互联网技术使营销组合适应企业营销的一些创新的方式，如定制产品、许可和病毒式营销，以及用户生成目录。

6.蜂鸣营销是一种新兴的营销工具，其利用口碑宣传促销的重要性。日益壮大的全球电子链接促进了蜂鸣营销的兴起。

7.人员推销在促销组合中起重要作用，销售人员被要求掌握一系列的销售技巧，包括准备销售、开展销售、确定客户需求和问题、提出和证明、处理异议、关闭销售和继续跟进。销售管理涉及设计和管理一个销售团队。

练习题

1.请对数据库营销和客户关系管理的区别进行讨论。

2.公司现在有各种各样的直复营销媒体，它们可以考虑何时规划一个直复营销活动。比较任何两种直复营销媒介。在你的答案中，给出每个市场的例子，其中你选择的媒介可能是有用的。

3.试讨论在营销工具中社会媒介的作用。传统营销与社会媒介营销的相同与不同之处是什么？

4.蜂鸣营销的定义是什么？请讨论有效的蜂鸣营销活动的影响因素。

5.销售人员是应时而生的，而不是刻意制造的。谈论一下。

6.登录 www.amazon.com 和 www.iTunes.com 。回顾这些网站，对比被这些世界互联网领导者采用的营销策略。

课后阅读

Barwise，P. and S. Meehan（2010）The One Thing You Must Get Right When Building a Brand，*Harvard Business Review*，88（12），80-4.

Godin，S.（2000）*Unleashing the Ideavirus*，New York: Do You Zoom Inc.

Kaikati，A.M. and J.G. Kaikati（2004）Stealth Marketing: How to Reach Customers Surreptitiously，*California Management Review*，46（4），6-23.

Kaplan，A. and M. Haenlein（2011）The Early Bird Catches the News: Nine Things You Should Know about Micro-blogging，*Business Horizons*，54，105-13.

Leibowitz，J.（2010）Rediscovering the Art of Selling，*McKinsey Quarterly*，October，1-3.

Ramaswamy，V. and F. Gouillart（2010）Building the Co-creative Enterprise，*Harvard Business Review*，88（10），100-9.

Rigby，D.K. and D. Ledingham（2004）CRM Done Right，*Harvard Business Review*，82（11），118-28.

Rigby，D.K. and D. Ledingham（2004）CRM Done Right，*Harvard Business Review*，82（11），118-28.

Shankar，V. and S. Balasubramanian（2009）Mobile Marketing: A Synthesis and Prognosis，*Journal of Interactive Marketing*，23（2），118–29.

在线学习中心

当你阅读本章时，登录在线学习中心 www.mcgraw-hill.co.uk/textbooks/jobber，学习市场营销基础，在这里你会找到多项选择的其余问题、链接和额外的在线营销学习工具。

案例10 摩根船长：在建立成功品牌方面的社交媒体角色

引 言

有关摩根早期被众所周知的是摩根调味酒，摩根船长调味金酒是世界首席酒品供应商Diageo生产的酒精饮料品牌。Diageo是一些世界名酒品牌的所有者，如Smirnoff、Johnnie Walker、Guinness、Baileys、J&B、Jose Cuervo、Bushmills、Tanqueray和Captain Morgan。受17世纪Welsh buccaneer的启发，最后成为Jamaica拥有者的是Captain Henry Morgan（1635—1688），摩根船长金酒于1983年在美国问世。摩根船长是美国第三大调味酒品牌，且是全球增长速度最快的20个品牌之一。

在2008年，爱尔兰的迪阿吉奥饮料公司第二次发布了摩根船长调味酒，其更名为摩根船长原味调和金酒，这个名字的命名是为了将产品的名字与其他国家市场的定位相结合。新品牌形象的核心就是摩根船长，他曾经赋予这个品牌新的特殊的产品形象。他被宣传为热爱娱乐的人物形象，代表着传奇的时代与娱乐。迪阿吉奥饮料公司认为他对品牌定位为18至24周岁的目标市场具有一定的吸引力。将摩根船长的形象放于商标上是在激烈的市场竞争中将其与其他品牌区分的重要标志。

当这一品牌被正式投入爱尔兰市场时，摩根船长的品牌经理Graham Villiers-Tuthill强调指出："摩根船长是一个关于娱乐消遣和聚会的品牌形象。摩根船长在美国和其他国家市场具有名人效应，我们正在电子和线下促销活动中对具有反叛精神和玩乐主义精神的形象进行宣传。摩根船长对消费者的吸引力不仅来源于一个知名的高品质品牌，而且其代表着一个传奇人物。"

个人和参与式媒体的发展

当将摩根船长投入爱尔兰市场时，迪阿吉奥饮料公司已意识到全球化市场的参与，这影响消费者接受品牌并与品牌进行互动。当世界走入互联网时代时，一个全新的媒体流促成了一个全新的充满活力的市场。迪阿吉奥饮料公司意识到其应该将社交媒体融入他们360度全方位的战略，从而建立更为广泛的参与活动，并与消费者进行双向沟通对话。除此之外，其将重点放在更为成熟的市场和社会传播活动。迪阿吉奥饮料公司希望能够在听觉、电子数码和以经验营销为平台的创新市场中领先于其他企业，同时在数码平台中投入更多资金。

迪阿吉奥饮料公司希望借助社交媒体和网络对摩根船长的品牌进行宣传从而使爱尔兰目标市场客户参与到难忘和共享的体验中，并对目标市场产生更强的吸引力。研究表明迪阿吉奥饮料公司的客户在网上会花费更多时间，所以建立爱尔兰脸书网页对于这个品牌的进一步发展具有重要的作用。脸书在迪阿吉奥饮料公司的船长金酒的宣传策略中占据重要地位，而且摩根船长爱尔兰脸书网页也建立起来（www.facebook.com/CaptainMorganIreland）。摩根船长会对脸书的网页进行维护和更新，其重要的地位会在营销宣传中一直保持下去。一个精心策划的线上营销活动包括"使船长更勇敢"、"船长的酒杯"和"特拉利的玫瑰"。受社交媒体影响，公司结合使用视频和图像，同时进行口头传播，从而获得了营销成功。

"使船长更勇敢"营销策划

"使船长更勇敢"营销策划发布于2009年10月15日，那时摩根船长爱尔兰粉丝仅有1 180人。营销的目的是刺激口头传播从而增加爱尔兰粉丝数量。这个营销策划致力于刺激更多的爱尔兰粉丝，使摩根船长下一次来到爱尔兰时能够像"使船长更勇敢"一样创造奇迹。胜出的勇士会被发布在脸书上。这个勇士会获得1 000英镑的奖金，第二名和第三名会获得有着8GB内存的苹果第四代MP3播放器。

这项比赛在摩根船长爱尔兰脸书上发布，并由摩根船长亲自解释比赛的理念。这项活动由线上广告、都柏林的免费分销商Metro AM和网上广告杂志共同承办。Metro AM具有10万册的发行量，同时也是摩根船长准确定位其消费者最为合适的传播媒介。报纸的内容用来鼓励消费者成为摩根船长的粉丝并驱动消费者关注摩根船长爱尔兰脸书网页。摩根船长发布小贴士于网站上，主要目的是使消费者对脸书网页保持持续的兴趣和关注。这个步骤的实现具有规律性，同时有助于保持与粉丝互动。数以百计大胆的意见被粉丝提出来，优胜者有机会去威克洛的卡尔马龙。船长到都柏林旅游参观了Wax博物馆，并在脸书中展示了获胜者，这在YouTube上成为传播速度最快的病毒视频。这项营销活动在摩根船长的品牌引导下非常成功。营销期间互动频率增长300%，这项营销活动传播给10 561个粉丝，仅仅用了两周的时间——这是一个极为令人鼓舞的成绩，因为它花费了不多的投入。这项营销的更为成功之处是从2009年7月至9月，摩根船长在爱尔兰的销售额增长了102%，并且这个品牌在调味酒市场的份额提升了1倍。

"船长的酒杯"营销活动

在"使船长更勇敢"营销活动成功之后，迪阿吉奥饮料公司更加希望保持线上、线下消费者对摩根船长品牌的热衷。正是这个原因，摩根船长品牌的另一个脸书营销方案问世——"船长的酒杯"营销方案于2010年早期发布。这个为期3个月的全球促销活动希望找到4个人——一个爱尔兰船长和三个船员——他们主要是为了参与2010年7月在南非举办的"船长的酒杯"决赛。爱尔兰的胜出者最后会与其他9个国家的胜出者参加一场免费的为期一周的活动，这个活动中摩根船长会与胜出者在南非一同出现。希望胜出比赛参加南非最后决赛的参赛者需要完成一些有趣的在线挑战，其是在一个在爱尔兰脸书网页能够下载的竞赛软件上完成的，胜出这些挑战的参赛者方能参加最后的比赛。这个营销活动的创立和寻找爱尔兰胜利者的活动是由迪阿吉奥饮料公司通过传统营销渠道进行宣传的，私人邮寄营销方式是为了激发群众兴趣并达到网络覆盖的目的。

"特拉利的玫瑰"营销活动

为了与爱尔兰目标市场联系得更加紧密，迪阿吉奥饮料公司希望将船长与爱尔兰特有的风土人情相联系，特拉利的国际玫瑰节是最为适合的选择。特拉利的国际玫瑰节是一年一度的国际化的节日。它由分散在世界各地的爱尔兰组织共同庆祝，最终会授予一位年轻的女性一项爱尔兰玫瑰皇冠。每位竞争者被指派一位随从，且一直伴随她整个国际节。在2010年7月，迪阿吉奥饮料公司将船长酒的爱尔兰拥护者聚集起来帮助他们成为特拉利的玫瑰国际节上的追随者。由于船长是让所有人无法想象的，所以他在特拉利的玫瑰国际节上的出现会成为主要的话题，会引起媒体舆论对船长和调味酒品牌的报道。这个渴望成为追随者的请求在脸书中发布，这个举措被认为是能够将船长这一品牌引入特拉利的媒体与大众的公共关系绑定活动。在爱尔兰脸书营销以及与国际节组织者沟通之后，船长成为2010年玫瑰国际节上最为荣耀的随从。他的职责包括提供指导、帮助和成为其他32位随从的法律顾问，同时照顾每一位玫瑰女士。摩根船长坚持检查节日期间的安全问题。他在特拉利这一周的奇闻异事被写在脸书中而且他的穿着也成为节日之后所争相追随的时尚主流，这些对船长牌调味酒产生了积极的影响。特拉利的这场玫瑰营销活动证明了仅仅脸书的宣传就能达到全国报刊媒体的覆盖效果。

总　结

2010年对于摩根船长这个品牌是非常与众不同的。迪阿吉奥饮料公司的媒体曝光度达到了前所未有的程度，这些都是网上营销以及社交媒体营销活动的结果。截至2010年末，摩根船长爱尔兰脸书就拥有了82 000个粉丝，这是摩根船长23个分销市场中最高的粉丝数量，包括美国在内。承接这一成功，迪阿吉奥饮料公司继续使用摩根船长爱尔兰脸书，从而保持与现有粉丝的互动并进一步增加粉丝人数。

脸书被用来上传视频、照片，每周都会发布比赛情况，告知粉丝即将开展的活动，并提高粉丝互动活跃度。例如，摩根船长利用脸书进行贵宾邀请，受到邀请的粉丝可以参加私人酒品品尝会。这些贵宾邀请受到很大程度的追捧是因为粉丝不能买到入场券。所有的试酒会都可以招募额外的粉丝来为试酒会的消费者拍照并上传到脸书。这使摩根船长品牌理念在脸书中迅速传播。照片成为脸书中最为有效的宣传方式，每天上传量达到900张照片以上。迪阿吉奥饮料公司每天在脸书中上传最新的病毒式视频。摩根船长拍摄了世界各地的短片并上传于脸书，对品牌进行更新并吸引更多的粉丝关注（见www.captaintv.ie）。视频点击量使爱尔兰地区的摩根船长脸书最为成功，同时也帮助摩根船长这一品牌进一步改进其品牌特点使其更适应爱尔兰市场。

案例来源

1.www.businessleadership.com/marketing/item/11577-captain-morgan-lands-in-ire.

2.proof.sltn.co.uk/2011/05/12/captain-aims-to-capturesuccess/.

3.www.designcognition.com/2010/06/leverging-captainmorgans-brand-packaging-assets-through-new-media/.

4.www.whpr.ie/our_work/digital_marketing_social_media/captain_morgan_irelan-d_facebook/.

5.Ogilvy PR Worldwide（2010）Captain Morgan Ireland’s First Year on Facebook.

6.www.zimbio.com/Captain + Morgan/articles/txApK7oBkcW/Captain + Morgan + Needs+YOU

7.www.drinksindustryireland.ie/article.aspx？id=1400.

8.www.drinksindustryireland.ie/article.aspx？id=1473.

9.WHPR（2010）‘Captain Morgan Ireland Launch on Facebook—Best Use of Online PR’，PRII Awards 2010 application.

思考问题

1.请评价摩根船长这一品牌特征对品牌差别化的重要性。你是否认为摩根船长的品牌特征对18至24周岁的消费者具有针对性？为什么？

2.你认为为什么迪阿吉奥饮料公司逐渐淡化在爱尔兰市场中使用传统营销

手段？为什么其如此依赖网络营销和社会媒介营销？

3.“使船长更勇敢”“船长的酒杯”“特拉利的玫瑰”营销活动均非常成功地吸引了大量品牌粉丝。请描述并评价这些社会媒介营销活动的目标。

4.请登录摩根船长爱尔兰Facebook网页（www.facebook.com/CaptainMorganIreland）。对各种针对目标市场的促销激励方式进行评价。

本案例由Marie O' Dwyer撰写，他是Waterford科技大学营销专业的讲师，这里将爱尔兰案例作为讨论基础，而没有对有效及非有效的管理作太多陈述。特别感谢Leighton Wall对这次案例撰写的帮助。

本案例由Marie O' Dwyer撰写，他是Waterford科技大学营销专业的讲师，这里将爱尔兰案例作为讨论基础，而没有对有效及非有效的管理作太多陈述。特别感谢Leighton Wall对这次案例撰写的帮助。

参考资料

Alarcon, C.(2009)T-Mobile Ads Focus on Value-Added Extras, *MarketingWeek.co.uk*, 4 September; Emap(2011)T-Mobile: Singalong, *Warc.com*; Fernandez, J.(2010)T-Mobile to Launch User-Generated Music Video Ad, *MarketingWeek.co.uk*, 14 January.

Stone, M., D. Davies and A. Bond(1995)*Direct Hit: Direct Marketing with a Winning Edge*, London: Pitman.

Harvey, F.(2003)They Know What You Like, *Financial Times, Creative Business*, 6 May, 4.

London, S.(2004)Choked by a Data Surfeit, *Financial Times*, 29 January, 17.

Nancarrow, C., L.T. Wright and J. Page(1997)Seagram Europe and Africa: The Development of a Consumer Database Marketing Capability, *Proceedings of the Academy of Marketing, July, Manchester*, 1119–30.

Rothery, G.(2010)About Face, *Marketing Age*, 4(2), 22–5.

Turow, J.(2008)Niche Envy: *Marketing Discrimination in the Digital Age*, Boston MA: MIT.

Murphy, C.(2002)Catching up with its Glitzier Cousin, *Financial Times*, 24 July, 13.

Foss, B. and M. Stone(2001)*Successful Customer Relationship Marketing*, London: Kogan Page.

See Ryals, L., S. Knox and S. Maklan(2002)*Customer Relationship Management: Building the Business Case*, London: FT Prentice-Hall; H. Wilson, E. Daniel and M. McDonald(2002)Factors for Success in Customer Relationship Management Systems, *Journal of Marketing Management*, 18(1/2), 193–200.

Direct Marketing Association(2010)Mothercare UK: Baby & Me Club, *Warc.com*.

Mortimer, R.(2011)The Best Medicine for a Sick Baby and Child Chain is Retail Therapy, *MarketingWeek.co.uk*, 26 May.

Curtis, J.(2003)Down, But a Bit Up, *Financial Times, Creative Business*, 15 April, 4–5.

Elgie, D.(2003)A is for Ad Agency Angst ..., *Financial Times, Creative Business*, 6 May, 11.

Clegg, A.(2000)Hit or Miss, *Marketing Week*, 13 January, 45–9.

Benady, D.(2001)If Undelivered, *Marketing Week*, 20 December, 31–3.

McHatton, N.R.(1988)*Total Telemarketing*, New York: Wiley, 269.

Anonymous(2007)GMTV Hit with £2m Phone-in Fine, *bbc. co.uk*, 26 September.

Martin, N.(2007)Ofcom Fines GMTV £2m in Phone-in Row, *Telegraph.co.uk*, 27 September.

McCann, G.(2003)Just Like Members of the Family, *Financial Times*, 15 January, 13.

Ostrov, A.(2010)Social Networking Dominates our Time Spent Online, *Mashable.com*, August 2.

Bradshaw, T.(2010)Social Networks Dominate Emerging Online Markets, *Financial Times*, 11 October, 24.

Anonymous(2011)Another Digital Gold Rush, *The Economist*, 14 May, 73–5.

Brennan, A.(2009)Destination Digital, *Marketing Age*, May–June, 50–4.

Anonymous(2011)Mad Men are Watching You, *The Economist*, 7 May, 59–60.

Bradshaw, T.(2010)Twitter Looks to Tweak Service so Advertisers can Target Users, *Financial Times*, 22 September, 24.

Parsons, R.(2011)Social Media Debate will Continue Until it Enters the DM Fold, *Marketin-*

gWeek.co.uk, 8 August.

Ritson, M.(2011a)When it Comes to Social Media, Coke Is It, *MarketingWeek.co.uk*, 7 April.

Ritson, M.(2011b)What if Your Customers are Silent Types? *MarketingWeek.co.uk*, 13 April.

Taylor, D., J. Lewin and D. Strutton(2011)Friends, Fans and Followers. Do Ads Work on Social Networks? *Journal of Advertising Research*, 51(1), 258–75.

Smith, G. and A. O'Dea(2007)Word of Mouse, *Marketing Age*, Autumn, 20–6.

Anonymous(2003)EU Rules to Outlaw Spam, *Marketing Business*, May.

Anonymous(2010)The Business of Sharing, *The Economist*, 16 October, 71.

Grande, C.(2007)iPhone Presents a Test Case for Media Buyers, *Financial Times*, 30 January, 22.

Weitz, B.A.(1981)Effectiveness in Sales Interactions: A Contingency Framework, *Journal of Marketing*, 45, 85–103.

Burrows, P.(2008)Cisco's Brave New World, *Business Week*, 24 November, 57–68.

Talley, W.J.(1961)How to Design Sales Territories, *Journal of Marketing*, 25(3), 16–28.

PA Consultants (1979) *Sales Force Practice Today: A Basis for Improving Performance*, Cookham: Institute of Marketing.

Mayer, M. and G. Greenberg(1964)What Makes a Good Salesman, *Harvard Business Review*, 42 (July/August), 119–25.

Griffith, V.(2001)Targets that Distort a Company's Aim, *Financial Times*, 21 November, 18.

第11章　分销管理：顾客价值的传递

本章框架

- 分销渠道的类型
- 渠道整合
- 零　售
- 主要的零售营销决策
- 物　流

学习目标

在学习本章之后，你应该理解：

1. 针对消费品、工业品和服务，需采取不同类型的分销渠道。
2. 渠道策略的3个组成部分——渠道选择、渠道密度和渠道整合。
3. 对渠道进行管理的5个主要问题——渠道成员的选择、渠道成员的激励、渠道成员的培养、渠道成员的评价和渠道管理。
4. 主要的零售管理决策。
5. 物流系统管理的主要问题。

营销聚光灯

亚马逊

亚马逊网站始建于1995年，随着其知名度的日益提高，亚马逊已经成为互联网的一个重要标志。在亚马逊建立网站的初期阶段，其主要从事网上售书业务。它独一无二的价值是显而易见的。书店，甚至非常大型的书店也会受限于其大量的库存以及库房、租金等较高的固定成本，然而，虚拟书店具有无限的库存潜力以及低成本的优势。当约有2 000家网络公司倒闭时，亚马逊却在2002年公布了其第一次盈利的消息。

从此之后，亚马逊的业务快速扩张，其现已成为发展广泛且多样化的零售商。音乐、娱乐产品、消费电子品、玩具和游戏、家用设备、服装、运动产品和其他日用品、云计算产品和服务成为亚马逊的经营组合产品。亚马逊快速扩张的一个重要原因是其允许第三方在亚马逊的网站上进行交易。起初这是一个极其具有风险性的策略，因为它为消费者提供了一个可与竞争者进行对比的平台。然而，亚马逊的创始人，Jeff Bezos认为亚马逊应将消费者放在第一位，并且第三方的购买选择可以提升消费者的购买体验。截至2004年，第三方的销售额占到亚马逊总销售额的26%。

对消费者的高水平服务和对订单的快速处理是亚马逊取得成功的重要因素。例如，亚马逊为消费者准备了各种各样的书籍，以及每周7天、每天24小时的全年化服务。日益完善的选择、越来越广泛的书评、一键化购买（消费者信息可以是保留的）以及礼品券都是激励消费者的有效措施。考虑到自身数以百万件商品在全世界各地运输，于是亚马逊斥巨资完善其供应管理体系，并研发了复杂的算法来衡量消费者购买决策与购买商品之间的关系并将这些商品在库房进行归类整理。不仅如此，亚马逊还销售非自身库房中的产品，从而进一步降低成本。亚马逊有时被描述为一个对消费者具有足够热情的低成本运营商，同时也是一个希望在双方交易中获取微利的平台，其希望能够获得消费者的忠诚和信任。

通过为消费者提供大量的选择、购物便利、折扣，亚马逊成为一个大型的全球化品牌。截至2011年，亚马逊已经价值10亿美元，其用大约4亿美元的销售收入创造了将近7 000万美元的盈利。产品（比如其Kindle电子书）和服务（比如亚马逊Prime忠诚项目全年免费提供所有商品，并负责两天内全部到货）二者组合的不间断创新使亚马逊在线上、线下始终领先于所有的竞争对手。

正如我们在书中所读到的一样，为了组织能够在市场中对其自身进行有效定位，需要进行一些营销活动，包括获取消费者建议、进行产品和服务差异化、准确定价以及与客户有效沟通。消费者需要对产品和服务进行重要决策。例如，在消费者市场，消费者购买习惯发生重要改变，如网上购物以及超市所呈现的多样化的食品组合。大体上看，在购买力较强的地点或者消费者购买欲望较强时，产品需求量极大。本章我们讨论分销渠道的作用和类型，确定分销策略的关键因素、如何管理分销渠道、零售的本质以及分销过程中商流的相关问题（物流管理）。

厂商需要考虑渠道中间商（channel intermediaries）——这些组织有助于将产品销售给消费者，同时考虑终端客户的需求——的需求。例如，穆勒酸奶在英国的成功取决于可信服的强大零售团队（乐购）的注资。品牌效应导致的高利润是影响公司各种决策的一个关键因素。若没有零售商的支持，穆勒会发现为消费者仅仅提供品牌是丝毫没有经济利益的。显而易见的是，建立高效供应链并迎合顾客的需求是市场营销成功的关键。供应链专业术语中的分销渠道（channel of distribution），指的是将产品从生产商转移到最终消费者。但是获得分销点并非易事。例如，在食品消费领域，许多品牌在超市的货架上竞争有利位置（见插图11-1）。

营销战略的一个重要方面是选择最有效的分销渠道。超市通过取消批发商而大大地缩短了生产商和消费者之间的分销渠道。像食品、饮料、烟草和化妆品等产品最主要的分销渠道就是从生产商到批发商再到零售商。批发商会从生产商那里大批量地进货，然后卖给零售商一小部分（主要是一些小的杂货店）。通过建立购买力，超市会通过直接向生产商购买来缩短这个链条。这意味着超市获得更低的成本，消费者获得更低的价格。这样做的竞争优势是大大减少了市场上小杂货店和批发商的数量。超市通过更好地迎合消费者的需求获得了自身的竞争优势。

现在，我们探讨生产商采用的将产品以不同形式供应给消费者的分销渠道，并考虑这些由中间商提供的不同形式的分销渠道的作用。

插图 11-1　货架上最好的位置就是视觉水平的位置，各品牌会竞相争取并保留这样的位置

11.1　分销渠道的类型

无论是消费用品、B2B 商品，还是服务，所有的产品都需要分销渠道。工业产品渠道比普通消费品渠道要短，因为它面对的终端消费者数量少，并且工业产品消费者的分布更集中，产品更复杂，这些都需要生产商和消费者之间的紧密联系。许多服务的生产和消费的不可分离性使服务渠道变得更短。

11.1.1 消费品分销渠道

图11-1描述了四种消费品分销渠道，接下来我们将依次对这四种分销渠道进行简要分析。

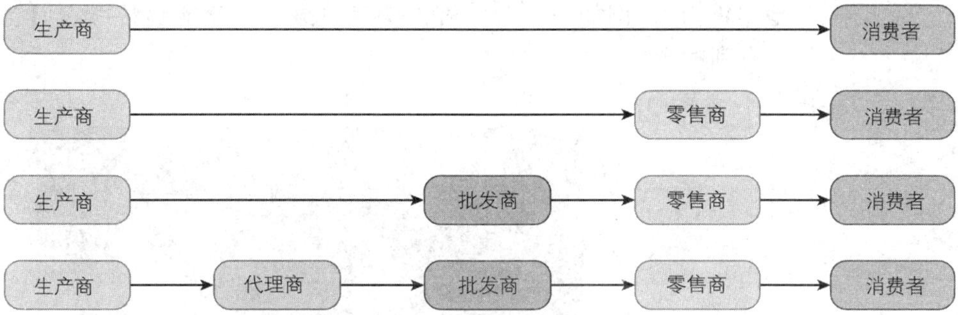

图11-1 消费品分销渠道

（1）生产商→消费者

生产商很喜欢这种选择，因为它压缩了经销商的利润空间。从生产商直接销售给消费者，在很早以前就已经是许多商品的一个重要特征了，商品类别从当地市场的水果到雅芳和特百惠的产品。这种形式的分销最近又迅速发展起来。超市对食品质量的关注和有机食品市场的扩张使英国形成了农贸市场迅速发展的趋势。当然，在过去的十多年，因特网是最直接的分销中介，分销的商品从书籍到DVD再到提供的航空旅行服务等。这对传统的零售商，如书店、音像店、旅行社造成巨大的影响，使它们的销售额急剧下降，有的甚至已经倒闭。

（2）生产商→零售商→消费者

由于各种原因，生产商可能会选择通过零售商再到消费者的分销渠道。零售商可以提供基本的服务，让消费者在一个地方就能看到各种商品；同时，生产商还能继续在有数量限制的大部分商品中获得规模效益。对于很多人来说，零售是市场营销最大众化的形式，一些大型的户外购物中心成了消费者的聚集地，其借此打发闲暇时光。例如，在迪拜的购物商场Emirates独特的室内滑雪场提供一系列冬季活动，包括一个魔术星球家庭欢乐时光娱乐中心、一个水族馆和一个电影院（见插图11-2）。在后面的章节中，我们会看到零售商在这个领域愈加复杂的情形，它们控制了许多的分销渠道。例如，连锁超市由于自身强大的购买力拥有超过生产商的能力，它们将业务扩展到其他零售领域，如金融服务、音乐分销等。

（3）生产商→批发商→零售商→消费者

批发商的作用是通过限制订货量使小零售商（如小杂货铺、家具店）获得经济效益。批发商可以从供应商处购买大批商品，但只把少量卖给大量零售商（这被称作“整批零售”）。这样面临一个很大的风险是，市场中的大零售商有能力直接从生产商处购买货物并因此省去了批发商。在一些情况下，大零售商的购买力意味着它们可以以低于通过批发商进货的小零售商的销售价格卖出商品。在零售寡头不能控制分销系统时，更长的销售渠道就会产生。在一些亚洲国家（如日本），分销渠道涉及两到三层的批发商，它们给无数的小商店提供商品以服务于日本的消费者。许多批发商提供额外的服务给他们的顾客（也就是零售商），例如搜集分析客户信息，这些信息能够帮助它们与生产商达成更为有利的合作。

插图11-2　在迪拜的购物商场Emirates中有各种娱乐消遣项目，这也代表了购物与休闲的完美结合

（4）生产商→代理商→批发商→零售商→消费者

这是一个非常长的销售渠道，有时会用在一些打入国外市场的公司，它们会授权一些代理商（其没有商品的所有权）去销售产品。代理商联系当地的批发商（或零售商）获得佣金。刚刚进入新的国外市场的公司常常用这种方式组织它们的分销系统。

11.1.2　B2B营销渠道

图11-2阐释了常见的B2B分销渠道。它是在正常情况下使用最多的一种中间媒介。

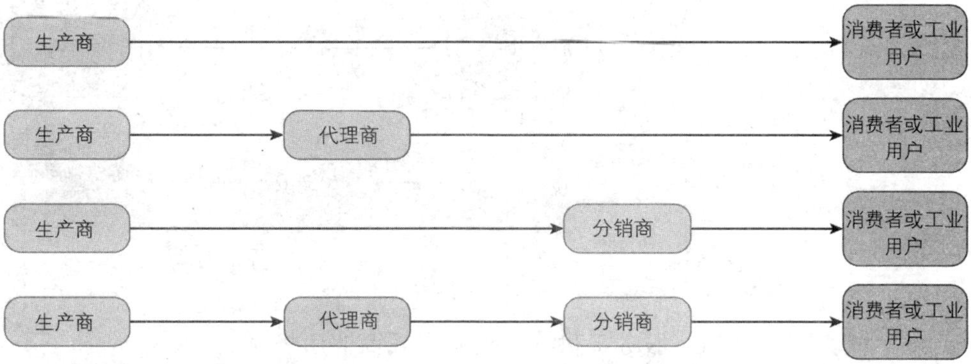

图11-2 工业产品的分销渠道

（1）生产商→消费者或工业用户

在昂贵的B2B产品如燃气轮机、柴油机车和航空发动机的销售中，为消费者提供最为直接的服务是销售过程中的法则。这需要在供应商和消费者之间建立紧密的联系、共同创造产品并解决技术问题，同时订单的数量使直接营销和分销过程更为经济。

（2）生产商→代理商→消费者或工业用户

B2B公司雇用了一个为多家生产商服务、专门提供一系列产品的代理公司，取代了用本公司销售团队进行直接销售的做法。这样做分摊了销售费用，同时很可能对那些没有人员储备去建立自己的销售团队的公司有积极意义。其缺点是对代理机构基本没有控制力，它们不像公司的销售团队那样卖力去完成相同的销售任务。

（3）生产商→分销商→消费者或工业用户

为了降低生产成本，人们越来越多地采用B2B方式，分销商应运而生。它们既可以是内部的员工，又可以是现场的销售人员。内部的员工处理消费者的询问、接收订货单、货到验收（常用电话）和检查库存水平。外围的销售人员更需前瞻性，他们的实际职责是寻找新的客户、细分产品、分发传单、收集市场信息。分销商的好处是它们可以在本地购买少量产品。

（4）生产商→代理商→分销商→消费者或工业用户

如果消费者更喜欢分销商的存在，代理商就需要将产品卖给这些中间商。生产商喜欢雇用代理商而不是建立专业的销售团队，常常是基于成本考虑（正如先前讨论过的）。

11.1.3 服务分销渠道

服务分销渠道往往比较短，常用的两种分销渠道是：直接性的分销和通过代理商进行分销（如图11-3所示）。由于服务不像普通产品有库存，所以批发商、零售商和分销商都不能提供有用的帮助。

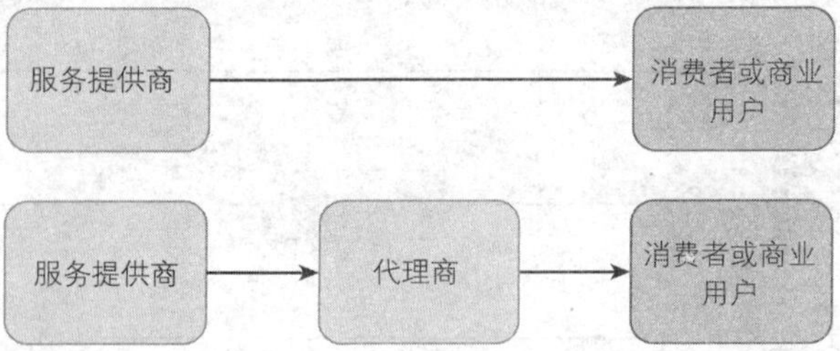

图11-3　服务分销渠道

（1）服务提供商→消费者或商业用户

服务提供商和消费者紧密的个人关系意味着服务要直接提供（见插图11-3），比如医疗、公共卫生、会计工作、市场调查和法律服务。

插图11-3　大多数消费者服务型企业直接对消费者采取分销活动。Tony & Guy是世界知名美发品牌

（2）服务供应商→代理商→消费者或商业用户

服务公司的代理商常常由渠道中间商担任。当服务的供应商与消费者在地理位置上距离较远或者供应商在当地建立自己的销售团队不合算时，常常会用到中间商。这样的例子有保险、旅游、行政代理以及剧院代理。

11.1.4　渠道策略和渠道管理

分销渠道的设计是需要融入其他市场组合策略的一项重要策略。比如说，产品被定位为高级产品，那么只能选择某些指定的商店作为销售地点。**渠道策略**（channel strategy）选择包括选择最有效的分销渠道、最合适的分销密度及渠道集成度。企业一旦作出关键的渠道策略决定，就要去有效地执行。渠道管理决策包括选择、激励、渠道人员培训和评估以及管理供应商和渠道成员之间的冲突。

11.1.5 渠道选择

为什么宝洁公司在超市销售它的产品而不是进行直销？为什么日本三井直接向列车运营公司销售机车而非经过分销商？在了解了下面列出的有关影响渠道选择的因素后，你就会找到答案。这些影响因素可以分为市场因素、生产商因素、产品因素和竞争因素。

（1）市场因素

购买者行为是一项重要的市场因素，购买者的期望可能决定产品的销售方式，购买者可能更愿意在当地专卖店购买或是在网上购买。公司无法满足这些期望就可能带来灾难性的后果。音像零售商就是很好的例子，它们仍在努力销售音像制品，但是更多的消费者却转向了数字化下载。

地区集中化和消费者的地理位置都会影响渠道的选择。当地消费者越多，分布越集中，公司进行直销的可能性就越大。在购买者数量少但购买量大的情况下，如许多工业品市场，直销更为普遍。大多数独立消费者意味着使用中间商是最经济的方式（例如商店）。购买者需要考虑产品信息、安装和技术指导。例如，像汽车这种需要本地服务的产品就需要由服务商来执行售后等任务。

（2）生产商因素

如果生产商没有足够的资源去实现销售渠道的功能，那它在渠道选择上就会受到制约。生产商可能缺少资金和管理资源去保证渠道的运行。资金短缺可能意味着生产商不会聘用销售团队，而是用销售代理或分销商来取而代之。生产商可能感觉到自身缺乏掌控客户群的基础技能，所以它们宁愿依赖中间商。

生产商对掌控渠道运行的期望度也会影响渠道数量的选择。独立的渠道中间商的使用减弱了生产商的控制能力。例如，如果通过超市来分销产品，生产商就会对价格完全失去控制能力。此外，生产商对新产品的库存量也将无法控制。但是直接销售会增强生产商的这种控制能力，从而克服这些弊端。

最后，生产商的一个重要决策是它们想要通过分销渠道来“推出产品”，还是将产品直接销售给最终的消费者。前者需要对贸易伙伴大力投资来保证产品被接受并预留出理想的货架。后者则意味着市场以终端消费者为目标，通过终端消费者对产品的需求来保证产品被中间商接受。由于医药化学公司的产品广告铺天盖地，因此医疗行业道德问题的重要性大大提升。医药公司被指控不顾医疗实践中可能出现的副作用，一味地促使消费者购买一些非处方药品，从而将产品从销售渠道中拉出来建立著名的品牌（如万艾可、百忧解和万络）。比如说，美国药品公司——默克公司和先灵药业卷入了一场纷争。一项研究表明它们合作生产的胆固醇药物维多灵并不比仅是其价格1/3的同类药物更有效，而这种药品已经垄断了市场。

（3）产品因素

大型或者复杂的产品常常直接供应给消费者。生产商和消费者之间的紧密联系，再加上昂贵的价格意味着直接销售既是必要的，也是可行的。易腐坏的产品，比如冷冻食品、肉类、面包等必须通过短渠道供应给消费者。体积大或很难掌控的产品需要直接销售给消费者。最后，像在之前的章节中提到的，公司可以采用数字化渠道来帮助直接销售。

（4）竞争因素

如果竞争对手掌握着传统分销渠道，那么可能需要考虑创新型的分销渠道。例如，通过特许经营权或独家销售协议。两个可供选择的方式分别是招募销售团队进行直销以及建立生产商的分销网络（见管理式垂直营销信息，这个议题将在传统营销渠道章节中提到）。生产者不能单纯认为竞争者所应用的分销渠道就是对客户定位的有效方式。直复营销为供应商提供产品提出了新的方式方法，这些方法如同许多互联网所应用的一样。例如，通过主干道零售商进行个人电脑分销的传统分销渠道被像戴尔这种向购买者做广告的直销方式所占据。购买者在更加适应互联网时代的营销方式的同时变得更加富有经验，市场在趋于成熟的同时产品可靠性也在提高，这意味着本地货源（和建议）不那么重要。然而，通过对这种营销策略的应用，戴尔人并没有像其竞争对手一样使用计算机再交易，这使得戴尔输在对企业客户的获得方面。戴尔在2007年宣布将像沃尔玛一样将商业模式扩展到电脑经销商来扩大其在美国的消费市场。

生产商或服务提供商将中间媒介省略而直接与最终消费者进行交易的过程被称为脱媒现象（disintermediation）。在某些条件下或是受网上零售的大量驱使，这种现象已经非常常见。例如，旅行社传统的经营模式就是作为消费者、航空公司以及旅行公司的之间的媒介，其在中介过程中会抽取高达旅行费用10%的提成。然而现在，大多数旅行者在网上订票。金砖国家和像Xtravision和Blockbuster这样的实体视频租赁链遭遇了两次脱媒大潮。第一次是来自像Netflix这样的在线视频租赁公司，第二次是来自合法和非法的数字电影网站。Netflix拥有1 500万个用户，并且每年耗资6亿美元为消费者提供影视视频，但是它也希望通过加入网络视频的浪潮来减少其成本。

11.1.6 分销强度

选择分销强度是第二大渠道策略决策。三种最为常见的选择分别是密集性分销、选择性分销、专营性（独家）分销。现在，我们来分别了解这三种分销方式。

（1）密集性分销

密集型分销（intensive distribution）是通过可利用的销售点达到完全覆盖市场的目的。针对一些大众化产品，如快餐、食品、洗漱用品、啤酒和报纸，销售人员直接深入到大量的销售点（见插图11-4）。这是因为消费者对于这些商品有一系列可接受的品牌，他们选择购买哪个品牌往往是带有冲动性的。如果某个销售点上该品牌没有进行销售，消费者就会购买另外的品牌。方便购买是最重要的因素。刚发展起来的新销售点可能至今还不能供应特殊产品，如加油站的杂货店里没有酒精饮料。

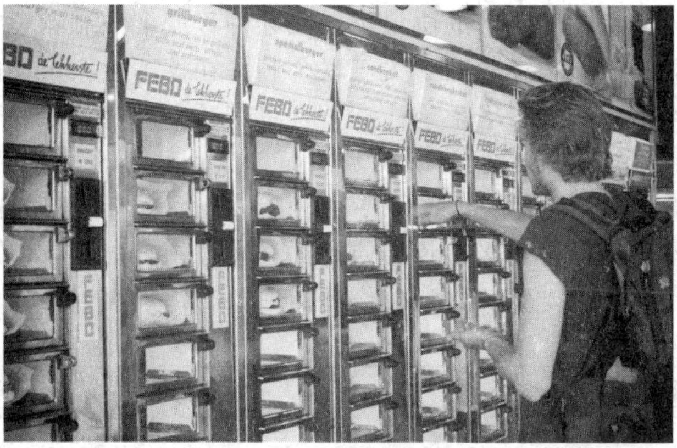

插图11-4 许多商品如休闲食品和碳酸饮料通过自动贩卖机进行销售，目的是使这些商品随处可得

（2）选择性分销

选择性分销（selective distribution）也能达到一定的市场覆盖率。这种情形是生产商在一个区域内利用有限数量的销售点销售产品。对于生产商的益处有：有机会集中能力选择最好的销售点去建立伙伴关系；和密集型分销相比，只需培训较少的销售人员；如果销售和分销都是直接进行的，成本会降低。一些高端品牌像雨果·博斯和蕾蒙威通常是在精心选择的销售点销售。零售商和工业分销商喜欢选择性分销是因为它减少了竞争。当购物者更愿意在附近的商店购买产品时，生产商通常就会采用选择性分销，这意味着企业不必在所有的销售点上供应产品。像视频和声频设备、相机、服饰和化妆品就可以采用这种方式。

当零售商要求地区销售权而被生产商拒绝时就会引发一些问题。在英国的一家连锁药房里，零售商要求销售昂贵的香水但是被生产商拒绝了，生产商声称这个连锁店没有权利销售奢侈品。连锁药房认为它们被拒绝的原因是它们想以低于推荐的价格出售，而垄断与兼并调查委员会的调查支持当前条例。欧洲市场的规则是允许香水生产商控制符合风格和员工要求的零售商的分销，但不允许生产商因为零售商以低于标价的价格出售而拒绝赋予其销售的权利。

（3）专营性（独家）分销

独家分销（exclusive distribution）是一种严格限制在特定区域中仅分配一个批发商、零售商或B2B分销商的分销形式。汽车常常以这种形式出售，在每个城市只有一个经销商运营。在提供相同型号产品的不同经销商处，买家的议价能力大大降低，这是因为当需要提供必要的服务和维修时，在附近城市购买车辆就会很不方便。在维修、定价和促销方面，独家分销使得生产商和零售商之间有了更加紧密的合作。作为储存生产商生产线这种条件的需要，分销商要求进行专营性经销。同样地，在经销商同意不进行竞争生产线存货时，生产商可能也希望分销商进行独家经营。

专营性分销的协议可以在某种程度上限制竞争，但可能会损害消费者的利益。欧洲法院驳回了关于联合利华在德国独家出口问题上的上诉。通过提供冷冻柜，联合利华拒绝让竞争者将其冰淇淋存放在联合利华所有的冷冻柜中，从而来维护其独家经销权。然而，欧洲法院也驳回了法国Leclerc超市集团的上诉，其上诉是关于Yves Saint Laurent香水所使用的选择性分销系统的问题。法官发现，对奢侈化妆品使用选择性分销会加剧竞争，出于对消费者和生产商的利益考虑要保护此类奢侈品的形象。

11.2 渠道整合

渠道整合（channel integration）的范围包括传统的营销渠道——包括一个独立生产商和几个渠道中间商——通过一个特许运营商，再到生产商的渠道所有权。在进行渠道策略选择时，生产商需要考虑每个系统的优势和劣势。

11.2.1 传统营销渠道

因为渠道中间商的独立性，生产商对渠道中间商的控制很少或几乎没有。像独家经销这样的协议可能具有一定程度的控制，但所有权分离意味着双方都会注重自己的利益。传统营销渠道具有强行讨价还价、偶尔产生冲突的特点。例如，零售商会认为减少库存的必要途径是降低价格，尽管生产商出于对品牌形象的考虑反对降低产品价格。

即使品牌中间商是独立个体，由于规模和强大的品牌效应，具有市场主导地位的生产商也会对中间商实施经营控制。这种控制力会形成管理纵向营销体系（administered vertical marketing system），在这种体系中，制造商能够操纵从批发商到零售商之间的大量合作。例如，好莱坞大制片厂通过一系列影院、视频/ DVD销售和出租到按次计费的电视播放，以及最终的免费电视来精心管理其电影的分销，实现收益最大化。然而，电影院分销在某种程度上仍然被控制，视频/ DVD销售和出租分销渠道的收益受到网络分销发展的影响。辉瑞公司在试图对其在英国的分销布局作出一些变更时产生了争议，形成了所有产品都通过UniChem公司销售的模式。其他批发商采取的行动被视为反竞争的行动，而零售商也担心出现一个独一无二的、十分强大的批发商。

零售商同样可以控制管理纵向营销体系。例如，当零售企业菲利普·格林（Philip Green）在2002年收购阿卡迪亚（Arcadia）服装集团时，它给所有供应商制定了新的条款，实施了一项1.25%的可追溯性折扣制度，并将支付供应商的天数从28天延长到30天。接着，它重新整合了供应商数量，取消部分供应商的上市资格并提升了其他供应商的分配额度。许多受益于像印度和中国市场增长的亚洲分销商现在正在收购它们过去分销的品牌，如将瑞士军刀品牌旗下的瑞士手表品牌美力士卖给亚洲最大的手表零售商Peace Mark。接下来，我们将了解到大型超市将主导食品分销渠道，大品牌不得不重新考虑它们的营销策略来应对市场营销行动11.1所提到的变革。

11.2.2　特许经营

生产商和渠道中间商承认每个成员的权利与义务的法律合同被称为特许经营（franchise）。通常，中间商通过付费得到营销、管理、技术和金融方面的服务。比如麦当劳、达美乐披萨、赫兹、美体小铺这样的特许经营组织，它们结合了庞大复杂的以市场为导向的组织优势和当地销售点的活力和动力，因此在全球市场中一直做得非常成功。尽管特许经营一定程度上为生产商提供了对特许经营商的控制，但在某些方面潜在冲突仍然存在。例如，生产商可能对特许经营商提供的客户服务存在不满，或者特许经销商可能认为特许经营组织的宣传力度不够。目标冲突也可能出现。例如，一些麦当劳的特许经营商不满公司的迅速扩张计划，因为这意味着将有新餐厅在现有餐厅附近开业。这将导致它们的利润和特许转售价值下降。特许经营协议通过正式的合作和一体化的营销和分销活动，形成合同垂直营销体系（contractual vertical marketing system）。

市场营销行动11.1　亨氏食品：重申品牌的力量

批判性思维：以下是亨氏食品如何应对零售商自有品牌挑战的案例。阅读案例并从正反两方面评价亨氏集团的方式。

在过去30年，像亨氏这样的食品集团的营销世界已经发生了巨大改变。其过去的重点放在树立品牌理念和领导力上，而现在的挑战是寻找对抗全球大型超市的策略，如乐购、家乐福和沃尔玛。对亨氏来说，挑战极为迫切。亨氏的核心产品，包括烘焙豆、番茄酱等。速冻食品、汤品和意大利面大多是超市自有品牌，这些自有品牌食品已经打入市场并导致了大型的价格战。

几十年来，亨氏集团一直使用具有号召力的广告标语“Beanz Meanz Heinz”和“如果你要养一个家庭，那么亨氏就会有你所需要的一切”。但是保持这种市场地位并有效对抗自有品牌、低价品牌的零售商的竞争，对于亨氏来说是困难的。对于这样新的挑战，亨氏有几个选择可供参考。它可以参与价格战（第8章）或者可以通过促销来避免因经济下滑造成的销售量萎缩（第10章）。然而，亨氏选择了建立并重新强调与客户的情感关系。

调查表明，尽管一些消费者已经放弃对亨氏品牌的热衷，但消费者并不是十分情愿的。为了证明这个观点，亨氏提出了新的口号“有那么一些瞬间，人们只信赖亨氏”。电视宣传展示了一些真实的生活写照以及亨氏在生活中的地位，不仅仅用于吸引消费者更是描述了一个故事，亨氏的销售团队和批发商团队能够用这个故事来确保亨氏产品在店内的有效放置。推拉联合策略对提升品牌价值、销售额和市场份额具有显著成效。对亨氏来说最让人满意的，就是亨氏用自己的财务收益来建立自有品牌。

资料来源：Howard和Dorsett（2010）；Neate（2009）.

我们提出了3个经济解释以试图说明为什么一个生产商可能会选择特许经营作为一种分销方式。特许经营可能意味着凭着分销成本与特许经销商的共享来克服内部资源的限制。它也可能是一个克服生产商（经销商）管理问题的有效系统，因为生产商可能重视经理人的见解，这些经理人可从商业的成功中获取既得利益。最后，对于生产商来说，特许经营可能是一个进入当地经销网络的方式。因此，当一个生产商扩大其国际市场时，特许经营可能就有很大的吸引力。表11-1给出了欧洲最大的十个特许经营商。

表11-1　　2009年欧洲前十大特许经营商（按照数量单位计算）

排名	特许经营商	商业类型	国家
1	7 Eleven	便利店	美国
2	赛百味	食品：三明治店	美国
3	麦当劳	餐饮	美国
4	Kumon Institute of Education	儿童教育	日本
5	肯德基	餐饮	美国
6	Europcar	汽车租赁	法国
7	必胜客	餐饮	美国
8	Spar	便利店	荷兰
9	汉堡王	餐饮	美国
10	Jani-King	保健	美国

1.生产商和零售商：汽车工业就是这样的布局。生产商由于不用为其汽车的零售和维修支出费用而受益。

2.生产商和批发商：这在软饮料行业中很常见。如史威士（Schweppes）、可口可乐和百事可乐这些生产商，授权批发商在符合其要求的条件下调和及装瓶浓缩液，并在已确定的地理区域内分销产品。

3.批发商和零售商：这并不是常见的其他特许经营的方式，却在汽车用品和五金商店中被发现。它使批发商可以保证其产品对消费者的分销。

4.零售商和零售商：这是一种常用的成功方法。该方法通常来源于成功的零售运营，这种运营以特许经营的方式寻求地域的扩张，例如麦当劳、贝纳通、必胜客和肯德基（参见插图11-5）。

插图11-5　星球沙滩（Planet Beach）是发展强劲的国际特许经营商，将日光浴和日间SPA服务相结合

11.2.3　渠道所有权

渠道所有权会给分销商的分销活动带来完全的控制。这就建立起一个公司式垂直营销体系（corporate vertical marketing system）。通过收购零售商，生产商控制了采购、生产和营销活动。特别地，对采购的控制意味着零售商将成为制造商产品的一个专卖店。例如，百事可乐已经成为必胜客和肯德基这些公司捆绑销售的软饮料品牌。

想要完全控制必须得平衡高价收购和进军零售业造成的管理活动过于广泛的危险。然而，公司式垂直营销系统已经成功地在石油行业运作多年，如壳牌、德士古和挪威国家石油公司（Statoil）等公司，这些公司不仅拥有数量可观的加油站，而且掌握着生产原料。

11.2.4　渠道管理

一旦选择出关键渠道策略，就需要对它进行有效的推广运用。这涉及选择、激励、培训和（渠道成员）评估，以及（对可能发生的任何渠道的）冲突管理。

（1）选择

渠道中分销商的选择包括两个主要方面：一是识别潜在的分销商；二是不断完善选择标准。很多潜在的因素可以用来识别分销商，包括贸易资源，如展会中的贸易组织者和参与者，还包括与现有客户和（或）区域销售团队的洽谈，与感兴趣的中间商询价。分销商通常的选择标准包括市场、产品和客户认知、市场占有率、产品质量、销售团队的规模（如果这是可获得的）、客户信誉、财务情况、竞争与替代产品的情况、管理方式和对获得成功的欲望，以及对生产线投入精力的程度。在实际情况中，分销商的选择可能是复杂的。因为大型的、体制健全的分销商会具有多个竞争性分销线，而缺少使每条分销渠道取得成功的渴望。相反，小规模的分销商可能缺乏财务支持，并且只有小型的销售团队，但是它们可能拥有更多的热情，更渴望成功。

（2）激励

一旦选择了渠道成员，就需要它们同意扮演经销商的角色，并且对生产商承诺分配足够的精力和资源。有效激励的关键在于能够理解经销商的需求和问题，因为需求和激励是相互关联的。例如，面对高额佣金，看重财务的经销商可能比看重独家经销范围的经销商更乐于投入。可取的激励方式包括财务奖励、赋予特殊代理权、提供资源支持（例如销售培训、区域销售支持、提供市场调研信息、广告和促销支持、财务支持和管理培训），以及发展更强的工作关系（例如共同规划、长期投入的保障、绩效评价、经常性的交流和组织经销商会议）。简言之，在非正式的合作伙伴关系背景下，能够实现对独立分销商最好的管理。

（3）培训

显然，渠道成员的培训需求取决于它们的内在能力。例如，大型连锁超市可能把来自供应商的营销培训邀请看作一种不信任的表现。但是，很多小型的经销商由于在销售管理、营销、财务管理、库存控制和员工管理上相对薄弱，它们乐于生产商提供相应的培训。从生产角度来说，培训可以提供相应的技术支持，例如供应商及其产品，也能帮助经销商建立一种合作和奉献精神。

（4）评估

分销商的评估对分销商保留、培训和激励起着重要的作用。评估为决定哪些分销商需要保留而哪些需要裁撤提供了必要的信息。经销商在销售能力方面的不足可以通过评估来识别，并且由厂家来提供合适的培训项目。激励缺失是一个严重的问题，生产商可以实施相应的计划来应对反向激励（例如财政激励或建立一个商业合作机制）。但是，我们需要理解的是评估的范围和频率会受到分销商权限的限制。如果生产商的权力相对较小，它们会更多地依赖于分销商来销售，那么深层次的评估和补救措施将会受到限制。但是如果生产商拥有很强的品牌保证，且有很大的权力，那么可供选择和评估的经销商可能会更普遍，范围也更广。评估标准包括销售量和销售价值、利润率、库存水平、质量和陈列位置、新账户开设、销售能力和促销能力、客户服务质量、市场信息反馈、保持投入的能力和意愿、分销态度和分销能力。

（5）冲突管理

最后，假如生产商和分销商是相对独立的，那么冲突就时时刻刻难以避免（见市场营销行动11.2）。首先，冲突可能由不同的目标导致——例如，如果所获利润被更多地分配给零售商，那么生产商的利润就会减少。举例来说，爱尔兰的一家旅游公司Budget Travel将其代理商在销售度假旅游时的佣金由10%削减到5%，之后的市场调研表明很多代理商选择了不向客户推荐该家旅游公司。这种反应直接影响最终客户，它们通过100万欧元的多媒体运动来说服消费者考虑Budget Travel作为他们一个潜在的旅行选择。然而，这个营销策略是失败的，所以公司最后停止了这个营销策略的运行。

其次，很多分销商通过增加产品系列来达到扩张目的。例如，英国零售商WH Smith从只销售传统的书籍、杂志和报纸转变为销售新的产品系列，如电脑光盘、硬件和软件。这可能让主要供应商感到愤怒，因为分销商投入了过多精力在二线产品上。这个问题也可能导致相反的结果。位于爱尔兰的小型报刊经销商要求竞争管理部门重新考虑批发商销售各种杂志的申请，结果导致了滞销，增加了零售商的成本。

再次，生产商为了商业扩张，可能会使用多样化分销渠道，比如，对关键客户和其他经销商进行直销，这可能会刺激其他商家。例如，艾拉妮斯·莫莉赛特（Alanis Morissette）的唱片公司——马弗利克唱片公司（Maverick Records），在北美地区开创了一种独家代理渠道来销售她的专辑Fagged Little Pill，具体方案是在大约4 800家星巴克咖啡厅进行6周的预约销售。国际级的唱片连锁店音乐无限（HMV）则以在加拿大所有唱片店的货架中移除所有歌手的唱片来应对。对于像音乐和软件这种电子产品，在线分销比实体店销售价格更为便宜，这也使得两种分销渠道产生冲突。

最后，一个明显的冲突根源就在于在供应链上的各方代表并没能达到预期要求。例如，微电脑世界（PC World）和柯瑞斯零售连锁店的所有者——迪斯捷国际（DSG International），声称其2007年财报不尽如人意的一部分原因是，微软没有为其新的Vista操作系统提供足够的促销支持，最终导致数千台电脑滞销，而不得不低价销售。这种冲突在电信企业中非常常见，电信行业中的移动电话和固定电话公司在网络中购买通话时间再销售给客户。在这种情况下，价格的提升和降低对批发商的价格都会造成冲击。

市场营销行动11.2　碳酸饮料销售渠道中的问题

批判性思考：下面是基于碳酸饮料分销渠道变化的回顾。阅读文章并考虑分销渠道对可口可乐、可口可乐灌装厂和沃尔玛的长期影响。

一个完善的分销渠道能够为市场带来受欢迎的碳酸饮料。像可口可乐和百事可乐这样处于市场领先地位的公司能够制造可乐浓缩液，这些浓缩液被随后转卖给具有独立许可证明的瓶装公司，这些瓶装公司持有特定地区的专营合同。接下来，这些瓶装公司生产制成品，以瓶装或灌装形式将可乐直接销售给零售商，例如商店、超市和自动售货机。随着时间的推移，瓶装厂商建立起对零售商的专业服务，并与零售商建立起令瓶装厂引以为豪的合作伙伴关系。一些瓶装厂商是超大型的公司，其中最大的是可口可乐公司，它是一家市值超过7 000万美元的注册公司。

然而，这个供应链的结构受到了零售商力量增长的威胁，并且强大的零售商使用不同的系统来管理供应。出于经济原因考虑，零售商更青睐来自大型分销中心的分销管理，而不是由供应商直接送到商店。区域分销中心更高效（见本章后面所讲的物流部分），并能使零售商向消费者提供更低的价格。因此，主要的全球零售商或者根本不需要或者只偏爱由可口可乐灌装厂提供的本地供应。

因此，当沃尔玛要求可口可乐分销其劲力果汁（Powerade）品牌到沃尔玛仓库而非独立商店时，美国瓶装生产商作出了激烈的回应。60个独立瓶装生产商起诉可口可乐和可口可乐公司，它们是担心此举将是直接交付模式的第一个转变，并且最终威胁到它们的未来。可口可乐最初接受了沃尔玛的提案，因为它担心不这样做就意味着超级零售商将开始销售自有品牌的饮料。这些瓶装企业与可口可乐和解，并同意开发和测试新的分销和客户服务系统。

资料来源：Ward（2007）.

管理冲突的方式有很多种。发展合作关系需要生产厂商和分销商之间建立长期的交流，从而使它们更加相互理解和乐于合作。第一，销售目标是各方均同意的，培训和促销支持也会即时提供。第二，员工需要接受有关冲突处理的培训，来确保他们可以专业、从容地应对突发状况，并提高双赢的可能性。第三，如果冲突出现在不同的分销渠道之间，生产商可能尝试分割市场。例如，Hallmark公司将其高档贺卡放在其百货公司的自有品牌下销售，而将标准卡交给Ambassador等打折零售商销售。第四，对于表现不佳这个问题，最有效的方法是改善执行方式，减少冲突。第五，在某些情况下，冲突可以通过并购其他组织来减少或者进行强制削减，或一方通过施压来获得另一方的顺从，例如大的零售商有能力剔除某个供应商。在很多人看来，宝洁公司与吉列公司最近的并购，让这两家生产商有能力与超级零售商沃尔玛相抗衡。

11.3 零 售

很多零售商选择经营实体商店，例如超级市场、专卖店和百货商店，但是非店铺零售，例如在线购物、邮购和自动贩售机等，也在销售中占据了很大的份额。很多大型零售商对商品的巨大需求量，使得它们在分销渠道上拥有很大的权力。这种权力反映在它们从厂家提取“利润保证”的能力上。它体现在合同的某个具体条款中，保证了零售商能够获得一个固定的利润率，而不考虑消费者所要支付的零售价格。一个生产商可能会与其他的生产商形成竞争，因此其自主品牌可以获得更多的利润。

11.4.1 实体店和无店铺销售类型

（1）超市

超市是一种大型的自助式商店，主要销售传统的食物、饮料和卫生用品，但是由于所售商品逐渐广泛，一些大型连锁超市也出售非处方药品、化妆品和服装等。由于乐购希望扩展其业务范围，不仅仅局限于百货行业，所以乐购已经进军到更多行业中。例如，乐购银行从事存储和保险产品的销售，能够为乐购得到11亿英镑销售额；乐购通信是移动电话和宽带服务商，二者销售额达到4.5亿英镑；乐购直营（Tesco Direct）经营网络、电话和产品线业务，产生的销售额达到2.88亿英镑。大型超市的吸引力是它们便利的商超位置、品类范围广泛以及具有竞争力的价格。超市经营者是具有经验的经营者，他们熟练应用各种实地调查方式、直觉以及顾客忠诚度计划，应用这些经营技巧获得巨大市场份额。

道德悖论 11.1 超级市场的力量

或是爱它或是讨厌它，但是你就是不能对它视而不见。超市是我们生活的一部分而且它们已经获得了大量的市场份额，具有巨大的市场号召力。例如，英国四大超级市场——乐购（Tesco）、森宝利（Sainsbury's）、阿斯达（Asda）、莫里森（Morrisons）——它们占据76%的市场份额。乐购（Tesco）是最大的商超，拥有658家大型超市和1 800家便利店，乐购在2011年获得40亿英镑税前利润。在英国，消费者每消费8英镑，乐购就能够获得1英镑利润。在其他国家，对超市的关注度甚至更高。例如在澳大利亚，最大的两个供应链科莱斯（Coles）和沃尔沃思（Woolworths）占据70%的市场，同时消费者消费的每1美元的23%都被两大超市所有。

大多数评论员都认为大型超市的这种号召力是令人无法想象的。例如，供应商认为超市使它们处境尴尬，因为供应商自己对超市具有很强的依赖性。如果超市提供给供应商的价格非常低，超市进行特别的促销活动或者超市付款速度慢，那么超市对这些情况的应对方式是很少的。基于此，许多供应商停止与超市进行合作，如果反过来，供应商的供应商也同样饱受煎熬。从社会角度看，这是一个棘手的发展时期。大型商超的分店也许会认为它们为当地解决了就业问题。但是这段时间，当地的其他商超恐怕没有能力与大型商超竞争，那么当地的供应商可能会停止与这些超市进行合作，这就会造成失业和这些地区的经济问题。例如，在2005年的12个月内，在英国当有大型商超入驻后，有2 000家便利店倒闭。

大型商超同样面临着这样的问题——它们以较低的价格为客户提供一系列品种繁多的商品从而为消费者提供价值，导致了较低稳定性的行业规章，如从世界各地较大的供应商那里获取大量的海运产品，而不是与当地供应商合作。游说团体对大型超市的发展继续持反对态度，同时超市的竞争者们对它们进行周期性的调查活动。在2011年，在英国布里斯通，在乐购新店的试营业时期，发生了暴乱。从这些迹象可以看出，对于大型商超的争议会一直持续下去。

思考：请思考对于大型商业超市的支持与反对观点并提出自己的看法。

（2）百货商店

百货商店的命名是由于相关的产品系列在不同的部门销售，例如男装和女装、珠宝首饰、化妆品、玩具和家居用品。近年来，由于打折店、专卖店和城郊大型商场的兴起，百货公司受到了很大的冲击。尽管如此，很多百货商店依旧在激烈的市场竞争中表现良好，通过提供多种厂商和品牌的一站式购物体验，充分利用了商场的空间。

（3）专卖店

正如它们的名字一样，这类商店出售的产品范围相对较窄。例如，在很多城市中心地段，有些商店只出售糖果、香烟和报纸。很多的专卖店，例如Tie Rack和Sock Shop，只出售一种产品系列。专卖店允许在有限的店铺空间内专门出售单一产品系列。有些专卖店，例如肉铺和蔬菜水果店，更注重于产品的质量和定制服务。但是当消费者品位改变或者竞争增强的时候，专卖店存在弱点。例如运动专卖店——JJB运动品（JJB Sports）和约翰·大卫集团（John David Group），都由于运动与时尚的结合而遭受一定损失，这是由以大卫·贝克汉姆为代表的文化偶像导致的失败，结果为其他时尚店铺和超级市场打开了市场。

（4）折扣店

折扣店以低价出售商品来达到薄利多销和大宗购买的目的。例如，“1英镑店”出售各种商品，包括饰品、玩具、文具和工具，所有商品只售1英镑，利润率仅有2%~3%。好的地理位置和快速的商品周转率是成功的关键。有时低价可以持续全年。很多的廉价经销商经营着城郊的大型零售店，从而使它们有能力存储大量商品。

折扣店最常见的形式是工厂直营店。这些直营店通常在郊区的购物商场中，由一些工厂将过季产品或者积压库存直营销售出去。这些店铺有一些是重新选址的，因为旧址已经有很多奢侈品牌入驻，如范思哲、古琦、杜嘉·班纳、拉夫·劳伦、圣罗兰等（见插图11-6）。

插图11-6 能够在奢侈品高端商店发现的奢侈品品牌

（5）品类店

这些零售商店有一个狭窄的产品焦点，却在该产品的范围上有一个异常庞大的宽度和深度。品类店作为对折扣商店的一种挑战，出现在20世纪80年代早期的美国。它们有别于专卖店，因为它们都是大型的，且拥有已选定产品类别的更深更广的范围；它们又有别于折扣商店，因为它们只关注一个产品类别。品类店的例子有游戏反斗城（玩具类）、内华达·鲍勃的折扣高尔夫仓库（高尔夫球具）、伍迪（DIY）、哈佛德（自行车品牌和配件）、宜家（家居用品）。

（6）便利店

便利店，顾名思义，是在附近的位置、每天长时间营业为客户提供便利产品的零售店。因为规模不大，人们可能会为它们的商品支付比超市更高的价格。其中的一些商店，比如Spar超市，加入团购以获取购买力和更低的价格。一些客户希望它们提供充值业务——例如，当一个客户缺一盒牛奶或面包时。社会的变化，比如离婚率的提高、家庭规模的缩小、通勤时间的增加和缺少时间购物的消费群体的增加，都有助于振兴便利店行业。比起在超市的每周大规模购物，消费者再次支持了由便利店提供的便捷服务。因此，主要的零售商如乐购和塞恩斯伯里超市就一直在积极地引进这个部分。

（7）目录零售商

这种类型的零售商店是通过商品目录来推动其产品销售的，它将目录邮寄给客户，或是在店内向客户提供商品目录，或是在线为客户提供查看服务（见第10章）。采购是在市中心零售点进行的，客户在这里填写订购表格、付款，然后在指定地点取货。在英国，阿格斯就是一个成功的目录零售商，其销售打折商品的范围很广，如电子产品、珠宝、园艺用具、家具、玩具、汽车配件、体育用品、行李和餐具。

（8）邮购

这种形式的零售店铺也使用商品目录作为宣传工具，但是这次邮购交易是通过邮件实现的（见第10章）。另外，这种对外的宣传可能会通过直接邮件、电视、杂志或报纸广告进行。越来越多的客户正通过电话或互联网下订单，正是作为支付手段的信用卡促进了这一进程，然后通过邮件发送货物。奥托邮购（Otto-Versand）是一家德国邮购公司，有一个英国邮购零售子公司格拉特（Grattan），已在奥地利、比利时、意大利、荷兰和西班牙等国处于领先地位，其法国竞争对手La Redoute已将业务扩展到了比利时、意大利和葡萄牙。邮购提供了泛欧目录、中央仓库和跨境订单处理的前景展望。

（9）自动售货机

自动售货机在一些国家比如日本尤其受欢迎。它24小时营业，有便利的地理位置，提供饮料、糖果、汤品、报纸等商品。尽管补充库存、服务和维修成本会很高，却不需要销售人员。银行自动柜员机也改善了售后服务，提供全天候的金融服务。然而，机器故障和库存耗尽的现象也会让客户烦恼。

（10）网上零售

网上零售业已经成为增长最快的分销形式，提供电子产品、食品、服装、鞋类和音乐/视频等非常受欢迎的产品。它主要可以采取3种形式。第一，在纯在线零售中，商品的交易完全是一个电子交易，在线下单，在线支付以及在线收货。任何可被数字化的产品都可以以这种方式零售，比如一首歌曲、计算机软件或是一本书。第二，产品可以在线下单后，通过邮政系统或本地分销公司进行销售，比如食品和葡萄酒等。第三，处于领先地位的零售商都支持在线购买。例如，英国著名的零售商们就在线上和线下都有大量的业务，包括乐购、玛莎百货、阿格斯、下一秒（Next）、家乐福和阿尔迪。这些零售商努力连接两个渠道的销售。例如，阿格斯客户可以从阿格斯目录选择产品、在线订购，然后从当地销售点取货。

网上零售商有几大优势，这也解释了网上零售为何越来越火。第一点就是选址，线下实体店的选址成为早期投资竞争决定因素之一，然而在线上销售中选址不再是受关注的因素之一。第二点是灵活性。线上零售商店每天营业24小时，一年中每天都在营业，这为客户提供了极大的便利性。第三点，产品品类广泛也是线上零售的优势之一。实体书店、影碟店等受限于供应商的选择。线上零售商不受制于承载力是因为它们的库存容量非常大，就像其他线上销售店铺或者其他数字化店铺形式，如电子书籍以及消费者需要的各种商品。第四点，线上销售所需要承担的生意成本相对较低。小型商家可以用相对较低的成本建立一个网页，然而线下零售商需要对店铺地址、店铺装饰以及销售人员等所需配备的一切资源进行投资。第五点，线上销售可以是全球性的，同时主要的营销挑战是设法使全世界的消费者关注其网站。

11.4 主要的零售营销决策

一个零售商店应该作为一个品牌被认同，正如我们在第6章思考品牌时所讨论的。零售商需要预见并适应不断变化的环境，比如日益发挥重要作用的信息技术和消费者口味的改变。然而，涉及零售业的一些特定问题值得单独讨论，比如零售定位等因素值得我们在接下来进行分类讨论。

11.4.1 零售定位

零售定位（retail positioning）——同所有的营销决策一样，涉及目标市场的选择和差异优势。目标市场的确定可以让零售商调整自己的营销组合（包括产品组合、服务水平、店面选址、价格、促销等），来满足所选择客户群的需求（参见市场营销行动11.3）。差异化为顾客提供了去一家商店购物而不去其他家购物的一个理由。戴维斯已提出一个有用的框架来创建差异优势，他表明，零售业的创新只能来自过程或产品和产品组合。英国的目录商店阿格斯提供了购物过程中的创新，而Next是通过产品创新取得成功的 。像阿尔迪超市和利德尔这样的折扣商店主要销售自有品牌的产品，这些产品可以以有竞争力的价格出售（产品创新）。这在德国是占主导地位的零售形式，折扣商店拥有40%的市场份额，并开始在欧洲其他国家快速增长。玩具反斗城是兼具产品创新和过程创新的一个例子，其表现为在一个场地提供更多种类的玩具（产品创新）以及一站式购物来提供便捷服务（过程创新）。

市场营销行动11.3 重新定位森宝利（Sainsbury's）

批判性思考：以下是对连锁超市森宝利具有竞争性的定位选择的评述。请选择三个零售商并评估它们的竞争性定位决策。

在英国连锁超级市场激烈竞争的形势下，森宝利选择将其定位为高信誉、高质量的顶级零售商。然而，继2008年金融危机后，受市场衰退的影响，价格竞争对森宝利的市场定位提出了新的挑战。与同行业相比，森宝利的产品价格更高，而在消费者价格导向下，这对森宝利产生了威胁。

对于这个品牌的挑战就是向消费者传递其产品价值理念而不是削弱其产品质量优势。森宝利针对这个挑战提出了自己的口号“用5英镑养活您的家人”。市场调研显示居家烹饪会持续受欢迎，但是消费者还处于迷茫期，他们还在寻找新的食物烹饪方法。森宝利发明一系列的家庭食谱，大约50份左右，这些食谱中的原料均为森宝利的产品，而且总价均低于5英镑。重要的是食谱包含的产品均是处于标准市场价格阶段，而不是处于促销阶段。这些产品同时包含森宝利基本款和高质量款，这样做的目的就是传递森宝利产品能够提供与价格相匹配的价值的信息。这个促销活动发布于2008年，其参与了商超之间的菜谱竞争。森宝利邀请厨师达人Jamie Oliver为其电视代言人，同时采用杂志、数码电子和店内活动等营销方式。

这次的营销活动收获了公众关注，使森宝利获得了很高的消费者认可。在两年内，消费者对森宝利广告语的快速认可使森宝利与其主要竞争对手乐购（广告语为“每一个小小的帮助”）打成平手。森宝利的品牌认知提升了，同时菜谱中涉及的烹饪调味料的销售量也大大提升了。森宝利在对自身进行重新定位以及接下来的促销活动二者之间的有效平衡使其赢得2009年零售业中的“年度超市”称号。

资料来源：Clews（2009）；Parsons（2009）；Roach（2010）.

11.4.2 店面选址

传统观点认为决定零售商成功的一个至关重要的因素是商店选址。对于很多购物者来说，便利是一个很重要的问题。所以店面的选址就会对销售业绩产生重大影响。零售商必须首先定位覆盖区域，且以区域内的城市为目标，在给定城市作出精确的位置选择。城市的选择取决于这样几个因素，分别是符合零售商选择条件的目标市场、顾客来源区的可支配收入水平、地点的可得性和竞争的程度。一个特定店面的选择可能依赖于店面前的现有流量水平（行人和车辆）、停车规定、有权使用出口物资运送车辆、存在的竞争、规划限制以及是否有与其他零售点形成新零售中心的机会。例如，星巴克试图将它的咖啡店选址在一条街的一侧，这条街是通勤者上班途中最常选择的街道。基于这样一种理念，消费者就不用为了喝杯咖啡而穿越繁忙的街道。同样，两个或两个以上的非竞争零售商（例如塞恩斯伯里超市和博姿化妆品（Boots））可能同意将店面聚集在一个中心，以此产生比单独营业更多的牵引力。在决策后，合作伙伴将在他们选定的城市或乡镇附近寻找合适的商店地点。

11.4.3 产品组合

零售商必须在其产品组合的广度和深度上作出决策。比如，一个超市可以决定将产品组合从食品、饮料和化妆品扩大到服饰和玩具，这就被称为“跨行业销售”。举个例子，目前在英国，超市销售24%的CD、8%的书籍以及40%的所有新发布的DVD，这已经影响了CD/DVD和书籍的专业零售商。通过零售商对自身的差异化，跨行业销售成为最基本的方式。因此，我们看到了麦当劳提供DVD租赁，盖普（Gap）出售CD混音，星巴克（Starbucks）出售音乐专辑以及乐购出售星巴克咖啡!

在每个产品线上，零售商都可以选择或大或小的产品范围来进货。像Tie Rack、Sock Shop和玩具反斗城这样的零售商，集中在一个产品线上进货。然而，百货商店提供了更广泛的产品，包括玩具、化妆品、珠宝、服饰、电器和家用配件。一些零售商从一个产品线开始，逐步扩大其产品组合使得收入最大化。例如，加油站扩大了它们的商品范围，包括了汽车配件，最近又涵盖了糖果、饮料、鲜花和报纸。同时，热食和洗车的服务提供了比销售汽油更大的利润率。这样做附带产生的结果就是降低了客户对价格的敏感性。因为加油站的选择可能只是基于其他产品具有可用性，而不是它要提供最低价格的事实。

自有品牌产生了另一种产品决策方法。主要的零售商可能决定出售一系列的自有品牌产品，以补充国有品牌。通常，这些大型零售连锁店的购买力意味着价格可以更低，但利润率还是高于相竞争的大众品牌。对于许多零售商来说，这便使得这种行为成为一个有吸引力的议题。正如英国电器巨头狄克逊

(Dixons)，选取企诺（Chinon）作为照相机的品牌名，选取西庄（Saisho）作为如高保真音响和电视等棕色产品的品牌名。家卡瑞丝（Currys）也选取了松井（Matsui）这个品牌名，说明超市也进入了这一领域。在这两种情况下，使用日语发音的名字（尽管有些产品在欧洲采购）能够提高产品对客户的吸引力。

11.4.4 价 格

对于某些细分市场来说，价格是商店选择的一个关键因素。因此一些零售商主要以价格为它们的差别优势。但这需要警惕成本的控制和巨大的购买力。最近的一个趋势是零售商青睐“天天低价”，而不是生产商所支持的高价格上的促销活动。如零售商百安居（B&Q）的DIY折扣商店，它认为客户偏爱的是可预见低价，而不是偶尔的打折、买二赠一和免费礼品。连锁超市也受制于供应商而提供持续的低价，而不是选择暂时的促销活动。这种行为符合它们将自身定位于一个低价位平台的愿望。例如，法国家乐福（Carrefour）引入了一个体制，就是店铺经理的奖金与价格是否低于可比零售商挂钩。价格竞争力的重要性同样体现在欧盟食品零售商口中的关联营销服务中。如英国超级市场集团（WM Morrison）、荷兰阿霍德集团（Ahold）、瑞典食品零售商联合会（ICA）、芬兰米格罗零售公司（Migros）、比利时德尔海兹集团（Delhaize Group）以及其他一些零售商已经在品牌采购和营销的领域联手。它们的营销活动范围包括自有品牌、联合购买、联合品牌的开发和服务，以及信息和技能的交换。它们的一个主要目标就是降低成本价，因为成本占据销售价格的75%。

11.4.5 店铺氛围

店铺氛围是通过内外部设计、色彩以及布局而创建出来的。店铺内部和外部的设计都影响氛围。外部的设计因素包括建筑设计、标志、橱窗陈列和色彩的使用，通过这些因素为一个零售商树立形象以及吸引顾客。例如，美体小铺通过店铺的绿色外观来塑造环保的形象，并通过橱窗陈列表达对环境问题的关注。室内设计对氛围同样有很大的影响。商店照明、家具设备和布局都是需要考虑的重要事项。色彩、声音和气味也会影响情绪。百货商店通常会把香水柜台置于靠近门口的地方，超市则可以用烤面包的气味来吸引客户，如托马斯·品客（Thomas Pink）这样的高档衬衫公司甚至在其商店周围抽走刚洗过的亚麻布的气味。此外，超市经常使用音乐来创造一个轻松的购物氛围，而一些精品店则用流行音乐来吸引它们的目标客户。

正如我们在第7章所认识到的，体验式营销的出现就将重点放在了店铺氛围上，零售商努力为消费者创建一种购物体验。通常认为消费者对购物的关注主要在3个区域。第一个区域是距消费者30英尺的地方，它要求零售商综合使用声音、色彩、气味和动作来吸引潜在买家。第二个区域是在10英尺的地方放置一个货架，在制造商的配送流程上配售一个增值服务，以让自己能在竞争对手中脱颖而出。第三个区域是在3英尺的地方，消费者已经有了一个潜在的选择或者已经伸手获取，所以产品的外观感觉或者商品包装都是很重要的。

11.5 物 流

在本章前面的部分中，我们讲过了渠道策略和管理决策，这涉及选择正确的销售网点，以具有成本效益的方式向客户提供现货。物流决策关注商品从生产商到中间商以及消费者的有效流通。显然，渠道和物流决策是相关的，尽管渠道决策制定得更为早一些。物流被定义为涉及原材料、部件和最终产品从生产商到中间商和消费者的一组流通活动。因为如沃尔玛、乐购以及其他的一些公司拓展了全球业务，使得物流这一业务变得越来越复杂。这促进了物流公司之间的并购，例如英国英运物流集团（Exel）和天美百达公司（Tibbett & Britten），因为企业致力于为其客户提供从仓库管理到送货上门的完整解决方案。

配送旨在为中间商和顾客在正确的时间、地点提供正确数量的产品。配送会引起这样那样的问题，比如，经常性的搬迁仓库会影响公司的绩效。为了节省成本和提高售后服务水平，管理层已经关注物流活动有一段时间了。节约成本可以通过降低库存水平、使用更便宜的交通工具、批量运输来实现。例如，贝纳通重启财富的蓝图就是基于从工厂获得的衣服能更快地通过铁路运输到店铺，使其能与像Zara和H&M等快速时尚零售商竞争。通过快速和可靠的交付，售后服务水平也得以改善。这些交付包括即时（JIT）交付、持有高库存水平（以便客户有一个广泛的选择，并且缺货的可能性降低）、快速订单处理以及确保优质产品以正确数量送达。物流管理关注成本降低和满足售后服务需求之间的平衡，这种权衡通常是很有必要的。例如，低库存和缓慢的、便宜的运输方法降低了成本，也降低了售后服务水平和顾客满意度。

除去权衡物流成本和售后服务水平，物流系统本身的元素间也存在潜在的冲突。例如，低成本的集装箱可能会降低包装成本，但货物在运输途中的受损成本却在增加。这些事实以及协调订单处理、库存管理和运输决策的需要，意味着物流需要被作为一个系统进行管理，由管理人员负责整个过程。这是一个非常具有挑战性的任务，正如市场营销行动11.4所描述的一样。

物流系统的关键要素是售后服务、订单处理、库存控制、仓储、运输和物料搬运。

11.5.1 售后服务

售后服务标准的设置是有必要的。例如，一个售后服务标准可能单是在48小时内交付90%的订单和在72小时内交付100%的订单。因为更高的库存水平需要更高的成本。在某些情况下，客户看中的是交货时间的稳定性而非速度。例如，一个保证5个工作日内送达的售后服务标准，有可能比在2天内交付超过60%的订单和在7天内交付100%的订单更受欢迎。售后服务标准应给予很大的关注，因为这可能是供应商之间的分化因素：可能被用作关键客户的选择标准。改进售后服务标准的方法包括提高产品的获取性、缩短订货周期、提高信息化水平和提高灵活性。提高信息化水平的一个例子就是联邦快递和联合包裹速递服务公司（UPS），它们在线向客户提供一种便利服务，顾客可以随时登录并及时查看交付状态（见插图11-7）。然而，在现代全球化的供应链中，外包业务意味着缺乏控制，它可以影响售后服务。例如，来自东南亚的一个影响力很小的材料供应链的断裂就影响了Zara的服务水平和其在2005年的销售额。

插图11-7　如DHL这样的公司为消费者提供了非常重要的物流服务

注：DHL的"黄色速度"营销策略代表了它们为消费者创造的服务价值。见www.mcgraw-hill.co.uk/textbooks/fahy。

市场营销行动11.4　乐高积木：联合分销

乐高（LEGO）公司，丹麦著名的玩具生产商，自从1932年创立以来，一直深受孩子们的喜爱。乐高积木一度成为儿童的必备玩具。然而，近年来环境的变化，包括来自电子玩具和游戏的激烈竞争、消费者喜好的改变和零售商不断提升的竞争力，使乐高的生存受到了威胁。据了解，在2003年和2004年，乐高面临有史以来最大的亏损。

在重新关注其核心市场的同时，乐高意识到重新对其供应链系统进行校验是有必要的。圣诞节期间是销售高峰期，鉴于消费者品味和需求迅速变化，乐高需要一个能够适应迅速变化的供应链分销系统。乐高在丹麦和瑞士有两家最大的工厂，每年生产乐高模块2亿块。成品模块被储存在德国3万平米的仓库内，从这个仓库，乐高模块会被运输到各个分销中心。乐高在欧洲有4个分销中心，其中在法国的两个分销中心主要是为英国市场和欧洲的南部市场准备的，德国的一个分销中心主要服务于欧洲中部和东部，丹麦的一个分销中心服务于斯堪的纳维亚和比荷卢。1.4万个消费者能够享受到来自四个分销中心的直接寄送服务。

任何需要将这种复杂的分销系统合理化的操作进行前，操作者都需要意识到从9月至11月产品需求翻倍的事实。一个更大的挑战是使公司销售人员确信分销系统的任何差池都不能影响消费者的服务水平。分销渠道分析显示，大多数消费者不需要当天或者第二天送达。那么，乐高公司需要在捷克共和国10万平方米的最大化独立分销中心将所有物流和分销活动结合，这个分销中心由第三方管理。物流公司DHL赢得了这个机会。在创业关键的初始阶段，这个决定为乐高带来了大量的成本节约。例如，在2005年至2008年这段时间，乐高销售额增长了35%，但是物流成本却降低了9%。在2005年，即时送达率从62%上升到96%，这也表明能够不以消费者服务水平降低为代价而实现成本降低。

资料来源：Wellian，Cordon & Seifert（2008）；Wellian，Cordon & Seifert（2009）.

11.5.2　订单处理

这里要讲的是如何处理订单的问题。通过对订单处理时间组成要素的仔细分析可以缩短从客户下单到接收货物之间的时间。销售人员与订单部门之间的计算机连接应该具有效率。电子数据交换还可以加快订单处理时间，这是通过确认消费者信誉程度、检查商品是否有货、向仓库发出订单要求、给客户开发票和更新库存记录来实现的。

11.5.3　库存控制

库存控制就是确定合理库存量。企业要在保持库存满足顾客的要求以及降低库存成本之间权衡取舍。对于一家公司来说，要想保持多种商品的库存得付出相对高的成本。同时，需要决定在何时预订新的库存。这个订货点的库存往往接近于零，这是因为订货与接收货物存在交付周期。由于JIT库存管理系统决定缩短订货交付周期，致使订货点（重新订货的发生点）以及商品的总库存水平是低的。预订与接受商品的交付周期的变动性越大，顾客需求的波动越大，订货点就越高。这是因为由多变性引起的不确定性导致对安全库存量（safety/buffer stocks）的需求，如一方前置时间过长超出预测，或者顾客的需求量异乎寻常地高。到底订购多少货物取决于库存需要的成本和处理订单需要的成本。订单可能是订购量小但频率很高，也可能是订购量大但订购频率很低。量小且频率高的订单会增加预订成本，但是减少了库存成本；相反，量大且频率低的订单会增加库存成本，但同时会降低预订成本。

11.5.4　仓　储

产品从生产出来到进入顾客手中，整个过程的储存都与仓储有关，这一活动化整为零，为向顾客交货而搭配商品、储存和装货。存储仓库是用来中长期储存商品的，而分销中心是快速流通产品的中心场所。零售组织运用地区分销中心，在那里，产品供应商运来大量的商品，这些商品在运送到地方营销中心后，又快速以小批量被运送到零售商处。分销中心通常是电脑控制的，有着高度自动化的操作，以便产品高效流动。电脑浏览订单，然后控制叉式升降卡车，把产品集中并运送到装运地点。一些更先进的技术对仓储与供应链的货物流动有更加重大的影响。仓储策略涉及选定仓库位置和确定所用仓库数量两个方面。趋势是建立商品量大的仓储中心。例如，英国电器零售商狄克逊（Dixons）的目标是将它的零售中心数目由17个减少到2个。英国美容及护肤品牌博姿（Boots）正在关闭它的17个区域分销中心以支持诺丁汉的一个7 000万英镑的自动化仓储中心。最为典型的是，一些零售商正在建立整个欧洲的单一的分销中心（参见市场营销行动11.4），像位于法国的Moissy-Cramayel约有350个足球场那么大。

11.5.5 运 输

商品的运输手段，主要有五种类型：铁路运输、公路运输、航空运输、海洋运输和管道运输。第一种类型：铁路运输。它适用于运输体积大、数量大、路途长的货物。它经常应用于煤炭、化学制品、石油、聚合材料以及核火药桶的运输。与公路相比，铁路更环保，但缺乏灵活性。第二种类型：公路运输。它比铁路运输更具有灵活性，因为它可以直接将货物运输到公司和仓库。运载卡车不必中途卸货就可以把商品从供应商运送到接收者那里。然而，欧洲公路运输的增加，尤其是英国，招致了很多的批评，因为它造成了交通严重阻塞、重型卡车对公路的破坏以及对环境的影响。第三种类型：航空运输。它的优势在于速度和长途的运输能力。由于速度优势，空运经常用于易腐产品和紧急货物的运输。它的主要劣势是成本较高以及需要通过公路将货物运送到飞机场。第四种类型：海洋运输。它所经营的产品范围更广一些。水运速度慢但便宜，内陆运输主要用于体积大、价格低和不易腐烂的产品，如煤炭、矿石、谷物、钢铁和石油等。当使用公海运输所带来的花费降低这一利益比空运带来的速度优势更大时，公海运输就更可行了。但是一些行业，例如时装零售业，我们可以看到产品是从像中国这样的低成本国家运输到东欧和土耳其。因为从中国水运到英国需要22天，而从土耳其运到英国只要5天。所以，尽管在中国的生产成本较低，但快速周转的时尚产品使海洋运输变得毫无吸引力。第五种类型：管道运输。它是适用于气体和液体等产品的一种可靠、经济的运输方式，主要用于原油、水、天然气的运输。

11.5.6 物料管理

物料搬运是指货物从生产商工厂到库房、到运输站过程中的活动。现代的存储设施通常放于一个楼层，可以实行高度自动化。在一些情况下，相关人员甚至采用机器人来执行物料搬运任务。在决定库存地点和收集订单的过程中，减少人为因素有利于减少失误，提高操作速度。例如，医药分销商Cahill May Roberts已经用Vocollect语音技术取代了纸质系统，材料搬运者通过电脑语音来确认产品而不是做纸质记录。在爱尔兰，它每天分配该地区的180 000件产品到药房，准确的记录是至关重要的，特别是有特殊性质的产品。材料搬运的两个重要的发展是单位搬运和货柜运输。单位搬运是把大量的货物包裹集中到托盘上，以便它们能用叉式卡车搬运，这样可以提高运输效率。货柜运输是把大量的货物（如汽车配件）集中到一个大的货柜中，一旦密封，它们便很容易以不同的方式运输。

总　结

本章介绍了营销组合的最后一个关键要素，即交付产品和售后服务，最关键的是强调了以下几个问题：

1. 消费者、工业和服务渠道在结构上有一些重要的不同。消费者渠道往往更长，涉及更多的渠道合作伙伴，而许多工业和服务渠道是直接与客户接触。

2. 渠道策略涉及3个关键决策，即渠道选择、分销密度和渠道集成。这些决策必须符合该公司的整体营销策略。例如，定位决策可能推动已选渠道成员的数量和类型，以此来分销其产品和判断在多大程度上控制它们。

3. 渠道管理的关键问题是中间商的选择和激励，包括为它们提供培训、评估它们的绩效和解决渠道中可能出现的任何冲突问题。为实现营销目标，对渠道成员的有效支持常常是必要的。

4. 零售类型有很多种，包括超市、百货商店、专卖店、折扣商店、品类杀手、便利店、商场、邮购目录、自动售货机和在线零售。

5. 关键的零售营销决策包括零售定位、店铺选址、产品组合、价格和店铺氛围。许多零售商有强大的自有品牌，需要系统化的管理等。先进技术使一些网上零售商在市场中实现了主要竞争优势。

6. 物流涉及的相关决策有售后服务、订单处理、库存管理、仓储、运输和物料搬运，这些对供应链的效率和有效性有很大的影响。成本和售后服务是来自两个方面的相互矛盾的压力，其影响了物流系统的结构和管理。

练习题

1. 一个旅行社刚刚在英国设立了一个业务，出售遍及欧洲的短期度假套餐。建议创始人在其选择下分销公司产品。

2. 评价现有企业已有的三个分销密度选择。这三种分销密度分别应该如何应用？

3. 描述可导致渠道成员之间冲突的情况。如何避免和解决冲突？

4. 讨论影响网上零售业增长的其他零售模式。

5. 讨论为什么越来越多的分销渠道的特点是少数的大型中央分销中心，而不是大量的相对较小的网点。

6. 访问网址 www.starbucks.com 和 www.costa.co.uk。根据主要的零售营销决策，如零售定位、产品分类、店面选址和店铺氛围等，比较这两个咖啡连锁店。

在线学习中心

阅读本章后，登录市场营销学的在线学习中心 www.mcgraw-hill.co.uk/textbooks/jobber，你会发现多项选择题、链接和额外的在线营销研究工具。

课后阅读

Anderson,C.（2006）*The Long Tail:The New Economics of Culture and Commerce*,London:Random House Books.*Corstjens,J.and M.Corstjens（1995）Store Wars:The Battle for Mindspace and Shelfspace* ,New York:John Wiley & Sons.

Ferdows,K.,M.A.Lewis and J.Machuca（2004）Rapidfire Fulfillment,*Harvard Business Review*, 82（11）,104-11.

Jerath,K.and J.Zhang（2010）Store Within a Store, *Journal of Marketing Research*, 47（4）,748-63.

Myers,J.B.,A.D.Pickersgill and E.S.van Metre（2004）Steering Customers to the Right Channels, *Mckinsey Quarterly*, 4, 36-48.

案例 11　H&M：以最合适的价格得到流行和质量

引　言

H&M是瑞士知名的时尚品牌，但是产品的价格非常实惠，品牌提供男装和女装。H&M产品的目标市场是15至30岁的人群。它提供一系列成人服饰、儿童服饰、鞋类、化妆品、家居服等。H&M同样对世界著名设计师如Roberto Cavalli、Karl Lagerfield和Stella McCartney设计的服装进行销售，世界著名歌手Kylie和Madonna也为H&M设计服装款式。

现阶段，H&M运行三个主要分销渠道，分别是：H&M实体店、H&M目录商店和H&M网络商店。H&M采取的是“快时尚”商业策略，这个策略的主要目的是确保供应链系统有效，保证产品销售的初期阶段有所缩短的同时能够实时更新产品。快时尚主要依赖于消费者需求的不断更新，消费者需求同时也受到明星、像扬帆（Now）和红秀（Grazia）等媒体以及Facebook和My Space等社交媒体的影响。快时尚的产品生命周期较短。总之，快时尚的目的就是吸引消费者到店内定期消费。

H&M处于一个许多知名企业面临倒闭的萧条而艰难的行业。仅仅在2010年，H&M开了214家店铺但是同时关闭了25家分店。然而，品牌价值在2010年提升了5%，同时在国际知名品牌集团的排名中，H&M在2009年和2010年排名21位。当然，H&M是目前为止最成功的范例，但是它也面临许多问题。对于H&M来说，零售店铺保持10%至15%的年增长率是否是可能的呢？H&M当前运营的分销系统是否可以同时解决新店铺和网上店铺的增加？H&M是否能够在与新创立的网上零售店铺的竞争中胜出呢？

背　景

H&M于1947年由Erling Presson创立，他是在从美国的旅行归来之后对向消费者提供性价比高的服装饰品产生了浓厚兴趣。Erling Presson在瑞典开了第一家店，1964年他将业务拓展到了挪威，3年之后，Erling Presson在丹麦开了第三家H&M分店。1968年，其并购了一家经营狩猎服装设备的公司Mauritz Widfross，将Mauritz Widfross狩猎设备方面的业务卖出，将其重新命名为Hennes and Mauritz（H&M），并将业务主要集中于男女服饰方面。在过去的60多年，Erling Presson将其业务范围扩展到成人服饰、儿童服饰、鞋类、化妆品、家居服方面。

英国的第一家H&M店铺于1976年营业，其后H&M在40几年间将业务范围扩展到欧洲各主要城市。2000年，美国的第一家H&M店铺在纽约第五大道营业，自那以后，H&M的零售店铺超过280家。H&M于2010年打入新市场，如韩国、以色列和土耳其。在经营其零售店铺的同时，H&M将其特许经营权授予9个国家，这些国家主要集中于中东和北非。2007年，H&M创立了其独立品牌——品牌圈（COS）。2008年，H&M获得斯堪的纳维亚纺织60%的收益，其旗下拥有的品牌主要有女士时尚品牌Monki、工作日（Weekday）和星期一大促销（Cheap Monday）。这四个品牌的商品针对的是H&M已有的不同类型的消费者（见插图C11-1）。

品牌圈（COS）	工作日（Weekday）	星期一大促销（Cheap Monday）	女士时尚品牌Monki
创立于2007年。这个品牌主要面向30岁以上的消费者；这个品牌店铺更加上档次，产品价格也较高。2010年，35家新店铺开张。品牌圈现在的品牌店铺遍布英国、德国、荷兰、比利时、丹麦、法国、西班牙和爱尔兰	工作日为消费者提供性价比高的服饰，且服装设计感十足。2010年，已经有18家新店开业	星期一大促销是品牌圈又一个品牌延伸，为消费者提供潮流牛仔裤和服饰，且价格非常具有吸引力。这个品牌将业务扩展至男女消费者。截至2010年，已经有一家零售店铺开张	这个品牌的目的是允许消费者通过服装表达个人喜好，且所设计的服装均是环保材质。这个品牌强调的是在生产过程中使用最少量的化学物质。2010年已经开业48家零售店铺

插图C11-1 H&M的主要品牌

2009年，H&M创立了家居品牌，主要集中于为消费者提供一系列家居装饰和服饰。尽管这个品牌看似是一个独立于H&M的品牌，H&M家居产品在欧洲某些店铺却与H&M服饰一同销售。总体来说，H&M公司拥有2 206家店铺，分布于38个消费者市场，市场价值达到5 340万美元（见表C11-1）。H&M采取了特别的市场增长战略，目的是实现年增长率10%至15%。对于2011年这一年来说，就有220家到230家新的店铺开始营业。这些零售店铺会打入新市场，如罗马尼亚、克罗地亚、新加坡、摩洛哥和约旦。H&M在所有零售店铺都共享同一个现金收付系统。

表C11-1 H&M门店一览表

市场一览表						
税前销售额以及店铺数量，统计财年从每年12月1日至次年11月30日						
市场	开店年份	截至2010年11月30日的门店数量	2010年新门店数量	2010年停业的门店数量	2010年税前销售额（单位：百万瑞士法郎）	2009年税前销售额（单位：百万瑞士法郎）
瑞典	1947	168	10	3	8 365	7 881
挪威	1964	101	9		5 858	5 598
丹麦	1967	87	12	2	4 358	4 254
英国	1976	192	26	1	8 392	7 564
瑞士	1978	75	2		6 122	6 042
德国	1980	377	24	9	30 628	30 069
荷兰	1989	112	10	1	7 387	7 402
比利时	1992	64	6	3	3 345	3 502
奥地利	1994	66	4	1	5 255	5 503
卢森堡	1996	10	2	1	406	411
芬兰	1997	43	6	1	2 567	2 543
法国	1998	151	17	1	9 140	8 455
美国	2000	208	19		8 916	7 487
西班牙	2000	122	9	1	6 109	6 285

续图

市场一览表						
税前销售额以及店铺数量，统计财年从每年12月1日至次年11月30日						
市场	开店年份	截至2010年11月30日的门店数量	2010年新门店数量	2010年停业的门店数量	2010年税前销售额（单位：百万瑞士法郎）	2009年税前销售额（单位：百万瑞士法郎）
波兰	2003	76	11		2 668	2 466
捷克共和国	2003	22	3		707	677
葡萄牙	2003	21	1		937	928
意大利	2003	72	8		4 331	3 616
加拿大	2004	55	3		2 713	2 190
斯洛文尼亚	2004	11	1		568	615
爱尔兰	2005	12	1		517	557
匈牙利	2005	15	5		387	306
斯洛伐克	2007	7	3		225	187
希腊	2007	18	3		646	480
中国	2007	47	20		2 527	1 614
日本	2008	10	4		1 794	1 111
俄罗斯	2009	11	6		916	373
韩国	2010	2	2		255	
土耳其	2010	1	1		28	
特许经营	2006	50	15	1	889	591
总计		2 206	243	25	126 966	118 697

供应链管理

从传统意义上说，服装行业所涉及的供应链系统是复杂且僵化的。零售商店的消费者每两年更换一次衣橱里面的旧衣物，也许时间还会更长，同时顾客订货和交货的时间一般也是固定不变的。如果消费者的喜好随着季节的更替发生变化，订单存货也不会发生任何改变。因此，零售商会积压大量滞销库存，这些积压存货通常会以打折的方式进行销售。传统供应链与服装零售商相互结合，这种绑定不能像H&M一样满足消费者对时尚的快速追求和定位。H&M的成功归功于其灵活的适应能力，将服装设计潮流与服装的生产过程结合，这个优势使H&M公司能够对潮流风尚作出迅速的反应并对消费者的喜好快速适应并作出决策。H&M公司的竞争对手包括新风采（New Look）、盖普（GAP）和曼戈（Mango），这些品牌也同样为消费者提供不断更新的时尚潮流。Zara，印第纺织集团（the Inditex Group）旗下品牌，是H&M主要的竞争对手。Zara以其快时尚和良好的生产制造控制能力闻名于行业，其能够对服装制造和分销进行快速反应处理。目前，Zara仅用12天时间就能够完成从设计到分销的全部过程，而H&M在没有自己独立的制造厂且需要从世界800多个供应商采购物料服装的情况下用时为21天。平均情况下，H&M公司30%的物料供应来自中国。

自从H&M公司所处的经营环境中订货至交货时间缩短且时尚潮流急剧变化，导致意料不到的消费者需求，那么在这种环境中，有效并快速管理供应链是公司经营成功的至关重要的因素。订货至交货的反应时间从两三周到6个月时长不等，是多变的。例如，儿童的服装和饰品具有较长的交货反应时间；然而，以名人或者明星引导潮流的服饰的交货反应时间却会短很多。为了满足消费者需求，公司认为供应链的应用是简单、可靠且透明的。然而，供应链是需要整合的，目的是将成本降到最低。供应量整合可以通过完成合作伙伴关系的维护来实现。目前，H&M公司在世界各地有22个制造生产商，主要分布在欧洲、亚洲、美洲和非洲。每个生产部分的责任是确保订单的准确处理、与供应商的有效对接，从而保证准确的收付货时间。供应商的选择不仅是对成本有效性的选择，同时也是对供应质量和满足服务要求的能力的选择。

设计师使用如CAD等设计软件来实现信息和设计技术的整合，从而使H&M能够快速将新的设计灵感变成成品。H&M供应链大部分是基于消费者督促机制。点对点销售（POS）的好处是能够让店长有能力针对订单水平和每个店铺的个体趋势进行识别和确认。H&M与其他竞争者一样，每年有两个季度——春季和秋季。针对每个季度，H&M都有相应的服饰系列供消费者挑选。为了确保每个店铺的库存量充足，H&M公司在每个国家都拥有自己的分销中心，分销中心能够使各个店铺和每个分销中心共享关于设计与制造的信息。

多渠道营销

除了实体店铺以外，H&M为了接近消费者，还有另外两个分销渠道。近几年，H&M将重点放在目录营销和网络营销上。20世纪90年代，H&M公司收购了Rowells公司，Rowells公司是负责为H&M公司提供目录营销印刷产品的公司。每年，H&M公司会发布两款宣传册，分别代表时装的春季流行和秋季流行趋势。在每个宣传季，小型宣传册被发布给消费者，以确保消费者直达潮流前线。2006年以前，北欧地区的消费者能够通过目录营销获得产品，之后，目录营销逐渐延伸至世界其他国家和地区。

1998年，H&M公司开始进行网络营销。同样地，只有北欧地区、德国、澳大利亚和荷兰的消费者可以率先进行网上购物。自那以后，其互联网市场开始扩张到英国。不同于实体店铺空间限制的影响，网上购物的消费者拥有多种多样的选择权。2011年，H&M公司对其网站进行更新，目的是使消费者能够获得最近最快的销售服务。网站的另一个功能是针对当前流行和时尚，通过搭配或者混搭服饰来鼓励潜在消费者使用试衣间进行尝试。

像脸谱网、推特和YouTube这样的社交媒体也被H&M用来作为与消费者互动的工具。目前来看，H&M已经拥有800万个脸谱网粉丝以及时尚潮流追随者，通过社交软件，H&M每周能够吸引4万到6万个新粉丝。推特粉丝与H&M进行潮流风尚的交流并提出自己的潮流意见。YouTube被用来上传关于时尚的视频，从而对零售门店进行宣传。2010年，多于550万个用户登录YouTube观看H&M视频。零售门店也会使用苹果手机或平板电脑软件（App）对消费者进行实时追踪，及时告知消费者最新的潮流服饰以及门店服装更新信息。目前，这些手机软件已经达到220万次的下载量。像Zara这样的竞争对手同样拥有网络和社交媒介的宣传模式。Zara在这些国家向消费者提供网络销售服务，如西班牙、葡萄牙、法国、意大利、德国、英国、奥地利、比利时、荷兰、爱尔兰、卢森堡、瑞典、挪威、丹麦、摩纳哥和瑞士。

未来展望

接下来，等着H&M的将是什么？由于H&M正在竭力尝试主导世界服装市场，因此H&M需要注意以下两点：首先，H&M生存在一个竞争激烈的市场环境中，这需要H&M快速面对并适应迅速变化的市场潮流，同时需要H&M在价格战中取得胜利或者占据优势地位。然而，H&M必须承认，它的竞争对手Zara的交付时间比H&M更短。为了保持竞争优势，H&M需要收购制造商从而将从服装设计阶段到转到消费者手中的这段时间缩到最短。

其次，如果H&M计划将其网络营销业务扩展到世界其他国家，那么H&M在接下来的几年中就面对着新的物流运输挑战。H&M将成为网络营销商之一，并参与到吸引消费者的大战中。H&M需要考虑的是为消费者提供与竞争对手相同的库存商品线，还是将特殊的商品库存线面向竞争对手，特别是是否向特殊地区消费者提供特殊的产品线。在快速变化的竞争市场中，最基本的要素是使采取策略吸引消费者以使其到自己品牌的网站中消费。

读后思考：

1.分析并确认H&M现有供应链存在的潜在冲突问题，H&M应该如何克服这些问题？

2.请讨论H&M采购制造企业缩短企业对消费者的交付时间的优势和劣势。

3.请试着讨论H&M所使用的多渠道营销系统的优势和劣势。

4.H&M应该采取什么措施来保证其线上网站拥有固定浏览量和访问量？

上述案例由Valerie McCarthy提供，Valerie McCarthy来自利默里克大学，这个案例是许多课程的学习资料，且这个案例的意义不仅仅在于为读者展示有效和无效的管理。

H&M所用的品牌主题曲为Kylie Minogue的音乐单曲，以此来建立H&M品牌形象。

参考资料

Green, H.(2009) Can Amazon's Stock Surge Last? *Businessweek*.com, 19 March; Khanna, R., S. Chhaochharia and C. Chattergee(2009) Leadership: The Amazon Way, *IBS Research Center*; Streifeld, D.(2011) Amazon's Profits Fall, but Beat Expectations as Company Invests, *New York Times*, 26 July.

Fahy, J. and F. Taguchi(1995) Reassessing the Japanese Distribution System, *Sloan Management Review*, Winter.

Anonymous(2011) The Co-op Strikes Back, *The Economist*, 29 January, 58.

Narus, J.A. and J.C. Anderson(1986) Industrial Distributor Selling: The Roles of Outside and Inside Sales, *Industrial Marketing Management*, 15, 55-62.

Anonymous(2008) Shock to the System, *The Economist*, 2 February, 67-8.

Rosenbloom, B.(1987) *Marketing Channels: A Management View*, Hinsdale, IL: Dryden, 160.

Garrahan, M.(2010) A Pointer to Profits, *Financial Times*, 25 August, 7.

Laurance, B.(1993) MMC in Bad Odour Over Superdrug Ruling, *Guardian*, 12, November, 18.

Anonymous(1993) EC Rejects Unilever Appeal on Cabinets, *Marketing*, 25 February, 6.

Jack, A. (2007) Wholesalers to Seek Injunction on Pfizer's Drug Distribution Plan, *Financial Times*, 1 March, 4.

Voyle, S.(2003) Supply Chain Feels Fresh Pressure, *Financial Times*, 28 April, 23.

Howard, L. and J. Dorsett(2010) Heinz-It Has to be Heinz: Maintaining Leadership in Uncertain Times, *Warc.com*.

Neate, R.(2009) Heinz Sees 21 Percent Jump in Baked Beans Sales as Consumers Get Taste for Comfort Food, *Telegraph.co.uk*.

Helmore, E.(1997) Restaurant Kings, or just Silly Burgers? *Observer*, 8 June, 5.

Hopkinson, G.C. and S. Hogarth Scott(1999) Franchise Relationship *Quality*: Microeconomic Explanations, *European Journal of Marketing*, 33(9/10), 827-43.

Rosenbloom, B.(1987) *Marketing Channels: A Management View*, Hinsdale, IL: Dryden, 160.

Shipley, D.D., D. Cook and E. Barnett(1989) Recruitment, Motivation, Training and Evaluation of Overseas Distributors, *European Journal of Marketing*, 23(2), 79-93.

See Shipley, D.D. and S. Prinja(1988) The Services and Supplier Choice Influences of Industrial Distributors, *Service Industries Journal*, 8(2), 176-87; Webster, F.E.(1976) The Role of the Industrial Distributor in Marketing Strategy, *Journal of Marketing*, 40, 10-16.

See Pegram, R.(1965) *Selecting and Evaluating Distributors*, New York: National Industrial Conference Board, 109-25; Shipley, D.D., D. Cook and E. Barnett(1989) Recruitment, Motivation, Training and Evaluation of Overseas Distributors, *European Journal of Marketing*, 23(2), 79-93.

Coyle, D. (2004) Budget Travel Accuses Agents of Blacklisting, *Irish Times*, 16 November, 16; Coyle, D. (2005) Challenges Circle Overhead for Tour Operator, *Irish Times Business*, 7 January, 22.

Ward, A. (2007) Coca-Cola's Bottlers Settle Dispute Over Distribution, *Financial Times*, 13 February, 2.

Slattery, L. (2007) Concern at Merger Plan for Distributor Eason, *Irish Times*, 29 January, 18.

Sexton, P. (2005) A Music Sales Storm is Brewing in a Coffee Shop, *Financial Times*, 21 June, 14.

Hardy, K.G. and A.J. Magrath (1988) Ten Ways for Manufacturers to Improve Distribution Management, *Business Horizons*, November-December, 68.

Krishnan, T.V. and H. Soni (1997) Guaranteed Profit Margins: A Demonstration of Retailer Power, *International Journal of Research in Marketing*, 14, 35–56.

Rigby, E. (2010) Tesco Banks on Next Chapter of Growth, *Financial Times*, 22 September, 21.

Rigby, E. (2004) Sports Specialists Lose Their Way in Quest to be Followers of Fashion, *Financial Times*, 20 August, 21.

Clews, M. (2009) Sainsbury's Launches Latest Cookery Class Ad, *MarketingWeek.co.uk*, 22 July.

Parsons,R.(2009)Sainsbury'sAttributesSuccesstoStrongMarketing,*MarketingWeek.co.uk*,13May.

Roach, T. (2010) Sainsbury's Feed Your Family for a Fiver: How a Communications Idea Helped Sainsbury's Through the Recession, *Warc.com*.

Davies, G. (1992) Innovation in Retailing, *Creativity and Innovation Management*, 1 (4), 230.

Rigby, E. (2006) Supermarkets Prepare to Beef Up Non-Food Ranges, *Financial Times*, 21 February, 5.

Elg, U. and U. Johansson (1996) Networking When National Boundaries Dissolve: The Swedish Food Sector, *European Journal of Marketing*, 30 (2), 62–74.

Roberts, K. (2006) *The Lovemarks Effect: Winning in the Consumer Revolution*, New York: Powerhouse Books.

Felsted, A. and S. Goff (2004) Going Global is Crucial to Deliver Goods, *Financial Times*, 17 June, 27.

Anonymous (2003) Benetton Starts 'Dring' Drive, *Financial Times*, 10 December, 33.

Wellian, E., C. Cordon and R. Seifert (2008) Consolidating Distribution (A), International Institute for Management Development.

Wellian, E., C. Cordon and R. Seifert (2009) Consolidating Distribution (B), International Institute for Management Development.

Pickard, J. (2005) Growing Trend sees Warehouses Swell, *Financial Times*, 17 August, 25.

Lillington, K. (2008) Giving Voice to New Technology, *Irish Times Health Supplement*, 29 January, 4.

第12章　营销计划和战略

本章框架

- 营销计划的制订过程
- 营销审计
- 营销目标
- 核心战略
- 竞争战略
- 策略性营销决策
- 组织和实施
- 控　制
- 营销计划的益处
- 计划制订过程中出现的问题

学习目标

在学习本章之后，你应该理解：

1. 在企业内部，营销计划的作用。
2. 制订营销计划的过程。
3. 营销计划的益处以及与营销计划有关的问题。
4. 在营销计划和营销策略中，行业分析与内部分析的作用。
5. 竞争战略的类型与竞争优势的来源。

营销聚光灯

Visa

维萨（Visa）是一个全球性的支付公司，将200多个国家的消费者、企业、银行和政府联结起来，使其能够使用电子支付方式，以取代传统的现金和支票支付方式。现阶段最出名的信用卡品牌是19世纪60年代于加利福尼亚诞生的“美国银行信用卡”（the BankAmerica credit card）。然而，由于其快速的全球化扩张，一个独立且受到广泛认可的名字就显得十分必要，于是便有了在1976年产生的“Visa”这个广为传颂的名字。“Visa”信用卡品牌为消费者提供世界范围内便捷、可获得、灵活和安全的服务。为了实现这个目的，“Visa”建立了一个全球性的支付系统将持卡人、企业商家和金融机构连接起来。这个系统具备真伪探测性能，保证了支付交易的安全性，同时相应的创新性系统可以用来检测信用风险，为消费者提供保障，从而避免“Visa”失效。被称为“VisaNet”的系统每秒钟可以处理1万次以上的交易量。

近年来，维萨公司不断进行改进，目的是更好地支持信用卡的运营。2010年，维萨被品牌榜“Brandz”列为最具价值品牌第18位，从而树立了维萨在支付品牌中的领导地位。维萨品牌成功的最主要因素是其精准的品牌形象定位，从19世纪80年代的“世界的支付方式”到2009年实现其全球化品牌理念的“让更多人与Visa同行”。维萨的这些成功也应归功于其高品质的广告宣传和营销企划。从1986年开始，维萨成为夏季和冬季奥运会官方合作伙伴，从2007年的世界杯指定奖品，到2005年开始美国海军电子研究所为维萨提供高端定位的曝光，如美国橄榄球超级杯大赛期间的曝光。维萨在营销过程中广泛应用了电视、印刷和电子媒介，2011年，维萨发布了存储制图——消费者可以通过照片、视频和文字分享旅行经历的一款社交应用软件。

受到全球商业化、国际化旅行和在线购物的影响，维萨将资本投注在发展迅猛的电子支付方式上。2008年，它成功成为大众认可的支付品牌，与此同时，随着投资银行雷曼兄弟的破产，全球金融危机随之而来。维萨吸引投资者的原因之一是它成为全球支付系统的主导，并且拥有自己独特的利润模型，这个利润模型能够帮助维萨从银行卡和企业中获得收入。维萨不会签发借贷卡或者付款单——金融机构代其进行这些活动。在电子化交易不断增长的同时，维萨卡的发行量和利润也在不断增加。其垄断性质的不断增强使其对个人用户和企业用户的收费不断增加，维萨因此不断受到质疑。维萨在市场中以40%的市场占有率成为市场的龙头企业，在其排名之后的是万事达信用卡（MasterCard）以及美国快递使用的排名第四位的发现卡（Discover Card）。截至2010年，维萨卡创造了超过8 000万美元的收益，与其发行问世时相比，维萨卡的市场份额已经翻了一番。然而，面临着科技的不断发展，如消费者能够使用手机进行消费和支付，维萨的未来也面临着一定的不确定性。

在第1章的学习中，我们提到了营销计划。其后，我们对消费者和市场的本质以及组织发展的大环境在全书中进行了渗透和探究。我们也同样探究了营销人员在营销过程中需要作出的各种决策。考虑到企业所处的环境竞争激烈，营销人员决策时采用的不是点对点的方式，而是更为系统合理的方式。企业分析大环境和它们自身能力的过程取决于营销活动过程和被称为营销计划（marketing planning）的进行决策过程，这将是我们这一章所讨论的中心点。同样地，必须记住这是营销计划的决定性策略因素——也就是说，营销人员必须规划出企业的发展方向，从中期计划到长期计划都应该具备。这一章，我们也会探讨一些常见且广为应用的模型框架，这些模型框架有助于企业解答关于重点营销决策的问题，如在哪里以及如何完成营销策划、如何使企业成长。这些问题的答案就是营销计划的核心部分。

营销计划是广义战略计划的一部分。这不仅适用于营销，还适用于生产、金融、人员战略和环境因素等方面。战略计划的目的是形成与再形成一个企业，从而使企业的经营和产品能够继续满足企业发展目标（如企业的利润和销售额的增长）。由于营销管理负责的是企业和企业所处环境的界限的管理，它的重要角色体现在战略计划中。

一个企业通常由许多事业部组成（通常我们说是企业的各个部门），每一个部门的特殊职责都对应着消费者的不同需求，同时也存在很多的竞争者（见第6章）。企业的每个事业部都在战略上具有自主性，这样就形成了战略事业部（SBU）。公司计划的主要组成部分是每个事业部门的资源分配。企业层面上的战略决策通常与并购、转让投资（撤资）和多样化有关。在这里，营销在环境机会和威胁（SWOT分析）的识别中起到独一无二的作用，因为它与现有和潜在的事业部门的发展息息相关。

在进行营销计划决策时，以下问题需要考虑：

- 我们现在处于哪个阶段，什么环境？
- 我们希望我们的企业处于什么样的水平？
- 我们如何达到我们所设定的目标？

尽管以上问题看上去很简单，但是实际上却是非常难回答的。企业事业部是由持有不同意见观点的个体组成的。其次，计划过程所产生的结果会对企业日常工作起到基本的启示作用。所以，计划就是一个政治性的企业管理活动，与企业财产和权力相关的个体通常会从较为狭隘的角度去考虑问题，而忽视了企业大层面的问题。使企业计划系统正常运行的重要注意事项是解决企业行为问题等相关的问题。针对这一点，我们需要认识到营销计划过程的重要性。

12.1 营销计划的制订过程

图12-1是营销计划的制订过程。制订过程明确地提供了一个从企业使命（business mission）产生到执行和控制的计划路径。它提供的模型框架反映了我们在前文讨论过的影响市场营销的关键因素是如何相互联系的。现实生活中，计划并不仅仅是简单且富有逻辑性的。计划的不同阶段会有不同的人参与其中，这些参与者受计划的影响也是多变的。

12.1.1 企业使命

Ackoff对企业使命的定义如下：

从广义上说，一个最为普遍且认可度较高的定义是企业使命就是企业类型，企业类型具有稳定性，企业类型将企业与其他企业区分开。

这个定义抓住了企业使命的两个本质要素：稳定性（enduring）和特定性（specific to the individual organization）。这里需要提出两个基本问题：一是企业所处的行业或领域是什么？二是企业想要处于什么行业或领域？在全球化日趋明显的情况下，市场竞争随着行业间的不断融合变得日益激烈，这些问题的答案就不会像其最初表现出来的那样。问题的答案对企业范围和企业经营活动进行定位，同时也将由市场需求的评价、企业能力、企业背景和高层管理人员的

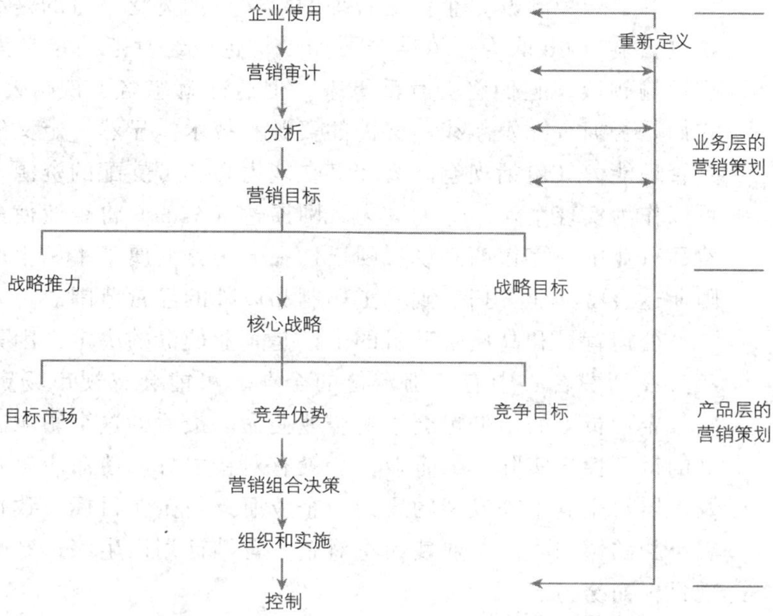

图12-1　营销计划的制订过程

个人素质所决定。

明确市场和需求两个因素，从而确保企业是市场导向而不是产品导向（见插图12-1）。例如，诺基亚公司的目标不单是生产手机，而是希望人们像它的广告语"连接你我"宣扬的那样去沟通和联系。努力确保企业保持市场导向的原因是市场对产品的需求是瞬息万变的，而人的基本需求如交通、娱乐、饮食是永恒的。因此，Levitt认为企业经营应该被看作一个满足消费者需求的过程，而不仅仅是产品生产过程。从消费者需求的角度出发，企业更有可能遇见更多的机会和挑战。

插图12-1　快消行业中的宝洁公司（P&G）对自身企业使命的宣传是用来激励其员工并刺激消费者的购买行为的

为了避免疏漏，企业对管理的定义更加宽泛，目的是尽可能将更多内容包含进去。Levitt认为，铁路公司如果将企业经营范围定义为运输的同时进军航空运输领域，它们将会存活下来，但这样就忽略了铁路公司自身能力的局限。它们是否拥有开发航线所必需的资源和技术？显然，定义经营范围的限制条件是管理能力（包括现有能力和潜在能力）和可支配的资源。反过来，管理能力可以作为实现企业使命的动力。阿斯达（Asda）将企业使命定义为：对快速消费品行业中的零售商来说，阿斯达在分销方面属于牛奶生产商和分销商，而且阿斯达会将其业务拓展到除了奶制品以外的经营范围。

公司背景和高层管理者的个性是企业使命的决定性因素。在市场上立足多年且在消费者心中有清晰定位的企业，可能会忽视市场定位会随时变化的事实。企业员工的信仰也会影响企业使命。最后的这个影响因素强调的是企业定义的辩证性。实际上，企业使命没有对错之分。使命应该基于公司高层管理者及下属对企业未来发展的愿景。企业愿景与企业目标一致且对企业自身具有不容小觑的影响力。企业使命将对企业营销计划产生深远影响，并激励员工为实现目标而努力。

12.2 营销审计

营销审计（marketing audit）是对一个企业的市场环境、目标、战略和活动等所做的系统性审查，目的是识别关键战略、问题所处领域和机会。因此，提高市场效益必须建立在营销审计的基础上。营销审计能够回答以下问题：

- 我们现在处于什么位置？
- 我们如何实现目标？
- 我们的发展方向将是哪里？

为以上问题找到答案，就需要对企业内外环境进行分析。这个分析得益于明确的公司使命，因为公司使命确定了环境检测的界限，并且有助于决定哪些战略问题和机遇比较重要。

内部审计的重点是市场管理控制的领域，而外部审计则是市场管理不能控制的区域。营销审计的结果是指明企业未来发展方向的决定性因素，并引起对企业使命的重新定义。除营销审计外，企业还可能对其他功能区域进行审计，如产品、财务、人力资源等。这些审计项目的协调与整合能产生一个复合的商业计划。在这个商业计划中，营销问题由于关乎企业在何种市场上生产何种产品的决策而具有核心作用。这些决策包括生产、财务、人力资源，而决策的成功实施有赖于各个职能部门的协调一致的行动。营销审计经常审查的项目如表12-1和表12-2所示。

表12-1　外部营销审计项目

宏观环境（见第2章）
经济：通货膨胀、利率、失业
社会/文化：年龄分布、生活方式变化、价值、态度
技术：新产品和处理工艺、材料
政治/法律：垄断控制、新法律法规
生态：水土保持、污染、能源
市场
市场：规模、增长速度、趋势和发展
消费者：由谁购买、选择标准、如何购买、何时购买、何地购买、它们如何对比我们和竞争对手的产品、促销、价格和分销
市场细分：如何划分顾客群、每个顾客寻求什么利益
分销：权力变化、渠道吸引力、增长潜力、物流方式、决策者及其影响
供应商：供应商是谁、它们在哪里、它们的竞争优势和劣势是什么、它们的趋势以及前景如何
竞争
主要竞争者是谁：现实的和潜在的
它们的目标和战略
它们的优势（特有能力）和劣势（弱点分析）
竞争对手的市场占有率和规模
利润分析
进入障碍

表12-2　内部营销审计项目

运营结果（根据产品、顾客、地理环境）
销售额
市场占有率
利润率
成本
战略问题分析
市场营销目标
市场细分
竞争优势
核心竞争力
定位
产品组合分析
营销执行效力
产品
价格
促销
分销渠道
营销架构
营销组织
营销培训
部门内和部门间交流
营销体系
营销信息系统
营销策划系统
营销控制系统

12.2.1 外部分析

外部分析包括对宏观环境、市场和竞争者的分析。宏观环境又包括影响企业的一系列广泛的环境问题，包括经济、社会/文化问题、技术变化、政治/法律因素以及生态环境等（如第2章所述）。

第一，市场分析包括对市场规模、增长率和增长趋势的统计分析，以及消费者分析（customer analysis）（包括消费者对象群体、选择标准、他们如何评价竞争产品、市场细分基础等）。第二，分销渠道分析（distribution analysis）包括基本能力的主要改变、渠道分析、物流方式识别、分销决策者的角色和对兴趣的理解以及在分销商中的影响力。

竞争者分析（competitor analysis）需要检查实际竞争者与潜在竞争者的本质区别、目标和战略。同时也要识别它们的优势（差别化优势）和劣势（致命劣势）、市场份额及规模。例如，电影公司在考虑进入云计算领域之前会先进行领域内现有竞争者和潜在机会的分析。利润分析主要对行业利润和竞争者相对实力进行分析和审视。最后，进入障碍分析识别的是主要资金和非资金障碍，目的是保护企业不受行业内竞争者的威胁。

最普遍的外部分析是波特的“五力模型”。波特致力于研究为什么有的行业与生俱来就比别的行业具有更高的利润率，并最终得出结论：行业吸引力主要有五个影响力量（新进入者的威胁、替代品威胁、供货商的议价能力、购买者的议价能力、现有竞争者之间的竞争）。“五力模型”中的每一种影响力量又包括许多因素，它们结合起来决定了这一力量的强度（见图12-2）。所以，如果一个行业具有较高准入壁垒，供应商具有较低的议价能力或消费者具有较高的议价能力，同时又有着较低的替代品威胁和相对良性的竞争环境，那么处于这样的生存环境的企业相比处于相反环境的竞争者具有更大吸引力（参见市场营销行动12.1）。例如，行业中已有较高的进入壁垒和较强的竞争对手的企业，如亚马逊（Amazon）、索尼（Sony）和苹果（Apple），那么这样的行业对其他潜在电子企业就会失去吸引力。现在，我们对五种力量因素依次进行分析，探究“五力模型”如何影响以下三个问题：

- 我们处于什么位置？
- 我们如何实现目标？
- 我们的发展方向是什么？

（1）新进入者的威胁

由于新进入者会提高行业的竞争程度，所以它们具有减少行业吸引力的潜力。新进入者的威胁取决于行业的准入壁垒。一些行业（如制药业）具有较高的准入壁垒，而另外一些行业（如饭店）则相对容易进入。

主要的进入壁垒包括：

- 规模经济
- 资金需求
- 转变成本

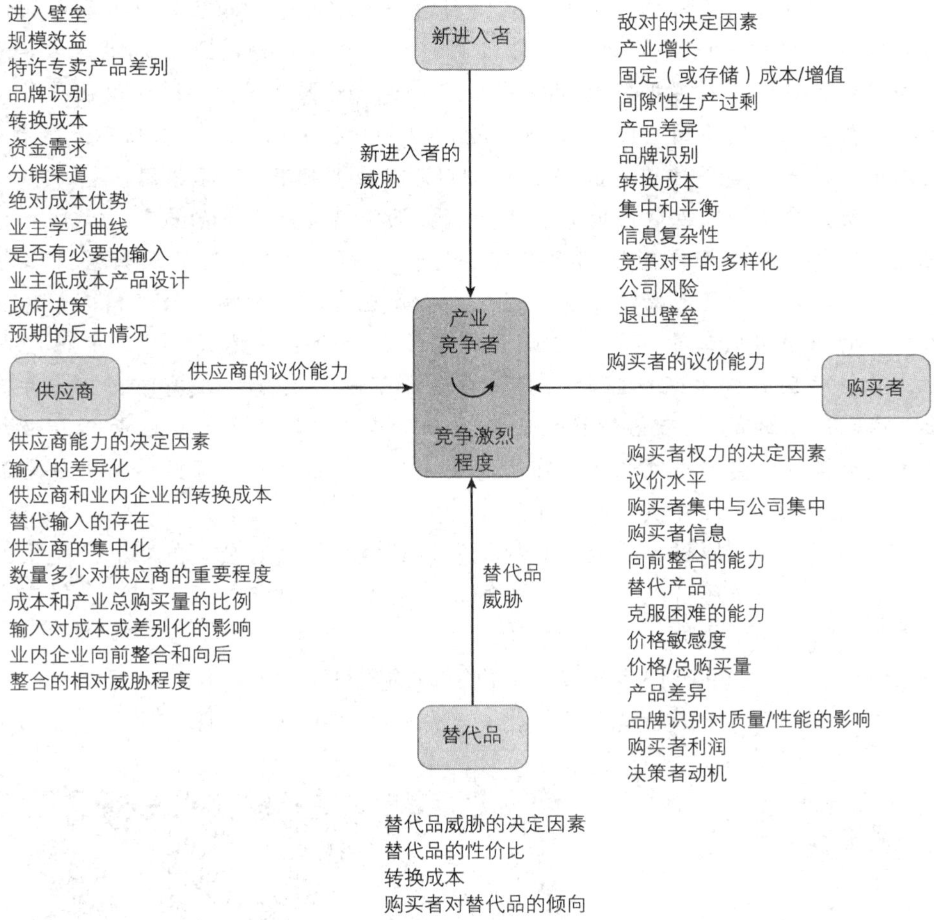

图12-2　产业竞争结构的波特模型

- 分销能力
- 预期的反击情况

市场营销行动12.1　报纸行业

批判性思考：以下案例是对报纸行业最近变化的回顾，利用波特“五力模型”对报纸行业的变化进行评价。

多年以来，报纸一直是人们读取新闻和喜闻乐见的信息的最主要途径。报纸行业的起源可以追溯到16世纪，在那时宣传册也开始流行起来，后来报纸在广播和电视出现之后得以成功幸存。报纸行业是一个大型的全球化行业，日本报纸《读卖新闻》拥有约1 000万名读者，并拥有最高的日销售量。德国报纸《图书报》在欧洲的发行量最高，达到每日350万份的发行量。

报纸的出版是高成本的生产活动，因为报纸的出版包含人力投入、印刷和分销三个过程。因此，行业利润模型包含两个重要因素——单次印刷销售的收入和带有广告版面的报纸的订阅量。自从2000年以来，广告版面的销售成为报纸行业利润的主要来源，如在美国，广告版面的销售收入占报纸利润的80%。因此，这个行业趋向被媒体巨头所统治。例如，鲁珀特·默多克新闻集团（Rupert Murdoch's News Corporation）在世界上拥有175家报社，阿克塞尔·施普林格公司（Axel Springer AG）在欧洲拥有150家报社。

然而，自从进入互联网时代，电子行业面临着前所未有的威胁。新闻（和娱乐）能够在线免费获得，消费者也能根据自身需要对信息进行特殊筛选从而获得自己想要的信息。因此，报纸的发行数量大幅度下降。对于广告商也有双倍影响：报纸销量下降意味着报纸所登的广告的消费者阅读量下降，与此同时在线媒介为企业提供了另外一种广告促销选择。因此，在一些国家，报纸行业的利润正在逐渐下滑。例如，在美国，2008年有120家报社停业，随之而来的是1.6万名报社记者的失业。其他报纸的版面也在面临着损失，并且正在努力寻找契机以使它们通过在线发布消息创造收入。报纸行业面临着有史以来最艰难的时期。

（2）供应商讨价还价能力

原材料的成本和报纸发行其他步骤会对公司的利润产生很大影响。供应商讨价还价能力越强，报纸发行成本就越高。在以下情况，供应商有较强的讨价还价能力：

- 有许多购买者但供货商的数量不多
- 产品具有差异化，产品价值较高（见插图12-2）

插图12-2　信息科技解决方案供应商IBM用以上广告方式向其客户表达IBM能够为客户提供价值

- 供应商具有进入报纸行业的威胁
- 购买者没有整合供应商的能力
- 对于原料供应商而言，该行业并不是主要购买者

企业可以通过寻找新的供应商资源或并购供应商从而增强自身的讨价还价能力，同时企业也可以设计出标准的部件或者程序步骤，目的是让更多的供应商能够生产出这种产品，这样也就削弱了现有供应商的讨价还价能力。

（3）买方讨价还价能力

如第11章所述，欧洲零售业的整合对于制造业来说，已经提高了购买者的讨价还价能力。在以下情形中，购买者拥有较高的讨价还价能力：

- 卖方较多的情况下，买方较少
- 产品是标准化的
- 购买者有向后整合成供应商的倾向
- 原料供应商没有向前整合到此行业的倾向
- 对于购买者来说，该企业并不是唯一的供应商

（4）替代品的威胁

替代品的存在会对价格水平造成限制，因此降低了行业吸引力和利润率。如，在欧洲很多国家，咖啡和茶是一对非常相近的替代品。如果提高咖啡的价格，就会使茶受到更多的青睐。替代品威胁取决于以下因素：

- 消费者对替代品的偏好
- 替代品的相对价格和效用
- 购买替代品的转换成本

从消费者心理考虑，提高替代成本从而降低替代品威胁，例如塑造独特的产品性能，并提供保证客户能够认同的性价比较高的产品。

（5）行业竞争者

行业内企业间竞争的强度主要取决于如下因素：

- 竞争结构：当有众多的小竞争者或力量均衡的竞争者时，竞争强度较大；当存在一个明显的市场领袖（比排名第二的企业在规模上高出50%）和较大的成本优势时，竞争压力强度相对小。
- 成本结构：较高的固定成本迫使通过降低价格来满足产能要求。
- 差异化水平：高度差异化的产品，难以模仿和复制，面对的竞争强度和威胁较小。
- 转换成本：如果一个产品是独一无二的，或客户需要投入很多的资源学习如何使用这个产品，那么它的转换成本就很高。
- 战略目标：当竞争者正在规划自身的发展战略时，保持稳定战略或定性化战略的企业就会面临更为激烈的挑战和竞争。
- 退出壁垒：当出现以下因素，如缺少其他发展机会、高度纵向并购、人性化壁垒障碍或者高倒闭成本等时，企业撤出所在行业会存在较高的壁垒；当退出壁垒较低时，来自竞争对手的竞争会更加激烈。

12.2.2 内部审计

内部审计是根据外部环境发展来评估企业自身的效益和业务活动。通过分析销售量、市场份额、利润率、成本得出的经营业绩是评估的基础。战略问题分析（strategic issues analysis）是根据市场变化来检验市场目标和市场细分基础是否合理。企业赖以生存的竞争优势和核心竞争力需要反复评估，产品的市场定位也应进行严格的审查。最后，产品组合也需要进行良好分析以便为企业制定新的战略目标。

根据消费者需求变化和竞争者战略变化，企业需要对营销组合的各方面进行审查。营销活动的依据和基础——营销框架也需要进行分析。营销框架（marketing structures）包括组织、培训、组织部门内和部门间的有效沟通。营销组织需要与企业战略和市场相匹配，同时需要查明培训要求。最后，营销部门之间和营销部门与其他职能部门（如研发、设计、生产）之间的关系也需要进行评估。

营销系统（marketing system）的审计是为了保证营销系统有效性。营销系统可支撑营销活动，包括信息、计划和控制等营销活动的组合。信息相关内容的缺陷需要进行分析；营销计划系统评估的目的是检验成本的有效性，营销控制系统是根据准确性、时效性（当管理者需要它们时，它们是否可以提供评估）、全面性（营销系统是否能够对影响企业绩效的各个变量进行评估）对企业进行评估的。

表12-1和表12-2所述的审计项目一览表为营销审计所需包含的项目提供了依据。然而，如果对每个项目都给予相同的关注，那么审计会由于需要对大量数据和事项进行分析而被迫中止。实际上，审计工作的重点是对重要事项进行分析和评估。那些对企业绩效至关重要的影响因素应该得到更多重视。营销审计过程中获得的额外结果就是意识到市场环境信息的匮乏。

营销审计中所有假定都应该作为组织的一部分进行明确定义。例如，一些可能的关键假定如下：

- 计划期内的通胀率为5%
- 增值税税率水平保持不变
- 全球产能过剩保持在150%
- 市场不会有新进入者

营销审计并不是为扭转企业不良境遇而进行的最后一搏，而是一个持续不断的过程。一些企业把营销年度审计作为年度计划体系的一部分，另外一些企业则认为营销审计合宜的间隔年为2年至3年。有的企业认为它们自己的经理更擅长营销审计，而有的企业则更偏向于雇用外部顾问来协调业务活动，并设定相应的目标。显然，并没有固定的模式决定何时及由谁来进行审计，最终的决定因素是管理团队的偏好和面临的实际情况。

12.2.3 SWOT分析

通过识别分析企业的优势和劣势、市场中的机会和威胁，从而确定企业战略地位的框架方法就是众所周知的**SWOT分析**（SWOT analysis）。这一方法提供了一个整合营销审计结果的简单办法。企业内部的优势和劣势与企业在市场中所面对的机会和威胁是相互联系的（见图12-3）。

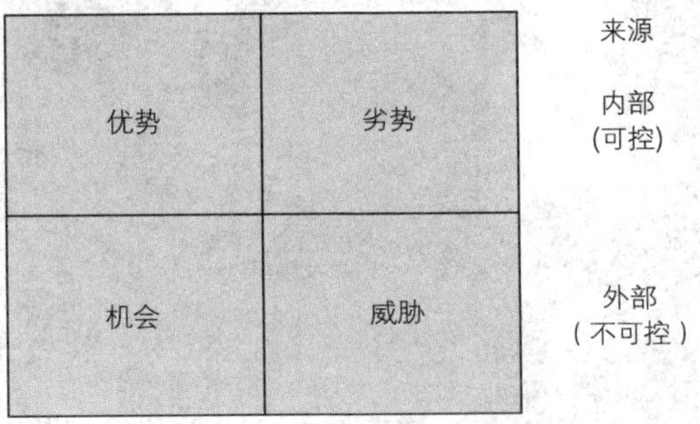

图12-3　SWOT（优势、劣势、机会和威胁）分析

实现有效的SWOT分析必须遵循以下步骤。首先，识别绝对和相对的优势和劣势。相对优势和劣势是与竞争对手相比较而言的。因此，如果所有企业都生产优质产品，就不能说谁拥有相对优势。绝对和相对优势需要分别列出。企业可以利用的优势既可以是绝对优势，也可以是相对优势（见插图12-3），但如何利用及在何种程度上利用取决于竞争者的优势如何。相对优势提供了企业核心竞争力，但优势需要被客观对待，因为有时优势也会转化为劣势。一个典型的案例是索尼，它的核心竞争力之一是产品创新。索尼产品之所以成功是因为其不仅仅将市场和技术作为其重点考虑因素。例如，在便携音频设备上，walkman被苹果出品的iPod代替，同样，索尼在阴极射线管电视市场的主导地位使其错过了平面电视的技术潮流。

企业还需要识别竞争对手拥有的绝对劣势，因为企业如果能够克服的话，其将转变成自身相对优势。如果行业中所有企业的售后服务都很差，这就是一个劣势，但这提供了一个获得竞争优势的办法。同样，企业也需要列出相对劣势，因为这将是竞争劣势的来源，需要引起管理者足够的重视。例如，拥有Dixons、PC world、Currys的DSG集团，通过内部分析，发现售后服务、商店内部格局、产品摆放是其劣势。

其次，在进行评估时，只有被客户认为是有价值的资源和能力才能被包括在优势或劣势范围之内。因此，诸如“我们是老企业”“我们是很大的供货商”“我们技术领先”都应该考虑它们对顾客满意度的影响。可以想象，这样平淡的概括会将更多的劣势当作优势。

最后，机会和威胁应该被看作是对企业效益可能产生影响的外部预期事件或趋势。它们不能从战略方面表述。例如，“进入细分市场X”不能当作一个机会，而是一个战略目标。而这可能是出于觉察到了X细分市场有较大的增长潜力和较小的竞争压力。公司发现并充分利用机会的能力会带来超乎预期的巨大成功，如脸谱网、亚马逊、谷歌的快速增长就可以证明这一点。这还需要市场营销行动12.2中所讲述的前瞻力。

插图12-3　豪雅表广告的目的是向消费者展示精密仪器产品独特的竞争力

市场营销行动12.2　演唱会推手（Live Nation）：统治全球娱乐行业的推手？

批判性思考：下文是对演唱会推手在娱乐行业的快速发展的描述分析。阅读以下案例并客观评价其是如何利用唱片业务的变化，借势发展起来的。其增长战略是否太过于野心重重？

唱片行业陷入困境的现状一直持续到现在。唱片销量，曾经是这一行业的支柱，但却由于纳普斯特（Napster）公司在网上提供免费音乐下载服务而大大下降。随着歌手和唱片收入的大大缩水，演唱会的收入变得异常重要。自从演唱会变成宣传唱片的有效途径后，巡回演唱会成为宣传音乐唱片的重要方式。

这一情形使得演唱会推手快速发展起来，其于2005年建立，短时间内便成长为统治全球娱乐行业的推手。演唱会推手致力于演唱会和巡演的组织和管理工作，且其将重心放在音乐和唱片行业发展势头强劲的核心地区——在这些地区可以将演唱会门票和附加商品一同捆绑销售。演唱会推手这个企业发展势头非常迅猛。直到2007年，它都在不断收购音乐产品企业。同时，其也支付了上百万美元与歌手签约，像麦当娜（Madonna）、U2、夏奇拉（Shakira）和杰伊兹（Jay-Z）。演唱会推手在世界各地拥有150多个场地和节日布景地，2010

年，其与票务公司“门票掌门人”（TicketMaster）合并，这使演唱会推手成为门票分销行业的老大。演唱会推手也在不断为歌手和活动方提供唱片合同服务，2011年，其同意与“团购优惠”（Groupon）公司共同投资从而使演唱会门票能够打折进行销售。

在短时间内，演唱会推手从一个只做演唱会宣传管理工作的企业变成一家为歌手出唱片获得利润的企业。但是迅速的扩张势头使许多投资者感到忧虑。在股票价格方面，其遭受了季度性亏损和剧烈的利润下滑，但是演唱会市场的预估份额为62%，将来演唱会推手很可能成为这个行业的领军企业。

资料来源：Carroll（2010）；Foley（2008）；LaMotta（2008）.

12.3 营销目标

对营销目标的界定应该来自营销审计和SWOT分析。有两种营销目标需要被考虑：战略方向（strategic thrust）和战略目标（strategic objectives）。

12.3.1 战略方向

目标的确定就是确定各类产品应该分别投放进哪个指定市场。战略目标确定了战略方向。战略方向确定了公司的发展方向，图12-4用安索夫增长矩阵（Ansoff growth matrix）总结了基本变量：

- 现有市场的现有产品（市场渗透或扩张）
- 现有市场的新产品（产品开发）
- 现有产品进入新市场（市场开发）
- 新产品进入新市场（多样化）

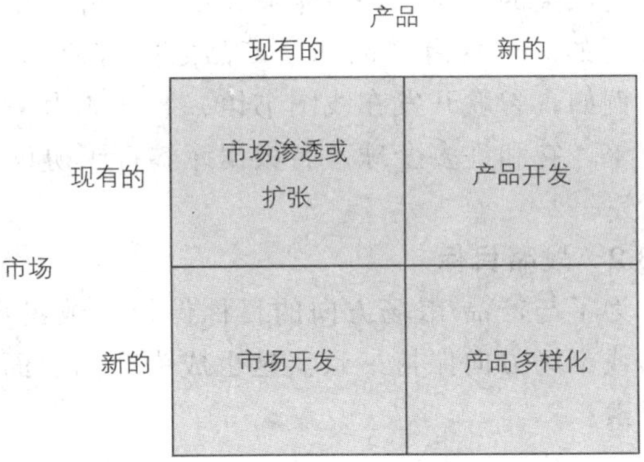

图12-4 产品增长战略：安索夫增长矩阵

1.市场渗透或扩张：这一战略涉及在现有市场上销售现有产品并尝试进行产品市场渗透。现有消费者可能会增强品牌忠诚度（例如消费者品牌转移的可能性降低），同时市场中潜在消费者也会购买该品牌产品。其他市场渗透的策略包括增加现有消费者使用该品牌的频率（例如谷物类的早餐也可以用作日常零食）或者消费者在使用产品时增加使用量（例如咖啡的食用量从每次一汤匙变成两汤匙）。第二个策略还具有扩大市场的效果。市场渗透通常通过有效的促销或分销，或降价活动得到更好的效果。

插图12-4　谷物早餐出品公司已经带着上述产品进入零售业务市场

2.产品开发：这一战略涉及优化现有产品以增加销量或在当前市场开发新产品。例如，许多企业为客户提供附加服务；面对利润压力，美国许多药店都提供无需预约的诊所；患者可以让执业护士以低于医生的价格进行一些检查或治疗（如接种疫苗）；国际会计师事务所如毕马威和德勤向客户提供管理咨询服务。

3.市场开发：当现有产品准备进入新市场销售时应该使用这一战略。这涉及进入新的国际市场或新的细分市场。例如，在美国，每隔3英里，就有一个必胜客、塔可钟或肯德基。因此，百胜集团专注于中国市场的未来增长趋势。它在中国已经建立了一个比竞争对手麦当劳更清晰的目标。

4.产品多样化：当针对新市场开发新产品时需要采取这一战略，但这是具有一定风险的。对于一个企业，如果现有产品和市场缺乏上升空间，这又是非常必要的。当现有产品和新产品之间有协同作用时，这一战略的作用将更明显。例如，谷歌开发在线图书馆，意在成为一个内容提供者而不仅仅是一个搜索引擎。它和许多全球著名数据库签订了协议，在这里可以在线浏览成千上万种卷宗。

12.3.2 战略目标

为了与产品/市场方向的目标保持一致，每个产品的战略目标同样需要与产品或市场方向保持一致。这也成为产品层面上计划过程的开端，主要包含4个因素：

1.开发

2.保持并巩固

3.收获

4.放弃（撤出）

对于新产品，战略目标毫无疑问是增加销售量和扩大市场份额。对现有产品，最适合的战略目标取决于产品所处的特定情况。这也对营销审计、SWOT分析和前期战略选择起到了决定性作用。特别是，如BCG矩阵（见第6章）这样的产品组合计划工具会有助于分析过程。

在这一阶段需要注意的一点是增加销售量和市场份额并不是唯一明智的产品战略。我们应该看到，在特定条件下增加销售量和扩大市场份额也能创造商业收益。在收获目标阶段，允许在利润最大化的条件下降低销售量和市场份额。最后，是产品撤离市场，这个阶段是关于产品是否继续在市场进行销售，通过分析现状能够得出合理的结论。

企业和企业产品的战略方向和目标确认共同决定了其未来走向。

12.4 核心战略

当目标确立以后，需要决定实现这一目标的方式。核心战略（core strategy）主要分析如何实现目标，它包括3个关键要素：目标市场、竞争者目标和拥有自己的竞争优势。我们依次讨论这3个要素及它们之间的关系。

12.4.1 目标市场

目标市场（target markets）的选择是核心战略的中心环节。如第5章所述，市场营销并不是不惜一切代价追逐消费者。必须确定对企业有吸引力并符合企业供给能力的客户群。从不同程度上来讲，目标市场的选择应该以SWOT分析和确定的营销目标为基础进行考虑。例如，当考虑企业的战略方向时，必须确定在什么市场进行企业战略分配。然而，这可能从更为宽泛的方面进行定义——例如，“进入其他医疗市场”。在市场内部，存在着许多不同偏好的细分市场（客户群体），必须针对每个细分市场进行分析选择。

在第5章中，我们确认了多种细分市场的基础。搜集一些关于市场规模、增长潜力、竞争水平、客户需求、成功的关键因素等方面的信息有助于评估每个细分市场的吸引力。这些工作应该在营销审计过程中根据企业在各个细分市场的竞争能力来完成。营销审计和SWOT分析将为评价企业能力提供依据。

12.4.2 竞争者目标

与市场相关的决策就是判断企业竞争者目标（competitor targets）。有些企业被选择作为一个企业的直接对手，有时竞争是正面交锋。能力较弱的竞争对手会被看作是容易夺取或袭击的猎物或资源。例如，大型的航空公司被指控总是通过大幅促销或打折来垄断小型航空公司的航线。

12.4.3 竞争优势

获得出色绩效的关键是获得或拥有竞争优势。这种优势的获得可通过产品差异化，使产品提供给顾客更大的价值或实现最低交货成本。豪尔（Hall）证明了这一命题，他在8个增长率低、竞争压力大的成熟行业中分别选取2个居于领导地位的企业（根据投资收益）进行了调查。每个行业的两个企业都生产高度差异化的产品或有很低的交货成本。大多数情况下，行业投资收益率最高的企业选择其中一种战略，而处于第二位的企业则选择另外一种战略。

12.5 竞争战略

这两种竞争优势（广泛与集中）相结合就形成了4种相对的战略：差异化战略、成本领先战略、集中差异化战略和集中成本战略。差异化战略和成本领先战略都是寻求在整个市场或行业的大范围内取得竞争优势，而集中差异化战略和集中成本战略则局限于在一个狭窄的范围内取得优势。寻求这些竞争优势对于企业生存是非常关键的。例如，能够在时尚圈幸存的企业，要么是销售额达到几十亿美元的主打品牌，如古驰、路易·威登、巴宝莉、普拉达或其他品牌，要么是销售额处于100万美元至1亿美元之间的小众品牌，如罗莎和巴黎世家。

12.5.1 差异化战略

差异化战略（differentiation strategy）涉及在一个行业中从广大购买者的选择标准中选取一个或多个。接下来，这个企业将满足顾客这个方面的要求。例如，企业寻找机会使自己变得越来越好（尝试生产更高品质的产品），越来越快（建立更快的客户反馈），越来越近（与消费者关系更紧密——见插图12-5）。这种战略的目的就是使差别优势带来的价格回报高于由此增加的成本。产品差异化使顾客愿意承认或认同一种产品比另一种产品更好，因此，对于战略营销的考虑是至关重要的。但这也可能是一个充满风险的战略，大众公司就证明了这一点。为了开发高端汽车，它的投资成本高于所有汽车生产商，占销售额的8.2%，但这个投资水平并没有带来市场品牌的差异优势。

插图12-5 网上鞋店Zappos在消费者服务质量方面做到了差异化

12.5.2　成本领先战略

成本领先战略的含义就是在一个行业内实现最低的成本定位。一个行业内会有许多细分市场得到满足，同时全方位降低成本正受到极大的重视。只要其产品的价格还能大致保持在行业平均水平，成本领先常常能带来良好的业绩。因此，成本领先的企业常常推销一种它们认为顾客能接受的标准化产品。瑞安航空和戴尔电脑被认为是各自行业中的成本领先企业。它们以合理的价格销售顾客接受的产品，这意味着它们的低成本带来了高于平均水平的利润。丰田公司为了生产超低成本的汽车，正在探索汽车设计、开发、生产的新方法。有些成本领先企业必须降低价格以获得更高的销售水平。这种战略的目标就是保证竞争中的成本优势不受价格折扣的影响，从而获得优良的业绩。在超市中进行非必要打折销售的商家就属于这一类，如Costco、Kwik Save、Aldi和Netto。

12.5.3　集中差异化战略

通过集中差异化战略，企业的目标是在目标市场中的一个或一部分细分市场取得差异化优势（见插图12-6）。这个细分市场的特殊需求意味着有机会将某种产品同有着更广泛客户群的企业产品进行区分。例如，一些小型的专营药品公司主要将精力投入到一些数额较小、专业化程度高的市场并发展起来，这与那些将目光投放到更广泛市场的竞争对手形成鲜明对比。类似地，达美乐（Domino's）披萨以服务快速、品质始终如一的战略为基础，将自身打造成为全球最大的送货上门披萨公司。这家公司现在每晚从7 300多家店向50多个国家的顾客送接近100万个披萨。一些小型啤酒生产商业绩蒸蒸日上，原因是靠生产大型生产商所不能提供的小众口味啤酒。采用集中差异化战略的企业需要明确，目标顾客群的需求一定不同于竞争对手更广泛的市场定位（否则就会失去差异化的基础），同时也需要明确采用集中差异化战略时企业的竞争对手的经营业绩正在下滑。

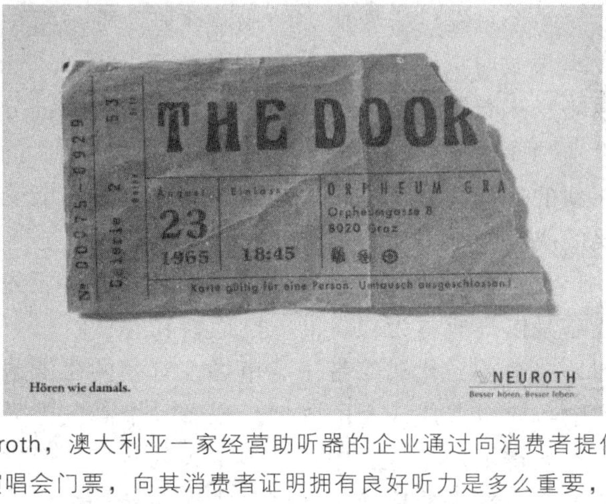

插图12-6　Neuroth，澳大利亚一家经营助听器的企业通过向消费者提供20世纪60年代和70年代的演唱会门票，向其消费者证明拥有良好听力是多么重要，同时也证明了Neuroth正是能够提供这种助听器材的企业

12.5.4 集中成本战略

通过集中成本战略，企业寻求在目标市场的一个或少部分细分市场里取得成本优势。通过专注于这一细分市场，该企业能够发现经济实惠之处，而这可能是被那些以更广阔市场为目标的竞争者所忽视或错过了的地方。某些情况下，为了扩大市场接受面而展开竞争，对某一细分市场的顾客来说，竞争行为可能有点过火（如提供无需求服务）。通过提供一种基本的产品服务，就可以获得一种成本领先优势，这种优势可能超过价格折扣。例如，Kiwibank 是新西兰政府为应对外资银行主导市场而设立的本国低成本银行。这家银行被证明因其低成本收费举措受到低收入群体的欢迎。

12.5.5 选择具有竞争优势的战略

企业成功的关键就是要选择并积极推动实施基本战略。如果企业不能将基本战略进行有效推动并实施，那么企业就必然会面临较低的经营绩效，也就是说实施基本战略与企业经营绩效呈正相关的关系。结果是造成非竞争优势：中间战略与成本领先战略、差异化战略或市场集中化战略相比，更容易导致低企业绩效。一直保持其原始竞争优势不变的企业典范就是星巴克。20世纪80年代和90年代，在星巴克成长的初期，星巴克就将其自身塑造成不仅仅是咖啡店的形象，更多的是为消费者提供了一个除了家和工作地点以外能够去的第三个地方，星巴克将其自身打造成一个具有舒适座椅、高品质咖啡、下载好听音乐等设施的场所。但是当其进行自我扩张时，其增加了汽车穿梭和食品的供应，同时星巴克也加入了预先磨碎咖啡粉进行销售的竞争中，如与麦当劳、邓肯甜甜圈。但是后来，星巴克的营业额和市场份额快速下降，星巴克请回了其创建者霍华德·舒尔茨，并任命其为星巴克的首席执行官，目的是使星巴克能够起死回生，重新获得其由于采取中间战略而失去的市场地位。

企业必须懂得其成功的基础是什么，并且避免受不协调的举措的诱惑。例如，一个只提供必要服务的成本领先企业或集中化成本领先企业在进入一个高成本领域时（或通过增加昂贵的服务项目），应该意识到其中的隐患。集中化战略意味着销售空间的有限性。一旦对目标细分市场形成支配作用，可能会产生一种要进入其他细分市场的欲望，目的是以同样的战略优势获得发展。如果在新的目标细分市场中，这家企业的优势不能受到同样的重视，这将是一个错误的决定。

大多数企业背景下，差异化战略和成本领先战略是不相容的：实现差异化战略是以高成本为代价的。然而，在一些特殊背景下，二者是可以兼得的。例如，一个差异化战略带来了市场占有率的支配地位，这种地位又会以规模经济和学习效应造成成本的降低。或者一个高度差异化战略带来了市场占有率，并率先获得了加工过程中的一项重大创新，从而大幅度降低了生产成本，这又带来了成本领先的地位。当同时实现差异化和成本领先时，企业的业绩将是空前的，因为可以用较低的成本获得一个较高的价格。这类似于我们在第1章中讨论的如何同时获得高效能和高效率的双重地位。

12.5.6　竞争优势的来源

要创造一种差异化或最低成本的局面，企业必须了解这种竞争优势潜在的源泉及其本质。这种源泉的本质就是一个企业的优势技能和优势资源。通过分析企业优势资源和优势技能够使企业管理技能收益，同时也能使企业竞争优势得到加强（如差异化战略或者低成本战略定位）。价值链的分析有助于识别和确认企业的竞争优势（见图12-5）。价值链包含了企业为了实现企业绩效所应实施的各个独立的日常经营活动。

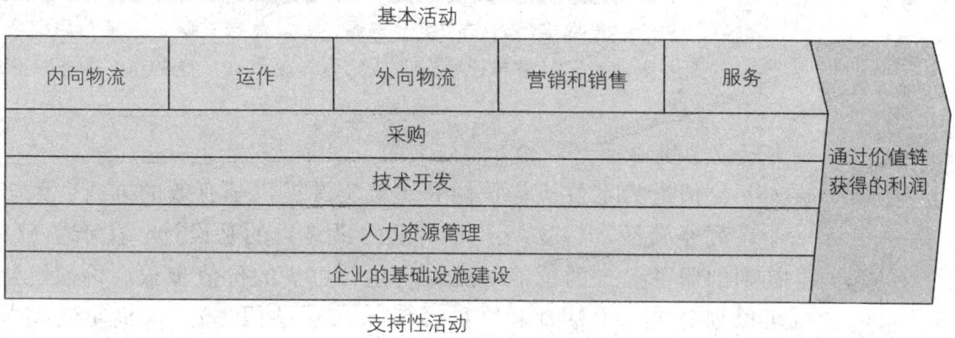

图12-5　价值链

（1）优势技能

优势技能是关键性人员与众不同的能力，也正是这种能力使他们不同于竞争对手的人员。优势技能的好处就是让企业比其竞争对手更好地发挥功能。例如，优势的销售技能可以促成比对手更密切的顾客关系。康柏电脑公司就是由于提供了诱人的利润率和专营权，才与公司的零售商建立起牢固的关系。更好的技能可以使产品的质量更高、更稳定。

（2）优势资源

优势资源是对优势更加具体的要求，它们的存在使得企业可以锻炼其技能（见插图12-7）。优势资源包括：

- 市场中的销售人员的数量
- 广告和销售促销的费用
- 分销覆盖范围（拥有此类产品存货的零售商数量）
- 研发经费
- 生产设备的规模和种类
- 金融资源
- 品牌资产
- 知识资源

插图12-7 日本丰田汽车的主要资源，如其生产技能、分销布局和像“生活方式”这样的大力度营销已经被丰田汽车有效结合，使其在广泛的汽车市场中获得市场领先地位

12.5.7 价值链

价值链为定位优势技能和优势资源提供了有效的方式。大多数企业都进行一系列经营活动，这些经营活动的最终目的是设计、生产、营销、分销产品。初期的服务业务的价值链更短且包含更少的价值步骤。价值链包含的经营活动可以划分为基本活动和支持性活动（见图12-5）。这也使低成本战略和差异化战略的来源更容易被理解并定位（见市场营销行动12.3）。

1.基本活动包括向内物流（如原料控制、入库、库存控制）、运营（如生产、包装）、向外物流（如交货、加工订单）、市场营销和销售（如广告、销售、销售渠道管理）及服务（如装配、维修、消费者培训）。

2.支持性活动存在于所有上述基本活动之中，包括采购输入、技术、人力资源管理和企业的基础设施。这些活动没有被定义为基本活动，是因为它们存在于每一种基本活动中。采购可以发生在所有基本活动中，而不只是在采购部门。技术与每种基本活动息息相关，人力资源管理也是这样。而企业的基础设施建设涵盖了管理、计划、财务、会计和质量管理等，对整个价值链起着支柱作用。

如果企业管理对每一个价值创造活动进行检验，管理技能能够对构成低成本和差异化的技术和资源进行定位。技术和资源在企业竞争中的优势大小或程度也就决定了竞争优势的关键。在价值创造活动中不仅仅技术和资源得到检验，同时它们之间的联系也将得到检验。例如，经营和内部物流的有效协调配合就会通过降低库存量而大大降低成本。

市场营销行动12.3 优衣库（uniqlo）

批判性思考：以下是对优衣库成为世界服装品牌的成长历程的回顾。阅读以下案例并对优衣库将价值链所有因素放入自身经营中进行分析，评价其优势和劣势。

优衣库是日本企业快速零售旗下的国际服饰品牌，快速零售是亚洲最大的服装零售商。

1984年，优衣库第一家店铺开始营业向消费者提供男士西装服饰，但是优衣库很快扩张到了休闲服饰范围。在那时，优衣库仅仅从其他生产商处购买服装进行再次销售，当其寻求执行价值链中所有经营活动时，优衣库开始生产制造自己的服装，这成为优衣库的一个转折点。优衣库积极执行从服装设计到服装销售过程中所有的经营创新环节。这与同行业其他竞争对手形成鲜明对比，因为其他对手会从外界引入一些经营资源，不完全是自主经营实现价值链中所有活动。尽管优衣库在中国生产80%的服装，但是这些合作企业会与快速零售进行紧密沟通合作。

在服装市场日益激烈的竞争中，优衣库的目标是通过创造基本款式服装的同时保持消费者能够接受的价位，从而保证与其竞争对手的差异化竞争优势。实际上，优衣库品牌的由来是其名字的误拼。起初，优衣库希望命名的服装品牌是优衣库服饰（Uni-clo），寓意为服饰仓库（Unique Clothing Warehouse），但是当管理者发现名字的错误时，他们喜欢上了这个名字并且把这个名字保留下来。优衣库凭借自身在产品生产程序和生产制造方面的能力达到低成本的目的，其低成本所节约下来的资金的收益人为优衣库的消费者们，他们能够获得较低的产品价格。不像其他时尚产品是快速消费品，它是想创造那种每个消费者生活中必不可少的必需品，如马甲、夹克和保罗衫，还有就是其自己发明创造了服装发热原理。2010年一场时尚品牌的风暴席卷而来，优衣库也未能幸免，其因此积压了大量未销售出去的存货。

1991年，优衣库开始向海外扩张。2011年，其在日本拥有824家零售门店，其同时还在英国、美国、法国、中国、新加坡和俄罗斯拥有共150家门店。其网上在线销售业务也占据其经营业务较大的份额，同时优衣库大量使用了社交媒体进行营销策划。截至2011年，优衣库在世界上拥有了60万个Facebook粉丝，同年，其发布了Uniqlooks（优衣库手机客户端社交软件）——这是一种营销手段，通过该营销软件，手机社区的使用者们可以分享他们的穿衣心得并为品牌通过微博进行宣传。

资料来源：Corcoran（2011）；Fujimura和Ozasa（2011）.

12.5.8　有效核心战略的验证

图12-6为检验核心战略有效性的6个关键步骤。第一，核心战略必须基于对目标顾客群及其需求的明确界定。第二，为了使核心战略建立在竞争优势

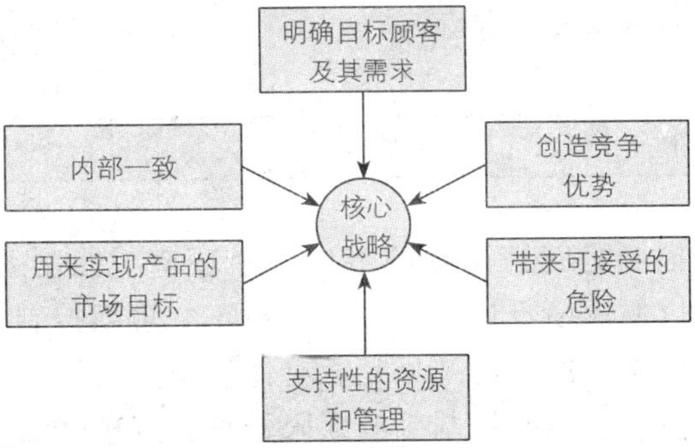

图12-6　核心战略验证

之上，还需充分了解竞争对手。第三，必须能够承担可接受的风险。如果用微弱的竞争优势和较低的资源基础去挑战强大的竞争对手，必然不能承担风险。第四，这一战略必须是资源和管理可支撑的，即必须与公司的资源能力和管理能力相匹配。第五，核心战略必须源自计划过程中的产品和营销目标。一种战略（如大幅促销），当其收益性目标已经确定下来时，按照商业逻辑建立的目标，将不会产生任何效果。第六，这一战略必须具有内部一致性，所有的部分应该整合形成一个统一的整体。

12.6 策略性营销决策

关于营销组合中应该包含的组成要素的选定是计划过程的下一阶段。这些因素包括价格水平的判定、促销手段的采用、分销渠道和服务水平的选择及产品类型。在竞争中，促销手段、分销渠道和产品标准都超过行业平均水平时，就会凸显出竞争优势。再者，营销组合因素的选定应仅仅为了匹配甚至是未达标竞争中的营销组合因素。通常，企业想在所有竞争中均占上风是不可能的。为了向消费者以合理的价格提供优质的产品，需要对营销组合进行巧妙处理。

12.7 组织和实施

营销计划只有付诸实施才能成功。因此，企业需要一个拥有必备能力的组织执行这一计划。在SWOT分析中发现的组织劣势会限制战略选择的范围。组织重建意味着在公司内重新建立一个营销组织和部门。皮尔西（Piercy）在对生产组织的研究中发现，55%的企业没有营销部门。在一些案例中，营销策略由首席执行官来直接完成；在另一些案例中，销售部门与消费者直接进行沟通，同时并未见其他营销投入。在其他情况下，环境变化会导致战略变化，这意味着应对营销和销售进行重组。当购买力较强的团体客户不断增加时，企业应该更加注重满足这些客户需求（战略变化），从而组织专门的销售组织来服务于这些群体（重组）。

12.8 控 制

控制是营销计划的最后一个环节。控制系统的目的是评估营销计划的结果，以便业绩不佳时及时作出纠正。短期控制系统可以每周、每月、每季度或每年检查一次，看结果是否有悖于企业目标。衡量标准包括销售利润、成本和现金流量。战略控制系统期限较长，管理者需要回顾每周、每月数据结果来评估他们的计划是否和能力与环境一致。

在这些缺乏长期控制的地方，企业很容易“沉迷于”已经失去战略可靠性的计划。新的竞争、技术变化、不断变化的顾客需求使得旧计划已经过时。当然，这样就回到了计划的开始阶段，因为这类基本的回顾是在营销审计中进行的。对内部能力和外部机遇、威胁的重估活动又是一次SWOT分析。分析结果可能意味着企业使命的重新确定，或者像我们看到的那样，进行营销目标和战略调整使得业务和环境相匹配。

那么，我们看到的营销计划的各个阶段和之前提到的那些关于计划的根本问题有什么关系呢？表12-3列出了它们之间的关系。企业使命、营销审计和SWOT分析回答了"处于什么阶段"和"我们应如何达到其他阶段"这两个问题。根据营销审计和SWOT分析，我们可以预测"我们将走向何方"。"我们想要达到什么样的水平"取决于营销目标的设定。而"我们如何达到这样的水平"取决于核心战略、营销组合决策、组织和执行。最后，控制系统回答了"我们是否在正确的轨道上"这一问题。

表12-3　营销计划的主要问题和营销计划的步骤

主要问题	营销计划的步骤
我们现在处于什么阶段？我们应该如何到达其他阶段？	企业使命 营销审计 SWOT分析
我们想要达到什么样的水平？	营销目标
我们如何达到这样的水平？	核心战略 营销组合决策 组织 执行

12.8.1　营销指标

一个逐渐受到重视的关键环节就是对营销指标的控制。一直以来，营销规则由于指标质量而备受指责。例如，销售收入是一项很重要的业绩指标，但许多影响销售额水平的因素却在销售人员的控制范围之外，如经济状况、竞争者活动。由于营销人员并不擅长衡量"他们在做什么"，那么与产量、财务状况这些指标相比，营销指标就很难代表公司董事会情况。除此之外，当公司需要缩减成本时，往往营销预算首当其冲被削减。

基于以上结果，那些衡量营销活动的指标往往受到更多的关注，而实际上有很多潜在指标可以被识别。简而言之，营销衡量标准主要有两个要素：营销活动的有效性和营销对收益的影响。前者因营销活动不同而异。例如，分销活动可以用库存水平、降价、缺货水平来衡量。但营销决策最终必须有助于增加销售量并以此来增加利润。英国公司常用的市场营销指标如表12-4所示。

表12-4 英国公司营销指标的使用情况

排名	指标	使用比例（%）	重要程度（%）
1	利润	92	80
2	销售额、价值和数量	91	71
3	毛利润	81	66
4	重视程度	78	28
5	市场份额	78	37
6	新产品数量	73	18
7	相关产品价格	70	36
8	消费者不满意程度	69	45
9	消费者满意程度	68	48
10	分销能力/可获取性	66	18

12.9 营销计划的益处

许多学者总结出的营销计划的益处如下所述：

1.一致性：计划给决策和行动提供了一个焦点。通过参考一个常见的计划，同一经理在不同时期制定的决策和不同经理的决策会更加一致，活动也会得到更有效的协调。

2.鼓励监控变化：计划过程迫使经理们抛开日常琐事，站在战略角度思考变化对企业产生的影响。

3.鼓励组织调整：计划的一个潜在前提是组织要不断调整来适应环境。因此，营销计划增强了接受不可避免的变化的必要性。这一点很重要，因为有事实证明适应能力强有助于提高业绩。

4.激励成就：计划过程重点在目标、战略和结果。鼓励人们思考“依靠我们自身能力我们可以取得什么成就”，这样就激励人们把目标定位在新的高度，否则他们可能满足于很低的业绩标准。

5.资源配置：计划过程要考虑资源配置的基本问题。例如，哪些产品需要高投入（开发），哪些产品需要保留（维持），哪些应该慢慢撤资（收获），以及哪些应该立即撤资（放弃）。

6.竞争优势：计划推动对竞争优势根源的寻找。

然而，我们要意识到这一逻辑计划过程，有时也称为纲要，可能因为企业文化的不同而不同。计划风格必须与企业文化相匹配。有的企业用渐进的方式可能有效。萨克尔（Saker）和斯皮德（Speed）认为如果纲要式的营销计划过程需要花费经理们大量的时间和精力，就可能意味着这个计划不太适合，特别是对于小型企业来说。

渐进式计划方法更多的是以解决问题为焦点，以发现的问题（如订单减少）并试图找到解决方案为起点。随着解决方案的形成，也就形成了战略，然而不太注意把可能相互影响的个人决策有意识地结合起来。战略被看作每个人的决策被松散地结合起来。然而，它的影响一般是通过解决问题使企业和环境相匹配。这种战略的缺点是缺少对大形势的分析，战略方案的产生过程也决定了渐进方法的不够全面。然而对某些企业来说，这个战略非常可行，所以就采用它，而不用考虑它的合理性。

12.10　计划制订过程中出现的问题

在对商业组织制订营销计划的实践调查中发现，大多数公司不实行本章提到的系统计划过程，或即便实行了，很多公司也得不到上面提到的那些好处。但有些则显示计划和商业成功之间有联系（如阿姆斯特朗和麦当劳）。问题在于很多与营销计划过程相关的背景性问题是实质性的，需要了解。俗话说，有备才能无患。下文将会列出负责制订营销计划的人可能面对的潜在问题。

12.10.1　政治问题

营销计划是资源配置的过程。计划过程的结果就是给这个产品和部门分配更多的资金，给其他部分分配同样多或者更少些。因为权力基础、就业机会和工资水平通常和一个地区的增长速度有关，所以经理们把计划过程看作是高度政治化的活动也不足为奇。欧洲银行就是一个典型的例子。经过计划，银行决定零售部经理把某些货款申请转到该集团盈利较多的工商业部门。这是必要的，因为计划的目的是使整个集团利润最大化。然而，却让有的部门大失所望，因为这项决策降低了零售部门的业绩。

12.10.2　机会成本

一些工作繁忙的经理持有这样的观点，营销计划是一个浪费时间的过程，它会干扰日常工作的处理。他们认为在宾馆花费两三天的时间来制订一个长期计划的机会成本过高。这种困难与那种能够被繁忙的管理工作生活所吸引的人相结合。因此，他们可能会对长期的沉静思考布局感到局促不安。

12.10.3　奖励机制

许多企业的奖励体系都是短期适用的。越来越多的奖励和分红都是不年度性的，而是季度性的。因此，如果时间冲突，经理们就会过分审视短期问题而忽视中长期问题。营销计划因此被看作是第二位重要的。例如，当它通过加强刺激销售额的长期激励而在私人电脑商业竞争性挑战中作出反应时，戴尔（Dell）电脑公司激怒了金融机构投资者，主要原因是其过于重视短期收益。

12.10.4 信 息

系统性的营销计划要发挥作用就需要有信息输入。市场占有率、规模和增长率是营销审计的基本输入，但这些信息无法轻易获得。更糟糕的是，有些既得利益者意识到信息就是力量，就会故意封锁信息或歪曲事实来维护自己在计划过程中的地位。

12.10.5 文 化

系统营销计划过程的建立可能因组织文化的不同而不同。如前所述，企业可能一步一步渐进地作出决定。因此，战略计划系统可能是对现状的挑战，从而被看作威胁。还有的情况就是，一些经理们的价值观和信息可能对整个计划体系是不利的。

12.10.6 如何处理市场营销计划中的问题

许多学者对如何尽量减少这些问题的影响提出了以下建议：

1. 高层管理者支持：最高层管理者必须致力于制订计划，让中层管理者感觉到这是对他们全力的支持。并且这种支持应该是持续的，而不是一时的狂热。

2. 使计划体系和企业文化相匹配：营销计划过程应该与企业文化保持一致。比如，在选择自上而下还是自下而上的计划方式时，有些组织更倾向前者，有些指令性不强的企业则更偏向后者。

3. 奖励体系：应该奖励那些长远目标下取得的成就，而不是仅仅看重短期结果。

4. 结果弱政治化：不要过分重视奖励那些与发展（增长）战略有关的经理。要认可那些能保持市场占有率和将产品撤离市场所需要的技能。在通用汽车公司，经理被划分成种植者、看护者和责任人，分别负责产品的开发、维持和获取。之所以这样，是因为认识到根据目标的不同，涉及的技能也不同。他们的工作没有贵贱之分，每个人都被看作在为企业的成功做贡献。

5. 清晰交流：要把计划传达给负责实施的人。

6. 培训：市场营销人员应该经过培训，掌握工作所需要的市场营销知识和技能。理想化的情况是，管理团队的人员也参加同样的培训，以使大家对涉及的概念和工具有统一的认识，可以用相同的术语交流。

总 结

本章介绍了与营销计划和营销战略相关的重要知识点。解决了以下关键问题：

1. 营销计划的作用是为企业的营销活动指明方向，并协调各项活动。它有助于回答像“我们处于什么位置”“我们想要达到什么水平”“我们如何实现这一目标”这样的问题。

2. 营销计划过程的各个阶段包括制定或调整企业使命，营销审计，SWOT

分析，设定营销目标，确定核心战略，制定营销组合，组织、实施以及控制营销活动。

3.营销审计分为外部审计和内部审计。外部审计主要是检查外部环境和竞争环境。内部审计主要是审视营销决策和运营结果。营销审计获得的信息应当指导关于组织未来方向的战略选择。

4.营销目标需要从两个层次上理解：战略方向和战略目标。战略方向解决组织如何成长，主要有4个核心选择：市场渗透、产品开发、市场开发和差异化。战略目标是针对每个产品的决策，同样有4种选择：开发、巩固、收获、放弃。

5.企业不仅要决定如何成长，还要决定如何竞争。可供采纳的竞争战略主要有4种：差异化战略、成本领先战略、集中差异化战略和集中成本领先战略。价值链分析可以帮助企业识别实施有效竞争战略必要的技能和资源。

6.制订计划可以获得很多好处，包括以下几个方面：一致性、鼓励对监控变化、鼓励组织调整、激励成就、资源配置、竞争优势。

7.由于政治问题、机会成本、奖励体系、信息和文化等因素的影响，营销计划的制订是一项艰难的工作。但是通过采取高层管理者支持、使计划体系和企业文化相匹配、奖励体系、结果弱政治化、清晰交流、培训等措施，有助于克服上述问题。

练习题

1.讨论组织在制订计划过程中可能遇到的问题，如何克服这些问题？

2.讨论营销计划外部分析的作用及其局限性。

3.什么情况下适合采用渐进式的计划方法，什么情况下不适用？

4.比较成本领先战略和差异化战略。两种战略方法并行是否可能？

5.讨论为什么衡量和判断营销活动的有效性对于管理者来说是非常重要的。

6.访问以下网站：www.bplans.com，www.knowthis.com/general/marketplan.htm 和 www.howstuffworks.com/marketing-plan.htm。查看这些网站给出的与营销计划相关的案例。

课后阅读

Day，G.S.（1999）*Market Driven Strategy: Processes for Creating Value*，New York: Free Press.

Gulati，R. and J.B. Oldroyd（2005）The Quest For Customer Focus，*Harvard Business Review*，83（4），92-102.

Lamberti, L. and G. Noci (2010) Marketing Strategy and Marketing Performance Measurement System: Exploring the Relationship, *European Management Journal*, 28,139-52.

McDonald, M.H.B. (2008) *Marketing Plans*, 4th edn, Oxford: Heinemann.

Shaw, R. and D. Merrick (2005) *Marketing Payback: Is Your Marketing Profitable?* London: Pearson Education.

Sidhu, J. (2003) Mission Statements: Is it Time To Shelve Them? *European Management Journal*, 21 (4), 439-47.

案例12 赛百味（Subway）经营脱轨：来自德国的案例

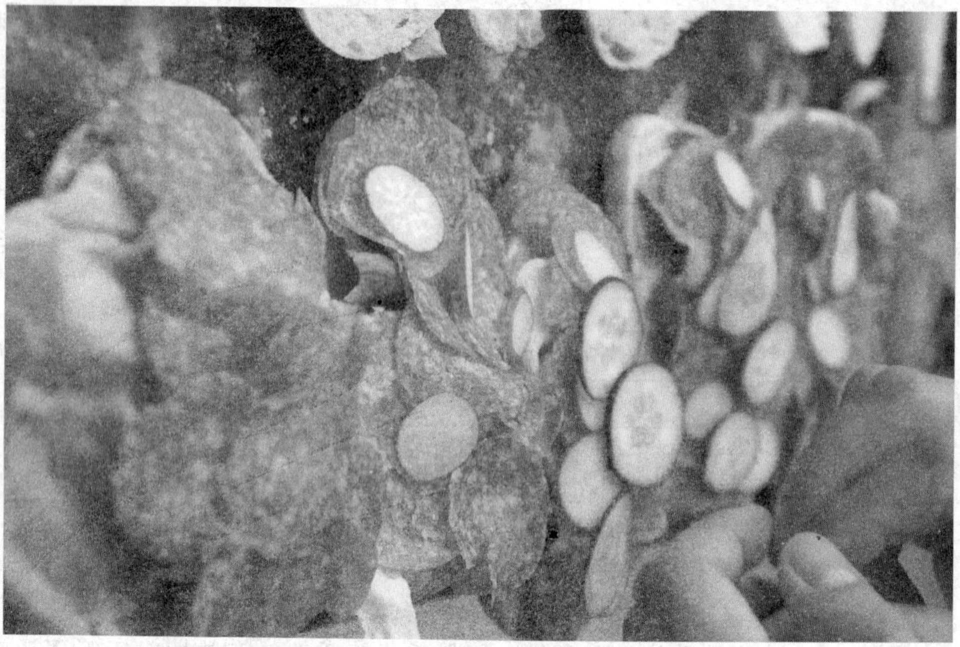

世界上的每个人都喜欢快餐，德国人也不例外。汉堡包？比萨？土耳其烤肉？德国咖喱肠？没有一种餐饮能够提供比快餐更多的食物种类。平均每个德国消费者发明了一个健康（亦或是非健康的）快餐的食品口味。根据数据使用监视公司（Datamonitor）提供的数据，德国的快餐业在2009年就已经具有60亿美元的收入，预计在2014年会增长到70亿美元（见表C12-1）。

那么，是什么促使欧洲的快速消费行业成为最大的经济体？首先，快速增长的快餐店意味着消费者对于快餐能够唾手可得。其次，激进的价格战产生了新的食品行业形势。例如，奶酪汉堡或者麦当劳的卡布奇诺仅仅售价1英镑。再次，消费者对于快餐业的热衷更来源于快餐的方便快捷。繁忙的生活方式使时间成为奢侈品。快餐食物节省了在家做饭的所有时间，同时也为消费者减少

表C12-1　德国快餐业市场收入

年份	美元（单位：百万）	欧元（单位：百万）	年增长率（%）
2005	5 154.0	3 706.6	–
2006	5 359.1	3 854.0	4.0
2007	5 588.5	4 019.1	4.3
2008	5 782.8	4 158.8	3.5
2009	5 982.1	4 302.1	3.4

资料来源：数据管理中心。

了许多麻烦。不仅如此，快餐店也成为人们与家人和朋友相聚的好去处。星巴克的经营理念也刺激了麦当劳咖啡的产生，在那里消费者乐意花高价来享受小松糕和咖啡。另外，快餐店也积极采取措施迎合消费者寻求健康饮食的需求。例如，麦当劳现在向消费者提供沙拉打包的服务。

赛百味：通往全球化的成功之路

对于连锁餐饮品牌赛百味来说，健康快餐饮食的市场定位的成功是一个毋庸置疑的好消息。赛百味的三明治是由约翰·蒙塔古（John Montagu）发明的，他是1762年三明治鼻祖后的第四代伯爵。赛百味的快速发展长达300年。1965年，弗雷德·德卢卡（Deluca）和彼得·巴克（Peter Buck）在美国康沃提格州创立了第一家赛百味，这使得消费者找到了新的三明治吃法。潜水艇（submarine）三明治（即Sub三明治）从此诞生了。赛百味在美国的门店增长到了24 200家。广告语“吃到最新鲜”（“Eat Fresh”）通过直接向消费者呈现三明治的制作过程从而让消费者了解三明治面包片、夹层、馅料以及酱料都最新鲜的。以上所有的制作佐料都直接呈现在消费者面前，为每一位消费者提供最新鲜的选择。

赛百味地下铁店铺也许并不是一个创新的代表，但是它已经成为一家呈指数形式增长的全球化快餐店。1984年，赛百味在巴林岛开立了其第一家国际化餐饮连锁店。这是赛百味快速国际化扩张的开始。特许经营方式不仅仅保证了赛百味快速的扩张，同时也保证了特许经营所需的有限资金投资的可能。黄绿相间的赛百味标识取代了麦当劳的金黄色标识，使赛百味成为世界第一大餐饮连锁店。赛百味目前拥有34 871家连锁店（截至2015年），分布在98个国家，包括在阿富汗和伊拉克的门店，与其相比，麦当劳拥有32 737家门店。赛百味在其官网上声称其已经成为消费者对快速、营养餐饮的首选，适合于全家每个人的饮食需求。

德国赛百味：误入歧途?

赛百味将连锁门店开遍世界各地，唯独少了德国。1999年，德国第一家赛百味连锁店在柏林开业，并且凭借小规模、低成本在世界各地的其他市场进行连锁门店扩张。2009年，赛百味的连锁门店增长到798家。尽管赛百味已经能够得到欧洲其他市场的快速餐饮业的份额，德国消费者却对赛百味表示拒绝。据一家德国行业协会（BDS）称，赛百味2010年的销售额为2.03亿欧元。与2009年相比，销售额下降了11%。销售额下降已经触及特许经营权拥有者的底线。这种现状使得许多连锁店铺不得不关门。2010年，有95家赛百味关业。在德国，赛百味连锁店铺的倒闭呈现出不断上升的趋势。在德国仅有631家赛百味连锁店，而其面对更多特许经营者创立的竞争性连锁店，如Starsub，Fresh!和Mr Sub。其次，银行似乎对赛百味的特许经营方式失去了信心。2010年4月，德意志银行决定不再为赛百味特许经营商提供贷款服务。

尽管在2010年能够打破3 000万欧元的销售记录，赛百味还是一直保持经济浮动状态，主要原因是德国经济正在高速发展。然而，赛百味的衰落令人意外。2007年，德国特许经营协会会长称，保守估计赛百味特许经营在德国的经营情况将最少下降30%。所以，德国消费者为何还要将消费选择转向赛百味呢?

赛百味：承担不起代价?

图标价值增值和品牌评估（Icon Added Value & Brand Rating）报道称，2007年调查显示，赛百味对于德国消费者来说价格定位过高。对于德国消费者来说，性价比是购物选择的首要考虑因素。与之相比，麦当劳的性价比更能被德国消费者所接受。赛百味的一次性消费为6.5欧元，包含一个三明治、一杯饮品、一份曲奇甜品。麦当劳的消费为5.79欧元，包含一个大汉堡、一份炸薯条和一份饮品。赛百味也试图通过进行“每日赛百味”（sub of the day）活动进行宣传。消费者每天都可以享受不同的三明治套餐，售价仅要2.49欧元。以上营销方式主要借力于电视广告传播，广告中一位运动健将标枪投掷了2.49米远的距离（此广告可在赛百味官网上观看：www.subway-sandwiches.de）。如果想了解赛百味在德国更多的竞争者，可参见表C12-2。

表C12-2 德国快餐行业主要竞争者

	营业额（百万欧元）			门店个数		
	2010	2009	2008	2010	2009	2008
麦当劳，麦当劳咖啡	3 017	2 909	2 835	1 386	1 361	1 333
汉堡王	750	765.5	764	707	700	662
北海	286.9	297.5	300.7	344	351	360
赛百味	203	226	205.5	703	798	698

跨轨：文化冲突?

德国消费者是鉴赏三明治的行家。德国人对面包的食用量占据欧洲人所有食用量的绝大多数。德国人面包的食用量是平均每年84.8千克。然而，也许就是因为对面包的如此热衷，使德国人抵制赛百味三明治。在德国，面包的种类多达300余种，这使得德国消费者拒绝对食物的性价比妥协。去向德国人民出售加利福尼亚红酒或者是向德国人出售澳大利亚啤酒会有多难？对于德国人来说，诸如烤肋骨等许多三明治的馅料都是其难以接受的。麦当劳已经完全接受并根据德国消费者的需要进行调整以适应德国人的饮食习惯。例如，在2010年为期三个月的促销中，名为“Nurnberger”的酱料销售量达到100万袋之多。

品牌形象下降？

执行官们将当地的星巴克作为非正式会议的召开地点。家庭聚会或者生日宴会的首选是麦当劳。品牌们纷纷进行情感式营销来获取快餐消费群体的喜爱。赛百味是否在赢得民心的感性营销方面欠佳呢？赛百味的品牌营销支持在同行业中是最弱的。据尼尔森媒介研究（Nielsen Media Research），麦当劳2010年在德国的广告营销投入达1.72亿欧元，其中65%的广告费用花在电视广告营销方面。“我爱上它了”成为其最好的标语。麦当劳和其他快餐品牌也在室内装饰设计上进行投资，然而赛百味店内陈设还是使用塑料桌椅。

特许经营管理失效？

特许经营的成功与失败均有赖于特许经营者和特许经营授权者。特许经营者需要支付赛百味的经营费用是每个月销售额的12.5%，其中有4.5%用于广告营销。特许经营者能够得益于赛百味的特许经营支持系统，包括训练、产品开发、广告、联合运营采购和区域支持。然而，赛百味的特许经营系统却广受诟病。

据称，成为赛百味的特许经营者的门槛过低。赛百味的特许经营者缺乏基本的特许经营管理技能，从而降低了经营成功的可能性。赛百味的特许经营者所配备的培训期为两周，而麦当劳却为其特许经营者提供为期18个月的培训。大多数赛百味的特许经营者都表示他们没有接受足够的支持性协助。特许经营者和特许经营授权者之间的关系没有变得越来越亲密，反而变得更为疏远。

竞争：向赛百味亮红灯？

在德国快餐行业，麦当劳是当之无愧的巨头。然而，德国快餐行业是多样化的，为消费者提供了更大的选择空间。赛百味是否低估了德国快餐行业市场的竞争激烈程度？据估计，多纳尔土耳其烤肉店的个数大约在1万至1.5万个之间，年营业额达到2 500万欧元。其次，赛百味不是唯一提供“更好的餐饮给你”口号的快餐店，这也使其失去了差异化特性。在德国高街（High Street）上有1.5万家面包店。例如，Kamps是德国最大的面包独立品牌连锁店，在德国拥有640家分店。这些面包店提供含有传统馅料的面包圈，如火腿和芝士，或者是一条酸黄瓜，与这些馅料搭配的都是传统德式面包。午餐排队在德国是非常常见的，因为消费者寻求工作地点附近性价比最高的家庭式快餐。

发人深思的食物……

许多赛百味的特许经营者都在努力寻求经营出路，希望特许经营授权者能够提出合理的计划使赛百味业绩好转。德国市场对于大多数国外零售商来说都是一个艰难的经营环境。沃尔玛、维珍航空和盖普均以退出德国市场告终。赛百味会成为德国市场下一个牺牲者吗？又或者其能够在这场竞争中幸免于难吗？三明治的第四代伯爵当然倾向于后者。

问　题：

1. 对德国快餐行业进行外部市场分析。
2. 对赛百味在德国的经营进行SWOT分析。你主要的发现是什么？
3. 赛百味在德国市场的主要竞争性战略是什么？为什么它是失效的？
4. 赛百味在德国市场应该采取什么措施使其变得更具有竞争性？
5. 在赛百味的长期战略中，其需要考虑消费者的哪些消费趋势？

参考资料

Mukerjee, K. and K. Chopra(2009)Visa International: Building a Global Brand, *IBS Research Center*; Larsen, P. and J. Croft(2006)IPO Plan Reflects Desire to Head Off Critics, *Financial Times*, 12 October, 30; Steverman, B.(2008)Visa's IPO Victory, *Businessweek.com*, 20 March.

Piercy, N.(2002)*Market-led Strategic Change: Transforming the Process of Going to Market*, Oxford: Heinemann.

Ackoff, R.I.(1987)Mission Statements, *Planning Review*, 15(4), 30-2.

Hooley, G.J., A.J. Cox and A. Adams(1992)Our Five Year Mission: To Boldly Go Where No Man Has Been Before . . . , *Journal of Marketing Management*, 8(1), 35-48.

Levitt, T.(1984)Marketing Myopia, *Harvard Business Review*, 4(4), 59-80.

Porter, M.E.(1980)*Competitive Strategy: Techniques for Analyzing Industries and Competitors*, New York: Free Press.

Nakamoto, M.(2005)Caught in its Own Trap: Sony Battles to Make Headway in a Networked World, *Financial Times*, 27 January, 17.

Rigby, E.(2008)DSG Contracts with a View to Improved Service, *Financial Times*, 16 May, 17.

Carroll, J.(2010)Is Live Nation's Day of Reckoning Approaching? *IrishTimes.com*, 23 July.

Foley, S.(2008)The Rise of the Concert Promoter Live Nation, *Independent.co.uk*, 4 April.

LaMotta, L.(2008)Live Nation Comes Alive, *Forbes.com*, 29 September.

Simonian, H.(2010)Emerging Markets Drive Sales for Nestlé, *Financial Times*, 12 August, 20.

Nuttall, C.(2004)Google Writes its Place in the World's History Books, *Financial Times*, 16 December, 24.

Hall, W.K.(1980)Survival Strategies in a Hostile Environment, *Harvard Business Review*, 58(September/October), 75-85.

Day, G.S.(1999)Market Driven Strategy: *Processes for Creating Value*, *New York*: Free Press.

Mackintosh, J.(2004)Volkswagen Misfires: The Carmaker Counts the Cost of its High Spending and its Faltering Search for Luxury, *Financial Times*, *9 March*, 19.

Buckley, N.(2003)Domino's Returns to Fast Food's Fast Lane, *Financial Times*, 26 November, 14.

Fifield, A.(2003)Kiwibank Can Afford to Hold Critics to Account, *Financial Times*, 24 April, 11.

Corcoran, S.(2011)Uniquely Made for All, *Marketing Age*, 5(2), 32-5.

Fujimura, N. and S. Ozasa(2011)Uniqlo: Asia's Top Clothier Goes Back To Basics, *Businessweek.com*, 6 January.

Drucker, P.F.(1993)*Management Tasks, Responsibilities, Practices*, New York: Harper & Row, 128.

Piercy, N.(1986)The Role and Function of the Chief Marketing Executive and the Marketing Department, *Journal of Marketing Management*, 1(3), 265-90.

Farris, P.W., N.T. Bendle, P.E. Pfeifer and D.J. Reibstein(2006)*Marketing Metrics*, *Upper Saddle River*, NJ: Wharton.

Shaw, R. and D. Merrick(2005)*Marketing Payback: Is Your Marketing Profitable?* London: Pearson Education.

Leppard, J.W. and M.H.B. McDonald(1991)Marketing Planning and Corporate Culture: A Conceptual Framework which Examines Management Attitudes in the Context of Marketing Planning, *Journal of Marketing Management*, 7(3), 213-36.

Greenley, G.E. (1986) *The Strategic and Operational Planning of Marketing*, Maidenhead: McGraw-Hill, 185-7.

Terpstra, V. and R. Sarathy (1991) *International Marketing*, Orlando, FL: Dryden, ch. 17.

Oktemgil, M. and G. Greenley (1997) Consequences of High and Low Adaptive Capability in UK Companies, *European Journal of Marketing*, 31(7), 445-66.

Ambler, T., F. Kokkinaki and S. Puntoni (2004) Assessing Marketing Performance: Reasons for Metrics Selection, *Journal of Marketing Management*, 20, 475-98.

Raimond, P. and C. Eden (1990) Making Strategy Work, *Long Range Planning*, 23(5), 97-105.

Driver, J.C. (1990) Marketing Planning in Style, *Quarterly Review of Marketing*, 15(4), 16-21.

Saker, J. and R. Speed (1992) Corporate Culture: Is it Really a Barrier to Marketing Planning? *Journal of Marketing Management*, 8(2), 177-82. For information on marketing and planning in small and medium-sized firms, see Carson, D. (1990) Some Exploratory Models for Assessing Small Firms' Marketing Performance: A Qualitative Approach, *European Journal of Marketing*, 24(11), 8-51; and Fuller, P.B. (1994) Assessing Marketing in Small and Medium-sized Enterprises, *European Journal of Marketing*, 28(12), 34-9.

O'Shaughnessy, J. (1995) *Competitive Marketing*, *Boston*, MA: Allen & Unwin.

Greenley, G. (1987) An Exposition of Empirical Research into Marketing Planning, *Journal of Marketing Management*, 3(1), 83-102.

Armstrong, J.S. (1982) The Value of Formal Planning for Strategic Decisions: Review of Empirical Research, *Strategic Management Journal*, 3(3), 197-213.

McDonald, M.H.B. (1984) The Theory and Practice of Marketing Planning for Industrial Goods in International Markets, Cranfield Institute of Technology, PhD thesis.

Allison, K. (2008) Dell's Long View Irks Investors, *Financial Times*, 1 September, 23.

McDonald, M.H.B. (1984) The Theory and Practice of Marketing Planning for Industrial Goods in International Markets, Cranfield Institute of Technology, PhD thesis.

Abell, D.F. and J.S. Hammond (1979) *Strategic Market Planning*, Englewood Cliffs, NJ: Prentice-Hall.

各章术语解释

第1章　营销的性质

营销理念（marketing concept）：企业经营目标实现的途径是满足和超越顾客的需要，而不是应对竞争。

顾客满意（customer satisfaction）：顾客的需要或需求得到满足。

顾客价值（customer value）：顾客能够感知到的得到的利益与付出的代价的差值。

营销导向（marketing orientation）：将顾客需求看作是组织发展的根本驱动力。

生产导向（production orientation）：关注于企业内部的成本或产能。

效率（efficiency）：高标准、低成本地管理经营流程，可称为“正确地做事”。

效果（effectiveness）：做正确的事，做出正确的战略选择。

基于价值的营销（value-based marketing）：强调营销理念和营销活动如何使利益相关者价值最大化的一种营销观点。

利益相关者价值（shareholder value）：当企业盈利增加或者股票价格上涨时，对企业的利益相关者的回报也会提高。

营销计划（marketing planning）：在对企业营销环境和自身能力进行调研分析的基础上，制定企业的营销目标以及实现这一目标所应采取的策略。

第2章　全球营销环境

营销环境（marketing environment）：影响企业营销活动的各种要素。

微观环境（microenvironment）：由存在于与企业联系最紧密的环境或商业系统中的要素构成，这些要素会影响企业在既定市场中高效经营的能力。

宏观环境（macroenvironment）：由许多不仅影响企业，也影响微观环境中其他要素的更为广泛的力量构成。

社会责任（social responsibility）：关于一个人或组织对自己的影响自然环境和公众的行为负责的道德准则。

消费者运动（consumer movement）：由倡导保护消费者权益的群体和机构组织的活动。

事业关联营销（cause-related marketing）：企业与慈善组织或其他社会团体形成伙伴关系，共同组织商业和社会活动（如捐款、保护环境等），以此树立形象、营销产品，实现双方利益的共赢。

伦理（ethics）：影响个人或群体行为和决策的道德准则和价值观。

环境评析（environmental scanning）：对一个企业的营销环境进行分析和控制的过程。

第3章　理解消费者行为

采购中心（buying centre）：采购组织的决策单位，即所有参与采购决策过程的个人和团体，他们有着共同的目标并分担共同的风险。

决策过程（decision-making process）：组织与个人在购买某一实体产品或服务过程中所经历的各个阶段。

认知失调（cognitive dissonance）：指的是一个人的态度和行为等的认知成分相互矛盾，从一个认知推断出另一个对立的认知时所产生的不舒适感、不愉快的情绪。

信息搜索（information search）：对解决某一问题的各种选择方法的识别。

认知集合（awareness set）：存在于消费者意识中的，为某一问题提供解决方法的所有品牌集合。

诱发集合（evoked set）：由消费者在制定购买决策时会认真考虑的、能诱发购买行为的品牌所构成的集合。

选择标准（choice criteria）：人们在评价某种商品或服务时所使用的各种标准。

信念（beliefs）：一个人所持的对某些事物的判断性看法。

态度（attitude）：一个人对某些事物或观念长期持有的好与坏的认识上的评价、情感上的感受和行动倾向。

认知（perception）：人们通过感觉器官选择、综合和分析外部刺激，从而形成一个关于这个世界的有意义的印象的过程。

选择性注意（selective attention）：人们总会更多地注意那些与当前需要有关的，或是他们期待的，或是有较大差别的刺激物。

选择性扭曲（selective distortion）：人们将已经存在的信息加以扭曲，使之符合自己意识的倾向。

选择性保留（selective retention）：人们倾向于记住那些支持其态度和信念的信息。

信息帧（information framing）：传递有效信息和数据的方法。

经典性条件反射（classical conditioning）：一个刺激和另一个带有奖赏或惩罚的无条件刺激多次联结，可使个体学会在单独呈现该刺激时，也能引发类似无条件反应的条件反应。

操作性条件反射（operant conditioning）：如果一个操作发生以后呈现一个强化刺激，这一操作的强度就会增加，即增加消费者重复购买。

认知学习（cognitive learning）：掌握一定的知识、技能和行为举止的学习。

机械学习（rote learning）：一种单纯依靠记忆学习材料，而不去理解其复杂内部和主题推论的学习方法。

替代学习（vicarious learning）：人们仅仅通过观察别人（榜样）的行为就能学会某种行为。

推理（reasoning）：认知学习的一种复杂形式，由相关的思想推导出未知结论的过程。

人格（personality）：导致个体应对所处环境做出一贯反应的内在心理特征。

生活方式（lifestyle）：从一个人的行为、兴趣和观念中表现出来的生活模式。

文化（culture）：个体所处的整个社会的惯例、禁忌、价值观和基本态度。

相关群体（reference group）：能够影响消费者行为和价值观的群体。

新任务采购（new task）：组织市场的用户第一次采购某种工业品。

直接再采购（straight re-buy）：采购部门根据惯例再订购产品。

修正再采购（modified re-buy）：购买者为了更好地完成采购任务，修订采购方案，适当改变产品的规格、型号、价格、数量和条款，或寻求更合适的供应者。

即时制（just-in-time，JIT）：为了减少库存，建立一个能够在原材料和零部件被买方需要时立即给予提供的供应系统。

纵向电子市场（vertical electronic marketplaces）：一个连接特定行业的买方和卖方的电子化市场。

横向电子市场（horizontal electronic marketplaces）：一个连接很多行业的买方和卖方的电子化市场，主要是进行非生产所需的工业用品（MROs）的交易。

关系营销（relationship marketing）：把营销活动看成是一个企业与消费者、供应商、分销商、竞争者、政府机构及其他公众发生互动作用的过程，其核心是建立、发展和强化与这些公众的良好关系。

反向营销（reverse marketing）：购买者试图劝说供应商准确提供他们所需的产品和服务的过程。

第4章 营销调研和洞察顾客

营销调研（marketing research）：系统地收集、分析与公司所面临的特定的营销状况有关的数据并报告调查研究结果。

特殊调研（ad hoc research）：聚焦于某一特定问题，在同一时间点上向同一调研样本收集数据的调研方法。

连续性调研（continuous research）：向同一调研样本重复访问的调查方法。

综合调查（syndicated or omnibus survey）：一种向被访者提问的常规调查方法，通常由专业市场调研公司来实施。

零售审计（retail audits）：一种连续性调查类型，旨在追踪经零售渠道所售产品的销售额。

探索性研究（exploratory research）：对所研究的现象或问题进行初步了解，获得初步印象和感性认识，为今后的深入研究提供基础和方向。

调查纲要（research brief）：说明消费者需求的书面文件。

调研计划（research proposal）：解释营销调研部门要为调研委托方做什么、怎么做及其花费的文案。

定性研究（qualitative research）：根据社会现象或事物所具有的属性和在运动中的矛盾变化，从事物的内在规律性来研究事物的一种方法或角度。在市场营销学中，定性研究方法主要用于研究消费者的态度、价值观、行为及信念。

焦点小组（focus groups）：通常由6～8个消费者组成，针对公司营销方面的问题进行讨论。

深度访谈（depth interviews）：一种无结构的、直接的、一对一的访问形式，用以了解访问对象对某一问题的态度、价值观、行为和信念。

抽样过程（sampling process）：在总体中挑选一个子集的过程，旨在对该子集的成员进行调查。

营销信息系统（marketing information system）：营销决策者正式地收集、存储、分析和分配他们所需要的信息，使营销计划、实施、组织和控制具有科学性和准确性。

第5章 市场细分、目标市场选择与定位

市场细分（market segmentation）：把有相似需求的个人或组织分成一类的过程，这对于制定营销战略具有重要的意义。

心理细分（psychographic segmentation）：根据购买者的社会阶层、生活方式、个性特点或偏好，将购买者划分成不同的群体。

基本细分（profile segmentation）：从不同方面（比如年龄和社会经济指标）对消费者进行分组，便于营销人员更好地与他们进行沟通。

利益细分（benefit segmentation）：根据购买者从同一商品中寻求的利益，对他们进行划分。

生活方式细分（lifestyle segmentation）：根据人们展现出的关于自身行

为、兴趣和观念的生活模式，对他们进行市场细分。

地理人口统计（geodemographics）：调研人员所采用的基于人口统计学信息的市场细分方法。他们认为不同的人员，由于其年龄、职位、收入和受教育程度的不同，消费模式也会有所不同。调研人员又增加了消费者的居住地、房屋拥有类型和孩子年龄、民族背景等因素，形成了基于地理人口统计学信息的市场细分方法。

目标营销（target marketing）：企业在市场细分基础上，通过评估分析，选定一个或若干个消费群体作为目标市场，并相应地制定营销策略的过程。企业的目标营销策略有四种：无差异性营销策略（undifferentiated marketing）、差异性营销策略（differentiated marketing）、集中性市场营销策略（focused marketing）和定制营销策略（customized marketing）。

无差异性营销策略（undifferentiated marketing）：企业将产品的整个市场视为一个目标市场，用单一的营销策略开拓市场，即用一种产品和一套营销方案吸引尽可能多的购买者。

差异性营销策略（differentiated marketing）：将整体市场划分为若干个细分市场，针对每一细分市场制订一套独立的营销方案。

集中性市场营销策略（focused marketing）：集中力量进入一个或少数几个细分市场，实行专业化生产和销售。实行这一策略，企业不是追求在一个大市场角逐，而是力求在一个或几个子市场占有较大份额。

定制营销策略（customized marketing）：企业在营销活动中，针对每个消费者与众不同的个性化需求，为其“量身定做”产品，是一种最大限度地满足消费者需求的营销模式。

大规模定制（mass customization）：与大规模生产相对，是一种根据客户的个性化需求，结合大批量生产的低成本和高效率优势，来提供产品和服务的生产方式。

定位（positioning）：对公司的产品和形象进行设计，从而使其在目标顾客心中占据一个有意义的、独特的位置。

重新定位（repositioning）：公司在确定了市场定位后，如定位不准确或虽然开始定位得当，但市场情况发生了变化，那么就应该考虑重新定位。重新定位是为了实施更有效的定位，其方法有改变目标市场、改变差异化优势，或将两者都改变。

第6章　产品与品牌的价值创造

品牌（brands）：一个名称、符号、设计、包装，或者是它们的组合，其目的是识别某个销售者或某群销售者的产品或服务，并使之同竞争对手的产品或服务区别开来。

品牌价值（brand values）：是品牌管理要素中最为核心的部分，也是品牌区别于同类竞争品牌的重要标志。

品牌资产（brand equity）：与品牌的名字、象征相联系的资产（或负债）

的集合。

家族品牌名称（family brand name）：品牌决策的一种方式。它是指企业决定其所有的产品都统一使用一个品牌名称。

个体品牌名称（individual brand name）：企业决定其各种不同的产品分别使用不同的品牌名称。

品牌延伸（brand extension）：在同一个市场领域，在新产品上使用已有的品牌名称。

品牌扩张（brand stretching）：将已有的品牌名称用于不相关市场中的新产品。

国际品牌（global branding）：在国际市场上知名度、美誉度较高，辐射全球的品牌。

基于生产的合作品牌（product-based co-branding）：对同一种产品向消费者展现出两个或两个以上已有品牌的组合，这些品牌来自参与该产品生产的不同的公司或业务单位。

基于传播的合作品牌（communications-based co-branding）：为了共同传播品牌的目的，使用来自不同公司或业务单位的两个或两个以上已有品牌名称。

平行合作品牌（parallel co-branding）：两个或两个以上独立的品牌结合起来，形成一个联合品牌。

部件合作品牌（ingredient co-branding）：明确地定位于一种产品的零部件的供应商的品牌。

产品组合计划（portfolio planning）：管理一系列品牌和产品线的过程。

产品生命周期（product life cycle，PLC）：产品的市场寿命，即一种新产品从开始进入市场到被市场淘汰的整个过程，分为导入期（introduction）、成长期（growth）、成熟期（mature）和衰退期（decline）四个阶段。

头脑风暴（brainstorming）：一个团体试图通过聚集成员自发提出的观点，以此为一个特定问题找到解决方法的会议技巧。在此，所有的观点被记录下来但不进行评判，只有头脑风暴会议结束的时候，才会对这些观点和想法进行评估。

概念测试（concept testing）：将企业初步设定好的一个产品概念或几个可以替代的产品概念展示于一群目标消费者面前，并获取其反应，目的是为产品是否能进入下一开发阶段提供分析依据。

商业分析（business analysis）：审视预计的销售额、成本和利润是否能够达到公司预计的目标，如达到，则此产品概念才能进入产品开发阶段。

市场测试（market testing）：在一种新产品正式投入市场之前，商家通过小规模的测试，了解消费者的倾向，掌握市场在未来的发展前景的调查方法。它是商家对未来的市场发展的方向进行调查的一种有效方式。

市场试销（test marketing）：在一个或几个能够作为潜在市场典型代表的选定的区域内先进行新产品销售，是许多新产品在进行大批量销售以前经过的一个阶段。

创新扩散（diffusion of innovation）：新产品或技术从少量使用者到推向整个市场的过程。

第7章 服务、关系与体验的价值创造

无形性（intangibility）：服务的一种特性，服务是摸不着、看不见、尝不到、闻不出的。

不可分离性（inseparability）：与有形产品不同，服务的产生和消费是同时进行的。

变化性（variability）：服务具有极大的变化性，它取决于由谁提供、何时何地提供。

易消失性（perishability）：服务不能存储。

误判断障碍（misconceptions barrier）：营销人员错误地判断了顾客对于他们所提供的服务的真正估价。

资源不充分障碍（inadequate resources barrier）：在某个市场，虽然服务提供者了解消费者的期望，但是并不愿意为其提供必要的资源来满足他们的需求。

传递不充分障碍（inadequate delivery barrier）：在某个市场，服务提供者了解消费者的期望，并且为其提供充足的资源，但是，由于对员工的选择、培训及奖励都不充分，导致所提供的服务质量差、不连贯。

夸大承诺障碍（exaggerated promises barrier）：即使服务提供者对消费者很了解，对资源及员工的管理也适当，但是由于其夸大的承诺，使得消费者的期望与感知之间存在差异。

关系营销（relationship marketing）：把营销活动看成是一个企业与利益相关者发生互动作用的过程，其核心是建立、发展和强化与这些公众的良好关系。

第8章 定价的价值创造

完全成本定价（full cost pricing）：按照产品的单位全部成本进行定价的方法。

边际成本定价（marginal cost pricing）：按照产品的边际成本（单位产量增加所形成的成本的增加量）进行定价的方法。

竞争性招标（competitive bidding）：招标人制定详细说明，并选择对其最有利的投标人成交、签订合同。

通行价格定价法（going-rate prices）：企业的产品价格主要基于竞争者的价格，而不是成本。

均衡分析（trade-off analysis）：为了决定对产品的偏好，顾客在价格和产品质量等其他特点之间进行比较分析。

顾客经济价值（economic value to the customer，EVC）：为使新产品与现有产品的整个生命周期成本相同，顾客愿意支付的价格。

心理定价（psychological pricing）：根据价格水平对消费者的心理冲击程度来制定价格。

价格附加（price escalation）：产品投放到国际市场时所产生的额外成本，包括运输费用、分销费用、关税、汇率和通货膨胀率。

平行进口（parallel importing）：有些进口商从一个国家的销售商那里购买产品，然后将产品卖到另一个国家的销售商那里，而这些销售商并不是制造商的正规分销商，由此产生了同一产品在不同国家之间的巨大价格差异。

分项定价（price unbundling）分别对所提供产品的每一个要素定价，以提高整个产品的价格。

第9章　整合营销传播1：大众传播技术

分销推动策略（distribution push）：制造商运用一些促销手段，旨在推动中间商销售产品。

消费者拉动策略（consumer pull）：制造商运用一些手段吸引消费者，使之产生需求，并向中间商询购商品，从而拉动产品销售。

整合营销传播（integrated marketing communications）：公司通过协调各种营销传播手段（广告、销售促进和公共关系），传递关于组织和产品的清晰的、连贯的、可信赖的、具有竞争力的信息，使传播影响力最大化。

人员推销（personal selling）：销售人员通过与潜在的购买者进行口头交谈，来推销商品，促进和扩大销售。

广告（advertising）：由明确的主办人发起并付费的，通过非人员介绍的方式展示和推广其商品或服务、创意的行为。

直复营销（direct marketing）：人们对直复营销定义的理解差别很大，主要有两种：（1）不通过中间商，直接获取消费者并进行维护；（2）通过可以衡量消费者的反应的互动传播方式，向目标消费者销售产品、提供信息、开展促销活动。

促销（sales promotion）：它包括各种短期性的激励工具，用以激励消费者和贸易商较迅速或较大量地购买产品。

广告信息（advertising message）：利用媒体向目标受众传播信息时，使用的文字、符号和插图。

广告平台（advertising platform）：对目标消费者来说，卖方产品是最有说服力和与之最相关的方面。

媒体类型决策（media class decision）：主要传播媒介（如报刊、电影、电视、海报、广播电台）的选择或它们的组合。

媒体形式决策（media vehicle decision）：对特定的报纸、杂志、电视宣传短片、海报等媒体的位置、表现形式等的选择。

广告公司（advertising agency）：专门为顾客提供广告服务的组织。所提供的服务有媒体的选择、广告创意、产品和宣传活动的策划。

优惠促销（money-off promotions）：利用折扣对产品进行促销的手段。

附赠包装（bonus pack）：消费者不需要额外付费，即可得到额外数量的产品，借此激发消费者的购买欲望。

赠品（premiums）：有些厂商为了刺激消费者购买，提供免费的或者价格低廉的产品。

小组讨论（group discussions）：通常由6~8人组成，成员们聚到一起，针对公司营销策略方面的问题展开讨论。

室内测试（hall tests）：将目标消费者的典型样本带到用于实验的房间内，对营销问题（如促销）进行测试。

实验（experimentation）：在受控的情况下，将刺激（如两种价格水平）匹配到不同的群组，目的是测量变量（如销售额）的影响。

公共关系（public relations）：通过对沟通和关系的管理，建立组织机构与公众之间的友好关系和相互理解。

公众宣传（publicity）：不需要考虑时间和空间，在媒体上刊登与产品或企业有关的信息进行宣传。

赞助（sponsorship）：企业为了实现自己的目标而向某些活动提供资金、资源或服务支持的一种行为，作为回报，它可能因此获得一些权利和商业优势。

事件赞助（event sponsorship）：一场体育赛事或其他事件的赞助。

埋伏营销（ambush marketing）：企业不是活动的赞助商，不向活动主办方付费，但又将自己的产品与特定赛事联系起来，开展一系列的营销活动。

展览（exhibitions）：把买方和卖方聚到一起，为他们带来商业环境的活动。

产品植入（product placement）：企业有意将产品及其标志融入电影或电视节目中，以达到营销目的。通常，需要向制片方付费。

第10章　整合营销传播2：直接传播技术和数字化营销

数据库营销（database marketing）：企业通过一些可以获得消费者信息的营销媒介和渠道向目标消费者提供信息，刺激其需求，并与消费者保持密切联系的营销方式。

直接邮寄（direct mail）：企业通过邮寄的方式，将材料送达受众的家庭或商业地址，以推销产品或维持已有关系的营销活动。

电话营销（telemarketing）：经过训练的专业人员使用电话沟通和信息技术来管理营销和销售活动的一种营销方式。

直接反应广告（direct response advertising）：通过媒体发布广告，旨在诱发直接的反应，如一份订单、一次询问或参观的请求，可以采用的媒体有电视、报纸和杂志。

顾客关系管理（customer relationship management，CRM）：企业用于管理顾客关系的方法、技术和电子商务能力。

人员推销（personal selling）：销售人员深入中间商或消费者中进行直接的

宣传介绍活动，使中间商或消费者采取购买行为的促销方式。

目录营销（catalogue marketing）：运用目录作为传播信息的载体，并通过邮件或在商店向代理商和消费者发送，从而实现产品的销售。

许可营销（permission marketing）：企业在邮寄广告和促销资料前要先征得顾客的“许可”，通过这种方式让顾客参与促销而不是退出。

病毒式营销（viral marketing）：利用顾客口碑传播的原理，使用邮件进行传播，此种方式可以像病毒一样迅速蔓延。

手机营销（mobile marketing）：通过向手机发送信息来推销产品和与客户建立关系的营销模式。

临近营销（proximity marketing）：通过无线通信方式向一个特定区域发布广告内容。

蜂鸣营销（buzz marketing）：为了使消费者通过口碑传播企业产品和品牌而进行的营销策略设计。

勘探（prospecting）：寻找并拜访潜在顾客。

顾客利益（customer benefits）：顾客从产品中得到的价值，顾客利益来自产品特性。

产品特征（product features）：产品自身构造所形成的特色，它不一定会传递给顾客利益，但能反映产品对顾客的吸引力。

重点客户管理（key account management）：将资源集中在对企业有重要意义的客户身上，并使用团队销售的一种销售方法。

销售人员激励（sales force motivation）：通过满足销售人员的一些需要，驱使销售人员采取行动，以实现目标。

销售人员评估（sales force evaluation）：通过衡量销售人员的业绩，识别其优劣势。

第11章　分销管理：顾客价值的传递

渠道中间商（channel intermediaries）：帮助公司将产品分销给消费者的组织。

分销渠道（channel of distribution）：当产品从生产者向最后消费者移动时，直接或间接转移所有权所经过的途径。

渠道策略（channel strategy）：企业为使目标顾客能接近和得到其产品而进行各种活动的策略。

密集型分销（intensive distribution）：也称为广泛型分销，就是指制造商选用尽可能多的渠道中间商来经销自己的产品，提高市场覆盖率。

选择性分销（selective distribution）：在某一地域，生产商利用有限数量的中间商经营某一特定供应商的产品。

专营性分销（exclusive distribution）：这是一种严格限制中间商数目的分销形式，在某一地域，仅使用一个批发商、零售商或行业经销商销售特定供应商的产品。

渠道整合（channel integration）：销售过程中的任务与渠道的连接方式。

管理式垂直营销系统（administered vertical marketing system）：在这种营销系统中，某一规模大、实力强的制造商控制着市场，并且对不在同一所有权下的中间商也可以行使相当大的权力。

特许经营（franchise）：特许经营权拥有者以合同约定的形式，允许被授权者有偿使用其名称、商标等，并从事经营活动的商业经营模式。

合同式垂直营销系统（contractual vertical marketing system）：各自独立的公司以合同为基础来统一行动，以求比各自独立行动时获得更大的经济和销售效果的营销系统。

公司式垂直营销系统（corporate vertical marketing system）：组织通过所有权来控制分销的营销系统。

零售定位（retail positioning）：零售商对目标市场和差异化优势的选择。

安全库存（safety/buffer stocks）：为应对市场的不确定性，提前采购、安排库存。

第12章　营销计划和战略

营销计划（marketing planning）：在对企业营销环境和自身能力进行调研分析的基础上，制定企业的营销目标以及实现这一目标所应采取的策略。

战略事业部（strategic business unit，SBU）：与特定的竞争对手竞争，向特定顾客群服务，并具有自己的经营战略的一个商业项目或部门。

企业使命（business mission）：是一个组织的宗旨，在于规划一个有别于其他同类型企业的发展领域。

营销审计（marketing audit）：对一个企业的市场营销环境、目标、战略和活动等所作的系统的核查，以便确定主要战略、问题的范围和各种机会。

消费者分析（customer analysis）：一种针对消费者的调查方式，包括消费者是谁，他们所使用的选择标准是什么，他们如何评价竞争对手所提供的产品或服务，以及细分消费者市场时所使用的变量因素。

分销渠道分析（distribution analysis）：对各分销渠道在能力与地位上的变化趋势、渠道吸引力、物流及分销行为进行的调查。

竞争对手分析（competitor analysis）：目的是通过了解现有竞争对手和潜在竞争对手的信息，获知竞争对手的目标和战略，以实行最适当的应对措施。

行业（industry）：同性质的经营单位的集合，各个经营单位的市场产品可以相互替代。

战略问题分析（strategic issues analysis）：根据市场发生的变化，对营销目标和市场细分标准的合理性作出分析。

营销结构（marketing structures）：营销活动所倚赖的营销框架，包括组织、培训和内部沟通等。

营销系统（marketing systems）：支撑营销功能的相关部分的组合，包括信息、计划和控制等。

控制（control）：在营销策划过程或周期阶段，对计划的执行情况进行监测，以便在必要的时候，采取纠正措施。

SWOT分析（SWOT analysis）：评价企业的优势（strengths）、劣势（weaknesses）、竞争市场上的机会（opportunities）和威胁（threats），以在制定企业的发展战略前对企业进行深入、全面的分析以及竞争优势的定位。

营销目标（marketing objectives）：在本计划期内所要达到的目标，它是营销计划的核心部分。主要有两类营销目标：战略要点和战略目标。

战略要点（strategic thrust）：决定各类商品分别投入哪个市场及其业务的未来发展方向。

战略目标（strategic objectives）：产品层面的有关产品开发、巩固、收获、剥离决策的目标。

核心战略（core strategy）：实现营销目标的手段，其中包括目标市场、竞争对手选定和竞争优势。

目标市场选择（target market）：选择某个细分市场，从而成为企业生产和营销活动的目标。

竞争目标（competitor targets）：公司选择作为直接竞争对手的组织。

差异化战略（differentiation strategy）：为使企业的产品、服务等与竞争对手有明显的区别以获得竞争优势而采取的战略。

价值链（value chain）：从产品设计到生产、营销、物流和服务的一系列企业活动的组合。

译者后记

市场营销学是一门应用性很强的学科。自市场营销学的理论体系建立以来，其发展一直紧跟时代步伐，不断创新，几乎每隔10年就会有新的理论和概念出现。20世纪50年代，市场营销学的研究者和实践者对营销学的贡献是有目共睹的，一系列概念被提出，如“市场营销组合”“产品生命周期”“品牌形象”“市场细分”等。20世纪60年代，在这一领域出现了“4P组合”“生活方式”“买方行为”“大营销”等概念。20世纪70年代初期，先后出现了“社会营销”“产品定位”等划时代的理论。到了20世纪80年代和90年代，营销学理论和方法又有了新的发展，陆续出现了“内部营销”“直复营销”“关系营销”“合作营销”“绿色营销”“网络营销”等理论。那么，到了21世纪，市场营销学又将适应何种发展潮流和趋势呢?

《市场营销学》的作者戴维·乔布尔是国际公认的市场营销学专家。他是营销学教授、布拉德福德大学管理中心营销集团董事长，获得了曼彻斯特大学经济学名誉学士学位、沃里克大学硕士学位和布拉德福德大学博士学位。他针对人类进入21世纪后各行各业都面临的全球化、数字化、网络化等问题，将本书的焦点集中在“全球营销环境”“整合营销”“营销调研和信息系统”等问题上。纵观全书，贯穿始终的就是“营销聚光灯”“市场营销行动”等词汇。作为一本市场营销学的教材，与其他教科书一样，作者使用了大量的案例来佐证理论的正确性，使得本书在实践方面更具可读性。该书由三大部分12章构成。第一部分介绍了现代市场营销思想的基本原理。第二部分将重点放在如何定价、产品推广、开发和分销的有效策略上。第三部分讨论了竞争策略、竞争优势和竞争行为的特点等问题。

本书涉及的资料浩繁，大连海事大学徐瑾老师、东北财经大学王欣双老师、大连交通大学苗欣老师主持了全书的翻译工作。在历时一年半的翻译过程中，东北财经大学研究生胡玲、杜丽、石大龙、姜海燕、胡彦芳、郭璇、韩文萍、刘志龙、杨娜、姚娟、侯亚珊、王淑超、王宁、王钧、李冰悦、张芷、黄冠、王铎为我们做了许多资料收集和前期翻译工作，赵峰、曹登科、张怀宇、刘安瑀、吴德燚、肖海姣、梁岩、臧微、胡彦芳、郭璇、姜海燕也做了很多辅助工作。东北财经大学萨里学院孟韬老师对全书进行了审校。此外，本书的出版还得到了大连交通大学翟琳阳老师的鼎力支持，对此，我们深表感谢。

译 者

2016年8月